广视角·全方位·多品种

权威·前沿·原创

皮书系列为
"十二五"国家重点图书出版规划项目

中国社会科学院创新工程学术出版项目

贵州蓝皮书
BLUE BOOK OF GUI ZHOU

# 贵州法治发展报告（2014）

ANNUAL REPORT ON DEVELOPMENT OF RULE OF LAW IN GUIZHOU (2014)

主　编／吴大华

社会科学文献出版社
SOCIAL SCIENCES ACADEMIC PRESS (CHINA)

### 图书在版编目(CIP)数据

贵州法治发展报告.2014/吴大华主编.—北京：社会科学文献出版社，2014.3
 (贵州蓝皮书)
 ISBN 978-7-5097-5685-0

Ⅰ.①贵… Ⅱ.①吴… Ⅲ.①社会主义法制－研究报告－贵州省－2014 Ⅳ.①D927.73

中国版本图书馆 CIP 数据核字（2014）第 035244 号

---

**贵州蓝皮书**
### 贵州法治发展报告（2014）

主　　编／吴大华

出 版 人／谢寿光
出 版 者／社会科学文献出版社
地　　址／北京市西城区北三环中路甲 29 号院 3 号楼华龙大厦
邮政编码／100029

责任部门／皮书出版分社　（010）59367127　　责任编辑／丁　凡
电子信箱／pishubu@ssap.cn　　　　　　　　 责任校对／高忠磊　李　敏
项目统筹／丁　凡　　　　　　　　　　　　　责任印制／岳　阳
经　　销／社会科学文献出版社市场营销中心　（010）59367081　59367089
读者服务／读者服务中心　（010）59367028

印　　装／北京季蜂印刷有限公司
开　　本／787mm×1092mm　1/16　　　　　印　　张／22.75
版　　次／2014 年 3 月第 1 版　　　　　　　字　　数／371 千字
印　　次／2014 年 3 月第 1 次印刷
书　　号／ISBN 978-7-5097-5685-0
定　　价／69.00 元

本书如有破损、缺页、装订错误，请与本社读者服务中心联系更换
▲▲▲ 版权所有　翻印必究

# 《贵州法治发展报告》编委会

编委会主任　秦如培

副　主　任　彭德全　吴大华

委　　　员　（以姓氏笔画排列）
　　　　　　王　伟　王蜀黔　叶亚玲　刘　鹏　邹　伟
　　　　　　张艾清　冷传莉　邵泽春　季　林　舒葳韧
　　　　　　路　良　潘　弘

主　　　编　吴大华

副　主　编　王　飞　潘志成

作　　　者　（以文序排列）
　　　　　　吴大华　潘善斌　潘志成　兰元富　王　飞
　　　　　　胡长兵　张　可　张　帆　胡月军　吴月冠
　　　　　　贾梦嫣　辛纪元　赵　宁　朱　玉　李　兵
　　　　　　冯小山　林登富　王　彤　李　勇　王剑波
　　　　　　石胜勇　孙　韡　赵传灵　李　蓉　杨方程
　　　　　　任永强　孟庆艳　蒯继志　张德昌　蒋　浩
　　　　　　朱　山　范文汛　郑淑君　蒋　娜　邓琳君
　　　　　　屠筑平　丁　辉　王凌武　虞　斌　李圣瑞
　　　　　　赵福全　卢　飚　薛雁升　余红梅　朱　进
　　　　　　管劲松　黄　瑶　叶正荣　雷　勇　封世强
　　　　　　甘　莉　邹　伟　唐　林　史麒麟　蔡　勇
　　　　　　赵　君　何陆坤　王亮海　李雪莹　兰美海
　　　　　　刘　凡　刘天富　孙　周

# 主要编撰者简介

**吴大华** 男，1963年生，侗族，法学博士后，经济学博士后；贵州省社会科学院院长，贵州省社会科学院法治研究中心主任；二级教授，华南理工大学、云南大学、贵州民族大学博士生导师；国务院政府特殊津贴专家；贵州省核心专家。主要研究方向：刑法学、民族法学（法律人类学）、犯罪学、马克思主义法学、循环经济。主要社会兼职有：中国法学会常务理事、中国世界民族学会副会长、中国民族法学研究会常务副会长、中国人类学民族学研究会副会长暨法律人类学专业委员会主任委员、中国犯罪学研究会常务理事、中国刑法学研究会理事、贵阳仲裁委员会副主任、贵州省人大常委会贵州省人民政府法律顾问室、贵州省高级人民法院、贵州省人民检察院咨询专家。

先后出版《刑事法治问题研究》《依法治省方略研究》等个人专著11部，合著《犯罪与社会》等35部，主编23部；发表法学论（译）文300余篇；主持"中国共产党民族法制思想研究"等国家级科研课题3项；"中国少数民族习惯法研究""中国少数民族犯罪问题及对策研究""循环经济法治之构建"等省部级科研课题10余项。

**王 飞** 男，1973年生，汉族，贵州省社会科学院法律研究所副所长、副研究员、法学博士，兼任贵州省社会科学院法治研究中心研究员、贵州师范大学法学院硕士生导师，主要研究方向：刑事法学、民族法学、地方法制。主要社会兼职：中国人类学民族学研究会法律人类学专业委员会副主任委员。主持国家社科基金课题1项，出版专著1部，发表《论少数民族习惯法的自主发展与人权保障》《关于城市少数民族流动人员权益保障的思考》等学术论文20余篇。

**潘志成**　男，1981年生，汉族，贵州民族大学法学院副教授、硕士生导师、法学博士，兼任贵州民族大学民族法学研究所副所长、贵州省社会科学院法治研究中心研究员。主要研究方向：法律史学、民族法学。主要社会兼职：中国人类学民族学研究会法律人类学专业委员会秘书长。出版有《西南民族传统法文化的历史与现状考察》《清代贵州苗疆的法律控制与地域秩序》等著作2部，合著或副主编7部，发表学术论文20余篇，主持或参与国家级、省部级课题5项。

# 摘　要

本报告立足于贵州省人大常委会法工委、省高级人民法院、省人民检察院、省政府法制办、省司法厅、省公安厅等有关部门的资料，关注贵州省法治建设和依法治省的重大举措，全面反映2013年贵州省法治发展的进程，深入解读其中的重点、难点和热点问题，对贵州省今后的法治发展形势予以分析，并在此基础上提出对策建议。

本报告认为，2013年以来，贵州省紧紧围绕全省经济社会发展历史性跨越的目标，地方法治建设全面推进，地方立法逐步完善，行政法治持续推进，审判检察切实维护社会公平正义，司法行政工作思路不断创新，环境法治、知识产权法治等领域也取得了积极进展。

针对当前贵州省法治建设面临的突出矛盾和问题，本报告提出了进一步推动贵州地方法治建设的对策建议：一是促进党的作风建设制度化、规范化、常态化，建立促进党员干部为民务实、清廉的长效机制，建立健全一系列具体工作机制；二是结合发展的主基调、主战略、主平台，特别是"5个100工程"，进一步加强立法执法工作，提供制度保障和制度约束引导；三是推进社会领域制度创新，推进基本公共服务均等化，加快形成科学有效的社会治理体制，确保社会既充满活力又和谐有序；四是借鉴瑞士的发展经验，加快建立生态文明制度，全力打造生态文明建设先行区；五是进一步加强行政体制改革，健全行政立法和重大决策公开制度，坚持市场决定原理，逐步淡化政府管制倾向，完善行政执法体制，实现权威高效文明执法；六是积极稳妥地推进司法体制改革，健全司法权力运行机制，拓宽人民群众有序参与司法渠道，完善人权司法保障。

# Abstract

Based on relevant data collected from functional departments including Provincial People's Congress Committee of Legal Affairs, People's High Court of Guizhou Province, People's Procuratorate of Guizhou Province, Provincial Justice Department and Provincial Department of Public Security, this report concentrates on the major countermeasures adopted during the development of the rule of law with a full reflection of the development of the rule of law in Guizhou in 2013. By interpreting the difficult and hot issues, this report analyzes the development of the rule of law in Guizhou and puts forward some suggestions.

This Report suggests that, by focusing on the goal of realizing a historical leap in economic and social development, significant progress was achieved in Guizhou in 2013. Law – based governance has been promoted by local government in an all – around way and local legislation has been steadily improved. Law – based governance of administration has been sustained. Social fairness and justice have been promoted through judicial and trail work and innovation has been brought into judicial administration. Progress has also been made in areas such as law – based governance of environment and intellectual property law.

In coping with the outstanding problems existed in the development of the rule of law in Guizhou, this report puts forward some suggestions. They include: 1. Institutionalize and normalize the Party's conduct, establish a long – term mechanism for serving the people and to be down – to – earth, honest and upright in conduct and improve the mechanism for specific work. 2. Combing the 100 projects in 5 areas, further strengthen legislation and law enforcement in order to provide institutional guarantee and guidance. 3. Persevere in institutional innovation of society and equalization of public service, step up efforts to form a scientific and effective social management system to ensure that society is full of vigor, harmonious and orderly. 4. Speed up the establishment of system which promotes ecological progress and make every effort to build a pilot region for promoting ecological progress by learning from Switzerland. 5. Deepen reform of the administrative system, improve administrative law enforcement and disclosure system of major policy decisions, weaken government regulation by following market – determined principal, improve administrative legislation and realize powerful and effective law enforcement. 6. Improve operating mechanism of judicial power, widen the channel for people to participate in judicial practices and improve judicial safeguard for human right.

# 目录

## BⅠ 总报告

B.1 2013~2014年贵州法治发展现状及对策
　　………………………………… 贵州省社会科学院课题组 / 001
　一　2013~2014年贵州地方法治发展的基本情况……………… / 002
　二　进一步推动贵州法治建设的对策建议……………………… / 017

## BⅡ 专题研究报告

B.2 贵州与全国同步全面建成小康社会的法治保障研究
　　………………………………………………… 张　帆　吴大华 / 035
B.3 贵州省地方立法情况综述
　　………………………… 贵州省人大常委会法制工作委员会 / 047
B.4 贵州省深入推进依法行政的对策研究
　　……………………………… 贵州省人民政府法制办公室课题组 / 058
B.5 以法制宣传为龙头　以化解矛盾为主线　建设和谐幸福家园
　　………………………………………… 贵州省司法厅调研组 / 087
B.6 关于涉诉信访工作导入司法程序应对问题研究
　　——以贵州法院涉诉信访为视角
　　………………………………… 贵州省高级人民法院课题组 / 106
B.7 贵州省促进人的城镇化的法规对策研究 ………… 吴月冠 / 118

B.8 贵州省城中村拆迁"违建"法律问题研究 …………… 孟庆艳 / 128

B.9 贵州白酒产业发展中的法律政策研究 ……………… 任永强 / 153

B.10 贵州省国有企业按照《破产法》实施破产操作研究
　　　——以若干重点问题为对象
　　　……………………………… 贵州省社会科学院课题组 / 172

B.11 贵州省中小企业知识产权质押融资法律问题研究 …… 贾梦嫣 / 198

B.12 贵州省民族自治地方立法研究
　　　——兼以纪念《民族区域自治法》实施30周年
　　　………………………………… 王　飞　吴大华　兰元富 / 216

B.13 贵州生态文明法治建设存在的问题与对策研究 ……… 兰元富 / 228

B.14 《贵阳市建设生态文明城市条例》评析 ……… 邓琳君　吴大华 / 236

## BⅢ 调研报告

B.15 贵州省全省法院立案难、申诉难问题调研报告
　　　……………………………… 贵州省高级人民法院课题组 / 245

B.16 关于进一步完善案件质量评估指标体系的调研报告
　　　——以贵州法院案件质量评估指标体系运行实践为视角
　　　……………………………… 贵州省高级人民法院课题组 / 255

B.17 新形势下人民法院妥善处理劳动教养行政案件的调研报告
　　　……………………………… 贵州省高级人民法院课题组 / 268

B.18 贵州省全省法院对外委托工作情况的调研报告
　　　……………………………… 贵州省高级人民法院课题组 / 289

B.19 贵州生态环境司法保护机制调研报告
　　　……………………………… 贵州省高级人民法院课题组 / 303

B.20 生态之州的司法保障调研报告
　　　——以贵州省黔南州法院5年来的生态案件审理为视角
　　　………………………………… 王亮海　李雪莹　兰美海 / 320

# ⅣB  附录

B.21 2013年贵州省法学学术会议 …………………………………… / 333
B.22 2013年贵州省法治发展大事记 ………………………………… / 336
B.23 2013年贵州省地方性新法规、地方政府新规章 ……………… / 341

# CONTENTS

## B I  General Report

B.1  Development of Rule of Law in Guizhou 2013-2014: Current
Situation and Countermeasures  *Research Group of GZASS* / 001

    1. The Basic Situation of the Development of the Rule of Law in
        Guizhou Province 2013-2014  / 002

    2. Measures to Further Improve the Rule of Law in Guizhou Province  / 017

## B II  Special Reports

B.2  Legal Guarantee of Guizhou's Synchronous Construction of a
Well-off Society with China  *Zhang Fan, Wu Dahua* / 035

B.3  A Review on Local Legislation since the Reform and Opening
in Guizhou
        *Committee of Legal Affairs, Provincial People's Congress of Guizhou* / 047

B.4  Countermeasures of Implementation of Administration by Law
        *Research Group, Legislative Office of Provincial Government of Guizhou* / 058

B.5  Legal Publicity, Resolving Contradiction and Construction of
Harmonious and Happy Homeland
        *Research Group, Provincial Department of Justice* / 087

# CONTENTS

B.6 Coping Issues in Introducing Petition Work Related to Litigation into Judicial Procedure
*Research Group, People's High Court of Guizhou Province* / 106

B.7 Research on Legislation and Policy Related to Promotion of Urbanization of the People *Wu Yueguan* / 118

B.8 Legal Issues in Dismantling "Illegal Constructions" in Urban Villages *Meng Qingyan* / 128

B.9 Research on Legislation and Policy of Development of Liquor Industry in Guizhou *Ren Yongqiang* / 153

B.10 Bankrupt Operation of State-owned Enterprises in Guizhou According to Enterprise Bankruptcy Law *Research Group* / 172

B.11 Legal Issues in IP Pledge of Medium-and-small-sized Enterprises in Guizhou *Jia Mengyan* / 198

B.12 Research on Legislation in Ethnic Autonomous Regions in Guizhou *Wang Fei, Wu Dahua and Lan Yuanfu* / 216

B.13 Existing Problem and Countermeasures in Construction of Ecological Civilization Rule of Law in Guizhou *Lan Yuanfu* / 228

B.14 Review on Ordinance on Construction of Ecological Civilization City of Guiyang *Deng Linjun, Wu Dahua* / 236

## B III  Survey Reports

B.15 Survey Report on Difficulty of Case Filling and Complaint of the Court in Guizhou
*Research Group, People's High Court of Guizhou Province* / 245

B.16 Survey Report on Improvement of Indicator System of Case Quality Assessment
*Research Group, People's High Court of Guizhou Province* / 255

B.17 Survey Report on Management of Administrative Cases Related to
Labor Correction of the Court in New Circumstances
*Research Group, People's High Court of Guizhou Province* / 268

B.18 Survey Report on External Delegation of the Court in Guizhou
*Research Group, People's High Court of Guizhou Province* / 289

B.19 Survey Report on Judicial Protection of Ecological
Environment in Guizhou
*Research Group, People's High Court of Guizhou Province* / 303

B.20 Survey Report on Judicial Guarantee in Prefecture of Ecology
*Wang Lianghai, Li Xueying and Lan Meihai* / 320

# B IV  Appendix

B.21 Legal Academic Conference in Guizhou Province 2013 / 333

B.22 Memorabilia of Development of Rule of Law in
Guizhou Province 2013 / 336

B.23 Newly Published Local Legislation and Local Governmental
Regulation in Guizhou Province 2013 / 341

# 总 报 告

General Report

## B.1
## 2013～2014年贵州法治发展现状及对策

贵州省社会科学院课题组*

**摘　要：** 2013年以来，贵州省紧紧围绕全省经济社会发展历史性跨越的

---

\* 课题组成员：吴大华，贵州省社会科学院院长，贵州省社会科学院法治研究中心主任，二级研究员，法学博士，博士生导师；潘善斌，贵州民族大学法学院教授，贵州省社会科学院法治研究中心研究员，法学博士；潘志成，贵州民族大学法学院副教授，贵州省社会科学院法治研究中心研究员，法学博士；兰元富，贵州民族大学法学院副教授，贵州省社会科学院法治研究中心研究员；王飞，贵州省社会科学院法律研究所副研究员，贵州省社会科学院法治研究中心研究员，法学博士；胡长兵，贵州省社会科学院法律研究所副研究员，贵州省社会科学院法治研究中心研究员，法学博士；张可，贵州省社会科学院法律研究所副研究员，贵州省社会科学院法治研究中心研究员，法学博士；张帆，贵州民族大学法学院副教授，法学博士，贵州省社会科学院法治研究中心研究员；胡月军，贵州省社会科学院法律研究所助理研究员，云南大学法学院博士研究生；吴月冠，贵州省社会科学院法律研究所助理研究员；贾梦嫣，贵州省社会科学院法律研究所助理研究员；孟庆艳，贵州省社会科学院法律研究所助理研究员；辛纪元，贵州师范大学法学院讲师、云南大学法学院博士研究生；赵宁，中共贵阳市委党校法学教研部教师；刘凡，贵州民族大学法律硕士研究生；刘天富，贵州民族大学法学硕士研究生；孙周，贵州民族大学法学硕士研究生。

目标，全面推进地方法治建设，地方立法逐步完善，行政法治持续推进，审判检察切实维护社会公平正义，司法行政工作思路不断创新，环境法治、知识产权法治等领域也取得了积极进展。本报告对2013~2014年贵州地方法治发展的基本情况进行总结，分析了今后一个时期贵州地方法治建设面临的突出矛盾和问题，并在此基础上就实现党的作风建设制度化，加强重点领域激励性、束导性立法和执法工作，完善社会治理体制，建立生态文明制度，深化行政体制改革，健全司法权力运行机制等提出了相应的对策建议。

**关键词：**

贵州省　法治发展　现状　对策建议

## 一　2013~2014年贵州地方法治发展的基本情况

### （一）立法工作

2013年，贵州省紧紧围绕全省经济社会发展历史性跨越的目标，主动适应改革开放和社会主义民主法制建设的需要，坚持以人为本，立法为民，积极推进科学立法、民主立法，地方立法质量逐步提高，为贵州省经济社会"加速发展、加快转型、推动跨越"和民主法制建设做出了积极的贡献。

一是围绕工业强省和城镇化带动战略，审议通过或正在制定一批事关经济社会发展大局的地方性法规、地方政府规章。例如，为加快贵州省贫困地区的经济社会发展，缩小城乡和区域发展的差距，实现同步全面建成小康社会，省人大常委会审议通过了《贵州省扶贫开发条例》；为促进工业园区健康有序发展，规范工业园区管理，进一步加快工业化、城镇化进程，省人民政府制定了《贵州省工业园区管理暂行办法》；为规范城乡建设的管理秩序，制止和查处违法建设，改善人居环境，提升城市形象，贵阳市人民政府制定了《贵阳市制止和查处违法建设规定》；为加快城镇化进程，加强城乡规划建设管理，黔东南苗族侗族自治州人大常委会制定了《黔东南苗族侗族自治州城乡规划建设管理条例》；贵阳市人大常委会也对《贵阳市城乡规划条例》《贵阳市房屋拆迁管理办法》等地方性法规进行了修正。

二是围绕环境立省战略、生态文明先行区建设，集中出台了一批与生态文明建设、环境资源等密切相关的地方性法规、地方政府规章。为推动能源节约，提高能源利用效率和经济效益，建设节约型社会，保护和改善环境，促进经济社会全面协调可持续发展，省人大常委会审议通过了《贵州省节约能源条例》；为加强对矿产资源的保护，维护开发开采秩序，促进资源合理开发利用，省人大常委会审议通过了《贵州省矿产资源监督检查条例》。

此外，为促进资源能源节约、环境保护、可持续发展，把生态文明建设纳入法制化轨道，省人大常委会启动《贵州省生态文明建设促进条例》的立法工作，并将其列入省人大常委会2014年立法计划。该项立法是在全国没有相应法规作为借鉴的前提下，贵州省先行先试，是全国第一部省级生态文明建设方面的地方性法规。同时，省人大常委会还将《贵州省资源综合利用条例》《贵州省义务植树条例》《贵州省环境影响评价条例》《贵州省湿地保护条例》等多部生态文明相关的地方性法规列入立法调研规划。

多年来贵阳市一直坚持生态文明建设理念，在生态文明建设方面走在了全国前列，制定出台一大批绿色生态法规。早在2009年，贵阳市就已经制定了《贵阳市促进生态文明建设条例》，这是全国第一部促进生态文明建设的地方性法规，具有里程碑的意义。该条例明确提出了建设生态氛围浓厚、生态环境良好的生态文明城市的目标。党的十八大对生态文明建设提出新的、更高的目标和要求后，贵阳市也对相关立法进行了修改，重新制定了《贵阳市建设生态文明城市条例》，明确提出贵阳市以建设生态氛围浓厚、绿色经济崛起、城乡环境宜人、生态文化普及、生态制度完善、市民和谐幸福、政府廉洁高效的生态文明城市为发展目标。为了加强对湿地公园的保护和管理，贵阳市人大常委会制定了《贵阳市湿地公园保护管理规定》。此外，为进一步促进生态文明城市建设，贵阳市人大常委会还对《贵阳市城乡规划条例》《贵阳市城市市容和环境卫生管理办法》进行了修订。为加强餐厨废弃物管理，保障食品安全，维护城市市容和环境卫生，促进资源循环利用，贵阳市政府制定了《贵阳市餐厨废弃物管理办法（试行）》；为加强入河排污口的监督管理，保护水资源和河流水质环境，保障防洪安全，促进水资源的可持续利用，贵阳市政府制定了《贵阳市入河排污口监督管理办法》；为推进生态文明建设，加强公共机构节能管理，提高能源利用效率，降低行政运行成本，发挥公共机构在全社会节能中的表率作用，贵阳市政府制定了《贵阳市公共机构节能管理办法》。

三是围绕创新社会治理体制、提高社会治理水平，加强了社区建设、社会组织、社会管理领域的立法。例如，为促进人力资源的合理配置，规范人力资源市场活动，省人大常委会制定了《贵州省人力资源市场条例》；为加强电动自行车的管理，维护道路交通秩序，预防和减少交通事故，省人大常委会制定了《贵州省电动自行车管理办法》。此外，省人大常委会还对《贵州省禁毒条例》进行了修订。

贵阳市于2010年开始试点社区改革工作，成为全国三个社会管理创新综合试点典型城市之一。为了推进基层政治体制改革，巩固、深化贵阳市城市基层管理体制改革的成果，将社区工作法治化，并进一步加强社区建设和治理，改善社区服务和管理，实现社区和谐、规范、可持续发展，贵阳市人大常委会制定了《贵阳市社区工作条例》，这是国内首部社区工作专项法规，它积极推进了政府购买社会组织及社区服务，探索形成"政府主导、各司其职、合同管理、动态监督"及"费随事转""养事不养人"的政府购买社会组织和社区服务的长效工作机制。为了加强贵阳市危险源和危险区域的管理，预防和减少突发事件的发生，贵阳市制定了《贵阳市突发事件危险源和危险区域管理暂行规定》。此外，为进一步加强社会管理，贵阳市人大常委会还对《贵阳市物业管理规定》《贵阳市住宅小区人口和计划生育管理服务规定》等地方性法规进行了修订。

### （二）法治政府建设

**1. 推进地方行政立法工作，服务经济社会发展**

2013年4月7日，省政府办公厅发布《省人民政府办公厅关于印发贵州省人民政府2013～2017年立法规划及2013年立法工作计划的通知》（黔府办发〔2013〕20号），确定了2013～2017年紧紧围绕"加速发展、加快转型、推动跨越"的主基调,重点实施工业强省和城镇化带动主战略,大力推进工业化、信息化、城镇化、农业现代化"四化同步",通过做好政府立法工作,实现科学发展、后发赶超、同步小康服务的总体目标;计划提请省人大常委会审议《贵州省征兵工作条例》等地方性法规69件,制定发布《贵州省装备动员工作规定(草案)》等规章项目45件。

2013年,省政府计划提请省人大常委会审议的地方性法规项目8件,制定和发布规章9件。截至2013年12月7日,已经制定发布的政府规章包括:为保障中国科学院与贵州省政府在贵州省平塘县大窝凼共同建造的500米口径球面射电望远镜正常运行而制定的《贵州省500米口径球面射电望远镜电磁波宁静区保护办法》(省政府令第143号);为促进工业园区健康有序发展,规范工业园区管理,进一步加快工业化、城镇化进程而制定的《贵州省工业园区管理暂行办法》(省政府令第142号);为加强电动自行车的管理,维护道路交通秩序,预防和减少交通事故而制定的《贵州省电动自行车管理办法》(省政府令第141号);为规范车辆、船舶所有人或者管理人的纳税行为而制定的《贵州省车船税实施办法》(省政府令第140号);为促进残疾人就业,保障残疾人劳动权利而制定的《贵州省残疾人就业办法》(省政府令第137号);为增强企业信用和信用风险防范意识,规范企业信用信息的征集、公开、使用及管理活动,推进社会信用建设而制定的《贵州省企业信用信息征集和使用管理办法》(省政府令第136号)以及《省人民政府关于取消一批行政审批项目的决定》(省政府令第144号)、《省人民政府关于省直机关继续实施的行政许可项目的决定》(省政府令第139号)和《省人民政府关于2012年度取消和调整行政许可项目的决定》(省政府令第138号)。

**2. 加强行政规范性文件的审查、备案工作**

2013年3月19日,省政府办公厅召开专题工作会议,提出要加强行政规范性文件的合法规范性文件的合法性审查工作,具体要:理顺草案的报送、审议程序,加强规范性文件起草中的沟通和协调。建立文件审查情况通报机制,在规范性文件起草过程中重视文件内容合法性问题,充分发挥法制机构的职能作用,建立培训及跟班学习等机制以解决规范性文件合法性审查人手不足的问题。4月26日,省政府办公厅发布《关于进一步做好规范性文件制发工作的通知》（黔府办函〔2013〕57号），从执行制定程序、合法性审查、报送备案制度和培训与通报工作四方面规范文件的制定和发布工作。6月19日，省政府法制办公室通过《建立文件错情通报机制的工作方案》《建立定期抽调机制的工作方案》《开展规范性文件制定工作培训的方案》三个方案，对相关程序和措施进行了细化规定。

2013年第一至第三季度，各级政府各部门推进规范性文件的合法性审查工作。截至第三季度，省政府法制办共收到各市政府、省直部门报送备案的规范性文件169件，其中，市政府报备规范性文件115件，逾期37件；省直部门报备规范性文件54件，逾期14件。此外，根据有关规定，截至2013年12月7日，已有省教育厅等单位工作人员到省政府法制办跟班学习。

**3. 创新行政复议案件管理程序**

2013年，按照省行政复议工作规范化建设的要求，省政府法制办起草制定了《贵州省人民政府行政复议办公室审理行政复议案件流程管理规定》，对案件的立案、移交、审查、审议、结案、归档六个阶段中的若干工作节点进行细化，明确了各工作节点的职责主体和完成时限，并规定了由处长级负责人负责对各工作节点进行监督；以跟踪提示为主，必要时进行催办督办的监管制度，以强化对案件审理过程中各程序性工作的科学化管理。此外，上述《规定》还将办案效率划分为快速结案、中速结案、正常结案三个等级，鼓励承办人员切实提升办案效率，对行政复议案件管理程序进行了创新。

**4. 推进法律顾问工作，为法治政府建设提供保障**

2013年4月5日，省政府办公厅发布《省人民政府办公厅关于推进政府法律顾问工作的意见》（黔府办发〔2013〕19号），对政府法律顾问室设置、法律顾问配备、法律顾问工作要求及保障措施做出明确规定。该《意见》要求，县级以上地方各级政府及其各部门必须设立法律顾问室，与法制机构合署办公；政府法律顾问工作经费纳入同级政府财政预算予以保障。

据统计，近五年来，省政府法律顾问室共完成省政府交办的各项法律事务378件。所涉类型包括省政府重大决策事项、省政府领导法律顾问事项、一般性法律审查事项、合同文本法律审查事项和其他法律服务事项。上述《意见》的出台将更有利于优化政府法律顾问工作环境，提高法律顾问工作效能，有助于真正发挥各级法制机构在法治政府建设和地方经济社会发展中的积极作用。

**5. 尝试开展政府规章的立法后评估工作**

2013年8月，贵州省政府法制办、省交通运输厅、省地方海事（航务管理）局共同成立"《贵州省乡镇自用船舶安全管理办法》立法后评估小组"，正式启动了对该《办法》的立法后评估工作。这是贵州省政府首次尝试开展政府规章立法后评估工作。评估小组按照"客观公正，科学民主；服务实践，讲求实效；积极探索，适度超前"的原则通过发放问卷调查、个别访谈等形式，对上述《办法》的宣传教育、地方和部门贯彻执行办法的经验和做法进行了评估并形成相关报告。通过评估，总结分析上述《办法》实施的成绩和不足，加大制度创新和执行力度，侧重于把握后评估方法和后评估模式的建立与完善，通过对上述《办法》的立法后评估，积极探索，积累经验，适度超前，逐步完善立法后评估工作。

**6. 推进省政府规章的翻译工作，提升对外开放水平**

2013年，省政府法制办组织对2012年度省政府制定的6部政府规章进行了翻译工作，形成相应的中英文对照文本，并向社会发布。本年度翻译的政府规章涉及服务、贸易、公共服务、行政许可等方面，包括《贵州省无线电发射设备销售管理办法》《贵州省人民政府关于修改〈贵州省征占用林地补偿费用管理办法〉的决定》《贵州省人民政府关于修改〈贵州省教育经费筹措管理办法〉的决定》《贵州省电煤供应和采购储备考核奖惩暂行规定》《贵州省抗旱办法》《省人民政府关于第一批取消下放管理层级转变管理方式的行政许可事项的决定》。

据统计，2008～2013年，省政府共公布38部政府规章的英文译本。政府规章翻译工作的开展，有助于提高贵州省对外开放水平，进一步推动招商引资和对外经贸发展。

## （三）审判、检察工作

2013年，贵州省各级法院和检察机关紧紧围绕"同步全面建成小康社会"的总目标、"五位一体"的总布局安排部署工作，为贵州省"两加一推"主基调、"三化同步"主战略、"同步小康"总要求等重大战略的实施营造良好的法治环境，各项工作取得了新成绩、实现了新发展。

**1. 审判工作**

全面开展量刑规范化改革试行工作。2013年，贵州省9个中级法院、88个基层法院均已全面开展量刑规范化改革试行工作，取得了明显成效。2013年11月25日，最高法院专门召开量刑规范化工作会议，研究完善《人民法院量刑指导意见》及实施细则，部署具体的实施工作。全省法院进一步统一思想，充分认识量刑规范化的重要意义和法律地位，加大工作力度，采取有力措施，按照中央和最高法院的部署及要求，确保量刑规范化改革深入推进。

建立重大疑难、复杂案件定期会诊化解制度。2013年7月30日，省法院执行指挥中心向全省中级法院执行局下发通知，决定在全省法院建立重大疑难、复杂案件定期会诊化解制度。定期会诊的案件主要是全省法院长期无法执结的重大疑难、复杂案件，具体包括以下几类：一是立案后6个月未能执结的案件（法定需要扣除的执行期限除外）；二是当事人长期到省法院信访而未实际解决的案件；三是上级机关督办交办的疑难复杂案件。原则上，每月第四个周五上午为"执行案件会诊日"。会诊的案件，由省法院执行指挥中心办公室从各中级法院上报的重大疑难、复杂案件中确定。每个案件由承办人汇报执行中遇到的问题和难点后，参加会诊的省法院执行指挥中心及指挥中心办公室负责人进行剖析讨论、共商执行对策，必要时邀请省法院分管院长参加，针对执行中的法律适用进行"专家会诊"。根据案件需要，省法院执行指挥中心相关成员还可以深入案件所在地法院听取汇报、共商对策。

启动车载巡回法庭试点工作。在贵州这样一个经济发展较为滞后、交通条件较差的省份，虽然基层人民法庭受理的案件标的额不大，法律关系也相对简单，但与老百姓的生活息息相关，案件处理是否及时得当、是否方便直接关系着人民群众的利益，也直接影响着社会和谐稳定。如何加强基层基础建设，创新便民利民措施，保障和满足边远、偏僻山区人民群众日益增长的司法需求是执法部门必须高度重视和妥善解决的一个重要课题。为贯彻落实党的十八届三中全会精神，结合贵州山高路远、交通不便的实际，以及新建基层人民法庭在经费、编制、审判法庭建设等方面的实际困难，贵州高院党组结合贵州实际，在进一步优化和规范人民法庭设置的基础上，根据人民群众的需求和审判需要，借助现代科学技术手段和交通工具，因地制宜加大开展巡回审判工作力度，切实解决边远山区群众诉讼不便这一难题，增强司法为民的实际效果。车载流动法庭具有覆盖广、服务宽、方便快捷的优势，通过上门立案、上门审判、上门执行的"三位一体"模式，可以把发生在基层的矛盾纠纷解决在萌芽状态，有效解决山区群众诉讼难、执行难的问题，让群众以最短的时间、最低的诉讼成本、最快捷的方式获得司法服务，所以推动和开展车载巡回法庭试点工作成为贵州法院解决基层群众"诉讼难"的重要切入点和着力点。

完善领导干部深入基层调研工作机制。明确领导干部每年调研的时间、方式、质效和要求，提高调研的针对性和实效性。全面落实司法便民措施，在落实远程立案、巡回审判、假日法庭等便民措施基础上，指导全省法院设立"诉讼服务中心"，以更加有效的举措方便群众诉讼，解决"诉讼难"问题。全面落实司法公开要求，强化审判公开机制建设，大力推进全省法院审判流程公开、裁判文书公开、执行信息公开三大平台建设，全面、全程公开审判活动，接受群众监督。针对群众呼声，下大力气清理和审理好群众高度关注的长期申诉缠访等七类案件，回应群众关切和期盼。依法推进司法民主，全面实施陪审员"倍增计划"、完善陪审员制度。建立特约咨询员、监督员制度，畅通民意沟通渠道，增强司法工作的透明度。全面加强审判管理，向管理要质量、要效率，提升管理水平，提高工作质量和效率。开展机关效能建设，把个人考勤、业绩、作风等纳入目标绩效管理，切实解决推诿扯皮、办事效率低下等问题。开展投诉举报查处专项行动，公布举报投诉电话，做到有案必查、违纪必究，正风肃纪，促进法院廉政建设。

开展"公众开放日"，满足人民群众对司法的知情权、参与权和监督权。2013年12月4日，按照省高院的统一部署，包括省高院、各中级法院及部分基层法院在内，全省共有22个法院同时举办"公众开放日"活动。省高院通过邀请人大代表、政协委员、媒体记者、师生代表、社区代表及各职业群体代表观看远程视频提讯、旁听案件庭审、参加座谈会等活动形式，进一步增进社会各界对法院工作的了解，进行法制宣传。"公众开放日"活动中还通报了2013年1~10月全省法院刑事审判工作情况。各级法院打开大门让群众走进来，零距离了解法院工作，感受司法公开与公正，满足人民群众对司法的知情

权、参与权和监督权。该活动不仅增强了司法工作的公开透明和司法廉洁,实现了阳光审判、透明司法,也促进了司法工作的公正、公开、严谨。

**2. 检察工作**

以实施基层检察院建设"4+1"(即执法规范化、队伍专业化、管理科学化、保障现代化建设与检察文化建设有机结合)、检察骨干队伍建设、检察干警素质能力提升三个工程为载体,扎实推进队伍建设。通过队伍建设,全省基层检察院执法办案流程、机制更加规范,各项检察业务主要评价指标较上年都有明显进步。队伍精神面貌明显提升,职业归属感、荣誉感、团队精神增强,干警素质能力进一步提高;检务、案务、事务的管理机制进一步完善、严密、精细,各项工作运转高效有序,科学管理效能逐步显现;装备设施等科技保障更加有力,基础设施建设不断改善,信息化水平日益提高;检察文化建设百花齐放,集地方文化、民族文化、红色文化、多彩贵州文化以及法治元素、检察元素于一体,精彩纷呈、特色鲜明,检察文化的引领、渗透、融合、凝聚作用充分展现,检察队伍实干兴检活力得到有效激发。

全面试行排除非法证据指导意见。立足贵州检察工作实际,在修改后的刑事诉讼法的基础上,制定了《关于审查起诉排除非法证据指导意见(试行)》,规范全省公诉部门排除非法证据工作。该《指导意见》明确列举出非法证据的范围,规定非法证据排除的告知程序,明确非法证据被排除后的处理及责任等。该《指导意见》规定非法证据被排除后,应当随案移送,不得截留或退还侦查机关。公诉承办人、部门负责人、分管检察长在排除非法证据工作中应当遵循三级审批、层级负责。

加强职务犯罪的预防工作。为实现预防部门与侦查部门发挥各自职能优势,实现资源共享,做到"惩防并举",在全国率先创建"侦防一体化"工作制度,探索与有关单位建立预防联席会议制度、重点工程专项预防等工作机制。深入权力集中部门和资金资源密集领域,通过成立预防工作室、工作站,明确专人等方式,加强系统预防和专题预防,围绕权力运行关键环节和资金管理的关键环节建章立制,遏制职务犯罪的蔓延。创新预防宣传方法,通过警示教育基地、预防宣讲团、廉政宣传短片、案例汇编和预防职务犯罪专刊等方式广泛开展预防宣传和警示教育工作,积极推进全省反腐倡廉教育和廉政文化建设。

发挥检察职能，服务经济发展。贵州省出台《关于积极发挥检察职能服务保障企业发展的意见》，从预防、惩治、保障、帮助等四方面提出20条具体措施，强化法律监督，运用法律手段，保护企业利益。为企业发展撑腰壮胆，做好政策引领和服务保障；做企业发展的"助推器"，帮助企业解决在融资、用地、用工、市场营销等适用法律政策方面存在的实际困难和问题，助推企业发展；做企业的"服务员"，站在企业的角度考虑问题，帮助企业排忧解难。

推出司法便民十条措施，主要包括完善检察长接访工作，完善代表委员联络平台，健全检察官联系群众工作机制，坚持开展"检察开放日"活动，设立"一厅式办公"信访接待室，强化视频接访工作，建立案件管理"一站式"服务平台，健全高效便捷的行贿犯罪档案查询工作机制，开通检察官在线答疑网络平台，完善和促进职务犯罪大案要案预防与查办通报、职务犯罪举报便捷的工作机制。

### （四）司法行政工作

**1. 人民调解工作规范化建设稳步推进**

针对新时期社会矛盾纠纷的新特点，各级司法行政机关在进一步完善乡镇（街道）、村（居）调解组织的基础上，大力加强区域性、行业性、专业性人民调解组织建设，积极发展与民生密切相关的物业管理、劳动争议、交通事故、医疗纠纷等领域的调解组织。截至2013年上半年，全省共有人民调解委员会22539个，其中村（居）委会人民调解委员会19576个、乡镇街道人民调解委员会1642个、企事业单位人民调解委员会832个、交通事故调解委员会108个、医疗纠纷调解委员会51个、劳动争议调解委员会98个、物业纠纷调解委员会18个、其他人民调解委员会214个，形成了多种类型、不同层次、全面覆盖的人民调解组织网络体系。2013年省司法厅下发了《关于推进人民调解委员会规范化建设发挥人民调解化解社会矛盾基础作用的实施意见》，对加强人民调解工作的规范化建设提出明确要求，全省人民调解工作规范化水平不断提高。同时，为加强人民调解与行政调解、司法调解的衔接配合，先后与省高级人民法院联合下发了《关于加强新形势下人民调解与诉讼工作相衔接的意见》，与省检察院就邀请人民调解参与刑事和解的有关事宜进行协商，在全省20个县开展刑事和解试点；与综治、法院、公安、财政、保监会等单位联合下发了《关于推进道路交通事故民事损害赔偿纠纷调处工作的意见》；与省综治办、省高级人民法院、省人力资源和社会保障厅、省总工会等单位会签了《关于共同建立群体性劳动纠纷调解联动机制的意见》；与省卫生厅就建立和推进医疗纠纷人民调解工作的有关工作机制开展了协商，并下发了有关意见。

**2. 全面加强社区矫正工作**

2013年，省司法厅组织召开全省社区矫正专题研讨会，邀请了省法院、省检察院、省公安厅、省监狱管理局、贵阳市司法局相关处室负责人以及省内知名法律专家进行专题研讨。此外，司法厅还出台了《关于开展社区矫正执法检查活动的实施意见》《贵州省社区矫正执法检查实施方案》，组织安排在全省范围内开展了社区矫正大检查活动，以县（市、区）司法局和司法所为重点，对照《刑法》《刑事诉讼法》和《社区矫正实施办法》，深入查找社区矫正执法过程中存在的突出问题，教育引导广大基层干警增强刑罚执行意识，明确执法职责、执法权限、执法程序和执法标准，实现执法制度进一步健全、执法行为进一步规范、执法监督进一步加强、执法质量进一步提高的目标。10月，省司法厅在遵义市召开全省社区矫正执法培训工作会议，对心理咨询、心理干预、心理治疗等方式在社区矫正工作中的运用进行了交流与学习。

**3. 切实维护监狱劳教（戒毒）场所安全稳定**

2013年9月，省司法厅邀请省委政法委执法监督处、省公安厅禁毒总队和刑侦总队，并抽调省监狱局、省劳教局人员联合组成检查组，通过查看档案资料、清监（安全检查）、缉毒犬搜查、手机信号侦测、尿样检测、对民警进行安全管理制度知识测评等方法，以检查监所违禁物品清查专项行动落实情况为重点，先后对省王武监狱、都匀监狱、沙子哨监狱和贵阳市三江劳教（戒毒）所、毕节市劳教（戒毒）所等5个监所进行了检查。

**4. 深入开展法制宣传教育**

省司法厅制定下发了《关于"深化'法律六进'推进依法治国"法制宣传教育主题活动的通知》，明确要求以"深化'法律六进'，推进依法治省"

为主题,全面落实"六五"普法规划,提高全体人民特别是各级领导干部和国家机关工作人员的宪法意识和法治观念,培育社会主义法治文化,弘扬社会主义法治精神,在全社会形成学法、尊法、守法、用法的良好氛围,推进依法治理工作深入实施,为贵州省与全国同步建成小康社会营造良好的法治环境。

## (五)环境法治

### 1. 开展环境污染强制责任保险试点工作

贵州省于2013年10月30日正式开展环境污染强制责任保险试点工作,该险种是以企业发生污染事故对第三者造成的损害依法应承担的赔偿责任为标的的保险,强制投保的范围包括涉重金属企业和高环境风险企业。各企业的参保金额由企业的性质、规模、所在地区、风险程度、环保管理能力等因素决定,参保金额范围在50万~4000万元。赔偿的范围包括:因突发意外事故引起污染损害以及由此导致的第三者人身伤亡和直接财产损失;第三者发生的清理污染物费用;投保企业控制污染物扩散所产生的必要而且合理的施救费用等。企业向保险公司投保后,能够减轻企业在意外事故中本应承担的赔偿责任,有利于政府增强处理环境风险事件的调控手段,让遭受环境污染损害的群众及时获得救助。

### 2. 多措并举加强渣场和尾矿库污染防治

一是从源头控制和削减污染。贵州省制定《建设项目环境监理办法》的要求凡是资源型开发项目的工业渣场和尾矿建设,设计、施工实行全过程环境监理,确保工业渣场建设标准化。加快《贵州省一般工业固体废弃物贮存、处理场污染控制标准》和《贵州省一般工业固体废弃物处置场工程环境监理技术规范》的制定工作,以全面降低工业渣场和尾矿库渗漏造成的环境污染风险。二是加大污染治理力度。排查全省工业渣场和尾矿库234座,存在环境隐患170座,对存在环境安全隐患的渣场和尾矿库实施限期治理。贵州省政府下达12个省级限期治理、36个市级限期治理和18个县级限期治理任务。将磷化工、电解锰、冶炼等行业列为工业固体废弃物重点防控行业,将乌江、清水江、赤水河、北盘江流域列为工业固体废弃物重点防控区。对重点防控行业和重点防控区的企业开展强制性清洁生产审核,促进固体废弃物内部循环使用和综合利用，削减工业固体废弃物产生量。三是推进工业固体废弃物污染防治。积极落实支持循环经济发展的金融政策措施，研究完善土地、税收等优惠政策。要求各类开发区、产业园区制定工业固体废弃物污染防治和综合利用规划，最大限度对工业固体废弃物进行综合利用，减少进入工业渣场和尾矿库的工业固体废弃物数量。四是推进大宗工业固体废弃物综合利用。实施《贵州省大宗工业固体废物综合利用"十二五"规划》，研究提出了首批到"十二五"期末工业固体废物综合利用率达60%以上的重点防控区企业名单，要求企业对产生的工业废渣必须实施综合利用。特别是对贵阳中化开磷化股份有限公司、瓮福（集团）有限责任公司磷石膏综合利用率到"十二五"期末必须达到100%作出要求。五是加强环境执法监督。加强对重点企业渣场和尾矿库的经常性检查和巡查，加强监督性环境监测。对存在环境污染和环境安全隐患的工业渣场和尾矿库的企业加大处罚力度，对重点环境违法案件采取挂牌督办和限期治理措施。六是加大资金投入。企业制定工业渣场和尾矿库及固体废物综合利用方案，确保资金投入量，提高工业固废综合利用率。省有关部门积极争取国家工业渣场和尾矿库及固体废弃物综合利用专项资金。

**3. 加强环境执法监督工作**

一是围绕化学需氧量、二氧化硫、氨氮、氮氧化物污染减排四项约束性指标，重点加强对城镇污水处理厂、各类开发区（工业园区）污水处理厂和燃煤电厂、水泥厂脱硝设施建设、运行的执法监管，综合推动重点项目建设。突出抓好对重金属排放企业的执法监管与整治。重点加强对中小型污染企业的执法监管，通过严格执法倒逼其退出市场，促进地区产业结构的调整和优化。二是加强与其他相关部门之间的执法协作，积极拓展与监察、法院、检察院等部门的合作，加大企业、区域的执法处罚力度。对违法排污企业采取暂缓审批增加污染物排放总量、暂缓排污许可证发放、暂缓企业环保专项资金支持等措施；对环境违法行为突出的地区，采取取消各类荣誉称号、实行区域限批、行业限批等措施。2013年以来，全省共出动环境监察执法人员6万人次，检查企业1.9万家次，查处违法排污企业1221家，行政处罚3473万元，下达整改通知书670份。三是创新执法监管方式。大力加强省市县三级、二级联查行动，通过下查一级方式，切实防止地方保护主义。省环监局从全省抽调执法骨干组成稽查小组，不定期对各地进行执法检查。充分运用现代技术，特别是充分发挥污染源自动监控系统的作用，提高执法效率，提升执法效能。四是拓宽执法监管渠道。充分发挥和完善12369环保热线的作用，部分县（区）实行环境污染有奖举报制度，加大对环境污染投诉的查处力度。积极构筑公众参与环境执法监管的平台，充分调动社会力量共同参与执法监管，邀请群众代表、义务监督员参与现场执法，加强沟通联系和信息互通。进一步加强新闻媒体舆情监测，加强与新闻媒体的沟通，充分发挥新闻媒体的监督作用，共同加强执法监管。

**4. 加强水污染防治，夯实发展生态基础**

自2008年新修订的《中华人民共和国水污染防治法》实施以来，贵州省依法强化执法监督，采取了强有力的措施切实加强水环境保护。仅在赤水河流域环境综合整治上，就制定了《赤水河流域环境保护规划（2013～2020年）》；与流域跨界省份签订了《川滇黔三省交界区域环境联合执法协议》；建立完善了赤水河流域环境保护河长制；严格落实好取水许可制度，启动建立赤水河流域生态补偿机制；成立了专门的环保法庭。

## （六）知识产权法治

贵州正处于加速科学发展、后发赶超、同步小康的关键时期，知识产权工作按照"好中求快、快中保好，能快则快、又好又快"的总要求，保持和全省经济社会发展同样的快步伐、紧节奏，全面快速推进。2013年，知识产权工作全面融入经济社会发展主战场，深入贯彻落实省委省政府对知识产权工作的部署和要求，进一步深化与推广企事业单位知识产权试点、产业园区知识产权试点、中小企业知识产权战略推进工程、县域经济知识产权战略推进工程、知识产权宣传培训等工作，进一步扩大知识产权事业更好更快发展的工作基础，为转变经济发展方式提供有力支撑。

**1. 成立《贵州省专利条例》修订起草工作小组**

为贯彻落实党的十八大提出的实施创新驱动发展战略，推动贵州知识产权事业发展，贵州省人民政府将《贵州省专利保护条例》的修订工作列入了2013年立法调研计划。为确保条例修订工作的顺利进行，2013年3月26日贵州省人大教科文卫委、贵州省人大常委会法工委、贵州省人民政府法制办和贵州省知识产权局共同组织成立了《贵州省专利条例》修订起草工作小组,负责起草《贵州省专利条例》修订草案文本,推动条例修订立法进程。

**2. 出台《贯彻落实〈关于加强战略性新兴产业知识产权工作若干意见〉的实施意见》**

2013年6月5日,贵州省知识产权局与省发展改革委等10部门联合印发了《贯彻落实〈关于加强战略性新兴产业知识产权工作若干意见〉的实施意见》。该《实施意见》旨在提高贵州省战略性新兴产业知识产权创造、运用、保护和管理能力,推进战略性新兴产业培育和发展,提出了到2015年和2020年贵州省战略性新兴产业知识产权工作的开展目标,并从促进知识产权创造、运用和保护,加强园区和企业知识产权工作,加强知识产权服务能力建设,加强组织领导协调等方面提出了具体政策措施。

**3. 修改《贵州省专利行政案件物证管理办法》**

2013年3月6日,贵州省知识产权局正式印发了新修订的《贵州省专利行政案件物证管理办法》,自2013年4月10日起在全省实施。这是对2007年9月7日贵州省知识产权局制定实施的《贵州省专利行政案件物证管理办法》的修订完善,目的是进一步规范全省专利行政案件物证管理,提高全省专利行政依法执法水平。该《办法》共有11条内容,对物证的收取、登记、保管、退还、销毁、捐赠等事项做出了明确规定。

**4. 出台《贵州省专利行政委托执法暂行办法》**

2013年3月6日,贵州省知识产权局正式印发了《贵州省专利行政委托执法暂行办法》,自2013年4月10日起在全省实施。该《暂行办法》共有15条内容,主要规定了委托执法的启动、受托方应当具备的基本条件、委托执法的相关程序、委托执法活动的监管及其法律责任等方面的内容。

**5. 出台《关于促进专利代理行业发展的意见》**

2013年2月20日,贵州省知识产权局出台了《关于促进专利代理行业发展的意见》。该《意见》紧紧围绕省委省政府"两加一推"主基调,深入实施工业强省战略,转变经济发展方式,实施创新驱动发展战略,针对贵州省专利代理行业存在机构少、人才匮乏,人员年龄结构、分布区域不尽合理,行业发展较慢等实际问题,从指导思想、发展目标、基本原则、促进专利代理机构的培育和发展、改进对专利代理行业的管理与服务、发挥专利代理行业在实施知识产权战略中的重要作用以及加快专利服务人才队伍建设步伐等几方面提出了具体的政策性指导意见。该《意见》的发布实施,将进一步加快全省专利代理行业发展步伐,对提高贵州省创新和将发明成果产业化的能力,推动全省知识产权事业更好更快发展具有十分重要的意义。

**6. 贯彻落实《专利行政执法能力提升工程方案》**

为加强专利行政执法能力建设,国家知识产权局制订了《专利行政执法能力提升工程方案》。2013年5月13日,贵州省知识产权局制定了《贵州省知识产权局关于贯彻落实国家知识产权局〈专利行政执法能力提升工程方案〉的实施意见》(以下简称《实施意见》),并印发执行。《实施意见》从提高执法人员业务素质入手,推进执法队伍向专业化、职业化转变;创新工作机制,快速提高执法办案水平;加快制度建设步伐,提高执法工作规范化水平;加强执法条件建设,提高执法工作信息化水平等四方面,对贵州如何贯彻落实国家知识产权局《专利行政执法能力提升工程方案》作了具体规定。

**7. 设立中国(贵州)知识产权维权援助工作站**

为进一步推进贵州省知识产权战略实施,加大知识产权维权援助和举报投诉工作力度,逐步建立和健全贵州省知识产权维权援助工作的部门合作、区域互动的工作体系,经全省各市州知识产权局申报,贵州省知识产权局批复同意在六盘水市知识产权局、安顺市知识产权局、黔南州知识产权局、黔西南州知识产权局、黔东南州知识产权局、铜仁市知识产权局和毕节市知识产权局设立首批中国(贵州)知识产权维权援助工作站。通过工作站的建设,将形成基本覆盖全省,统一协调、信息共享、快速反应的知识产权维权援助工作机制。

## 二 进一步推动贵州法治建设的对策建议

### (一)党的作风建设制度化、规范化、常态化

党的十八届三中全会以来,党中央研究制定的《中央党内法规制定工作

五年规划纲要（2013~2017）》《党政机关厉行节约反对浪费条例》，是今后深入推进党的作风建设制度改革的重大举措，也是党中央开展党的群众路线教育实践活动以来取得的两项重要制度成果。其中，《中央党内法规制定工作五年规划纲要（2013~2017）》明确指出："各地区各有关部门可以根据本规划纲要精神，结合自身实际，编制本地区本系统党内法规制定工作五年规划。"因此，贵州省可以根据中央规划纲要精神，结合贵州实际，编制党内法规制定工作五年规划。

正如中共贵州省委书记赵克志同志所言，作为欠发达、欠开发、欠开放的贵州，没有排场可讲，没有阔气可比，没有奢华可享。必须从坚定理想信念和发展信心出发，通过筑牢思想防线，扫除奢靡享乐之风、提振艰苦奋斗之气；必须从贵州省情出发，通过艰苦奋斗、勤俭办事，扫除奢靡享乐之风、提振艰苦奋斗之气；必须从党的群众观点和群众路线出发，通过密切党和人民群众血肉联系，扫除奢靡享乐之风、提振艰苦奋斗之气。

当前，贵州第一批党的群众路线教育实践活动已经进入整改落实、建章立制环节。以制度机制把已经取得的作风建设成果固定化，从根本上反对、制度化解决"四风"问题，永葆党群血肉联系，实现作风建设制度化、规范化、常态化，已成为当务之急。

我们要想根治影响党群血肉联系的问题，使党的作风建设制度化、规范化、常态化，就必须加强制度建设，制定新的制度，完善已有制度，废止不适用的制度，纠正在现实中执行走样的制度，使一项项具体制度约束成为党群血肉联系的"造血干细胞"和"补血口服液"，建立党员干部为民务实清廉的长效机制，让群众路线真正成为党员干部的生命线与根本工作路线，使党群、干群之间的联系由非制度化、非常态化向制度化、常态化转变。

只有真正让人民群众当党员干部的评委，把最终评判权交给群众，真正能够选择人、评价事，决定干部的"帽子"和"位子"。只有这样，才能使党员干部走群众路线和贯彻执行党的群众路线制度化、规范化、常态化，使党员干部不是仅仅靠思想自觉而是必须与人民群众保持血肉联系，从而保证"权为民所赋、权为民所用、情为民所系、利为民所谋"。

加强党的作风制度化建设，建立促进党政机关党员干部为民务实清廉的长效机制。一方面,制度建设要科学合理。科学、合理的制度安排和设计,是作风建设的决定性因素。在制度建设的过程中,不仅要废止不适用的制度,纠正在现实中执行走样的制度,完善已有的制度,制定新的制度;更要注重不同制度之间的协调与配合,相互不冲突、不抵触。做好"顶层设计和整体规划",注重制度建设的整体性、系统性、协调性。另一方面,制度执行要严肃。制度一经形成,就必须严格遵守,制度面前没有特权、制度约束没有例外、制度阳光没有死角,让"变通者"无施展之处,让"正规则"畅通无阻、让"潜规则"寸步难行。如果"照章(规章制度)办事不如照长(长官意志)办事"、按规矩办事不如看领导眼色行事,那么还不如没有制度。让制度充分发挥硬约束、刚需求、管长远的作用,就能使扫除行为之垢和排查作风之弊的工作不因时间推移而懈怠,不因活动完成而失效。

加强制度建设,建立促进党员干部为民务实清廉的长效机制,至少需要建立健全以下具体工作机制。

第一,要建立科学规范的学习教育机制,提高党员干部的思想政治觉悟,启发群众工作行动自觉。

第二,要建立党员、干部直接联系群众的常态化机制,通过领导干部的包联系、包扶持解决实际问题,通过走基层,保持与人民群众的血肉联系。完善党员、干部特别是领导干部直接联系群众制度,具体包括领导干部基层定点联系制度、定期接待群众来访和下访制度、基层现场办公制度、调查研究制度等。

第三,畅通和拓宽群众利益诉求反映渠道,建立并完善党和政府主导的维护群众权益机制,把联系并服务群众作为党员、干部特别是领导干部的重要职责和工作任务,不断提高做好新形势下群众工作的能力和水平。

第四,要建立社会矛盾调解机制,以主动下访减少和预防被动上访,排查和清空基层群体利益矛盾,把影响党群、干群血肉联系的不稳定因素化解在萌芽阶段。

第五,要建立基层人民群众满意度调查和反馈制度,分阶段对党员干部特别是领导干部作风方面的问题通过问卷调查、网络征询等多种形式向群众征求意见。

第六,要建立宣传报道正面典型制度,对党的群众路线教育实践活动中涌现出来的先进人物和事迹进行广泛宣传,用模范典型带动人,用先进事迹感染人,用优秀品质影响人。

第七,要建立严肃惩处反面典型制度,公开曝光、处理那些弄虚作假、高高在上、当官做老爷的官僚主义者。对群众反映强烈的有突出问题的领导干部,要坚决进行查处,决不姑息。

第八,完善党政机关有关厉行节约、反对浪费的党内法规。清理以往反对浪费的各项制度规定,以改革创新精神加强厉行节约、反对浪费制度体系建设。制定本地区党政机关厉行节约、反对浪费条例,坚决遏制公务支出、公款消费中的违纪违规违法现象。

第九,完善领导干部有关工作生活待遇的党内法规。满足领导干部工作生活最低需求,修改完善领导干部住房、办公用房、用车、工作人员配备、医疗、休假休息、交通、安全警卫等方面的党内法规制度。

第十,完善作风建设监督惩戒制度。健全作风建设监督检查机制,加大监督检查力度。将作风建设情况纳入巡视工作范围。健全作风建设惩戒机制,明确违规违纪违法责任内容和惩罚措施,严格责任追究,以严明的纪律和严厉的惩戒制度督促党员干部必须改进作风。

## (二)结合"5个100工程",进一步加强重点领域激励性、束导性立法和执法工作

当前,贵州省正在集中打造100个示范小城镇、100个城市综合体、100个产业园区、100个现代高效农业示范园区和100个旅游景区等"5个100工程"项目。"5个100工程"是省委、省政府的重大决策,旨在从城镇化、工业化、农业现代化、发展旅游等现代服务业方面"牵牛鼻子",强力推进欠发达的贵州经济社会快速发展,"是贵州实现后发赶超、同步小康的战略支撑点和发展增长点"。从立法和执法工作角度看,为当前及今后一段时期贵州经济社会发展中"5个100工程"相关领域提供制度保障和制度约束引导已成为十分必要和迫切的工作。

(1) 在加速城镇化过程中,加强城乡规划法规的执法工作,完善城乡规划体系之间的协调和统一。

第一,落实《贵州省城乡规划条例》规定,加紧编制具有较高科学水平

的、覆盖城乡的城乡规划体系，包括总规划、控制性详细规划和修建性详细规划，使规范土地使用的机制逐渐从依靠土地出让（划拨）合同、政府政策等的约定和规定上转移到依靠各层级、相对规范稳定和科学的规划体系上来，以增强土地使用权人的合理预期、提高土地未来利用的透明度和使用效率。建立居民意愿转化为规划内容的公众参与机制。

第二，加强全省重点地区规划同相关城镇规划的协调包容性。以贵安新区总体规划为例，在该规划的制定过程中曾分别与贵阳市和安顺市进行规划上的协调和对接，以使区域间的城镇、产业、人口、环境、资源等更加协调和优化。可以考虑建立指导各级城乡规划在横向上协调、互补的规划协调机制，明确规划间协调的标准和程序，实现贵州城乡规划体系在横向上的有机统一。

第三，加强城镇规划的执法工作。维护已颁布规划的权威性和严肃性，严格规划执法，规划一经确定则不宜轻易、频繁、无系统的修改，确有必要修改时，应严格按照法定程序和步骤进行，建立科学论证、居民参与讨论、对利益受损主体进行妥善安排或补偿的制度。

（2）加强提高劳动者就业能力和符合贵州产业发展需求的职业培训制度。结合《贵州省就业促进条例》《贵州省民办教育促进条例》《贵州省扶贫开发条例》《贵州省中小企业促进条例》等法规，整合社会培训资源，面向贵州省经济社会发展的迫切需要，加强对农村转移人口和城镇就业困难群体的非农就业能力培训，提高培训水平、降低培训的经济和时间成本，同时着力构建与贵州省中长期产业转型和升级相适应的在职培训机制，制定贵州人力资源结构优化和能力提升的行业和职业目录，为贵州下一阶段的加速发展提供适足人力支持。

（3）加快建立全省范围内统一、高效联动的信用制度，减轻贵州经济社会发展中的隐形成本和风险。建议在国家信用制度发展基础上，加速建立在全省范围内统一的信用制度平台。可以考虑优先整合统一法院判决执行、银行信贷、行政处罚、税务、工程建设、社会保障、企业工商登记、公民身份登记等领域的信息，并逐步将政府机关、社会团体、事业单位等机构纳入全省统一的信用平台。出台贵州省信用管理条例，通过制度设计提高失信主体的失信行为成本，可以考虑通过信用公示提高失信主体的潜在交易成本、降低失信主体的潜在交易机会，通过信用度惩戒制度设计限制失信主体做出特定行为、享有特定福利、享受特定税收优惠、特定行业就业及职务升迁或提高就业报酬。通过信用制度约束失信行为、激励守信行为，从而减轻社会各主体为防范失信行为而付出的不必要的成本，为全省"5个100工程"高效实施提供良好的环境。

（4）加强公共基础设施相关执法和立法工作。随着工业强省和城镇化带动战略的深入实施，贵州省城镇公共基础设施等资产迅速增加，加强公共基础设施方面的执法和立法工作的需求日益突出。在加强执行《贵州省城市公共交通条例》《贵州省水利工程设施管理条例》《贵州省信息化条例》等城镇基础公共设施法规的同时，加快规范地下空间及共用管线的通信、供电、供气、供热、给排水等基础设施法规的出台，建立共同管理、与城镇规划相适应的地下空间利用等制度。针对全省日益庞大的公共租赁住房等保障性住房，出台规范保障性住房选址、建设、运营、回收等系列环节的法规，以促进住房保障确实为住房困难家庭所适足和便利地享有，使作为国家资产的公共租赁住房得到妥善管护。

（5）按照十八届三中全会《中共中央关于全面深化改革若干重大问题的决定》精神，制定贵州省工业化、信息化、城镇化、农业现代化和现代旅游服务业等方面的促进条例，通过"5个100工程"平台率先探索释放制度改革红利。系统研究《贵州省人民政府关于"5个100工程"建设政策措施的意见》有关政策措施，探索在上位法范围内将《意见》及各地实施"5个100工程"中的好做法予以法规化，为"5个100工程"的实施提供法律保障。根据《决定》精神，按照逐步推进的改革原则，以100个小城镇工程和100个城市综合体工程为试点平台探索提高失地农民补偿在土地出让收益中比例的具体方法，探索建立"农民对集体资产股份占有、收益、有偿退出及抵押、担保、继承权"法律规范，探索赋予小城镇"同人口和经济规模相适应的管理权"的具体实现形式，探索建立"社会资本通过特许经营等方式参与城市基础设施投资和运营"的机制；以100个产业园区、100个现代高效农业示范园区和100个旅游景区为试点平台，探索建立"城乡要素平等交换"的机制、探索"鼓励和引导工商资本到农村发展适合企业化经营的现代种养业，向农业输入现代生产要素和经营模式"的具体实现方式、探索建立"赋予农民对承包地占有、使用、收益、流转及承包经营权抵押、担保权能，允许农民以承包经营权入股发展农业产业化经营"的法律规范等。

### （三）创新社会领域制度，促进基本公共服务均等化，加快形成有效的社会治理机制

党的十八届三中全会强调，紧密围绕更好地保护和改善民生、促进社会公平和正义社会体制的改革，加强收入分配制度改革，促进共同繁荣，深化和推动社会领域制度创新，促进基本公共服务均等化，加快科学、有效的社会治理体制的形成，确保社会充满活力、和谐有序。

**1. 推进社会领域制度创新**

综观一些现代化建设成功的国家，基本经验是选择、实践了一些好的制度。一整套具有现代化理念的、成熟和定型的基本制度是衡量一个国家现代化事业的标准。为了更好地实现贵州省社会领域人们利益诉求的有效机制，社会体制制度安排是调节利益关系的强劲动力。因此，推进社会领域制度创新，以合理的制度安排来协调人们的利益关系，将价值引导、利益观照和制度保障有机地结合起来，推动社会建设。

作为一个社会的基本制度建设，其建设的主要内容应当把社会建设的体制健全提上议事日程。因此，抓好社会领域建设，创新社会领域的各项制度是根本。自我国建设有中国特色的社会主义伟大事业以来，我国已经着力建立了具有中国特色的社会主义经济、政治、文化和社会体制，这些基本制度就是我们能够支撑起一个现代化国家的重要方面。只有建立基本规则，社会领域的制度创新性才靠得住。现在，社会不同利益相关者之间的关系就是个大问题。收入分配、社会的公平正义、劳资关系等诸多方面都与此有关，要处理利益不同的利益相关者之间的关系，在社会领域应建立大量的利益协调机制，应当有明确的制度设定和操作规程。比如，社会保障制度，该制度包括养老、医疗、失业、工伤等内容，我们应该根据不同的利益相关者制定不同的养老、医疗、失业等保障制度。符合现代化要求能长期运行的现代社会保障制度的建立、完善是需要足够时间的，因为有了足够长时间的运行，才能彰显社会保障制度的优越性。

总体而言，现代社会所必要的社会投入机制、运行机制和管理机制还有待建立。如在整个社会发展阶段应建立与科、教、文、卫、体事业相对称的运行机制、投入机制和评估机制。这使得社会事业与国家现代化事业互为支撑，相得益彰。所以说，我们需要创建一个具有现代化理念的社会体制机制，以依赖此体制机制来管理我们社会的运作，因此，我国社会领域的制度创新是当前尤为重要和紧迫的任务。

**2. 基本公共服务均等化的推进**

在新的阶段，随着人们对公共需求的快速增长，公众对社会领域中基本公共服务制度创新提出了更为迫切的要求。基本公共服务均等化正是贵州省全体社会成员为进一步扩大公共财政覆盖面和共享改革发展成果而实行的制度设计。

结合贵州省实际，笔者认为贵州省基本公共服务还存在不均衡、低水平以及体系建设滞后的问题，究其根源，都与缺乏基本公共服务体系相关。比如，在贵州省基本公共服务中尽管存在财力问题、供给短缺问题等，但主要原因是贵州省财政支出过程中存在结构不合理；公共财政体制不完善；城市与农村基本公共服务失衡过度。城乡二元公共服务制度的安排，在很大程度上应该归结为贵州省公共服务体系建设滞后，这反映出行政管理体制改革的不到位。为此，笔者认为新阶段贵州省基本公共服务的制度建设尤为重要。当前，贵州省城乡基本公共服务供给的失衡，凸显城市和乡村发展的问题。由此，导致城市和农村居民发展机会的不均等以及基本权利的不平等，这严重导致城市和农村居民的基本权利和发展机会的结构性失衡，制度化的城乡差距必须要缩小。这种城市和农村居民在基本权利和发展机会方面存在的差距同样能在贵州省农民工群体身上得到体现。与此同时，为贵州省农民工提供有保障的公共服务，在贵州省加快工业化、城镇化的背景下，已成为如何缩小公众基本公共服务区域差距的焦点问题。从贵州省实际情况出发，改善城市农村公共服务制度的条件已经成熟，这就需要我们在城市和农村统一建立基本公共服务体系。基本公共服务的政府绩效评价体系应该加快建立。近年来，关于改善民生、保障民生问题已成为各级政府的一项重要任务。但由于缺乏严格的基本公共服务评价体系，因此在执行中大打折扣。针对这些情况，我们认为，在贵州省，加强基本公共服务体系建设的一项必要措施，是尽快把基本公共服务的定量和定性指标纳入政府绩效评价体系，大大增加他们的权重；建立严格的关于基本公共服务的问责制，将基本公共服务的绩效评估和干部选拔、任用和内部激励机制相联系，在此基础上，进一步建立适当的问责机制。

与市场的力量相比，贵州省目前大多数社会组织，其基本功能具有非营利性，其主要的业务范围和基本公共服务项目有很多相同或相似的地方。此外，这些社会组织还可以构建灵活、多样，具有自发性的组织，无法充分发挥作用的某些基本公共服务主体可以在公共服务的供应链中发挥更加重要的作用。

**3. 加快形成科学、有效的社会治理体制**

党的十八届三中全会指出，密切围绕使市场在资源配置中起决定性作用，逐步深化经济体制改革，坚持和完善基本经济制度，加快完善现代市场体系、宏观调控体系、开放的经济体系，加快经济发展方式的转变，加快创新型国家建设，使经济更有效率、更公平和可持续地发展；紧密围绕并坚持党的领导、人民当家作主、深化政治体制改革，加快体制规范化、程序化的社会主义民主政治和社会主义法治国家建设，发展更加广泛的、更加充分的、更加健康的人民民主；紧紧围绕并侧重于建设社会主义核心价值体系、社会主义文化强国以深化文化体制改革，加快改善文化管理和文化生产经营体制，完善现代公共文化服务体系、现代文化市场体系，促进社会主义文化的发展与繁荣；紧紧围绕更好地保障和改善民生、促进社会公平和正义以深化社会改革、改革收入分配制度，促进共同繁荣，推动社会创新和促进基本公共服务的均等化，加快形成科学、有效的社会治理体制，确保社会充满活力和和谐有序；紧紧围绕并侧重于"美丽贵州"的建设，深化生态文明建设，加快生态文明制度建立，健全国土空间开发、资源节约和环境保护的体制机制，促进形成人与自然和谐发展的现代化建设新模式；紧紧围绕以提高科学执政、民主执政、依法执政水平，进一步深化改革党的制度，加强民主集中制建设，提高党的领导力和执政水平，保持党的先进性和纯洁性，为改革开放和社会主义现代化建设提供强有力的政治保障。

## （四）借鉴瑞士经验，加快建立生态文明制度，全力打造生态文明建设先行区

**1. 加快编制《贵州生态文明先行区建设规划》，为生态文明建设先行区的打造提供基础性、指导性、纲领性文件**

尽管贵州省在生态文明建设领域的诸多方面走在全国的前列，但迄今为止，贵州省尚未出台省级生态文明建设规划。生态文明建设，规划先行，应当加快制定《贵州生态文明先行区建设规划》，确立指导思想、基本原则、主要目标与指标体系，并对贵州省的生态空间、经济绿色转型、改善环境质量、弘扬生态文化、倡导生态生活、健全决策机制、加强政策调控、建立合作机制、强化法制建设、组织保障实施等方面的内容做出规定。只有编制《实施规划》，将贵州省委、省政府关于生态文明建设的决议、决定等赋予规范性、强制性的效力，才能够确保我省生态文明建设工作有效、有序地进行。

**2. 加快出台《贵州省生态文明建设条例》，修订有关法规，为生态文明先行区建设提供坚实的法律保障**

目前，贵州省已经颁布实施了一系列环境保护、生态建设等方面的法律，这些法律对于促进贵州省生态文明建设起到了较好的推动和保障作用。但随着国家生态文明建设重大战略的实施和贵州生态文明建设目标的提升，亟须出台一部综合性的生态文明建设法规，将贵州省生态文明先行区建设目标、建设方针、建设原则、管理体制法制化，并对省级生态文明规划的内容、生态红线、建设主体及其责任、考核指标及责任追究等进行全面规范，全面保障我省生态文明先行区建设工作顺利进行。

**3. 建立和健全环保联动执法机制，提升执法司法机关推进生态文明建设的工作合力**

要切实解决生态文明建设工作中条块分割、各自为政的问题，整合公安、检察机关、法院、环保等部门的资源，建立健全环保联动执法机制。建立联席会议、联络员、派驻环境保护联动执法人员等制度，建立环保联动执法中心。环保、检察院、法院、信访等部门之间建立环境保护信息专送通道，对涉及生态文明方面的信息实行共通、共享、共用。

**4. 加强生态文明建设领域职务犯罪预防工作，严肃查办生态文明建设领域职务犯罪**

开展司法机关与行政执法部门预防共建、廉洁示范工程创建、廉政结对共建等活动，建立联席会议、案件查办、情况通报、预防调研、法制教育、建议落实等制度。加大查办环保领域职务犯罪专项工作力度，严厉打击环境行政审批、环保资金和项目分配、环保设备采购等环节的职务犯罪，查办人民群众反映强烈的重大环境污染事件背后的贪污贿赂案件、失职渎职犯罪案件。

**5. 加强政策调控，建立多元化投入机制，加大环境资源税费改革，健全资源补偿和交易制度，制定实施生态文明建设激励政策**

建立"政府引导、市场运作、社会参与"的多元化投入机制，确保公共财政每年用于环境保护和生态建设支出的增幅高于经济增长速度与财政支出增长幅度。强化"排污者付费、治污者受益"的利益导向，支持民间资本参与生态文明建设。引导各类企业、社会捐赠资金和国际援助资金增加对生态文明建设领域的投入。

积极争取贵州进行环境税试点和国家对贵州省生态文明建设的税收政策支持。实行差别化排污收费政策，适当提高污染物排污收费标准和重污染行业污水处理费征收标准。建立农村垃圾处理多渠道经费补偿机制，对城乡统筹区域供水、垃圾处理、污水处理等农村环境基础设施运营给予政策支持。

开展节能量、碳排放权、排污权、水权等交易试点，实行污染物排污权有偿使用，制定《贵州省生态补偿实施办法》，对生态红线保护区域给予生态补偿。逐步提高森林生态效益补偿标准。

实行企业环境行为评级制度，实施有差别的信贷政策，鼓励其他行业的排污企业逐步参加环境污染责任保险，建立健全环境风险防范和污染事故理赔机制。

## （五）进一步深化行政体制改革

近年来，省委省政府在推进行政体制改革方面做出了一系列重要工作部署，取得了一些显著成绩，主要有：一是加强依法行政，制定了政府重大决策、行政听证等方面的行政规章；二是简政放权，扩大市县权能，赋予贵安新区等部分省级管理权限；三是提高行政效能，加强了电子政务和政务服务平台建设；四是着眼社会焦点，深化城市管理执法、行政审批、行政复议等热点领域的体制改革。

党的十八届三中全会，对深化行政体制改革提出了新的要求：必须切实转变政府职能，创新行政管理方式，建设法治政府和服务型政府。会议通过的《中共中央关于全面深化改革若干重大问题的决定》指出：应健全立法起草、论证、审议的机制，深入开展立法协商、行政协商、完善规范性文件、重大决策合法性审查机制，建立健全决策咨询制度，全面正确履行政府职能，深化行政审批和行政执法体制改革等。

为此，省委十一届四中全会在《关于贯彻落实〈中共中央关于全面深化改革若干重大问题的决定〉的实施意见》中提出，要切实把协商民主纳入决策程序，完善重大事项、重要信息公开制度，建立健全群众参与立法、听证、旁听、评议等制度，严格规范公正文明执法等。

为切实执行中央《决定》和省委《意见》的精神，未来数年里，应在立法与决策、行政审批、行政执法等重点环节、领域进一步加强行政体制改革。

**1. 发扬协商民主理念，健全行政立法和重大决策公开制度**

积极倡行当代参与民主、协商民主要求，尊重民意，拓展夯实政府立法以及重大决策的法理根基。除现行的人大和政协所执行的法定审查与监督制度，例如询问、质询、特定问题调查、备案审查等之外，对行政规章的制定和关键决策的出台应进一步实行全过程公开，真正做到开门立法。2011年，国家有121部法规草案征求公众意见，除了采用传统的专家论证会、座谈会外，还采用各种方式吸纳民意，以期提升立法民主性。对于个人所得税法，公众反馈踊跃，最终颁行的法律顺应民情，调高了纳税起征点。立法征集意见不再是搞形式、走过场，而成为立法活动的必要部分。

当前，在完善立法与决策的公众参与制度方面，除去加强既有的听证、旁听、评议等制度之外，一是可以引入法规起草的竞争机制，公布计划招标项目，借助社会各界力量，破除部门利益保护和脱离社会实际的倾向，以便做到科学决策、民主立法。二是努力创新参与途径，尽力降低专业技术类法规与决策的进入门槛，提高民众参与热情，制度化保障参与效力。比如，若征求群众意见未达到相关条件者，法案视作无效。三是可以试行规范性文件的司法审查制度，将参与路径从事前、事中延伸至事后，鼓励公众维权纠错，进而促进司法权威，激励依法行政精神。

此外，应推进政府法律顾问制度，强化合法性审查机制。2012年，省政府法律顾问室完成103件法律事项，其中重大决策事项26件。相较全省繁重的政务，这一比例显然过低。应进一步提升法律顾问的效力级别，扩大权限，同时严格核定职责，乃至将部分业务外包，以确保重要政务的合法合理，减少无谓的行政失当与违法现象。

**2. 坚持市场决定原理，逐步淡化政府管制倾向**

市场经济要求市场在资源配置中起决定性作用，深化改革必须解决政府干预过多与监管缺位的问题。政府的合理职责及其优势在于执行宏观调控、市场监管以及提供公共服务，弥补市场失灵。进一步改革行政审批制度的主导方向应当是简政放权，最大限度地减少对微观事务的管理。

2013年，省政府在《关于提高行政效能的若干规定》中，对未来一段时期的行政审批改革给予了比较周全的安排，涉及简政放权、提升服务、强化监察等诸方面，并且承诺：用3年时间实现与周边省份相比，行政审批事项最少、行政事业性收费项目最少；2013年省级审批平均时限在法定时限基础上压缩50%，实行"超时、缺席默认"制；开工建设省政府政务服务中心；加强电子政务，2013年省级行政事项上网审批率不低于20%等。

正如该《规定》所强调的"言出必行"原则，即"政府公开作出的承诺必须办到，出台的优惠政策必须兑现"。在未来的改革推进中，以上所述的各类"提速减项"政策首先应当确保切实的落实履行，如出台具体措施、细化原则规定，分解数字目标等；其次，还应在以下几点上作出努力持续深入。一是明确政务受理原则，凡与企业、群众密切相关的行政管理事项，包括行政许可、非行政许可审批和公共服务事项，均应统一纳入服务中心办理；二是采用充分授权原则，提供"一站式"服务，建立健全首问负责、限时办结等制度，提升服务效能。可以借鉴海南的先进经验。2007年海南省政务中心建立伊始，即确立"一个中心对外、项目应进必进"的要求。2011年，海南43个具备省级行政审批权的部门中，有34个已进驻省政务中心。并且，海南还创建行政审批的新模式：对外"四个一"，即"一个窗口受理、一站式审批、一条龙服务、一个窗口收费"，以及对内"五到位"即"授权到位、机构到位、人员到位、职能到位、监督到位"，充分发挥政务中心的有效功能。

**3. 完善行政执法体制，实现权威高效文明执法**

行政执法是行政机关工作量最大的日常管理活动，80%的法律、90%的地方性法规和近乎100%的行政法规均由行政机关执行，是直接体现各级政府依法行政形象的一扇主要窗口。

行政执法体制的改革推进，需要从执法主体、执法程序、执法方式、执法经费等各环节着手，健全制度、创新实践。一是整合执法主体，推进综合执法；减少执法层级，下移执法重心。根据前述中央《决定》、省委《意见》以及省情，将相对集中执法权从现有的农业、林业、城市管理等拓宽至食品药品、安全生产、环境保护、劳动保障等事关群众切身利益、民意反映强烈的社会领域。

二是加强执法程序建设，具化细则、标准和操作流程，重点是规范自由裁量权。2009年，湖南出台了国内首部《规范行政裁量权办法》，创设了"综合控制模式"——控制源头、建立规则、完善程序、制定基准、发布案例等五项基本制度，对行政裁量权进行了全面和系统的规范。此做法值得效仿。

三是创新行政执法方式，努力消解执法冲突。摒弃过度依赖强制手段的执法传统，以说服教育、劝导示范等非强制、软权力执法为指向，积极推广行政指导、行政奖励等柔性、激励性执法形式。

四是严格人员管理制度，全面落实执法责任制。2013年省政府《关于进一步加强城市管理执法工作的意见》即将根除社会议论颇多的"城管临时工"之怪象，但在国务院出台一部城管法之前，《城市管理行政执法条例》的制定依然不应放松。建议将2005年的《行政执法过错责任追究办法》予以修订，一般化为行政问责办法而不限于许可、处罚等单纯的执法领域。2011年《北京市行政问责办法》多有亮点，例如，媒体监督可启动行政问责；责任人员调岗不能免除行政问责等。2013年，辽宁则公布了国内首部针对城市管理文明执法的文件《城市管理文明执法规范》。

五是强化执法经费财政保障，杜绝利益驱动执法。在现行的罚没收支两条线规定的基础上，进一步明确罚缴分离、上缴国库和预算管理原则，严禁下达、变相下达罚没指标，严禁将其与机关业务经费、人员福利待遇挂钩，违者严厉处分。

**（六）健全司法权力运行机制，拓宽人民群众有序参与司法渠道，完善人权司法保障**

我国是社会主义国家，司法制度是建设中国特色社会主义伟大事业的重要保障。2013年2月23日，习近平同志在中共中央政治局第四次集体学习时指出："要努力让人民群众在每一个司法案件中都感受到公平正义，所有司法机关都要紧紧围绕这个目标来改进工作，重点解决影响司法公正和制约司法能力的深层次问题。"中共十八届三中全会通过的《中共中央关于全面深化改革若干重大问题的决定》在第九部分"推进法治中国建设"中，专门对我国下一步如何做好司法工作和司法体制改革指明了方向。根据该《决定》的要求，贵州省的司法工作和司法体制改革应当在中央的统一安排部署下，结合基本省情和经济社会发展现状，有序、稳步地予以推进，2014年贵州应当重点做好以下几方面的工作。

**1. 健全司法权力运行机制**

司法权是国家政治权力的重要组成部分，其运行具有内在科学性和普遍规律性。全省各级司法机关要在认真学习和总结司法运行规律的基础上，建立健全司法权力运行机制。各级人民法院、人民检察院要完善落实主审法官、合议庭、主办检察官办案责任制，建立案件"审理人""裁判人""负责人"三位一体化的办案机制，做到有权必有责、用权受监督、失职要问责、违法要追究。

要对法院审判委员会制度进行改革。审判委员会作为我国审判组织法和审判程序法规定的重要制度，自新中国成立以来已经有效运转了数十年，在审判工作中发挥了积极的作用。然而，审判委员会"审者不判，判者不审""讨论走过场""责任大家担"的弊端也较为突出，进而影响到审判质量和审判效率。要对审判委员会和审判委员会委员的职责进行科学划分，让审判委员会成为主要研究案件法律适用问题的组织机构；让审判委员会委员成为资深法官的荣誉称号，与行政等级相脱离；让作为院长、副院长的审判委员会委员或审判委员会直接审理重大、疑难、复杂案件。

**2. 大力推进司法公开**

"阳光是最好的防'腐'剂"，只有公开才能公正。全省各级司法机关，要充分利用网络、微博、微信等现代信息技术，大力推进司法公开。庭审是审判工作的中心环节，是诉讼双方通过举证、质证、辩论主张权利的直接有效平台。法院对庭审过程要同步进行录音录像并入卷存档，以约束审判人员的审判活动，促进诉讼参与人依法行使权利，为上诉审理和审判监督提供客观、原始资料。2013年11月27日，最高人民法院召开全国法院司法公开工作推进会，推进以审判流程公开、裁判文书公开、执行信息公开为主要内容的三大平台建设。为此，全省各级法院在2014年要积极争取党委、人大和政府有关部门的支持，做好统筹协调，完善配套机制，建立专门的审判公开管理部门，与审判、执行部门密切沟通配合，确保司法公开三大平台建设有效顺利推进。

要进一步完善检察机关、公安机关、司法行政机关的公开机制，不断创新检务公开、警务公开、狱所务公开工作机制，增强司法文书的说理性，建立公开审查和公开答复制度，畅通公开渠道，接受社会监督，全面实现以公开促公正的目标。

**3. 进一步拓宽人民群众参与司法的有效渠道**

司法民主是政治民主的重要领域，具体体现为人民群众对司法职权的享有、对司法活动的参与和对司法过程的监督。我国是社会主义人民民主国家，司法民主是司法运行的重要原则和应有之义。结合现有的法律规定和工作创新，2014年贵州省要在两个方面加强司法民主建设，进一步拓宽人民群众参与司法的有效渠道。

一是改革人民陪审员制度。人民陪审员是我国司法制度人民性的重要体现，也是具有光荣历史传统、符合我国基本国情的司法制度。但是在长期的司法活动实践中，人民陪审员处于边缘化、陪衬性的地位和境地，"陪而不审""审而不议"的现象较为突出。全省各级法院要努力改革和完善人民陪审员制度，建立科学合理的人民陪审员资格认定机制，扩大人民陪审员的数量，拓宽人民陪审员的来源渠道，提高案件陪审的比例，切实保障和发挥人民陪审员的权利和作用,提升司法公信力。

二是健全人民监督员制度。人民监督员是我国检察工作的制度创新,从2003年正式启动至今已有十年的历程。实践证明,人民监督员制度对于规范检察机关监督程序、增强监督力是卓有成效的。全省各级检察机关要从人民群众普遍关注、监督较为薄弱的职务犯罪工作入手,进一步健全人民监督员制度,科学选任人民监督员,拓展人民监督员监督案件的范围,促进检察工作科学发展。

**4. 努力完善人权司法保障**

党的十八届三中全会《决定》已经明确提出废止劳动教养制度。劳动教养是一种对违法尚不构成犯罪的人员采取的人身强制措施,介于行政处罚与刑罚之间,在我国长期存在。由于内在的法理缺陷和执行中的不规范性,其广受非议。劳动教养制度被废止后,社区矫正的意义和价值将更加突出。如何完善对违法犯罪行为的惩治和矫正的法律,健全社区矫正制度,成为下一步人权司法保障的重要工作方向。贵州要结合全省城乡一体化和社区建设工作,建立完善社区矫正机制。此外,全省司法机关还要进一步规范查封、扣押、冻结、处理涉案财物的司法程序,健全错案防止、纠正、责任追究机制,严禁刑讯逼供、体罚虐待,严格实行非法证据排除规则,切实以司法手段保障人权事业。

**5. 不断加强司法队伍建设**

全省各级司法机关要积极推进司法人员的分类管理改革,在原有改革取得成绩的基础上,突出法官、检察官、警官的办案主体地位,健全书记员、司法警察、专业技术人员等司法辅助人员的管理制度,进一步提高司法队伍的职业化水平。建立初任法官、检察官、人民警察的统一招录、集中培训、基层任职、有序流动和逐级遴选的机制,选拔优秀律师、法学专家和学者担任法官、检察官,做好人民警察招录工作,加大警察职业院校毕业生入警的比例。

客观地说,尽管近年来司法队伍建设取得了不少成就,但人民群众的认同感并不高,少数政法干警违法违纪的现象较为突出、负面影响较大。为此,全省各级司法机关要建立和完善干警惩戒制度,并严格予以执行,使司法人员的违法违纪行为能够得到及时、有效的惩戒。

由于贵州的社会经济发展较为落后,财政经费不够充裕,要加大对司法人员的职业保障力度，避免高素质的司法人员流失。法官、检察官不仅要精通法律专业知识，还要具有一定的工作经验和社会阅历，只有通过国家司法资格考试和公务员考试，并且从事过一定时间的法律工作的人员才能胜任本职工作。由于法官、检察官的准入成本高，工作负荷量大，人民警察的职业风险大，因此要适当加强对司法人员的职业保障力度，使司法人员能够爱岗敬业，有职业荣誉感，更好地从事司法工作。

**6. 积极探索司法管辖制度改革**

司法管辖包括司法机关的地域管辖和案件管辖。长期以来，我国的司法机关是按照行政区划管理进行设置的，省、市（地、州）、县（区）对应的是高级、中级、基层人民法院和同级人民检察院。法院、检察院接受同级地方党委的领导，人事、财政、物质装备由同级党委和政府予以管理和保障。这样的设置，使得各地域管辖的案件，极易受到地方保护主义的干扰。同时，由于地区发展之间的不平衡，各司法机关承担的工作业务量也有较大的差距，忙闲不均，相当一部分地区的司法资源处于闲置状态。

结合贵州在环境保护案件管辖方面的先进经验，可以在全省范围内探索与行政区划适当分离的司法管辖制度。例如，建立全省生态环保案件的集中统一管辖，突破行政区划进行司法管辖，或单独建立环保法院。此外，还可以探索建立知识产权法院、行政法院等。对于办理案件较多的基层、中级法院（或同级检察院），可以考虑设立多个分院；对于办理案件较少的基层、中级法院（或同级检察院），可以考虑整合现有司法资源，进行司法区划集中设置的积极有益探索。

# 专题研究报告

Special Reports

## 贵州与全国同步全面建成小康社会的法治保障研究

张 帆 吴大华\*

**摘 要：** 贵州"同步实现小康"是时代发展的必然要求，是人民群众的期待，贵州省各级党委从科学执政、民主执政、依法执政的高度，把"与全国同步实现小康"作为一项涉及科学发展全局的重大任务、作为一项执政为民的实事列入贵州经济发展规划。贵州各级政府在如何保障与全国同步实现小康社会方面切实担负起法律责任。

**关键词：** 贵州与全国同步 全面建成小康社会 法治保障

---

\* 张帆，贵州民族大学法学院副院长、副教授、法学博士；吴大华，贵州省社会科学院院长，二级研究员，博士生导师。

# 前　言

贵州全面建设小康社会已进入决战期。贵州省委、省政府围绕"加速发展、加快转型、推动跨越"主基调，围绕"工业强省战略、城镇化带动战略"的目标和任务，将"国发2号文件"精神与全面推进"贵州和全国同步全面建成小康社会"这一宏伟目标紧密结合起来，认真总结党的十八大报告提出的全面建成小康社会的基本内涵，明确和规划实现小康社会的时间表和路线图，还描绘了全面建成小康社会的法治蓝图。贵州省要实现全面建成小康社会的"贵州梦"，就必须充分发挥依法治省在开创贵州新局面中的重要作用，扎实开展"法治贵州"构建活动，促进社会管理创新，扎实推进依法治理，为贵州省与全国同步全面建成小康社会提供有力的法治保障。为此，依法治理是依法治国基本方略在贵州的具体实践，是贵州科学发展、率先发展，建设美好新贵州的重要保障，是贵州实现全面建成小康梦的法治蓝图。

## 一　全面小康社会的基本内涵

与党的十六大、十七大报告相比，党的十八大报告对于小康社会的提法，由"全面建设小康社会"改为"全面建成小康社会"。这一字之差，内涵深刻，意味着党对建设小康社会的目标更明确，要求更严格，未来发展的信心更充足。

### （一）小康社会之源流简析

"小康"是仅次于"大同"的理想社会模式，早在《礼记·礼运》一书中就得到比较系统的描绘。新中国成立以来，在以毛泽东为核心的中央领导集体的带领下，人民的生活水平有了很大幅度的提高。这为小康社会的实现奠定了坚实的基础。20世纪70年代，邓小平同志在会见日本首相大平正芳时说："我们要实现中国式的四个现代化。我们的四个现代化的概念与你们提出的现代化概念不同，我们提出的四个现代化就是'小康之家'。同西方比，还是落后的。所以，我只能说，中国到那时也只是一个小康的国家。"① 20 世纪 90 年代末，以江泽民同志为核心的中央领导集体在党的十五大提出了第三步战略部署具体化，江泽民同志指出："在本世纪头 20 年，我们要集中力量，全面建设惠及十几亿人口的更高水平的小康社会。"② 根据党的十六大精神，党在十七大提出："一是增强发展协调性，努力实现经济又好又快发展；二是扩大社会主义民主，保障人民权益和社会公平正义；三是加强文化建设，提高全民族文化素质；四是加快发展社会事业，全面改善人民生活；五是建设生态文明，基本形成节约能源资源和保护生态环境的产业结构、增长方式和消费模式。"③ 党的十八大审时度势，及时将"全面建设小康社会"改为到 2020 年"全面建成小康社会"。

## （二）全面小康社会之含义

"全面小康社会"是一个内涵丰富的关键词，是一个经济、政治、文化、环境及人民全面发展的关键词，更是一个涉及民主法治、经济发展、人民生活、资源环境、科技教育、社会事业、人口素质、思想道德等各方面的关键词。不仅要有速度，而且要有质量；不仅要有物质文明建设，还要有精神文明、政治文明建设；不仅要包含先进地区的发展，而且也要包括落后地区的社会发展。鉴于此，本课题组结合上述相关指标体系的内容，提出了全面建成小康社会的基本标准。

**全面小康社会的基本标准**

| 序号 | 基本标准 | 序号 | 基本标准 |
| --- | --- | --- | --- |
| 1 | 人均国内生产总值超过 3000 美元 | 4 | 城镇人均住房建筑面积 30 平方米 |
| 2 | 城镇居民人均可支配收入 1.8 万元 | 5 | 农村钢木结构住房人均使用面积 15 平方米 |
| 3 | 农村居民家庭人均纯收入 8000 元 | 6 | 人均蛋白质日摄入量 75 克 |

---

① 邓小平：《邓小平文选》（第 2 卷），人民出版社，1995，第 237 页。
② 《江泽民同志 2003 年 10 月 9 日代表十五届中央委员会向党的十六大所作的报告》，中国经济网，http://www.ce.cn/ztpd/xwzt/guonei/2003/sljsanzh/szqhbj/t20031009_1763196.html。
③ 《胡锦涛同志 2007 年 10 月 24 日在中国共产党第十七次全国代表大会上的报告》，新华网，http://news.xinhuanet.com/newscenter/2007-10/24/content_6938568.html。

续表

| 序号 | 基本标准 | 序号 | 基本标准 |
| --- | --- | --- | --- |
| 7 | 城市每人拥有铺路面积8平方米 | 15 | 婴儿死亡率3.1‰ |
| 8 | 农村通公路行政村比重85% | 16 | 教育娱乐支出比重11% |
| 9 | 城镇化率达到50% | 17 | 电视机普及率100% |
| 10 | 大学入学率20% | 18 | 森林覆盖率15% |
| 11 | 每千人医生数2.8人 | 19 | 农村初级卫生保健基本合格县比重100% |
| 12 | 恩格尔系数*低于40% | 20 | 居民家庭计算机普及率20% |
| 13 | 成人识字率85% | 21 | 城镇居民最低生活保障率95%以上 |
| 14 | 人均预期寿命70岁 | | |

\*恩格尔系数是根据恩格尔定律而得出的比例数。它是食品支出总额占个人消费支出总额的比重。一个国家越穷，每个国民的平均收入中（或平均支出中）用于购买食物的支出所占比例就越大，随着国家的富裕，这个比例呈下降趋势。恩格尔定律的公式：食物支出变动百分比÷总支出变动百分比×100% = 食物支出对总支出的比率（R1）或食物支出变动百分比÷收入变动百分比×100% = 食物支出对收入的比率（R2）（注意：R2又称为食物支出的收入弹性）。

资料来源：参见国家统计局关于全面小康社会基本标准一览。

由此可见，全面建成小康社会，在维度上应该是全面的，应该覆盖全体人民的各个层面，只要有一个指标体系没有达到，就没有达到全面小康。

## 二 贵州实现全面小康的法治化现状与问题

贵州是我国西部多民族聚居的省份，也是贫困问题最突出的欠发达省份。当然，为了顺利实现同步小康，我们不但要考虑贵州在经济、政治、社会、文化、生态方面如何同步的问题，而且更为重要的还要考虑贵州同步小康的法治保障问题。为此，贵州省成立了由省委、省人大、省政府、省政协四大班子领导分别担任组长和副组长的，省司法厅、省高级法院、省检察院等省直有关部门负责人为成员的依法治省领导工作小组，负责研究、部署、督促、检查贵州同步实现全面小康的法治发展工作。

### （一）贵州实现全面小康的法治化现状

像贵州这样的贫困落后地区越是要跨越发展，就越是要解放思想，就越是要破除墨守成规、封闭保守、消极等待等思想的桎梏，突破制约发展的传统观念和体制障碍等。通过对贵州省树立公民法治观念、地方性立法建设、法治政府建设、发挥司法行政职能建设、建立健全法治监督体系、市县乡村社法律服务、市县乡村社经济法治建设体系、基层民主法治建设等方面的调研，笔者认为贵州省只有把握发展大局，认清发展形势，开展各种形式的关于全面建设小康社会的法制宣传活动，组织全省各级领导干部学法用法活动，组织法学专家学者深入基层讲授"法治与小康"的讲座活动，开展市县乡村社各级有关贵州同步小康的法律服务活动等，才能加速发展，才能迎来富民强省的"贵州小康梦"。同时在课题组所调研的工作中，我们还发现其他相关问题，如政策性矛盾纠纷、生产经营性矛盾纠纷、移民搬迁安置和征地拆迁补偿纠纷、信访纠纷、土地侵权纠纷、行政违法纠纷等。

### （二）贵州实现同步全面小康存在的问题

通过对上述调研材料的分析，我们认为，贵州在实现全面小康社会的工作中还存在诸多不足，主要表现在：一是法制宣传队伍建设和普法宣传工作有待加强；二是同步小康立法中的限制性政策较宽松；三是依法行政理念有待树立；四是公平正义的司法缺失；五是法律监督意识有待加强；六是实现同步小康的法治环境构建不力。可见，贵州当前在与全国同步实现全面建成小康社会进程中的法治环境状况不容乐观。

## 三 贵州与全国同步全面小康的法治保障措施

法治保障作为贵州与全国同步全面建成小康社会的系统工程，我们要从贵州的实际出发，不断创造安全稳定的社会环境、公平正义的法治环境和优质高效的服务环境。

### （一）增强公民的法治文化意识

贵州在与全国同步全面建成小康社会的法治保障过程中，人们必须培育法治文化理念，这是切合贵州实际的行之有效的法治教育途径。如农村法治文化建设，企业法治文化建设，校园法治文化建设，楼道、候车亭法治文化建设等。

## （二）实现同步小康需立法先行

**1. 完善地方立法的利益表达机制**

结合贵州实际，我们认为构建地方立法的利益表达机制的具体措施包括以下三方面。首先，拓宽利益表达空间。积极拓宽贵州民众在立法过程中的表达空间，以推进民众诉求的有效表达。"只有普遍地、真实地和全面地公开立法过程，才能更加有效地保障公民参与立法活动，切实保障人民在立法时当家作主。"这表明贵州省的立法决策要真正建立在有效集中各方面利益要求的民主基础上。其次，完善利益表达的反馈机制。建立健全民众利益表达的反馈机制的目的是，既能畅通民众利益表达渠道，又能规范民众利益表达行为，还能增强民众利益表达实效。最后，通过有效的途径来支持人大代表表达社会各阶层人民群众的利益和主张，对代表的不作为、不负责任行为进行必要约束，对不当表达、恶意表达予以规制。

**2. 完善地方立法推动民族法治建设**

根据相关资料显示，贵州省人大常委会批准了贵阳市、三都水族自治县等民族自治地方制定的《贵阳市劳动保障监察条例》《贵阳市住宅小区人口和计划生育管理服务规定》《三都水族自治县村寨消防条例》《威宁彝族回族苗族自治县畜牧业发展条例》《黔西南布依族苗族自治州农作物种子管理条例》《松桃苗族自治县农村公路条例》《黔南布依族苗族自治州畜禽防疫条例》《玉屏侗族自治县非物质文化遗产保护条例》等，这些地方性法规和单行条例，在推动当地经济社会发展的同时，更加注重保障贵州与全国同步实现全面小康社会。

## （三）同步小康与法治政府建设

建设一个让人民满意的政府，对加快经济社会发展至关重要，而谋求省域经济快速发展的切入点和着力点之一，就是准确把握政府职能定位。全面实现从"管制型政府"向"服务型政府"转变，从"权力型政府"向"法治型政府"转变，从"信用缺失型政府"向"诚信型政府"转变，变"小职能、大政府"为"大职能、小政府"，其核心是建设法治诚信服务型政府。

### (四)维护同步小康的司法保障

据调查,仅2012年,贵州全省律师担任近500家"园区"法律顾问,担任810家非公经济法律顾问,担任近400家政府部门法律顾问。全省办理法律援助案件17118件,接待咨询74074人次,回访受援人1919人,满意率达99.7%。

**1. 深化司法体制和工作机制改革**

在加强社会管理创新工作中的推进司法体制和工作机制改革过程中,我们还要做好以下相关工作:一是完善贵州省司法职权结构和组织体系;二是完善贵州省宽严相济的刑事政策制度和措施;三是完善贵州省司法队伍管理制度以加强司法职业保障;四是健全贵州省司法经费保障机制;五是完善贵州省司法救助制度和刑事赔偿制度;六是逐步规范和健全贵州省人民陪审员和人民监督员制度以扩大司法参与。①

**2. 保障司法机关依法行使职权**

贵州省的各级党委、人大及其常委会要带头维护司法的监督权,坚决消除地方保护主义和本位主义对司法活动的干扰,保障司法机关依法独立公正地行使职权。建立对非法干预司法活动备案登记及查处的责任追究制度,规范新闻媒体对司法机关正在办理案件的报道制度。② 完善全省审判公开、检务公开、警务公开、狱务公开制度,扩大公开范围,拓宽公开渠道,创新公开形式,以司法公开促进司法公正廉洁。除依法不能公开的外,法律依据、司法程序、办案各个环节和结果都要向社会公开。

**3. 加大诉讼活动法律监督力度**

为了加大诉讼活动法律监督力度,我们必须注重六个"加强"工作:一是加强对司法工作人员渎职违法犯罪行为的监督,防止徇私舞弊、枉法裁判等行为;二是加强对事实的认定和适用法律严重错误案件的监督;三是加强对严重违法诉讼的程序,防止和纠正有案不立、违法立案、刑讯逼供、违法取证,

---

① 刘强:《完善民族立法,推动民族法制建设》,《中国民族报》2011年9月5日,第3版。
② 怀效锋:《基层人民法院法官培训教材》,人民出版社,2005,第113页。

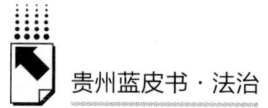

违法扣押、查封、处理款物、冻结等行为;四是加强在判决执行、裁定活动中对不负责任或滥用职权致使公民、合法组织和社会公共利益遭受损害等问题的处理;五是加强解决定性明显错误和处理严重不公等问题;六是加强对刑罚执行和监管活动的监督以促进依法管理。①

### (五)《民族区域自治法》的完善

贵州当前社会问题的解决取决于该地区的制度安排。贵州省实行的民族区域自治制度,便是正确处理该地区与全国同步建成全面小康社会的最好制度见证。

逐步充实《民族区域自治法》。结合当前课题组在贵州的实际调研情况,我们应该实事求是地找到当前《民族区域自治法》存在着哪些问题,如何完善该基本法的不足,如何补充该基本法需要补充的具体内容等,为此我们提出以下建议:一是增加公民在少数民族地区享有权利和履行义务的相关规定;二是增加保障散居少数民族权益的条款;三是增加"法律责任"方面的条款;四是明确规定少数民族的立法参与权;五是完善《民族区域自治法》关于经济建设的规定;六是在提高立法技术的同时,实现《民族区域自治法》配套立法体系化。实施民族法制体系建设工程,制定与《民族区域自治法》相配套的法律法规,这强调了建立民族法律体系的重要性。② 其主要内容包括:单行法的制定;自治条例和单行条例的制定和完善;变通权的有效行使;行政法规、地方性法规和政府规章的制定。

为了更好地体现贵州多民族特色,保证民族地区法律法规的有效实施,首先,我们要修改《民族区域自治法》中过于纲领性、原则性的条文,使之更加具体化,以增强民族区域自治法的针对性和可操作性;其次,民族立法要尊重和包容少数民族的文化传统、民族思维及心理特征;再次,民族自治地方的民族立法既要尊重本地区各民族的普遍法律文化,又要包容不同民族的独特法律文化;最后,加强民族地区规范性法律文件的规范化与系统化建设和管理。③

---

① 〔美〕E. 博登海默:《法理学、法律哲学与法律方法》,中国政法大学出版社,2004,第98页。
② 怀效锋:《基层人民法院法官培训教材》,人民出版社,2005,第113页。
③ 周义程、梁莹:《公民参与态度与公民法治意识之成长》,《社会科学》2005年第10期。

## （六）健全同步小康法律监督机制

### 1. 完善权力制约和监督机制

贵州省在改革过程中，随着社会价值观呈现出的多元化倾向及利益结构的分化与加剧，一些党员干部在使用权力时如果思想防线不牢固，意志不坚定，就很容易滥用权力，甚至很容易受到腐败病毒的感染，跌入腐败的深渊。所以以权力制约权力、以权利制约权力、以社会制约权力、以法律程序制约权力以及以责任制约权力的体制机制还需要进一步加强与完善。

### 2. 强化人大、政协的监督职能

强化并健全贵州省政协民主监督工作机制至少应考虑建立三方面的制度：一是规范政协参加单位和委员履行民主监督职能的制度；二是支持和保障政协参加单位和委员履行民主监督职能的制度；三是执政党和国家机关吸纳、落实、反馈来自政协的意见、批评和建议的制度。同时强化司法监督职能是地方人大行使监督权的一项重要内容，尤其是在经济和社会治理结构发生了重大变化的现实情况下，强化地方人大对司法工作的监督对构建和谐社会具有极其重要的作用。

### 3. 强化行政复议对行政执法的监督

如何充分发挥行政复议的监督职能，促进依法行政水平的提高，成为各级行政复议机关应思考的问题。对此，贵州省各级行政复议机关应该把行政复议工作同行政执法规范、违法执法责任追究相结合，在充分发挥行政复议监督职能方面进行探索。只有这样，全省各级行政机关才能普遍加强行政执法规范工作，才能严格行政执法责任，行政复议的监督作用才能得到较好的发挥，行政执法水平和行政复议质量才能提高。

### 4. 强化审计、监察专项监督职能

当前，贵州省要坚持"依法审计、服务大局、围绕中心、突出重点、求真务实"的工作方针，走"以履行审计监督职责为出发点，以强化审计和审计调查为手段，以提报高层次审计报告和要情为载体，以促进宏观管理与决策为标准，以服务经济社会发展稳定为目标"的审计工作路子，要充分发挥审计的建设性作用，使审计机关真正成为人民群众合法利益的维护者、各级领导

科学决策的参谋者、各项工作政策改革的促进者、各种经济违规行为的查处者。

**5. 加强举报制度和网络举报监督**

目前,贵州省要把学习实施新的行政监察法作为一项重要任务切实抓紧抓好。较之其他监督,网络监督举报的优势更明显:一是网络监督举报更安全;二是网络监督举报更有效;三是网络监督举报抗干扰性更强;四是网络监督举报形式更丰富、说服力更强;五是网络监督举报的线索来源更广泛。依据批评、建议、申诉、控告和检举等监督形式的行使和效应需要,依据媒体监督关涉的不同关系,建立健全网络监督机制必须建立以下制度链接:一是要建立人大代表与选区人民群众的网络联系制度;二是要建立上下互联的省、市(州)、县、乡、村、社六级人大网站;三是网络监督与网络媒体自律、行业自律和政府管理的制度链接;四是网络监督与司法监督的制度链接。

**6. 加强新闻媒体和社会舆论监督**

贵州省对于加强新闻媒体和社会舆论监督,应该做到:一是充分发挥全省各级人大的监督作用,将公开内容及时向各级人大报告;二是建立健全省行政机关内部监督机制,把办事结果与事前、事中民主决策和民主监督结合起来;三是设立公布举报电话、意见箱、政务监督信箱、邮箱,对群众反映的问题及时进行调查处理,并迅速将调查结果反馈给监督人;四是积极接受上级部门对市(地、州)、县、乡、村、社财政预算决算情况和机关基金、资金收支情况的定期审计。

### (七)建立健全同步小康法律服务机制

**1. 完善法律服务体系**

完善贵州省法律服务体系的对策:一是构建整个法律服务体系的多层次、多样化的服务态势;二是完善相关立法,明确法律服务工作者的合法身份及其权利职责范围;三是完善乡镇法律服务所的构建,为农村基层法律服务提供组织保障。

### 2. 完善市县乡村社法律顾问领域、方式及功能

经调查，课题组认为贵州省法律服务工作要以村镇为依托，面向基层、面向社区、面向群众，提供公益性、非营利性法律服务。鼓励律师事务所在正常开展业务的同时，定向为一个或多个乡镇提供法律服务，加大司法救助的扶持力度，倡导律师每年承办一定数量的法律援助案件，组织实习律师为社区提供公益性法律服务，充分发挥律师在市县乡村社法律顾问中的重大作用。

## （八）营造同步小康的良好法治环境

亚里士多德曾言："已成立的法律应该得到人们普遍服从。人们普遍服从的法律应该是良好的法律。"① 这表明有了一套完整而又良好的法律法规，才谈得上法律的宣传和教育、遵守和执行的问题。

### 1. 树立科学的法治观念

法治观念的实质是指法律至上、依法治国的理念、意识与精神。而这种精神的弘扬则要求小康社会的主流价值观应该是法治。法治观念（主要是权利意识、规则意识、公平正义感等）、法治思维必须从小就开始培养，这样才能将法律信仰和法治思维融进民族的血液。这才是法治建设必须具备的土壤。

### 2. 深化体制改革以塑造健康法治机体

2012年，贵州全面建设小康社会实现程度为69%，这一数据比全国平均水平落后6年左右。同时国发2号文件这样概括：贵州是我国西部多民族聚居的省份，也是贫困问题最多的欠发达省份。一个"最"字道出了贵州历史与现实之际的沧桑。而现在贵州人那种固有的人文惰性又阻碍了改革开放的深入发展。

### 3. 完善立法体制以搞好依法行政

"人之道在法制，其用在是非。"② 法制是否完备取决于立法体制的健全程度。围绕全省经济社会发展"十二五"规划，贵州省人民政府出台了《省人民政府关于加强法治政府建设的意见》（黔府发〔2011〕8号）。贵州省全面

---

① 〔古希腊〕亚里士多德：《政治学》，颜一、秦典华译，中国人民大学出版社，2009，第68页。
② 刘禹锡：《天论》（上）；刘禹锡作《天论》，意在对柳宗元的《天说》作进一步的补充说明。

推进依法行政工作领导小组办公室制定了《贵州省 2011 年依法行政工作要点》（黔法办〔2011〕3 号），并制定了贵州省省直行政机关、市（州、地）政府（行署）依法行政考核指标和评分标准。

逐步培养公平正义的司法环境。贵州要与全国同步建成全面小康社会就必须培育公平正义的司法环境。一方面，它是审理各类案件会出现在同步建成全面小康社会进程中，从而保护各种合法权益；另一方面，树立良好的司法形象，为西部地区的发展，提供各种司法保障。制止司法工作中的地方保护主义。这些措施表明，一边坦诚地应对民众，另一边则需要真正地下狠心去从严治警，有问题决不掩饰和迁就，没问题该澄清的要及时予以澄清。如果司法能选择这一方法与路径，其司法形象和司法公信力，定能深入民心。

## 结　　语

毋庸讳言，目前对于贵州与全国同步全面建成小康社会的讨论多数是围绕经济开发进行的，但将贵州同步建成小康社会工作纳入法治轨道，依法调整各方面关系，实现可持续发展也势在必行。这样才能为贵州与全国同步全面建成小康社会提供优质、高效、有力的法治保障。鉴于此，我们除了在立法、行政、司法、民族区域自治的完善、法律监督、法律服务等方面为贵州实现跨越式发展营造良好法治环境外，还要更加注重基础设施、生态环境、经济结构和产业结构、科技、教育、文化、卫生和引进人才、深化改革、扩大开放等方面的法治保障。

# B.3
# 贵州省地方立法情况综述

贵州省人大常委会法制工作委员会

**摘　要：** 1980年贵州省人大常委会建立以来，贵州省的地方立法工作经历了一个从无到有、从起步探索到逐步提高和规范完善的过程。本文对改革开放以来贵州省地方立法的概况进行了综述，并对立法工作的主要做法和基本经验进行了总结。

**关键词：** 贵州省　地方立法概况　基本经验

1979年7月1日五届全国人大二次会议通过的地方组织法，赋予省级人大及其常委会制定地方性法规的权力，这是我国立法体制的重大改革。1982年宪法正式确立了省级人大及其常委会的地方立法权，1986年修改的地方组织法进一步规定了省、自治区人民政府所在的市和经国务院批准的较大市的人大及其常委会有制定地方性法规、报省级人大常委会批准后实施的权力，2000年通过的立法法全面系统地规范了地方人大及其常委会和自治地方人民代表大会的立法权，我国统一而又分层次的立法体制形成。贵州省自1980年省人大常委会建立以来，地方立法经历了一个从无到有、从起步探索到逐步提高和规范完善的过程。目前，贵州省建立并不断完善地方立法制度，立法工作走上了制度化、规范化、程序化的轨道。制定的地方性法规，有力地保证了宪法和法律、行政法规在贵州省的实施，为贵州省经济建设、政治建设、文化建设、社会建设和生态文明建设提供了良好的法制保障。

# 一 贵州省地方立法概况

## （一）制定地方性法规的情况

根据宪法、组织法和立法法的规定，贵州省有立法权的地方国家机关是省人民代表大会和它的常委会、贵阳市人民代表大会和它的常委会、3个自治州和11个自治县人民代表大会，共18个立法机关；省人民政府和贵阳市人民政府可以制定规章。其中，贵阳市人大及其常委会和14个自治地方人民代表大会制定、修改、废止地方性法规（含自治条例、单行条例）必须报省人大常委会批准；上述18个立法机关制定、修改、废止地方性法规必须由省人大常委会报全国人大常委会和国务院备案；省人民政府、贵阳市人民政府制定规章应当报国务院和省人大常委会备案。

1980年1月15～19日召开的贵州省第五届人民代表大会第二次会议选举产生了贵州省人民代表大会常务委员会，贵州省人民代表大会常务委员会正式建立。同年3月2日，贵州省第五届人民代表大会常务委员会第三次会议通过了《关于贵州省选举实施细则试行草案》，从而开启了贵州省地方立法的工作；1983年3月26日紫云苗族布依族自治县第七届人民代表大会第四次会议通过、1983年7月20日贵州省第六届人民代表大会常务委员会第二次会议批准《紫云苗族布依族自治县执行〈中华人民共和国婚姻法〉变通规定》，1987年5月21日贵阳市第七届人民代表大会常务委员会第三十三次会议通过、1987年9月16日贵州省第六届人民代表大会常务委员会第二十六次会议批准《贵阳市制定地方性法规程序的暂行规定》。自此，贵州省有立法权的市和自治地方的立法工作开始启动。

**1. 全省制定地方性法规的情况**

1980年以来，贵州省地方立法走过了34年，截止到2013年，省人大及其常委会先后制定和批准地方性法规共476件（含决定、决议等29件），其中修改约200件次、废止了149件、审议通过或批准法规案约700件次，平均每年审议并通过或批准法规案21件次。

476 件法规中,省级的 273 件、贵阳市的 105 件、自治地方的自治条例和单行条例 98 件;在修改的约 200 件次法规案中(含已经废止的法规的修改),贵州省修改 135 件次、贵阳市修改 45 件次、自治地方自治条例和单行条例修改 22 件次;在废止的 149 件法规中,贵州省的 104 件、贵阳市的 27 件、自治地方的单行条例 18 件。贵州省现行有效的地方性法规是 327 件,其中省级的 169 件(含法规修改的决定和修改案 11 件、具有法规属性的决议 1 件)、贵阳市的 78 件(含法规修改的决定 7 件)和自治地方的自治条例 14 件、单行条例 66 件。

**2. 省人大及其常委会制定地方性法规的情况**

省人大及其常委会制定的现行有效的地方性法规是 157 件(不含决定、决议等),其中,条例 139 件(暂行条例 2 件)、办法 10 件(实施办法 9 件)、规定 5 件、议事规则 2 件、守则 1 件;省人民代表大会制定的 2 件,省人大常委会制定的 155 件;内容涉及经济、社会、政治、文化、教育、科技等各个方面,人大制度建设类 12 件、经济类 81 件、教育科学文化卫生体育类 28 件、社会类 36 件。这些法规既有实施国家法律的地方性法规,也有调整地方事务的创制性地方性法规,还有国家尚未立法先行先试的地方性法规。

另外,根据全国人大的要求和贵州省的实际,1988 年以来,贵州省人大常委会对省的地方性法规进行过六次较大规模的清理和一次小规模的清理,分别是 1988 年编纂法规汇编时按照编纂要求清理、1997 年按照行政处罚法要求清理、2001 年按照我国加入世贸组织要求清理、2004 年按照行政许可法要求清理、2010 年按照我国形成中国特色社会主义法律体系要求清理、2011 年按照行政强制法要求清理,2011 年省政府为减少行政审批组织清理并提请修改部分法规,集中修改和废止了部分法规。此外,分年编辑了 1980~2000 年的《贵州省地方性法规汇编》6 册,编纂了《贵州省地方性法规汇编(1980~2004 年)》1 册,2005 年以后不再编辑纸质法规汇编,建立了贵州省法规数据库,并逐年更新;从 20 世纪 90 年代开始制订年度立法计划,从 2003 年开始制定五年立法规划,并形成制度。

## （二）地方性法规的地位和作用

贵州省的地方性法规和其他省、自治区、直辖市的地方性法规已经成为中国特色社会主义法律体系的重要组成部分，并在经济社会发展和民主法制建设中发挥重要的作用。

**1. 保证了宪法和法律、行政法规在贵州省的贯彻实施，维护了国家法制的统一**

贵州省地方立法的一个主要特点就是把法律和行政法规的一些原则规定具体化，并适当加以补充，使法律和行政法规的规定能够在贵州省的实践中行得通，既维护了法制的统一，又结合实际突出了贵州省的特色，保证了宪法和法律、行政法规在贵州省全面正确的实施。

**2. 为地方推进改革开放、实现经济社会更好更快发展和构建和谐社会提供了法制保障**

在贵州省的地方性法规中，涉及经济方面的 77 件，占有相当的比重，这些法规在贵州省市场经济的确立和建设过程中，对规范和维护经济秩序、保障和促进经济发展发挥了重要作用。其他法规的内容涉及贵州省政治建设、文化建设、社会建设和生态文明建设的方方面面，对于制度建设、保障民生和维护社会稳定也发挥了积极的作用。

**3. 为国家立法提供了有力支撑，为确保中国特色社会主义法律体系形成做出重要贡献**

贵州省制定地方性法规坚持与时俱进和创造性地开展工作，坚持配套立法和自主立法相结合，坚持维护国家法制统一和充分体现地方特色相结合，把贵州省的地方性法规有机地融入国家的法律体系，做到了不抵触但有特色，为国家的立法提供了有力的支持，充分发挥了地方立法的作用，为中国特色社会主义法律体系的形成做出应有的贡献。

## （三）贵州省地方立法的发展阶段

贵州省地方立法从无到有，从少到多，从不完善到逐步完善，经历了三个阶段。

**1. 探索起步阶段**

1980～1992年,即贵州省第五、第六、第七届人民代表大会期间。这是贵州省立法奠基的时期,也是贵州省立法起步和探索的阶段。这个时期制定的地方性法规94件(不含决定、决议),其中省级的65件、贵阳市的8件、自治地方的21件;现行有效的还有28件,其中省级的13件、贵阳市的1件、自治地方的14件。这个时期,立法的指导思想、原则、观念、立法权限等不太明确,立法部门也缺乏经验,主要是"摸着石头过河"学习立法、尝试性立法,制定的法规主要是建制性、实施性和试行性的。总的来讲,立法数量相对较少、质量不高、技术不规范、内容不完整。法规涉及的内容主要是人大制度建设、社会治安和资源保护,如人民代表大会和常委会议事规则、选举和人事任免、禁止卖淫嫖娼和赌博以及草原法、森林法、土地法、水法等实施办法。这个时期,立法的特点是自主性立法(创制性立法)和实施性立法并存;试行性立法比较多,一些存在分歧或者不太成熟的法规以"试行""暂行"的名义颁行或者是原则通过;立法不规范,立法工作水平比较低;立法主要解决的是有法的问题,基本没有修改法规。这个时期,也即贵州省20世纪80年代的立法时期,标志着贵州省进入了地方的"立法时代"。

**2. 加快发展阶段**

1993～2002年,即贵州省第八、第九届人民代表大会期间。这是贵州省立法的攻坚时期,也是逐步提高和规范的阶段。这个时期制定的地方性法规180件(不含决定、决议),其中省级的90件、贵阳市的43件、自治地方的47件;现行有效的还有124件,其中省级的59件、贵阳市的27件、自治地方的38件。1992年邓小平南方谈话后,特别是党的十四大正式确立了建立社会主义市场经济体制的改革目标后,这个时期的立法步伐较快,立法数量比较多,立法质量明显提高,立法技术逐步规范。经济立法成为重点,为改革立法、为经济建设立法、为计划经济向市场经济转变立法成为这个时期的特点。市场经济就是法制经济,这句话概括了20世纪90年代的社会共识和立法方向。这个时期,省人大及其常委会立法的重点主要是围绕改革开放和经济社会发展的需要制定了规范市场主体、市场秩序、宏观调控、市场交易等的法规,如关于乡镇企业、个体工商户、股份合作企业、产品质量、反不正当竞争、建筑市场和房地产管理、招投标、消费者权益保护、行政事业性收费、保护合法收入、经纪人、经济合同等条例。同时，这个时期开始重视资源和环境保护的立法，也开始关注社会领域的立法。这个时期，也是贵州省20世纪90年代立法时期。

**3. 规范发展阶段**

2003~2013年，即贵州省第十至十二届人民代表大会期间。这是贵州省立法走向成熟的时期，也是立法质量不断提高和比较规范的阶段。2000年7月1日立法法实施以后，特别是2001年1月18日通过并实施《贵州省地方立法条例》和2003年4月制定《贵州省人大常委会地方立法技术规范》以后，贵州省地方立法制度基本确立，立法权限划分、立法体制、立法原则、立法程序、立法方法、立法技术等不断充实和完善，贵州省地方立法进入了依法立法的新时代。这个时期制定的地方性法规153件（不含决定、决议、修改案），其中省级的82件、贵阳市的42件、自治地方的29件。现行有效的152件，其中省级的81件、贵阳市的42件、自治地方的29件。这个时期的立法内容比较广泛，涉及贵州省经济社会各个方面，经济领域和社会领域立法并重，制定、修改、废止地方性法规并重，特别是后期修订法比较突出，修改和重新制定了一大批法规，进一步完善了贵州省的地方性法规。这个时期，贵州省地方立法从注重数量向提高质量转变，强调以人为本、立法为民，注重经济立法的同时，加强了社会领域立法，立法工作进入了阳光立法、开门立法和科学立法、民主立法的新时期。

## 二 贵州省人大及其常委会立法工作

改革开放以来，贵州省人大及其常委会立足地方具体情况，从本地改革开放和经济社会发展的实际需要出发，认真行使宪法和法律赋予的地方立法权，充分发挥主动性、积极性、创造性，开展了生动的立法实践。无论是实施性立法、自主性立法，还是先行先试立法，都进行了大量有益的探索，立法工作取得丰硕成果，立法工作质量不断提升，体现了特点，积累了经验。

## （一）主要做法

——坚持维护法制统一，体现地方特色，探索先行先试的工作原则。根据立法法的要求，地方立法应当在维护法制统一的基础上进行，体现地方特色和创制性立法必须坚持不抵触原则。体现地方特色是地方立法的出发点和落脚点，坚持不抵触原则是地方立法的前提。在实际工作中，贵州省做到了以下几点：一是坚持依法立法，不超越立法权限，在立法的全过程和各环节中严格按照法律、法规的规定进行。二是强调突出地方特色，不照抄、照搬上位法。三是国家没有立法但贵州省又亟须立法解决的问题，坚持自主性立法，探索先行先试，敢为人先，有一些法规和条款在全国是率先制定的。如《贵州省保护经济活动中合法收益的规定》《贵州省保健用品管理条例》等和《贵州省消费者权益保护条例》中"从事餐饮、娱乐业的经营者，不得拒绝消费者自带酒水、饮料饮用，不得收取开瓶费等不合理费用"，《贵州省工伤保险条例》把单位实习学生列为保障对象，《贵州省未成年人保护条例》对违法和轻微犯罪的未成年人，可以试行违法和轻罪记录消除制度等在全国都创下先例。

——坚持"针对问题立法，立法解决问题"的工作思路。地方立法不能盲目进行，必须科学选择立法项目，制定的法规要有针对性和可操作性。贵州省在这方面做得比较好，主要有两点：一是坚持编制五年立法规划和年度立法计划，一方面体现立法的计划性，另一方面就是科学选择立法项目。贵州省从1997年开始编制年度立法计划、2003年开始编制五年立法规划，无论是编制立法计划，还是编制立法规划，都公开征集立法项目，然后广泛征求意见进行筛选和论证，最后确定立法项目。临时亟须制定地方性法规的项目，也要进行充分的论证。二是坚持管用有效，不照抄、照搬，立法必须符合贵州的实际，真正解决贵州的问题。

——坚持科学立法、民主立法的工作方法。坚持科学立法、民主立法是党的十七大报告提出的要求，也是立法必须坚持的工作方法。科学立法主要是要求立法的内容要从实际出发，遵循客观规律，严格依法立法，科学合理规范权利与义务、权力与责任、管理与服务，注意对公权力进行规范和约束，注重对公民权利的保护；民主立法主要是要求立法的过程要民主化，将立法活动建立在民主的基础上，最大限度地保证广大人民参与立法，充分体现人民的意志和要求。一个是对实体的要求，另一个是对程序的要求，坚持科学立法和民主立法，制定的地方性法规就是良法。贵州省在科学立法上不断进步，严格设置行政许可、行政审批和强制措施，努力规范公权力、保护法人和公民的合法权益，逐步克服部门利益。贵州省民主立法比较早，2003年，贵州省制定第一个五年立法规划（2003～2007年立法规划）时，公开向社会征集立法项目，开门立法从此开启。当年共计有113个单位、149人（次）提出立法规划项目建议367件，其中个人提出的是104件，效果非常好。以后，编制立法计划和立法规划、起草和修改法规草案都向社会公开征集意见，同时还专门征求各方面的意见，省人大常委会还专门聘请咨询专家参加法规草案的起草、修改和审议，让公民旁听审议法规草案并提出意见，省人大常委会网站专门开设了法规草案征求意见的平台。现在贵州省已经搭建了一个民主立法、开放立法的平台，民主立法的局面已经形成。

——积极发挥人大常委会在地方立法中的引领和主导作用，统筹协调各方，重视省政府及其工作部门在立法中的基础性作用。省人大及其常委会是贵州省的最高立法机关，在省委的领导下，应当也必须把握好贵州省地方立法的大局和方向。省人大常委会深入贯彻科学发展观，积极适应经济社会改革发展的需要，不断更新立法观念，完善立法思路，始终在省委和全省工作大局中规划与推进立法工作，紧紧围绕全省工作重心，通过制度设计贯彻落实省委关于经济社会发展的重大战略决策和部署，在法治轨道上规范和推进各项工作，并通过法定程序凝聚共识、协调利益。同时，努力做到立法决策与改革决策同步，增强立法服务改革发展的积极作用，综合发挥地方性法规的各项功能，不断完善制度体制机制，努力以立法引领发展、推进改革。在立法中，人大常委会积极发挥主导作用：一是地方立法必须坚持党的领导，每个法规草案在提交常委会会议审议和表决前都由省人大常委会党组向省委汇报；二是维护国家法制的统一，坚持对每一个法规进行统一审议；三是主导选择立法项目和确定立法项目，把握导向性；四是选择一些涉及面广或者难以协调的立法项目交由省人大有关专门委员会直接起草法规草案并提案；五是统筹协调参与立法工作的各方，对省政府起草并提案的法规提前介入立法工作，主动参与和协调指导立法，把握立法工作的主动性。

——坚持"立、改、废"并重，及时清理地方性法规。随着经济社会的发展和客观情况的不断变化，特别是上位法的不断出台，地方性法规总是会出现部分条款与上位法和现实不相适应的情况。因此，必须适时对现行有效的地方性法规进行修改，甚至废止，从而维护法制的统一和地方性法规的严肃性、权威性。进入21世纪后，贵州省坚持"立、改、废"并重，在每年通过的法规中，修改和重新制定的法规占较大的比例，需要废止的法规都能够及时废止。现在修改地方性法规，包括集中清理、较大规模地修改地方性法规，已经成为贵州省地方立法的一项经常性工作。

——坚持并不断完善立法工作机制。不断完善立法工作机制，提高科学立法、民主立法的成效，是新形势下做好立法工作、提高立法质量的重要保障。贵州省立法体制已逐步完善，建立了省人大专门委员会、省人大常委会法工委、省政府法制部门和有关部门在立法工作中相互配合，形成合力的工作机制，在法规的立项、起草、审议中实现了资源共享、信息共享、知识共享，保证了法规草案顺利通过。

——建立和完善立法工作机构，加强立法队伍建设。省人大及其常委会这些年来取得的立法成就，关键是有立法工作机构和素质较高的立法工作人员发挥作用，形成了有关专门委员会初步审议、法制委员会统一审议、法制工作委员会提供专业服务的立法工作机制和工作队伍。省人大现有10个负责立法工作的机构，9个专门委员会和常委会法制工作委员会，前者分别负责各个有关方面的前期立法和初审工作，后者负责法规草案进入审议后收集整理会议审议意见和各方面意见，并组织征求修改意见，将意见整理后送法制委员会，在这个基础上由法制委员会负责集中统一审议并提出法规草案的修改意见。专门委员会和法制工作委员会在省人大及其常委会的立法工作中发挥了重要的作用；专门委员会的组成人员及其办事机构的工作人员和法制工作机构的工作人员构成了省人大常委会的立法工作力量，这支队伍成为省人大及其常委会行使立法权的参谋和助手。

## （二）基本经验

——坚持党的领导，把握正确的政治方向。贵州省人大及其常委会在立法工作中始终坚持党的领导、人民当家作主和依法治国有机统一，把坚持党的领导作为搞好地方立法的根本保证。在立法工作中，积极主动争取党的领导，始终坚持以邓小平理论和"三个代表"重要思想为指导，坚持以科学发展观为统领；认真贯彻党的基本理论、基本路线、基本纲领，积极把党的主张通过法定程序转化为党的领导、支持人民当家作主和实行依法治省的依据。

——坚持以人为本、立法为民。以人为本、立法为民是加强民主法制建设的根本目的，也是做好立法工作的核心所在。认真解决好"为谁立"的问题，就是真正为人民立法、替人民谋利。

——体现地方特色，把握地方立法的方向。突出地方特色，通过立法解决地方实际问题，是地方立法的题中应有之义，也是地方立法的生命力所在。解决好"立什么"的问题，将有限的立法资源优化配置在经济社会发展最重要、最急需的领域，为科学发展、跨越发展保驾护航。

——坚持科学立法、民主立法。科学立法、民主立法是加强和改进立法工作、提高立法质量的重要途径，要探索科学立法、民主立法的新形势、新途径，解决好"怎么立"的问题。要完善由人大相关专门委员会、政府相关部门和专家学者共同参与的多途径法规起草论证机制，通过调研、听证、论证、公布草案、网上互动等多种形式，广泛听取意见，充分发挥人大常委会组成人员、人大代表多领域、多视角等结构优势和知识优势，调研提出切中要害、公正合理、科学可行的立法意见和建议。

——坚持发挥人大在立法中的主导作用。在地方立法工作中，充分发挥人大立法主体的主导作用，既是地方人大应尽之责，又是做好地方立法工作的重要保障。编制年度立法计划和五年立法规划要由人大组织牵头，人大要提前介入法规起草工作，继续坚持选择一些涉及面广、难以协调的法规由人大常委会主任会议或者有关专门委员会组织起草并提案，要增强人大在立法工作中的统筹协调能力，把握立法工作的主动性。

——坚持依法立法，不断完善立法制度和立法工作制度。依法立法是科学立法、民主立法的前提和基础，是提高立法质量，维护法制统一的重要保障。依法立法的关键是贯彻执行立法法、遵守《贵州省地方立法条例》，严格依据法定的权限和程序立法。随着经济社会的快速发展，现有的立法体制机制程序出现了一些与客观要求不相适应的地方，立法工作中也会遇到的新情况、新问题，这些都对进一步完善立法制度提出了要求。因此，进一步完善立法体制、工作机制和立法程序，是新形势下做好立法工作、提高立法质量的重要保障。

# B.4 贵州省深入推进依法行政的对策研究

贵州省人民政府法制办公室课题组*

**摘　要：** 近年来，贵州省各级政府全面推进依法行政，法治政府建设取得重要进展。本文对贵州省近年来推进依法行政、建设法治型政府的基本情况与成效、经验进行了总结，分析了依法行政存在的主要问题与困难，并在此基础上提出深入推进依法行政的具体措施和建议。

**关键词：** 贵州省　依法行政　对策研究

2004年国务院颁布《全面推进依法行政实施纲要》后，特别是近年来，贵州省各级政府按照法律法规和《全面推进依法行政实施纲要》《国务院关于加强市县政府依法行政的决定》和《国务院关于加强法治政府建设的意见》要求，牢固树立抓依法行政也是抓发展，通过抓依法行政服务和促进发展理念，加强组织领导，创新体制机制，切实采取措施，全面推进依法行政，法治政府建设取得重要进展。

## 一　近年来推进依法行政、建设法治政府的基本情况

### （一）加强依法行政组织领导与督促检查

省政府和市（州）、县（区）政府积极采取措施，加强依法行政组织领导

---

\* 为了贯彻落实党的十八大精神，深入推进依法行政，贵州省政府法制办组织开展了本课题研究，成立了课题研究组，课题组组长：朱玉，省政府法制办主任；副组长：李兵，省政府法制办副主任；成员：冯小山、林登富、王彤、李勇、王剑波、石胜勇、孙鞾。

和督促检查。一是建立健全领导机构。省政府、全省9个市（州）政府和88个县（市、区、特区）政府以及绝大多数政府部门都建立了全面推进依法行政的领导体制和工作机制，依法行政领导小组办公室均设在各级法制机构。二是出台有关政策文件。2004年以来，省政府先后出台了《省人民政府关于贯彻国务院〈全面推进依法行政实施纲要〉的意见》（黔府发〔2004〕29号）、《省人民政府关于加强市县政府依法行政的意见》（黔府发〔2008〕26号）、《省人民政府关于加强法治政府建设的意见》（黔府发〔2011〕8号）等文件，对依法行政各项任务进行分解、细化，督促落实国务院推进依法行政有关会议和文件精神。2012年9月，为贯彻落实国务院《关于进一步促进贵州经济社会又好又快发展的若干意见》，国务院法制办下发了《关于支持贵州省人民政府加快推进法治政府建设有关事项的通知》，明确在体制机制改革、转变政府职能、重点立法、民族区域自治、依法行政指导等方面，支持帮助贵州省加快法治政府建设，保障和促进经济社会又好又快发展。根据省领导批示，省政府法制办又及时制定了《贯彻落实国务院法制办〈关于支持贵州省人民政府加快推进法治政府建设有关事项的通知〉的任务分解》，进一步抓好落实。三是召开会议进行研究部署。省政府多次召开全省依法行政工作会议，省政府法制办每年都召开政府法制工作会议或者法制办主任、法规处长会议，对依法行政工作进行部署。省政府不定期地听取依法行政和政府法制专项工作情况汇报，及时解决依法行政和政府法制工作中存在的突出问题，研究部署全面推进依法行政、加强法治政府建设的具体任务和措施。四是坚持依法行政年度报告制度。各级政府每年向同级党委、人大常委会和上一级政府报告推进依法行政情况，政府部门每年向本级政府和上一级政府有关部门报告，推进依法行政情况报告制度基本形成。五是认真做好依法行政考核工作。按照时任省长赵克志同志关于认真做好依法行政考核的制度建设，将依法行政考核纳入政府目标绩效考核评价体系，建立健全科学有效的考核体系，使依法行政成为考核行政机关及公务人员的"硬指标"要求。从2010年开始，贵州省全面推进依法行政工作领导小组每年根据推进依法行政工作重点，制定《依法行政考核指标体系和评分标准》，组织对省政府部门依法行政工作进行考核。2011年，将考核范围逐步扩大到市（州）政府和部分中央驻黔行政执法机关，并将考核结果报送省委、省政府和省委组织部、省直目标办,纳入省政府部门目标绩效考核分值,其中2012年在省直目标绩效考核分值中,依法行政单列并确定为2分分值。省委组织部就拟表彰先进县(区),征求省政府法制办对其依法行政工作的意见。9个市(州)政府和88个县(市、区、特区)政府以及一些主要部门都比照省政府,对依法行政工作加强组织领导和督促检查,一些政府还对成绩突出的单位和个人给予表彰奖励。各市(州)、县(区)政府比照省政府的做法,实施依法行政年度考核。贵阳市专门制定《依法行政考核办法(试行)》,推进依法行政考核工作制度化。

### (二)改革创新行政管理体制

一是不断推进行政审批制度改革。2011年,省政府法制办、省监察厅、省编委办按照省委、省政府关于开展"三个建设年"活动的要求,集中开展行政审批事项清理。省政府法制办牵头对73个省直行政执法主体实施的978项行政许可进行全面清理,共取消行政许可事项84项,下放183项,转变管理方式76项,合并325项为89项,减少行政许可579项,占省直机关原有行政许可事项的59%,保留行政许可404项。省监察厅牵头对省政府各部门318项非行政许可审批事项进行了清理审核,减少非行政许可审批项目52%,保留继续实施非行政许可审批事项152项。2012年,省委办公厅、省政府办公厅联合下发了《关于深入推进行政审批制度改革的意见》,成立省行政审批制度改革工作领导小组,领导小组办公室设在省政府法制办。国务院通过第六批取消和调整行政审批项目的决定后,省政府法制办和省监察厅对照国务院调整的314项行政审批,报请省政府常务会议决定,省直各部门行政许可事项再取消17项,下放21项,转变管理方式1项,合并65项为20项,明确省直机关初审后上报国家部委审批49项,新增行政许可事项51项(国务院下放地方实施和地方性法规新设),保留省直行政机关继续实施行政许可事项357项;非行政许可审批中,通过取消、下放、转变管理方式共调整63项,保留省直行政机关继续实施的非行政许可审批事项89项。2013年,省政府出台文件要求用3年时间实现与周边省份相比行政审批事项最少,2013年省直机关继续实施的行政许可项目由357项减少到300项以内,非行政许可审批事项由89项减少到30项以内；除涉及国家安全、公共安全等重大项目外，不涉及政府资金的社会投资项目一律由审批、核准改为备案；清理生产经营活动和产品物品行政许可以及各类机构及其活动认定等非行政许可审批事项；减少省级的建设项目技术性审查，各部门及其所属技术审查机构实施的技术审查一律交由中介组织实施。目前，新一轮行政审批清理工作正在进行。二是推进管理体制机制创新。按照《国务院关于进一步促进贵州经济社会又好又快发展的若干意见》的要求，进一步转变政府职能，规范政府行为。省委、省政府出台《关于进一步加快发展县域经济的意见》和《关于扩大县（市、特区）经济管理权限的通知》，积极做大做强县域经济。省政府下发《关于推进省直接管理县（市）体制改革试点工作的意见》，2013年先期在仁怀市和威宁县开展省直管县体制改革试点。2013年，省政府出台《关于提高行政效能的若干规定》，要求下放行政管理权限，赋予贵安新区和3家国家级经济技术开发区（国家高新技术开发区）与经济活动密切相关的部分省级行政管理权限，并制定和公布委托下放的管理权限目录。对省级开发区（园区）项目、省级重大项目、"5个100工程"项目等实行土地直供，将有关土地、规划等审批审查工作以交办、委托等方式交由市、县办理，并与下放的投资项目审批、核准、备案权限配套。三是推进政务服务中心和便民服务中心建设。14个省直部门设立政务服务办事大厅，9个市（州）政府和88个县级政府基本建立综合性政务服务中心，1395个乡（镇）政府和9316个村（居）委会、社区建立了政务服务办事大厅、政务服务中心或便民服务站。省级行政审批电子监察系统2010年1月1日开通，截至2012年，全省已有8个市（州）、75个县（市、区、特区）建成本级行政审批电子监察系统，省直共有44家单位行政审批事项纳入电子监察，省、市、县三级上下联动的政务服务网络体系初步形成。2013年省政府明确要求开工建设省级政务服务中心，确保3年内建成并投入运营。要求目前设有政务服务中心（办事大厅）的14个省政府部门，所有行政审批事项一律纳入中心办理，并充分授权，确保在中心办得成事。没有设立政务服务中心（办事大厅）的部门实行"一个窗口"受理、收费和颁证。要求省级部门设立网上办事大厅，扩大互联网办理有关事项的范围，能网上审批的一律网上审批。要求2013年上网审批的省级行政审批事项不少于20%，2015年不少于60%。四是推进公共资源交易中心建设。2012年全省9个市（州）全部建成统一、规范、高效的公共资源交易中心。省政府要求加快省级公共资源交易中心建设，2013年将工程项目建设、土地使用权和矿权出让、国有产权交易、政府采购等全部纳入中心，推行"阳光"交易。五是推进财政管理体制改革。在全省42个县开展省直管县财政改革试点。行政经费纳入同级财政预算予以保障，并实行国库集中支付。坚持罚缴分离和收支两条线制度，深入推进非税收入、部门预算、国库集中支付、财政专项资金和财政转移支付分配、监管、涉农资金补贴"一卡通"发放等项改革，改革范围涉及省、市、县三级预算单位，共计6699个。着力清理、规范行政事业性收费，定期发布行政事业性收费目录，增强行政事业性收费和政府基金征收的透明度。

### （三）推进科学民主依法决策

一是建立健全重大行政决策制度。贵州省政府制定《贵州省人民政府重大决策程序规定》，明确省政府重大决策事项范围和重大决策原则，规范重大决策公众参与、专业论证、风险评估、合法性审查、集体讨论决定、依法向社会公布等必经程序，强调未经合法性审查或者审查未通过的，不得作出决策。2011年，省政府以政府令发布《贵州省行政听证规定》，对行政决策听证、价格听证、信访听证以及行政处罚、行政许可等听证范围、实施主体与程序作出全面规范。2013年又组织对《省政府工作规则》进行修订，强化依法行政和科学民主依法决策有关内容。二是强力推进政府法律顾问制度。2004年在全国率先在省政府法制办加挂"省政府法律顾问室"牌子，内设法律事务处具体承担有关工作，聘请法律专家咨询委员。2013年，省政府办公厅又出台《关于推进政府法律顾问工作的意见》。2004年以来，省政府法制办共办理省政府法律顾问事项584项，其中重大决策事项104项，领导交办法律顾问事项113项，一般性法律审查事项213项，合同审查事项101项，其他法律服务事项53项。三是推行重大决策社会稳定风险评估。省委、省政府出台《关于在全省建立重大决策重大工程社会稳定风险评估机制的意见》和《贵州省重大决策社会稳定风险评估实施办法》。铜仁市在全省率先把预防和化解社会矛盾作为一项基础性工作，全面建立和推行重大事项社会稳定风险评估机制，在重大项目立项过程中,将防范化解社会稳定风险跟进措施纳入项目审查范围。省委、省政府要求全省认真学习和推广"铜仁经验"。

### (四)全面加强制度建设和监督管理

一是围绕中心,服务大局,加强政府立法。省政府和具有地方政府立法权的贵阳市、三个自治州政府突出政府立法对加快经济社会发展的规范和引领作用。2004年以来,省政府共向省人大常委会提请审议地方性法规议案59件,制定省政府规章75件;贵阳市政府向市人大常委会提请审议地方性法规议案46件,制定市政府规章82件。二是不断探索立法方式方法。坚持科学立法、民主立法,通过召开立法论证会、听证会、座谈会等方式,广泛征求社会各界意见,特别是利益关系人的意见和建议,实现全部法规、规章草案通过省政府门户网站和省政府法制信息网公开征求社会意见。创新立法方式,先后委托社会力量组织起草了《贵州省物业管理条例(草案)》《贵州省非物质文化遗产保护条例(草案)》等共4件法规、规章草案。三是严格规范性文件合法性审查和备案审查。省政府制定《贵州省人民政府及其工作部门行政规范性文件制定程序规定》和《贵州省行政规范性文件备案审查规定》,"四级政府、三级监督"的备案审查机制初步形成,加大有件必备、有备必审、有错必纠力度。2007~2012年,省政府法制办组织对201件省政府和省政府办公厅规范性文件草案进行了合法性审查。受理登记市、州政府、省直部门备案审查的规范性文件1194件,受理并审核处理了公民、法人或其他组织提出的规范性文件审查建议10件,纠错76件。四是认真做好规章和规范性文件清理工作。及时提请修改、废止与上位法不一致、不适应经济社会发展的规章和规范性文件。2009年,根据《国务院办公厅关于开展行政法规规章清理工作的通知》要求,省政府对2007年6月30日前发布的省政府规章进行了全面清理,宣布废止的省政府规章有30件,失效的有2件,公布的113件现行有效省政府规章中,59件政府规章列入修改计划。2010年按照《国务院办公厅关于做好规章清理工作有关问题的通知》要求,对2010年6月30日前发布的省政府规章进行了进一步清理,废止15件,宣布失效3件,修改8件;2012年按照《行政强制法》规定对省政府规章进行清理,废止1件,修改8件。同时,组织对

1979~2010年发布的各类文件进行全面清理，全省共清理文件34.8万件。其中，对省政府、省政府办公厅发布的11522件文件中属于规范性文件的2134件进行全面审核，废止、宣布失效1558件，继续有效576件，并列出文件目录向社会通报。认真开展限制民营经济市场准入、征地拆迁、招标投标、限制非公有制经济发展、涉及乙肝项目检测、涉及公共资源交易管理等规范性文件专项清理工作。黔西南州的8个市（县）共清理文件175179件，其中属规范性文件有3557件，决定废止、宣布失效2577件，继续有效980件，修改98件。时任国家副主席习近平同志就此专门批示"贵州省黔西南州抓好制度'废改立'，优化科学发展软环境的做法很好"，要求"既敢破更善立，把贯彻落实科学发展观的具体要求，转化为科学可行的法律法规和政策规定，为科学发展提供有力的体制机制保障。同时做到立后即行、行之有效，使之真正成为科学发展的强大推动力"。

### （五）强化严格规范公正文明执法

一是依法审核、规范行政职权。省政府法制办受省委编办委托，对省政府各部门的"三定方案"252项职能逐一进行审核，从职能配置上理顺行政执法体制，依法消除行政执法的冲突和真空。组织编制《贵州省省直机关行政职权目录（2011版）》，向社会公告67个省直行政机关6782项行政职权，基本厘清了各级行政机关的"权力清单"。要求按照"规范、效率、简明、便民"的原则绘制行政权力行使流程图，实现"一事项一流程"，明确显示权力运行基本程序，载明行政职权从启动到结案的关键步骤和环节。建立行政执法与刑事司法联席会议制度，建立信息共享平台，强化对行政机关移送涉嫌犯罪案件的监督。二是大力规范行政处罚自由裁量权。省直机关将所有行政处罚权逐项进行自由裁量权规范，并以适当方式向社会公告。市、县级行政机关也积极开展规范行政执法自由裁量权工作，行政决定越来越多地通过听证方式做出。省药监局建立本机关行政案件审理委员会工作机制，在重大案件审理中法制机构把关，将执法、审理、监督适当分离和集体研究决定落到实处。三是深入开展行政执法案卷评查。省政府制定《关于开展行政执法案卷评查工作的通知》，确定行政执法案卷评查工作五年规划。省政府法制办针对主要行政执法事项制定了行政处罚、行政许可案卷评查基本标准，下发了《贵州省行政处罚案件档案管理办法》，逐步扩大评查范围、完善评查标准、规范评查程序、强化评查结果运用。省地税局出台了《重大税务案件审理标准》。2010年，省政府分别在贵阳市和兴义市召开了行政执法案卷评查现场会，对案卷评查工作先进单位及优秀案卷进行了表彰，推动案卷评查工作深入开展。四是严格行政执法资格管理。按照《贵州省行政执法证管理办法》和《贵州省行政执法监督证管理办法》，定期对全省行政执法人员、行政执法监督人员证件进行审核，实行行政执法资格动态管理。推进行政执法人员管理信息化建设，建立健全行政执法资格网络查询系统。狠抓行政执法人员的职业道德教育和业务培训，基本建立了行政管理通用法律知识培训、专门法律知识轮训和新法律法规专题培训为主要内容的培训机制。加强对持证上岗和亮证执法行为的监督检查。五是深入推进行政执法责任制。颁布实施了《贵州省行政执法过错责任追究办法》《贵州省行政执法奖励办法》《贵州省行政执法监督规定》《贵州省行政执法责任制与评议考核规定》等规章。黔西南州政府在全国率先制订《关于推行乡镇行政执法责任制评议考核实施方案》，建立相应领导机构，全面梳理涉及乡镇行政管理职权的125部法律、法规、规章，明确10类222项执法依据目录，制定乡镇行政执法评议考核、执法过错责任追究等十项行政执法责任制配套制度。六是下移执法重心，加大违法案件查处。省工商局将90%的执法权限下放到县级工商局，其中80%的执法权限又下放到基层工商分局。省质监局增设88个县级稽查队，新增541名执法人员，全部充实到基层执法一线。全省公安机关设立"集市流动警务室"506个，接待群众、接受咨询46100余人次，办理户籍业务9200余人次，发放身份证17400余个，化解矛盾纠纷290余起，办理治安案件83起。2012年，全省公安机关共查处治安案件124695件，调处各类治安纠纷83960件。全省农业部门共检查市场22333场次，检查农资企业2747个次、经营户109674户次，查处违法案件970件，比2011年同期增长180%。2006年以来，全省地税机关通过执法检查发现各类涉税违规行为6157件，查处违规金额2.8亿元。七是开展了相对集中行政处罚权试点。省政府法制办制定了《审查城市管理相对集中行政处罚权的有关工作规则》，省政府法制办、省编委办下发了《关于在开展相对集中行政处罚权相对集中行政许可权和实行综合行政执法试点工作中进一步加强协作完善有关工作程序的通知》，2009年召开全省城市管理相对集中行政处罚权工作座谈会，贵阳市、遵义市经国务院批准，桐梓县、凯里市、都匀市、铜仁市、印江县、松桃县经省政府批准，在城市管理领域开展了相对集中行政处罚权工作。2011年底，全省9个市（州）和88个县（区）文化市场综合执法机构全部组建完成。

### （六）全面推进政务公开和政务服务

各级行政机关把政务公开作为执政为民，密切联系人民群众，加强廉政建设的重要方式。一是加强对政务公开工作的领导。成立省政务公开领导小组，召开全省政务服务中心工作推进会，认真贯彻落实《政府信息公开条例》，制定了《贵州省政府信息公开暂行规定》。加强对全省政务公开工作的督查，2011年省监察厅、省政府督查室、省政府法制办两次组成联合督查调研组，对9个市（州）、15个省直部门、44个县（区）、10个乡（镇）有关情况进行督查。二是健全政务公开工作平台。加快推进政务服务中心和网上政务服务信息平台建设，形成了以政务服务中心为主体，上下联动、层级清晰、覆盖城乡的政务服务体系。在省、市、县三级档案馆共建立政府信息公开服务中心（政府文件阅览中心）98个。全省基本形成以政府公报、政府门户网站、新闻发布会、政务服务大厅及办事大厅、服务热线和报刊、广播、电视为主体，以信息查询点、公共图书馆、手机短信、农村基层信息服务站等为补充的多层次、立体政务公开体系。三是做好政府信息的主动公开。各级行政机关通过编制政务公开目录，规范公开内容，主动向社会公开政府工作报告、部门行政职能、财政预决算报告、法规规章、规范性文件、重点项目建设和重要工作部署等内容。2011年省、市（州）、县（区）三级政府及其部门累计主动公开政府信息520.9万条。其中省级政府信息315.24万条，市、县级政府信息205.66万条。2012年省、市（州）、县（区）三级政府及其部门累计主动公开政府信息258.86万条。其中省级政府信息22.87万条，市、县级政府信息235.98万条。四是认真开展网上政务服务。各级行政机关建立政府和部门门户网站，明确专人维护和更新网站信息，为群众查阅政务信息、参与政务管理提供便利，为推动部门之间信息共享和业务协同提供平台。省国土资源厅在全国国土系统率先推行网上政务服务。省工商局建立贵州省市场主体诚信信息中心数据库和诚信信息网络平台，归集企业信用联席会议26家成员单位企业信用信息7464770条，通过数据库系统查询，为企业、成员单位出具364户企业信用情况证明，为联席会议成员单位提供22420户企业信用信息下载共享服务。五是积极推进政民互动。各地建立健全新闻发布会制度，积极利用市（州）长、县（区）长信箱手段，加强政府与群众沟通、交流。省政府2012年启动回复办理人民网网民给省长留言工作，截至2012年12月15日，共收到留言247条，全部予以办理，办结230条，回复率达93%。2012年，省政府组织省政府办公厅、省政府法制办等十多家省直部门在互联网首期开通官方微博，利用信息化手段与网民直接沟通交流，回复网民意见。

### （七）依法化解社会矛盾纠纷

各级行政机关积极利用法定渠道，按照法定方式，依法化解矛盾纠纷。一是依法办理行政复议案件。2004~2012年，各级行政复议机关共收到行政复议申请18302件，决定受理16707件，办结15376件。其中，维持9259件，占结案总数的60.2%；驳回432件，占2.8%；确认违法、撤销、变更、责令履行2654件，占17.3%；终止2400件，占15.6%；其他处理631件，占4.1%。省政府共收到行政复议申请915件，决定受理407件，办结352件。其中，维持178件，占结案总数的50.6%；驳回25件，占7%；确认违法、撤销、变更、责令履行47件，占13.4%；终止102件，占29%。二是积极推进行政复议体制机制改革。2008年，贵州省被国务院法制办作为唯一的西部省份纳入首批确定的8个行政复议委员会试点改革范围。2009年，省政府明确在省政府本级、省工商局、遵义市政府、黔西南州政府、清镇市政府、福泉市政府、金沙县政府等7个单位开展试点工作。2011年，省政府决定将行政复议委员会试点范围扩大到贵阳市政府、铜仁市政府和黔东南州政府。体制上初步实现了行政复议审理权的相对集中，运行机制上初步建立了行政复议委员会办公室统一集中行政复议力量、统一受理行政复议申请、统一审理行政复议案件、统一以试点单位的名义作出行政复议决定的"四统一"工作机制。通过行政复议委员会体制机制创新,促进了行政复议公信力的提高,试点工作开展后,行政复议案件数量大幅增长。试点工作开展的前一年试点单位共受理行政复议案件287件,试点工作开展后年均共受理640件,增幅130%。其中,省政府本级试点工作开展的前一年受理行政复议案件34件,试点工作开展后年均受理69件,增幅103%。从结案情况看,试点工作开展前,行政复议维持率约78%,纠错率约11.5%,和解率9.5%,其他处理的案件约1%。试点工作开展后,行政复议维持率70.5%,纠错率15%,和解率约13.5%,其他处理的案件约0.7%。三是开展行政复议规范化建设活动。贵州省下发了《关于进一步开展行政复议"三公开"试点工作的意见》和《关于开展全省行政复议工作规范化建设的意见》,从6个大项,24个小项细化规范化建设各项任务。省政府将组织开展行政复议工作规范化建设专项检查作为2012年50项重点工作之一,纳入年终目标考评内容,下发了《行政复议工作规范化建设专项检查方案》,制定了《行政复议工作规范化建设专项检查量化评分表》,组织检查组深入到6个市、州和10个县(市、区),对行政复议工作规范化建设情况进行了专项检查,有效促进了行政复议案件办理规范化,重大疑难案件采取听证方式,审理比重不断提高。2007年以来,贵阳市南明区依照《贵州省行政复议听证规定》每年采取听证方式审理行政复议案件的数量达到85%以上。四是积极探索行政调解工作机制。认真落实中共中央办公厅、国务院办公厅《关于预防和化解行政争议健全行政争议解决机制的意见》,逐步建立地方政府负总责,政府法制机构牵头,各职能部门为主体的行政调解工作机制。全省所有县(市、区)都建立了矛盾纠纷调处中心,所有乡镇建立综治工作站,县乡村三级矛盾纠纷调解组织网络基本形成。推动建立行政调解与人民调解、司法调解相衔接的大调解联动机制。加强信访维稳案件的调处,余庆县创造了"小事不出村、大事不出乡、难事不出县、矛盾不上交"的基层矛盾纠纷排查化解工作经验,并在全省推广。省公安厅在全省所有公安派出所、交警队等一线执法单位设立调解室,采取多调少裁、多调少罚等柔性方式调处纠纷。贵阳市成立了行政调解协调指导委员会,出台《贵阳市行政调解暂行规定》,在矛盾纠纷集中、突出的领域推动成立了医疗纠纷、道路交通事故、环境保护调解委员会等7个市级行政调解专业委员会,46个市政府工作部门和各县（区、市）建立了相应的调解组织，全市共90个专业调解委员会，调解工作室137个，共调解矛盾纠纷2823起。

### （八）强化行政监督与问责

各级行政机关在加强自身监督、问责的同时，积极接受人大、政协的监督和法院依法实施的监督。一是自觉接受人大、政协民主监督。认真办理人大代表和政协委员的建议和提案，2004年以来，省直部门共研究答复全国人大代表建议55件，全国政协委员提案64件，省人大代表建议3987件，省政协委员提案4808件，各民主党派省委、省工商联调研报告61件，积极吸收采纳民主党派、人大代表、政协委员提出的合理化意见、建议。二是自觉接受人民法院依法实施的监督。各级行政机关基本能够积极出庭应诉、答辩行政案件，自觉履行人民法院依法作出的生效判决和裁定，认真对待人民法院司法建议书。黔东南州专门制定《行政机关行政应诉办法》，遵义县建立行政首长出庭应诉制度。2004年以来，各级人民法院共受理行政诉讼案件15451件，结案14859件。其中，维持3901件，撤销、变更、责令履行法定职责2302件，确认违法或无效392件，驳回2412件，撤诉4166件，其他处理1686件。2006年以来，各级法院每年对行政审判发现的政府决策、行政执法问题归纳整理，分析原因，提出改进意见和建议（行政审判"白皮书"），报送同级党委、人大和政府及有关部门。三是强化行政监察与问责。行政监察机关全面履行廉政监察、执法监察和效能监察职责，出台《贵州省农村危房改造问责办法》《贵州省治理工程建设领域突出问题问责办法》《贵州省节能减排工作行政问责办法》《贵州省损害发展环境行为领导干部问责办法（试行）》等一系列制度文件。加大行政问责力度，2007年以来，立案查处各类违纪案件16864件，纪律处分18462人，其中地（厅）级39人，县（处）级405人。2007~2011年，全省各级监察机关共查处较大的安全生产责任事故503起，给予纪律处分895人，实施行政问责32人。督促对农村危房改造工程审计中发现的问题认真进行整改，归还被挤占、挪用、冒领资金2500多万元，对45名责任人给予纪律处分和问责追究。四是强化审计监督。各级审计机关全面贯彻实施《审计法》《审计法实施条例》和《国家审计准则》，有重点地加大对财政资金、国有资产、民生资金管理等的审计监督。2004年以来，全省各级审计机关共查处违规资金273.23亿元，核减工程投资58.11亿元，向司法、纪检监察和相关部门移送案件、事项459件，涉及人员472人，完成3343名领导干部经济责任审计。2009年，省委办公厅、省政府办公厅印发《贵州省经济责任审计结果运用暂行办法》。五是自觉接受人民群众监督。省有关部门多次召集会议听取企业、投资者对优化发展投资环境的意见和建议，不断完善群众举报投诉制度，高度重视投资企业对行政机关违法行政的举报、投诉以及媒体的舆论监督，对群众、企业举报投诉和新闻媒体反映的问题，认真调查核实，及时依法调查处理，维护人民群众和投资企业合法权益。

### （九）提高依法行政意识和能力

各级行政机关不断增强依法行政观念，提高依法行政的能力和水平。一是逐步建立领导干部学法制度。通过常务会议会前学法、法制讲座、行政执法人员培训、依法行政专题研讨班等形式，重视行政机关工作人员特别是领导干部依法行政意识和能力的培养。黔西南州、安顺市、遵义市等地政府专门邀请了国务院法制办、省政府法制办领导和专家开展依法行政知识专题讲座，着力增强领导干部依法办事的意识。二是逐步推行法律知识测试制度。下发了《贵州省干部学法用法考试考核办法》，要求对拟提拔副厅级干部进行任职前法律知识考试，并将依法行政纳入公务员初任职培训和通用能力培训内容。公务员录用考试法律知识的分值比例逐年增加。行政执法人员和行政执法监督人员的资格考试制度化、规范化，资格考试成绩作为申领和换发行政执法证和行政执法监督证的重要依据。省人力资源和社会保障厅制定了《关于进一步加强领导干部学法用法工作提高依法执政能力的实施意见》《公务员学法用法工作计划》。黔西南州从2011年开始，每年组织对州行政执法部门和所属市县执法人员进行法律知识测试。三是加强依法行政和政府法制宣传。制定了《贵州省全面推进依法行政宣传工作实施意见》，各级政府法制机构积极报送依法行政工作信息，贵阳市专门制订了《创新社会管理建设法治贵阳全民法制宣传教育主题活动方案》，中央人民政府网、中央电视台、新华网、人民网等门户网站和《人民日报》《法制日报》以及《贵州日报》、贵州电视台等省内各大媒体积极宣传报道贵州省依法行政的各项工作。开通贵州省人民政府法制信息网，在省政府门户网站设置"建设法治政府"专栏，开通省政府法制办微博，及时向社会发布全省依法行政工作动态。各级行政机关通过召开座谈会、发放宣传资料、举办征文比赛、发表电视讲话和登载专题文章等形式加强宣传，为依法行政工作的顺利推进创造了良好的舆论氛围。四是扎实做好依法行政调查研究工作。省政府法制办坚持每年组织开展依法行政调研，使依法行政的调研工作常态化、制度化。完成国务院法制办委托的《重大行政决策程序研究报告》，完成省委重大问题调研课题"贵州省重大项目实施征收征用补偿问题研究"，完成省政府委托的"服务型政府建设研究"课题以及与中国社会科学院法学所共同完成"贵州地方政府依法行政动力研究"等项重大课题，研究成果有力支撑和推动了依法行政深入开展。

贵州省近年来通过推进依法行政，不断加强政府自身建设，有力服务、促进和保障了经济社会又好又快发展，具体成效体现在以下几方面：一是依法行政观念基本确立。人民群众和行政机关对依法行政的认同感逐步增强。行政机关领导依法行政相关知识基本得到普及，工作中更加注意行政管理的合法性要求。从形式上看，推进依法行政、建设法治政府已经成为各级领导讲话、行政机关发布文件的要求之一，一些行政机关定期举办法律知识讲座，杜绝公开否定、排斥依法行政的现象。依法行政所必需的合法观念、程序观念、诚信观念、监督制约观念等明显增强，依法行政责任观念初步形成，防止违法行政意识逐步增强。二是发展环境持续改善。贵州省近年来着力加强服务型政府建设，通过组织行政审批清理，减少行政审批事项，下放行政管理权限，要求各级政府信守招商引资承诺，规范行政权力行使，破除地方保护、市场封锁，公平准入，鼓励竞争。加大对损害投资环境、不作为、慢作为、乱作为和"吃、拿、卡、要"违法违规行为查处力度等，投资环境明显改善。近两年，仅长三角地区就与贵州签订合作项目902个，总投资3176亿元。三是行政推进力、公信力、执行力明显增强。各级政府按照建设法治政府、服务政府、责任政府、效能政府要求，不断加强自身建设，加强督促检查，严肃行政问责，注重绩效评估，把各项重大决策部署落实到基层、落实到企业、落实到项目。行政决策注重合法性要求，行政执行注重规范和程序，各项行政监督督查明显加强,加快贵州经济社会发展的各项政策和决策推进力度空前强化,行政管理公信力明显提高,行政管理执行力不断强化,"立说立行、干就干好"的良好风气正在形成。四是社会和谐稳定基础进一步夯实。近年来,贵州省在加强和创新社会管理中,通过开展行政决策社会稳定风险评估,严格规范行政执法行为,推行柔性执法,强制与教育引导并重,强化执法责任监管等手段,依法排查、解决一大批影响社会稳定的积案,通过依法教育宣传引导推进行政决策落实,形成了"铜仁经验"、"贵阳经验"、"余庆经验"等一批加强和创新社会管理的典型经验,社会和谐稳定基础进一步巩固。五是人民群众对政府满意度不断提升。各级政府通过推进依法行政,政务公开不断深化,与人民群众切身利益密切相关的政府信息依法得到及时有效公开。人民群众对行政管理的知情权、参与权、表达权、监督权不断拓展,人民群众能够更加及时有效地了解政府工作,参与行政管理决策,依法有序表达对行政管理的意见和建议,对行政管理违法违规行为投诉、举报制度不断完善。涉及人民群众切身利益的民生建设持续改善。

总结贵州省近年来全面推进依法行政,加快建设法治政府的经验,主要体现在以下几方面:一是始终围绕"主基调、主战略"推进依法行政。2010年,省委、省政府根据贵州的实际,提出围绕"加速发展、加快转型、推动跨越"主基调,重点实施"工业强省、城镇化带动"主战略。2011年3月省政府召开全省依法行政工作电视电话会议,时任省长赵克志同志强调推进依法行政、加快建设法治政府,是加速发展、加快转型、推动跨越的必然要求,是优化软环境、扩大投资规模、做大经济总量的基本保证,是加强社会管理、减少和消除不稳定因素、构建和谐社会的重要基础,要求各级政府及其部门要紧紧围绕省委、省政府中心工作,全面推进依法行政,加快建设法治政府,为全省经济社会又好又快、更好更快发展提供坚实保障。省政府法制办按照省政府的要求,坚持抓依法行政也是抓发展,通过抓依法行政服务和促进发展的理念,认真履职,开拓创新,勇于担当,将推进依法行政置于省委、省政府工作大局中谋划、推进,自觉防止依法行政与行政管理"两张皮"。二是党委、政府共同强力推进依法行政。各级党委加强对政府依法行使权力的领导,各级政府也自觉接受党委的领导,党委与政府一起共同努力推进,是贵州省近年来推进依法行政的显著特色。无论是开展环境建设年活动、简政放权、推进行政审批制度改革，还是改革创新行政管理体制、加强和创新社会管理、化解社会矛盾等项工作，都是以省委、省政府名义共同做出决策，共同强力推进，都强调依法加强权力行使与监督。省委多次召开会议，要求在加快发展的同时，认真做好维护社会稳定工作，依法化解矛盾纠纷。2012年3月7日时任省委书记栗战书同志接受《人民日报》记者采访时强调：贵州要按照科学发展观的要求，结合各地区、各部门的实际，有章法、有步骤、有节奏，科学合理地去干，绝对不能蛮干、胡干、乱干。时任省长赵克志同志也在全省加强和创新社会管理，做好新形势下群众工作经验交流现场会上明确要求：牢固树立发展是第一要务、稳定是第一责任的思想。公民的权利必须得到保护，公共权力必须受到法律和制度的约束，实现好、维护好、发展好最广大人民的根本利益。新一届省政府组成后，陈敏尔省长多次强调加强法治政府建设，并通过修订《省人民政府工作规则》，把依法行政形成制度，落实到省政府具体工作中。三是不断建立完善依法行政相关制度。行政机关依法行政的支撑在于制度建设。近年来，各级政府通过不断建立完善依法行政各项制度，扎扎实实推进依法行政。据统计，近年来，省级层面建立、出台直接推进依法行政相关制度近30项，其中包括《贵州省人民政府重大决策程序规定》《贵州省人民政府起草地方性法规草案和制定省政府规章程序规定》《贵州省人民政府及其工作部门行政规范性文件制定程序规定》《贵州省行政规范性文件备案审查规定》《贵州省行政执法责任制和评议考核办法》《贵州省行政执法管理办法》《贵州省行政复议条例》《关于深入推进行政审批制度改革的意见》《省人民政府办公厅关于推进政府法律顾问工作的意见》等，并将依法行政相关制度汇编成《贵州省依法行政实用手册》，印发行政执法人员。在实践中，坚持依法行政年度考核制度、依法行政年度报告制度、行政执法人员培训考试制度、干部学法制度等，使依法行政各项要求落实到行政管理决策、执行、监督全过程。四是积极创新依法行政体制机制。省委、省政府及时召开扩大开放工作会议、促进非公有制经济发展会议，突出推进政府职能转变方面的制度创新，通过地方性法规、政府规章和行政规范性文件的立、改、废，推动政府职能转变，把市场配置资源的基础性作用发挥贯穿于地方立法和规范性文件起草、审查的全过程，按照社会主义市场经济发展的要求规制政府职能及其行使方式,加快推进生产要素市场化进程,促进市场体制机制和制度的建立完善,创新行政管理绩效考核管理制度,防止政府职能行使越位、缺位、错位,保障市场配置资源基础作用的充分发挥。特别是强调用足用活用好国务院赋予贵州的先行先试权,重点做好基础设施建设、发展特色优势产业、矿产能源资源配置及其价格形成、投资融资、扩大对外开放等方面的制度创新,在简政放权、深化审批制度改革、开展行政复议委员会试点等方面积极创新体制机制。五是发挥政府法制机构推进依法行政作用。近年来,贵州省各级政府法制机构积极参与优化投资发展环境,积极推动项目建设相关制度建设和程序优化,积极参与重大项目建设方案咨询论证,对项目建设中有关合同组织审查把关,督促项目建设参与各方依法规范行为,积极做好项目建设中涉及的土地征收、房屋拆迁、投资审批、开发区建设等矛盾集中领域的行政争议协调工作。积极推动建立完善重大经济决策社会稳定风险评估机制,防止因行政规范性文件不合法损害投资者合法权益、引发社会群体性事件,突出做好工业园区建设、招商引资、征地拆迁、担保融资、合同签订等环节的法律风险论证,组织开展法律风险防控培训,提高干部特别是领导干部的法律风险意识和防控风险能力。充分发挥行政复议在解决行政争议方面的主渠道作用,畅通行政复议渠道,提高行政复议受案率和结案率。针对加快经济发展凸显的土地征收、房屋拆迁、移民安置、企业兼并重组、山林确权等方面的行政争议,严格依法办案,灵活运用调解、和解等方式化解争议,实现案结、事了、人和。对资源开发、环境污染、公共安全事故等方面的民事纠纷,以及涉及人数较多、影响较大、可能影响社会稳定的纠纷,建立县、乡联动机制,主动进行调解。加强法制宣传,教育引导群众依照法定途径和方式表达利益诉求,维护自身合法权益。

## 二 依法行政存在的主要问题

在充分肯定贵州省依法行政取得成效的同时,也应当看到各级行政机关依法行政过程中还存在不少问题,还面临很多困难和障碍,需要认真应对,采取措施切实加以解决。

## （一）法治思维、法治方式尚未完全确立

由于推进依法行政体制机制不够健全，一些领导法治意识淡薄，法治思维没有树立，过于注重眼前、现实利益，再加上实践中一些违法行政行为没有得到及时、有效纠正，便在思想认识上对违法现象习以为然，法律工具主义认识较为突出，相当一部分行政机关工作人员"视法为器"，知道"用法律"，但自己并不真"信法律"。一些干部不能正确认识"发展是硬道理"，"稳定是硬任务"，在实践中有意无意地将改革创新与依法行政对立，将加快发展与依法行政对立，将先行先试与依法行政对立，将提高效率与依法行政对立，将实事求是与依法行政对立。一些行政机关依法行政还只是停留在讲话和文件中，时常流于形式，并没有真正落实到行动中去。"说起来重要，做起来次要，忙起来不要"现象较为普遍。过分强调行政管理某一目标和行政手段，甚至以偏概全，在行政决策目标设定和实现手段上偏离法治轨道，造成新的社会问题，引发群众不满。最典型的事例，就是少数领导提出"摆平就是水平"、"搞定就是稳定"，从实践中短期看，纠纷矛盾看似"摆平"、"搞定"了，但从长远看，又埋下了发生新的纠纷矛盾隐患；"按下葫芦起了瓢"，一起纠纷矛盾"摆平"、"搞定"了，往往因为处置纠纷矛盾标准不统一、方式不一致，很多情况下"一事一议"，更多的纠纷矛盾又随之而起。一些行政机关监督能力不强，工作简单片面化，除通常实行"一票否决制"的计划生育、社会治安综合治理、安全生产等事项外，在一些地方还扩大到整脏治乱等事项上，导致被考核的下级行政机关无所适从，容易以偏概全，甚至不惜采取一切手段和方法（包括不合法手段），以免被"一票否决"。

## （二）很多依法行政制度没有得到很好落实

国务院《全面推进依法行政实施纲要》颁布实施以来，国家在推进依法行政方面出台了不少制度，各级行政机关自身也建立了依法行政相关制度。但在制度的执行上，仍有流于形式的情况，依法行政制度并没有发挥应有的实际效果。在行政权力与利益脱钩、行政决策和出台文件征求意见、决策和文件合法性审查、政府诚信维护、依法化解纠纷矛盾、行政监督与问责、加强依法行

政领导和监督检查等方面,一些已有制度没有执行到位或者仅仅是"走程序"而已。一些行政机关工作人员要求老百姓守法,却给自己及关系人预留法外"特殊处理办法"。一些行政机关"有选择"地适用法律:当需要用法律手段打击、整治社会上违法行为时,强调依法办事,而当遇到法律规范自身行为时,往往不以为然,对涉及自身利益的问题,希望通过行政关系"协调"、"协商"处理。秉公执法存在的阻力,仍来自一些领导的干预以及"说情"。一些行政机关擅自出台违反法律法规的文件,做出违反法律法规的行政决策,以违法手段追求所谓超常效果,树立所谓"政府权威"。对法律法规和上级政策,在实际执行中擅自"搞变通"、"打折扣"、"作加减",对上级布置的工作"有利的就争,麻烦的就推,合口味的就办,不合口味的就拖",搞"上有政策,下有对策"。少数行政机关行政决策"朝令夕改","新官不买旧账",出尔反尔,招商引资随意承诺、随意签订合同协议、随意改变合同条款,不注重决策和合同执行的连续性、严肃性。行政审批下放仍存在"放虚不放实、放小不放大、放弊不放利"现象,一些经过清理取消、下放、调整、合并和转变管理方式的行政审批落实难,仍然以事前备案、登记、核准、交由中介组织技术审查、鉴定认证等形式,改头换面出现。

### (三)行政管理制度建设质量有待提高

在行政管理制度建设中,特别是在规范性文件制定中,一些部门起草文件随意突破上位法规定,随意增加行政管理相对人义务、加重行政管理相对人负担,随意增加政府义务和财政支出,随意扩大部门权力、减少部门责任现象比较突出。不同行政机关出台的制度相互冲突,制度操作性不强、漏洞较多,出台制度不具备实施条件,制度变化快、缺乏应有的稳定性,出台制度有要求、无监督制约措施等现象,都严重影响了制度的实施及其效果。特别是一些行政机关以结合地方实际、出台制度实施细则为名,随意变更上位制度实施条件、要求、标准和程序,造成制度执行中的混乱。在制度内容上,没有对群众监督给予强有力规定,导致群众意见只为制度执行者参考,无须对监督群众给予法定答复;负责监督制度执行的机关地位不高于被监督机关,导致制度执行监督力弱;制度本身设计不合理,执行程序过于繁琐,执行成本过高,导致制度不被执行;受部门、地方利益驱使,制度建设中上级与下级、政府与部门、部门与部门之间"制度打架",必然导致制度无法严格执行。制度不完善突出体现在执法解释制度、监督制度、程序制度等方面,特别是公开制度、说明理由制度、举报投诉受理、处理制度、救济制度等需要予以重点强化。如在行政审批制度改革中,由于《行政许可法》对非行政许可审批事项规定不明确,国务院公布保留的非行政许可审批事项界定标准不清晰,导致地方政府在行政审批清理中,无法严格分清行政许可和非行政许可审批事项,不仅统计数据五花八门,随意性很大,而且很多非行政许可审批事项游离于法律监管之外,很多行政许可项目往往以非行政许可审批形式出现。立法中授权有关机关作出具体规定或者补充规定的事项,由于缺乏明确的配套立法要求和及时督察制度,导致相关具体规定、补充规定迟迟没有出台,"粗看有法可依,细看无章可循",上位法生效,实践中也无法执行。

### (四)依法行政程序没有得到严格遵守

一些行政机关工作人员认为程序是要求老百姓遵守的,自己可以不遵守;一些行政机关领导干部认为行政管理中出现违反程序现象,是工作"瑕疵",无关紧要,甚至一些行政机关领导干部认为严格遵守程序,会影响工作效率,耽误工作开展,丧失发展机遇。正是由于对遵守法定程序存在模糊、错误认识,导致在实践中行政领导决策前没有征求意见、科学论证、合法性审查、风险评估等必要程序,决策执行没有公告、违法采用强制手段、对合法权益受损群众没有给予合理救济补偿,对决策执行中可能出现的问题缺乏有效监督检查等。由于不遵守法定程序,导致行政决策随意变更,决策执行走样,行政管理中的漏洞较多,容易滋生腐败和损害人民群众合法权益,甚至因行政管理程序违法和不当引发社会群体性事件。另外,行政程序设计上以行政机关管控为中心,不注意社会公众在行政机关办事的便利化要求,行政程序冗长繁杂。不仅造成行政管理成本高、社会公众成本高,行政效率也因此受到影响,还造成一些制度虚置,在实践中不被执行。政务公开还存在重形式、轻内容,重宣传、轻应用现象;"公开的信息老百姓不一定想看,老百姓想看的信息不一定公开";一些涉及人民群众切身利益事项,公开时间短,不重视群众反馈意见。

## （五）地方利益、部门利益、行业保护等影响依法行政

利益是法律能否得到执行的决定因素。行政机关实施行政管理应当以社会公共利益为重，正确处理社会公共利益与私人利益间的平衡，防止地方利益、部门利益和行业垄断、保护对行政立法、执法、监督和社会守法的干预与影响。在实践中，一些行政机关对地方、部门、集体利益的维护超越于对社会公共利益的维护。由于行政管理体制的影响，少数行政机关领导维护本部门、本系统、特定行业利益的意识强于维护社会公共利益的意识；维护本地方利益的意识强于维护全局利益和政府工作大局的意识。一旦本地方、本部门、本系统利益与社会公共利益发生矛盾和冲突时，一些行政机关往往"屁股指挥脑袋"，选择对本地方、本部门、本系统利益的维护，而放弃维护社会公共利益的职责要求，甚至通过损害公共利益来实现本地方、本部门、本系统利益，假公济私、"公器私用"现象在一些地区和部门仍有发生。少数政府部门掌握的公共产品、生产设施不是用来为人民服务，而是在为本部门、行业和小团体利益服务。极少数行政机关"不给好处不办事"、"给了好处乱办事"的现象仍旧存在。"做工作以部门利益为中心，办事情以自身喜好为标准"，部分行政机关在行政管理中与民争利，滋生地方与部门保护主义、本位主义，竭力维护行政垄断、行业垄断；一些行政机关与社会中介非法勾结，以权谋利，搞利益输送。

## （六）依法行政监督和激励机制没有有效形成

依法行政问题多、困难多、障碍多，深入推进依法行政，迫切需要建立健全强有力的监督和激励机制，通过机制的作用，督促和激励行政机关工作人员遇事想法、难事找法、办事依法、监督靠法。国务院《全面推进依法行政实施纲要》颁布以来，依法行政的目标任务、工作要求不断明确，相关法律法规和制度不断完善，可依法行政仍然存在不少问题和困难、障碍，主要原因是没有有效形成依法行政监督和激励机制。虽然依法行政各项监督制度不断完善，但是"动真格"行使监督权力却并不多见，除加大行政问责的安全生产、食品药品安全、环境污染等造成人民群众重大生命、财产损失事项外，对其他

违法行政至多也就是打打招呼、提提醒,要求违法单位"自行纠正",依法行政监督失之以"软"。例如,贵州省省级单位的公房过去都是由本单位的基建办负责,结果导致单位负责基建的人腐败犯罪,催生了省直机关公房"集中代建制",但由于各项配套制度建设和监督制约不到位,造成负责"集中代建"公房的单位也发生群体性腐败案件。一些基层法院认为主要任务是服从、服务政府工作大局,而不是通过行政诉讼监督政府依法行政。对一些敏感的、社会影响大的、带有群体性的行政争议案件,法院往往不予受理,即使受理也尽可能采用行政诉讼协调方式化解纠纷。同时,对依法行政干部的激励机制还没有全面建立,一些法治观念不强、对违法行政应当承担领导责任的干部甚至得到提拔使用,一些法治观念强、严格依法办事的干部反而被认为工作魄力和改革创新精神不足。干部依法行政水平和能力的认定、依法行政干部的培养、选拔、使用导向机制亟待建立和完善。

### (七)政府法制机构作用尚未充分有效发挥

《国务院关于加强法治政府建设的意见》虽然明确各级法制机构在推进依法行政、建设法治政府方面发挥组织协调、督促指导作用,但在实践中,由于政府领导对依法行政的重视程度不同,加上法制机构内设机构不完善、人员配备力量不足,法制机构自身专业化建设水平参差不齐,各级法制机构发挥组织协调、督促指导作用的情况,差别也较大。目前,贵州省县级政府一般都设立了法制机构,但人数普遍偏少,大多数仅有1~3人,相当数量的政府法制机构挂靠县政府办管理,法制机构建设与人员配备明显与其承担的工作任务不相适应,处于勉强维持状态。绝大部分县级政府的执法部门都没有配设法制机构。毕节市政府法制办以及织金、纳雍、威宁县政府法制办都定编为参公事业单位,与其承担的职责任务极不适应。有些行政机关把法制机构当作收拾纠纷矛盾"残局"的工具,行政决策不事先征求法制机构意见,等到问题难以解决、不可收拾时,再交由法制机构处理,并对问题的处理解决提出各种条条框框,使法制机构陷入"两难"境地。特别是在当地政府及其部门领导不是太重视依法行政和法治政府建设的情况下,法制机构要么自我边缘化、无所适从,要么"小马拉大车",工作起来困难重重,甚至吃力不讨好,工作积极性

受到严重影响。一些市县级政府法制机构工作人员经常被"抽调"到其他部门从事信访维稳、提案议案办理、征地拆迁等"中心工作"。

## 三　今后一个时期深入推进依法行政的具体措施和建议

今后一个时期，深入推进依法行政，必须以党的十八大精神为指引，坚持系统论观点，以体制机制改革为突破口，加强对权力行使的监督、制约，下大力气破除深入推进依法行政的各种深层次体制机制方面的制约因素，形成有利于依法行政的体制机制和利益导向，同时坚持完善各项制度，有效加强教育引导，才能确保到2020年实现基本建成法治政府的目标任务。对此我们提出以下对策和建议。

### （一）进一步加强对到2020年基本建成法治政府的组织领导和工作指导

一是省委进一步加强对依法行政工作的领导、统筹协调。推进依法行政是庞大的系统工程，涉及面广，根据我国国情，不仅责任在政府，各级党委的领导、统筹协调也必不可少。省级层面，除省政府自身推进外，还需要省委进一步加强和统筹协调人大、纪委、党的组织部门、宣传部门、机构编制管理部门以及法院、检察院等，使之形成合力，共同推进。这是依法行政深入推进的重要组织领导保障，也是符合我国国情的推进依法行政的必然要求。二是对到2020年基本建成法治政府进行研究谋划、做出具体部署。对2004年国务院颁布《全面推进依法行政实施纲要》以来，各级行政机关推进依法行政、建设法治政府基本情况进行全面总结、评估，查找其中的突出问题和薄弱环节，由省委和省政府出台《关于到2020年基本建成法治政府的意见》（下文简称《意见》），有针对性地提出深入推进依法行政的对策建议。由省委办公厅、省政府办公厅在此《意见》基础上，对有关目标任务进行细化分解，落实到省委各有关部门和地方政府，制定推进依法行政年度目标任务"时间表"，每年出台《省政府推进依法行政工作要点》和《省政府法制工作要点》，以此指导、督促各级行政机关加快法治政府建设步伐。三是每年组织召开全省依法行政工作会议或者全省政府法制工作会议。通过会议形式，交流各地区、各部门推进依法行政工作经验，研究部署年度推进依法行政和政府法制工作任务。四是加大对依法行政各项制度执行情况的监督检查。建议由省政府法制办全面评估依法行政各项制度执行情况，报请省政府批准对重点制度执行情况在全省组织监督检查，并将监督检查情况报告省委、省政府，对检查出的问题，要督促有关部门和地方采取措施切实加以解决。

### （二）以推进市场化改革为核心进一步完善市场经济体制

一是改革完善与市场密切相关的政府管理制度。在行政管理容易越权、错位的土地、矿产等公共资源交易、城乡规划管理、政府价格管理、公共建设工程招标投标、政府采购、国有产权转让等方面，破除因非法利益造成的"潜规则"，破除各种形式的地方保护和行业垄断，增强市场配置资源的公开性、公平性、开放性和有效性，保证各种所有制经济依法平等使用生产要素、公平参与市场竞争、同等受到法律保护。二是要彻底切断行政机关与利益的联系。加强对市场中介机构的执业经营监管，加大对中介机构及其执业人员违规经营的惩处力度，防止行政权力把自己的职责转给中介机构行使，通过中介机构进行不正当的利益输送。中央应当减少对地方的专项转移支付，增加一般性转移支付，使地方有更多的项目自主权，也防止"权力寻租"。三是创新行政与市场协同方式。充分利用行政规划、行政建议、行政合同等方式，引导企业、社会在平等、自愿的基础上，与行政机关共同协作配合实现行政管理目标。四是进一步发挥社会组织的积极作用。社会组织在完善市场经济体制、促进政府职能转变方面可以起到积极作用。大力发展政府服务外包，将那些社会组织可以完成的行业标准起草、评优评先、业务咨询、统计分析、项目评估、法律服务、宣传培训等事项，通过行政合同形式外包给社会组织具体实施，政府部门只是负责对服务外包的质量进行监管，并按照行政合同约定支付社会组织相应经费。五是大力推进社会信用体系建设。信用是市场经济体制完善的重要保证和体现。在市场经济条件下，政府自身诚信建设及其对社会信用体系建设的推进力度，直接决定社会信用体系建设的进程。要按照行政管理信赖保护原则，不断强化政府诚信建设，提高行政管理的公信力。同时，政府要按照市场经济的内在要求,推进社会信用法规制度建设和行政支撑力度,特别注重以行政管理信息化手段推进社会信用,完善市场主体和社会主体信用收集、评价、运用、监管、奖惩。

### (三)以转变政府职能为核心深入推进行政管理体制改革

一是深化行政审批制度改革,简政放权。巩固行政审批清理工作的成果,对行政审批事项实行动态管理,适时更新行政审批事项目录。督促有关实施机关公布保留的行政审批项目及其依据、条件、数量、程序、期限、收费以及需要提交的全部材料目录和申请书示范文本。加强对取消项目的监督检查,防止变相审批,对下放的项目,做好上下衔接。督促指导实施机关简化办事程序,提高效率。

二是科学设置行政机构,理顺职责权限。做到各级政府之间事权、人权、财权相统一,部门权力、责任相一致,决策权、执行权、监督权相协调。按照行政管理事项的内在规律设置行政机构、配备相应职能。稳步推进大部门制改革,努力做到一件事情原则上由一个部门负责,将职能相同或相近的机构合并,推进政府综合事务管理。强化部门内部协调能力,减少部门职责交叉重叠。完善政府对所属部门职能争议的协调机制。总结省直管县体制改革经验,积极稳妥推进省直管县体制改革。三是加快行使行政职能事业单位改革。根据《中共中央国务院关于分类推进事业单位改革的指导意见》的要求,对部分承担行政职能的事业单位,认真梳理职能,将属于政府的职能划归相关行政机构。已认定为承担行政职能但尚未调整到位的事业单位,在过渡期内继续按照现行法律法规和政策规定履行职责,将其纳入参照公务员管理序列,同时,清理取消承担行政职能事业单位不合理的行政事业性收费项目。

### (四)坚持不懈完善依法行政相关制度建设

一是弥补行政管理法规制度空白。充分发挥地方立法的作用,围绕"两加一推"主基调,"工业强省和城镇化带动"主战略,推进四化同步发展、同步小康等方面,加强地方立法工作,突出做好基础设施建设、发展重点产业和工业园区、城镇化、生态文明建设等经济社会发展亟须的地方立法,弥补管制度空白。二是加强行政管理统一、规范、互通的信息平台建设。更大力度推进行政管理部门信息化建设，尽快出台推进政府部门信息互联互通、信息交换共享、信息成果运用的政策措施，尽快实现网上对行政许可、行政处罚、行政强制等信息的便利调阅，充分发挥电子政务的巨大作用，逐步实行网上办公和服务。三是着力加强行政执法主体和执法规范制度建设。加强对事业单位、派出机关执法主体的调研和规范，进一步明确新区、开发区、试验区管委会及其机构执法主体设置。针对行政执法中常见的问题，有针对性地出台规范行政执法行为的文件，增强行政执法亲和力和公信力，努力让人民群众在每一起行政执法案件中都能感受到公平正义。四是加强制度建设的系统性、协调性和灵活性。注意各项制度建设相互之间的关联性，以及执行中是否会产生因制度不同而造成的事实上的不公平。建议从法制角度，对"先行先试权"进行总结，并对法制统一基础上的法制灵活性给予研究和规范，实行差别化政策制度，有针对性地赋予有关地方灵活处理相关问题的权力。

## （五）切实提高地方立法质量

一是突出立法重点，体现地方特色。拟订2013～2017年省政府立法规划，建立和完善贯彻落实国发2号文件的地方立法，切实加强发展特色优势产业、改善民生、生态环境保护、推进"四化同步"、扶贫开发、基础设施建设、促进经济发展方式转变、政府自身建设等方面立法。二是坚持科学、民主、依法立法。加强政府法制机构在政府立法中的主导和协调作用，强化起草部门及其法制机构的审查把关职责。提高政府立法的透明度和公众参与程度，完善公众参与政府立法的制度和机制，建立立法建议不采纳反馈意见机制，建立社会力量参与立法的机制，建立健全专家咨询论证制度，充分发挥各方面专家学者在立法草案审查中的作用。三是"立、改、废"并重。推动及时修改废止不适应经济社会发展的地方性法规、规章，及时对规章执行中的问题进行解释。

## （六）整合完善纠纷矛盾调处化解机制

纠纷矛盾能够依法调处化解，是法治政府建设水平的重要标志。当前，应当以加强和创新社会管理为突破口，进一步整合完善社会纠纷矛盾调处化解机制。一是改革涉法涉诉信访机制。把维护群众权益和依法办事有机结合起来，引导涉法涉诉信访问题在法治轨道内，通过法定渠道，按照法定程序妥善解决，畅通信访与行政复议、行政诉讼联系渠道，建立案件移送机制，努力依法维护人民群众身边的公平、正义。二是改革完善行政复议体制机制。利用行政复议委员会试点契机，改革完善行政复议体制机制，根据执行权、监督权相互制约的原则，县级以上政府只设立一个行政复议机关，统一受理行政复议案件，统一做出行政复议裁决，行政复议制度能够发挥应有的作用和效果。三是充分发挥行政诉讼的监督作用。加强对地方党委、政府干预法院依法受理、审理行政诉讼案件，行政机关不执行已经生效的法院判决，行政机关对法院提出的司法建议不反馈、不及时纠正存在的问题等情况的专项监督检查，督促各级行政机关依法行政。四是积极探索纠纷调解新机制。建立完善行政调解机制，充分发挥行政机关的调解作用，及时调解与行政机关履职相关的矛盾纠纷。强化行政调解规范运作，增强透明度，提高公信力。积极探索发挥社会组织的调解作用。对社会组织开展调解并进行全面调研、总结，总结实践经验，探索具备可操作性的途径，出台有关指导社会组织开展纠纷矛盾调解的政策文件，积极支持社会组织发挥自身优势，在加强和创新社会管理中发挥更大的作用。

### （七）加强和改进依法行政考核及其结果运用

一是深入推进依法行政考核。建立健全法治政府建设指标体系和政府对所属部门及下一级政府的考核评价机制，增加依法行政考核在整个政府工作目标考评中的比重，强化考核评价结果的运用，把考核评价结果作为对政府和政府部门领导班子和领导干部综合考核评价的重要内容，推动建立以依法行政实绩选拔领导干部机制。二是加大行政问责力度。对违法行政行为及其责任人，严格依照《关于实行党政领导干部问责的暂行规定》追究领导责任、法律责任。要通过公开、及时、有效的问责，加大违法行政成本，使党政领导干部不想违法、不敢违法，使违法行政得不到利益和好处，使行政不作为、失职渎职受到及时追究。

### （八）广泛开展法治思维和法治方式宣传、教育和引导

党的十八大报告明确要求"提高领导干部运用法治思维和法治方式深化

改革、推动发展、化解矛盾、维护稳定能力"。建议省政府法制办会同省委组织部、省委宣传部、省广电局等有关部门，采取有效措施，进一步加强宣传、教育和引导。一是大力培育依法行政的先进典型。要探索在全省开展依法行政示范单位创建活动，善于及时发现、总结各地区、各部门依法行政的典型和经验，通过省政府办通报等形式，及时总结、交流和推广，充分发挥典型的示范带动作用。二是组织主流新闻媒体开展依法行政集中宣传。集中展示各地区、各部门运用法治思维和法治方式深化改革、推动发展、化解矛盾、维护稳定的典型事例，形成人民群众通过法定渠道和方式维护自身合法权益的典型事例，有针对性地组织曝光一批违法行政的典型案件，在全社会营造良好的依法行政氛围。三是有组织地开展领导干部法治思维和法治方式专题培训。由省政府法制办联合省委组织部、党校、行政学院等部门，通过组织专题研修班进行案例教学、现场教学等手段，强化运用法治思维和法治方式处理问题的水平和能力。强化党校、行政学院、干部培训学院教学课程中有关领导干部法治思维和法治方式的教学培训内容，组织开展依法行政典型现场观摩学习。四是强化领导干部任职前法律知识考试制度。强化领导干部对《地方组织法》《公务员法》以及规范政府共同行为法律法规知识的考试，扩大人大、政协监督作用，使其制度化、规范化，严肃考试纪律，并将考试成绩作为是否任职的重要依据。

### （九）采取措施全面加强法制机构建设

各级法制机构具体承担各级政府推进依法行政的组织协调和督促指导职能，是各级政府推进依法行政的中坚力量。目前，各级法制机构在本级政府部门或者本部门机构中地位不高、力量薄弱、能力不强、作用发挥有限，这些与加快法治政府建设的要求是极不适应的，迫切需要采取措施全面加强法制机构建设。一是切实加强市、县政府法制机构设置和人员编制配备。在新一轮地方政府机构改革中，机构设置和人员编制向政府法制机构倾斜，努力做到市法制机构人员编制不少于20人，县法制机构人员编制不少于15人。二是推动各级法制机构职能转变。各级法制机构要进一步发挥组织协调、监督检查本级政府部门和下级政府依法行政的重要职能，实现从单一出谋划策职能向履行主导推进职能转变，全面加强依法行政考核、制度合法性审查、行政决策合法性论证、行政执法监督、行政复议监督等项职责，更好地发挥依法行政的事前、事中监督指导作用，真正使依法行政做到有机构、有人员常抓不懈。三是落实对各级法制干部的培养、使用。《国务院关于加强法治政府建设的意见》明确要求，要加大对法制干部的培养、使用和交流力度，重视提拔政治素质高、法律素养好、工作能力强的法制干部。建议由省政府法制办加强与省委组织部的联系沟通，就政治素质高、法律素养好、工作能力强的法制干部的培养、使用和交流建立相应制度，提出明确要求，激发各级法制干部工作的积极性。

# B.5 以法制宣传为龙头 以化解矛盾为主线建设和谐幸福家园

贵州省司法厅调研组

**摘 要：**

法制宣传、化解矛盾作为一项具有中国特色的法律制度和社会矛盾纠纷解决机制，起到了促进社会和谐稳定的积极作用。本文探索了如何在建设和谐幸福家园过程中进一步发挥法制宣传和矛盾化解作用的路径，认为在新的历史条件下，应当以科学发展观为统领，创新工作理念和方法，推动司法行政工作实现全面、协调、可持续发展，共同建设和谐幸福家园，构建和谐社会。

**关键词：**

法制宣传 化解矛盾 路径 举措

## 一 和谐幸福家园的含义及其与法制宣传和矛盾化解的哲学思考

### （一）和谐幸福家园的含义

辩证唯物主义告诉我们：整个世界分为客观世界和主观世界，客观世界由自然界和人类社会组成。所谓的和谐幸福家园，可以从两个角度来理解：一是从个体与外部客观世界的关系角度来看，体现为人与自然的完满状态、人与人的完满状态。人与自然的完满状态主要表现在尊重自然规律；人与人的完满状态在现代社会主要表现为公平、友爱、理智、宽容，即每个人都能得到均等的机会，都能得到法律的平等保护，都友好地对待他人，处理事情时，理性思考而不是盲目冲动，包容忍让而不是无理取闹。二是从个体的主观感受角度来看，体现为个体与自然界、与他人和谐相处，从而产生的幸福感。所以，从这种意义上说，和谐幸福家园是客观世界和主观世界的综合体，是人与自然、人与人相处的完满状态和心理。

辩证唯物主义还告诉我们：整个世界是运动的，运动是有规律的。规律可分为自然规律、社会规律和思维规律。人与自然的和谐状态需要人们尊重自然规律，按照自然规律办事，否则就会受到"大自然的惩罚"。同样，人与人的和谐状态需要尊重社会规律，否则社会就会陷入混乱不堪的局面。社会规律在不同的社会形态、不同的历史发展阶段有不同的表现形式：在原始社会，社会规律主要表现在尊重习惯；在封建社会，社会规律主要表现在尊重伦理；在近现代社会，社会规律主要表现在尊重法制。所以，现代绝大多数国家采用法治的模式，通过制定完整的法律体系，来规范、协调人与人之间的关系。

可见，人与自然、人与人要达到和谐相处的完满状态，个体要享受到因和谐而带来的幸福感受，必须以尊重客观规律为前提。在现代社会，主要表现为尊重法制，个体的行为不能偏离法制的轨道。

综上所述，我们把和谐幸福家园定义为：在法治的框架下人与自然、人与人相处的完满状态和心理。

### （二）和谐幸福家园与法制宣传、矛盾化解之间的关系的哲学思考

和谐幸福家园是人类社会所追求的理想和目标。如前所述，和谐幸福家园的构建要遵循社会规律，在法治的框架下进行，以完备的法制为前提。为此，要在全社会开展法制宣传教育，着力提高人们的法治观念和法律意识。

唯物辩证法告诉我们：矛盾就是对立统一，事事有矛盾，时时有矛盾，处处有矛盾，矛盾无时不在，无处不有。和谐幸福家园也是矛盾的统一体，不仅人与自然之间有矛盾，而且人与人之间也有矛盾；人与人之间的矛盾有敌我矛盾，也有人民内部矛盾。唯物辩证法还告诉我们：矛盾有主次之分，主要矛盾

决定事物的发展方向，次要矛盾对事物的发展方向产生影响。我国现阶段，在客观世界领域，在人与人之间的矛盾中，人民内部矛盾是主要矛盾，敌我矛盾是次要矛盾。可见，和谐幸福家园的构建过程就是化解矛盾的过程，并且主要是化解人民内部矛盾的过程。

### （三）法制宣传与矛盾化解之间的关系的哲学思考

法制宣传与矛盾化解工作是司法行政工作中的两项主要业务，可以说，法律、法规、政策是法制宣传与矛盾化解工作的结合点，法制宣传与基层工作业务是法制宣传与矛盾化解工作的纽带。两者的关系相辅相成，不可分割。法制宣传工作更多的是一种外在表现形式，属于柔性管理的范畴；矛盾化解工作则是一种内在实质需求，属于刚性管理的范畴。两项工作彼此互动，由此及彼、由表及里，通过作用与反作用，刚柔并济，达到建设和谐幸福家园的目的。在这当中司法行政部门通过"普治结合"、"普调并举"，把"虚"的工作做"实"，把"实"的工作做"细"，变外在形式为内在需求，使二者相得益彰，实现构建和谐幸福家园、维护社会稳定的目标。

## 二 法制宣传和化解矛盾工作在建设和谐幸福家园中彰显的作用

### （一）法制宣传成绩斐然，为和谐幸福家园的构建奠定了法治基础

我国经过五个五年普法，硕果累累。"五五"普法期间，各地各行业围绕党和国家工作大局，及时组织开展法制宣传教育主题活动，为和谐幸福家园的构建奠定了法治基础。

**1. 重点对象法制宣传教育成效显著**

近年来，贵州省司法部门重点开展了领导干部、公务员、青少年企业管理人员及农民和农民工的法制宣传教育。通过党委（党组）理论中心组学法，领导干部法制讲座，党校和行政学院设置法制课，领导干部学法、用法考试、考核等多种方式，开展领导干部学法用法。"五五"普法以来，参加法制讲座

的省部级干部有2.4万人次、地厅级干部40多万人次,4000万人次的公务员参加了岗位法律知识培训,受培训的农村"两委"干部1200多万人次。①

**2. "法律六进"活动精彩纷呈**

2006年7月,司法部同中宣部下发了《关于开展"法律六进"活动的通知》。各地各部门结合自身实际,扎实有效推进。贵州省司法部门深入推进"法律进机关",开展社会主义法治理念教育,广大公务员的法治观念进一步增强,促进了依法管理水平和服务水平的提高;深入推进"法律进乡村",加强农村法制教育阵地建设,开展多种形式的"送法下乡"、"送法进农户"活动,促进了社会主义新农村建设;深入推进"法律进社区"活动,城镇居民法律意识进一步提高,促进了和谐社区建设;深入推进"法律进学校",加强青少年法制教育网络和阵地建设,青少年法制教育进一步深化,促进了青少年遵纪守法意识的培养;深入推进"法律进企业",企业经营管理人员依法经营的意识进一步增强,促进了企业依法管理;深入推进"法律进单位",健全学法制度,丰富学习内容,促进了各行各业法治化管理水平的提高。②

**3. 依法治理工作深入推进**

各省(区、市)普遍开展了依法治理,95%以上的地(市、州、盟)、县(市、区)开展了依法治理。法治城市、法治县(市、区)创建活动有序推进。基层法制创建活动蓬勃发展,民主法治示范社区、依法行政示范窗口创建等法治实践活动广泛开展,促进了全社会法治化管理水平的提高。③

## (二)司法行政化解矛盾,为和谐幸福家园的构建夯实社会基础

社会矛盾的存在形式决定着矛盾纠纷的防范和化解方式。由于社会矛盾的多样性,其解决机制也呈现多元化的特点。人类解决纠纷大体上有三种方

---

① 杨绍华、易赛键:《全面落实"五五"普法规划　努力服务经济社会发展——访司法部部长、全国普法办公室主任吴爱英》,《求是》2010年第6期。
② 杨绍华、易赛键:《全面落实"五五"普法规划　努力服务经济社会发展——访司法部部长、全国普法办公室主任吴爱英》,《求是》2010年第6期。
③ 杨绍华、易赛键:《全面落实"五五"普法规划　努力服务经济社会发展——访司法部部长、全国普法办公室主任吴爱英》,《求是》2010年第6期。

式：一是自行和解，二是和解不了时第三人介入调解，三是调解不了时进行诉讼。① 这些纠纷解决方式以其特定的功能和运作方式，共同存在、有效衔接，形成一种互补的满足社会主体多样需求的体系，为社会的和谐稳定夯实基础。

司法行政部门在解决纠纷中发挥着举足轻重的作用。第三人介入调解，在当代主要是人民调解。人民调解不了的进行诉讼。进入诉讼后，为保障诉讼活动正常开展，公正合理地解决社会纠纷，司法行政部门提供包括律师、基层法律服务、公证、司法鉴定等在内的一系列法律服务；当法律服务对象符合条件时，司法行政部门开辟"绿色通道"，为其提供法律援助。

**1. 人民调解起到了化解矛盾的基础作用**

近年来，人民调解组织调解各类矛盾纠纷数量不断上升，2009 年，全国人民调解组织共调解各类矛盾纠纷 7676064 件，2010 年达 8418393 件。人民调解组织参与调解重大疑难复杂矛盾纠纷数量不断增加，2009 年，全国人民调解组织参与调解重大疑难复杂矛盾纠纷 82.3 万件，2010 年达 128.7 万件。② 人民调解组织充分发挥其扎根群众的优势，使绝大多数矛盾纠纷在基层得到有效化解，既消除了当事人之间的隔阂，又提高了公民的法律意识。

**2. 法律服务已成为化解矛盾的中流砥柱**

全国律师、基层法律服务工作者和公证员充分发挥其专业优势，成为化解矛盾的中坚力量。"十一五"期间，全国律师共代理诉讼案件近 1000 万件，办理非诉讼法律事务 500 万件，办理法律援助案件近 100 万件，为 2 万多个政府部门、35 万个企事业单位和社会团体担任法律顾问。③ 仅 2011 年，全国基层法律服务工作者就办理了 71.4 万件诉讼案件和 67.8 万件非诉讼法律事务，解答法律咨询 512.7 万件。全国公证机构共办理各类公证事项 1000 多万件。④

---

① 王公义：《论司法行政工作的范畴及社会法治的意义》，《司法行政研究》2010 年卷总第一卷（代序），第 3 页。
② 司法部基层工作指导司编《全国司法行政基层工作统计分析和统计资料（2001～2010 年卷）》。
③ 赵大程：《律师工作要努力为"十二五"时期我国经济社会发展提供优质高效的法律服务》，《中国司法》2012 年第 2 期。
④ 司法部律师公证工作指导司编《法律服务工作简报》，2012 年 4 月 17 日。

全国律师、基层法律服务工作者和公证员使大量矛盾纠纷通过法律的渠道得以顺利解决，既维护了当事人的合法权益，又在潜移默化中培育了公民依法表达利益诉求的意识。

近年来，经各省级司法行政机关审核登记的司法鉴定机构和核准执业的司法鉴定人完成法医类、物证类、声像资料司法鉴定等业务量不断增加，涉及刑事诉讼和民事诉讼的鉴定检案占当年司法鉴定业务总量的比重不断加大。2010年，上述司法鉴定人完成法医类、物证类、声像资料司法鉴定业务共计1043202件，2011年增至1180414件。涉及刑事诉讼和民事诉讼的鉴定检案占当年司法鉴定业务总量的比重由2010年的71.4%上升至2011年的76.2%。①司法鉴定通过诉讼化解矛盾为保障当事人诉讼权利，保障诉讼活动顺利进行发挥了重要作用。

**3. 法律援助发挥了化解矛盾的终结作用**

近年来，全国法律援助机构办理援助案件的数量逐年增加，有效地维护了受援人的合法权益，使大量的矛盾纠纷通过法律手段得到妥善解决。据统计，2008年，全国共办理法律援助案件546859件，受援人数达670821人次；2009年，全国法律援助机构共办理援助案件641065件，比上年增长17.2%，受援人数达736544人次，比上年增长9.8%；2010年达727401件，比上年增长13.5%，受援人数达820608人次，比上年增长11.4%；2011年达844624件，比上年增长16.1%，受援人数达946690人次，比上年增长15.4%。②

此外，法律援助机构还通过各种方式，接受法律咨询，使矛盾纠纷在诉讼前得到解决或者缓解。据统计，2008年，全国法律援助机构接受来访、来信、来电咨询共计4322329人次；2009年，接受咨询共计4849849人次，比上年增长12.2%；2010年达4874083人次，比上年略有增长；2011年，达5334383人次，比上年增长9.4%。③ 咨询的内容涉及劳动报酬、婚姻家庭、交通事故、医疗事故、工伤、国家赔偿等事关广大人民群众切身利益的"小"问题，通过解决这些"小"问题，达到整个社会的"大"和谐。

---

① 司法部司法鉴定管理局编《司法鉴定工作简报》。
② 司法部法律援助工作司编《法律援助工作简报》。
③ 司法部法律援助工作司编《法律援助工作简报》。

司法行政部门发挥人民调解化解矛盾的"第一道防线"作用，将大量的矛盾纠纷解决在基层、解决在萌芽状态，防止纠纷的激化与转化，消除当事人之间的矛盾隔阂，通过提供法律服务和法律援助，预防和化解社会矛盾纠纷，为和谐幸福家园的构建夯实了社会基础。

## 三　建设和谐幸福家园过程中进一步发挥法制宣传和矛盾化解作用之路径探索

### （一）法制宣传教育与司法行政化解矛盾工作需要解决的突出问题

用一分为二的观点来看，五个五年普法虽然取得了巨大成就，大量矛盾纠纷得到及时化解，但突出问题也同时并存。

**1. 法制宣传教育的引领作用发挥不够，没有完全形成对法律的信仰，一定程度上制约了化解矛盾工作的开展**

我们深入持久地开展法制宣传教育，就是要通过它，"在全社会树立社会主义法治理念，进一步坚定法治建设的中国特色社会主义方向，为全面落实依法治国基本方略夯实思想基础。使宪法和国家基本法律知识得到广泛传播，中国特色社会主义法律体系更加深入人心，在全社会形成学法守法尊法用法的良好环境。提高全体公民特别是各级领导干部和公务员的法律意识和法律素质，促进严格执法、公正司法和依法办事，推进社会主义法治国家建设"。① 不管是社会主义法治理念的树立，还是学法守法尊法用法良好环境的形成，抑或是全体公民法律意识和法律素质的提高，归根到底，都是为了在全社会形成对法律的信仰，推进社会主义法治国家建设。因为我们追求的法治是作为法治物质要素的法律制度和作为法治精神要素的法律信仰的统一体。美国著名法学家伯尔曼在《法律与宗教》中说："法律必须被信仰，否则它将形同虚设。"有学者认为，法律信仰"是一种类似于宗教信仰般的情怀，在这种信仰中，人们

---

① 肖义舜：《认真落实"六五"普法规划　努力服务经济社会科学发展》，《中国司法》2012年第2期。

对法律没有那种敬畏的距离感，有的是由这种信仰所产生的归属感与依恋感，由此激发了人们对法的信任、信心和尊重，并愿意为之而献身"。①

通过二十多年的普法、学法、守法、尊法、用法的良好环境正在逐渐形成，全体公民的法律意识和法律素质也得到了较大提高。自依法治国战略实施以来，从国家到地方、从行业到部门的依法治理工作取得了显著成效，极大地促进了民主法治进程。同时，我们也看到，由于受各种因素的制约，法制宣传教育的引领作用发挥得还不够。在普法层面，忽视对民众权利意识的培养，民众不能产生对法的需求和渴望，"信访不信法"已经成为一种普遍的社会现象。在依法治理层面，部分地方和部分领导把"依法治理"片面地理解为"依法治民"和"依法治社会"，社会成员变成了治理的对象、受众和客体。在这种人治思想和权力本位观的影响下，在立法环节，部分立法存在着轻视人的主体权利的现象；在执法环节，暴力执法、咆哮执法、"钓鱼执法"等现象时有发生；在司法环节，司法不公甚至腐败现象不断刺激着公众的神经；在法律监督环节，权力受到严格约束的机制落实不到位，监督乏力导致权力滥用现象严重。以上种种，使法律的绝对权威正慢慢被消解和侵蚀，难以在全社会形成对法律的信仰。由于意识形态的不完备，没有在全社会完全形成对法律的信仰，直接影响到调解人员和调解队伍的工作理念、工作水平和工作效果，导致在实践工作中一定程度上制约了化解矛盾工作的开展，使化解矛盾工作缺乏主动性、自觉性。

**2. 法制宣传教育社会动员能力较弱，没有完全形成全民参与的格局，一定程度上影响了化解矛盾工作的公众参与度**

自1986年"一五"普法至今，我国的法制宣传教育采取的是一种自上而下的全民普法模式，这种模式在中国这样一个缺乏法治传统和观念的国家，显得尤为重要，也取得了显著成效。全社会对法律的遵守，正在由外部强制逐渐转化为自觉行动，社会成员的法律素养、法治观念逐步增强，基本做到自觉守法，依法表达合理诉求。但是，这种自上而下的普法模式存在的最大弊端就是

---

① 魏佳容：《转型期社会矛盾化解之道——以提高法律实效为视角》，《法政探索》理论月刊2012年第4期。

公众参与的主动性不强。而社会参与性是与社会动员①性相关联的一个概念。社会动员能力的强弱与公众的社会参与程度呈正比关系。

法制宣传教育，不同的阶段有不同的任务和目的。"一五"普法强调普及法律常识，"二五"普法重在普及专业法律法规，"三五"普法强调增强公民法律意识，"四五"普法重在提高公民法律素质，"五五"普法强调弘扬法治精神，"六五"普法强调培育公民意识和法治文化。从其本质上来看，法制宣传教育就是要对全体公众进行思想发动，使领导干部、公务人员依法行政和公正司法、全体公民依法办事的理念得以树立，充分调动全体公众的积极性、主动性、创造性，激发他们参与法制宣传教育的热情，变"外动力"为"内驱力"。所以，社会动员是实现法制宣传教育任务和目的的重要手段。由于社会动员的能力弱和公众的社会参与程度差，在一定程度上影响了化解矛盾工作的公众参与度，导致化解矛盾工作受到影响，使化解矛盾工作缺少参与性、普遍性。

**3. 法制宣传教育、化解矛盾工作的保障体系和机制不完善，尚未形成保障的强大合力，一定程度上影响了工作进程**

（1）法制宣传教育、化解矛盾工作的法制保障缺乏。

在国家层面上，尽管有中共中央、国务院转发的中央宣传部、司法部关于开展法制宣传教育规划的通知和全国人民代表大会的决议，但尚未出台法制宣传教育的专门法律、行政法规，用行政手段抓法治建设是从事这一工作的组织、协调者所面临的最大尴尬。此外，对有关单位和个人不履行法制宣传教育职责缺乏法定的惩戒措施，普法依法治理工作处于不确定状态，工作开展的广度和深度，往往取决于领导人的重视程度，领导重视的地方，保障措施到位，工作抓得扎实有成效，否则工作就无法做深做透。

《中华人民共和国人民调解法》由第十一届全国人民代表大会常务委员会第十六次会议于2010年8月28日审议通过，自2011年1月1日起施行。《中华人民共和国人民调解法》的颁布实施，有效规范和促进了我国人民调解的

---

① 社会动员是指有目的地引导社会成员积极参与重大社会活动的过程。社会动员的目的就是让受众对未来产生一定的期望和憧憬，提高人们的期望值和参与意识，并为之奋斗。刘武俊：《论司法行政工作的社会性与社会管理创新》，《中国司法》2010年第12期。

法制化与科学化建设,极大鼓舞了我国数十万个人民调解组织和数百万人民调解员的工作积极性和创造性,有力推进了我国新时期人民调解工作,为构建和谐社会发挥着非常重要的作用。但是,其效力定位及配套制度建设与协调实施效果显得空乏、力薄。主要表现在该法的配套制度比较空缺,亟须出台相关配套制度,解决立法过于原则化而实践中又必须明确规范的一些问题以及与其他部门的配合等。

(2) 法制宣传教育、化解矛盾工作的组织保障乏力。

普法依法治理是一个系统工程,具有全局性、综合性、复杂性、长期性的特点,需要提供强有力的组织保障。虽然各地形成了规格极高的领导小组,但具体执行机构却与之不相匹配。"领导小组办公室名义上是领导小组的日常办事机构,实际上是设在司法行政部门的一个业务处室……与普法依法治理工作职能和作用极不相称"①,使得普法依法治理领导小组办公室不得不"小马拉大车"。

人民调解是化解矛盾的主力军,人民调解委员会是由村民委员会、居民委员会设立,或者由企业事业单位和乡镇街道、社会团体、其他组织根据需要设立的调解民间纠纷的群众性组织。人民调解委员会具有显著的组织建设的基层性和群众性、制度建设的自治性、工作对象的民间性。面对整个社会复杂多变的形势,新型的矛盾纠纷主体由公民与公民之间更多地转化为公民与经济组织、企业、基层政府及管理部门;矛盾纠纷的内容由简单的人身利益、财产权益方面的纠纷演变为许多新型的复杂利益关系纠纷;矛盾纠纷"利益化"趋势日趋明显、矛盾纠纷当事人行为偏激化倾向日趋严重、矛盾纠纷的表现形式也日趋多样和复杂。因此,调解工作的组织保障显得较为乏力。

(3) 法制宣传教育、化解矛盾工作的评估机制缺失。

由于缺乏一套科学而又权威的依法治理评估机制,这些工作一直处于发展的不确定状态,负面效应不可忽视:一是地区之间、部门之间、行业之间发展极不平衡;二是有些地区、行业和部门搞形式主义,做表面文章,工作华而不实,收效甚微;三是有的工作只停留在粗放型规划、一般号召和被动应付的浅

---

① 马灵喜:《新形势下普法依法治理工作的几点思考》,《中国司法》2009 年第 11 期。

表层面上，难以向纵深发展；四是工作状况、发展水平、绩效优劣无法衡量，严重影响到人民群众积极性、创造性的发挥。① 化解矛盾工作是否需要评估机制也成为争论的焦点。

（4）缺少法制宣传教育、化解矛盾工作的系统思维。

按照不同职能的发挥，司法行政工作在法制宣传教育、社会矛盾化解过程中实现了"早介入""广介入"和"深介入"。即通过发挥普法依法治理和公证职能，司法行政工作"早介入"社会矛盾化解；人民调解实现了化解社会矛盾的"广介入"；律师工作和法律援助工作职能是对司法行政工作"深介入"社会矛盾化解的最好诠释。② 但是，不论是介入社会矛盾化解的时间，还是介入社会矛盾化解的程度，都未能摆脱职能部门各自为政的窠臼。一些部门还存在"扫好门前雪"的观念，认为其他部门的工作好坏、职能作用大小与己无关。这种思想对于集中精力抓好本职工作是有益的，但无法发挥司法行政这个整体在法制宣传教育、化解矛盾当中的作用，无法显示司法行政在法制宣传教育、化解矛盾当中的整体优势。

（5）法制宣传教育、化解矛盾工作的长效机制短缺。

虽然各地在如何发挥司法行政职能作用方面进行了一些探索，也取得了一些成绩。比如"律师参与法制宣传"、"调解一件，普法一片"、"大力宣传新《律师法》和《人民调解法》"等提法就是各地探索的形象概括。但是，由于没有形成整体和长效机制，致使某些探索或者表现为短期行为，或者推进得不够深入。如果过分倚重司法行政单个职能的发挥，从长远来看，不仅不利于各职能之间的联动，反而会大大削弱司法行政工作整体效果。

## （二）进一步发挥法制宣传和矛盾化解作用之路径探索

**1. 运用法治思维和法治方式在开展法制宣传中不断提高法律素养、提升化解矛盾工作的能力**

深入开展法制宣传教育，运用法治思维和法治方式化解社会矛盾，维护社

---

① 漆维安：《关于建立依法治理评估机制的几点思考》，《中国司法》2004年第12期。
② 王舸：《司法行政工作化解社会矛盾效果分析》，《中国司法》2011年第9期。

会稳定,建设和谐幸福家园,既是司法行政部门的职能,又是司法行政部门的责任。司法行政部门应秉着"以人为本"的观念,以群众工作体系为切入点,积极探索在和谐幸福家园建设中进一步发挥作用的现实路径,努力开创社会和谐人人有责、和谐社会人人共享的生动局面。

(1) 树立法制权威,培育全体公民对法治的信仰,增强化解矛盾工作的主动性。

信仰作为一种意识,同其他意识形式一样是人类行为和社会制度等社会现象背后相对稳固的力量,是上层建筑的重要组成部分,在社会生活中有巨大的整合功能。[①] 对法治的信仰与法制权威密不可分,法制的权威是法治信仰的基础,法制没有权威,法治信仰就变成了"空中楼阁"。同时,人们的法治信仰会进一步促进法制权威的树立,当形成信仰的法律意识深入人们内心深处,法律就会被人们深刻认识并自觉遵守,就能有效引导人们主动、自觉地规范自身的言行,不断增强法制的权威性。为此,要继续深入推进普法依法治理工作,培育公民的法律意识,重在宣传权利与义务平衡理念,形成正确的权利义务观念。着力提高领导干部、公务人员依法行政和公正司法能力及全体社会成员依法办事的能力,从而提升化解社会矛盾的能力。

(2) 深入推进普法工作,培养人们的守法精神,增强化解矛盾工作的自觉性。

日本法学家川岛武宜认为,守法精神的形成关键在人要有守法的愿望和动机。而权利是法的核心,没有对权利的要求,就产生不了对法的需求和渴望。因此,普法工作在让人们知法的基础上,更加注重培养人们正确的权利义务观念,使人们知晓自己所拥有的法律赋予的权利和应当履行的义务,自觉遵守法律,并在此基础上,依法表达自己的利益诉求。为此,在法制宣传的内容上,不仅要重视法律条文与法律知识的传授,更要注重人们权利义务观念的培育,把弘扬守法精神作为法制宣传的重要价值追求,使守法精神融入社会的主流文化,逐渐使法律信仰植根于人们的内心。当遇到矛盾纠纷时,能够自觉地运用

---

[①] 胡仁智、付子堂:《当代社会矛盾法律调处机制的完善》,《江苏社会科学》2010 年第 6 期,第 141 页。

法律加以化解。

（3）解放思想，加大依法治理力度，增强化解矛盾工作的实践性。

一是各级领导干部和公务人员要从人治的思想禁锢中解放出来，树立人民是法治主体的观念。胡锦涛同志提出"权为民所用，情为民所系，利为民所谋"的观点，深刻体现了"人民是法治主体"的精神，也是各级领导干部和公务人员应该恪守的一项基本原则。

二是以良法标准科学立法。亚里士多德指出，法治应包含两重意义："已成立的法律获得普遍的服从，而大家所服从的法律本身又应该是良好的法律"。① 良法之治是我们追求的法治题中应有之义。所以，在立法过程中，要以良法的标准，正确处理好政府利益与社会公共利益、公民个人权益之间的平衡问题，使社会公共利益、公民个人权益得到最大化实现，避免为最大多数人谋取利益的法律变异为争夺部门利益和地方利益的工具。

三是依法行政、公正司法。公民对法律的信仰一方面取决于法律本身是否能够反映和实现公民的利益要求，另一方面又取决于国家机关及其工作人员是否依法行政、公正司法。

四是监督功能法制化。通过国家立法的形式，明确现阶段各种监督主体实施监督的范围、方式和内容，使各种监督主体获得法定的职权，以增强监督实施的权威性，按照监督的不同类型进行分类监督，增强监督功能的可操作性，从而实现对权力的有效制约，防止权力被滥用。

**2. 运用法治思维和法治方式不断提高化解矛盾的水平、提升法制宣传质量**

任何社会都存在利益矛盾和冲突，因此，社会矛盾与社会冲突是一种客观的社会现象。我们必须以和谐的理念为指导，以和谐的状态为目标，以化解矛盾为主线，以解决影响社会稳定的源头性、根本性、基础性问题为抓手，运用法治思维和法治方式不断提高化解矛盾的水平、提升法制宣传质量。最大限度地激发社会活力，最大限度地增加和谐因素，最大限度地减少不和谐因素，更加注重从源头上、根本上预防社会矛盾，更加注重从政策、制度层面协调利益关系，更加注重运用调解、协商手段化解矛盾纠纷，确保社会既充满活力又和

---

① 亚里士多德：《政治学》，商务印书馆，1997，第199页。

谐稳定，实现社会和谐的最高境界。

（1）增强社会动员能力，调动社会成员参与化解矛盾工作的积极性。

与传统社会动员方式不同，现代社会动员方式主要有传媒动员、参与动员和教育动员。[①] 化解矛盾工作、法制宣传教育要综合运用各种现代社会动员方式，建立健全社会动员联动机制，提高民众的参与度，形成构建和谐社会人人有责的氛围。

参与动员是指人们参加、介入现代社会政治、经济、文化生活过程中所受的影响，主要指人们对社会公共事务的介入，对各种社会生活及群体活动的关涉，对个人发展的需求及利益的关切。[②] 在化解矛盾工作、法制宣传工作中，运用参与动员的方式，关键是要把握个人现实利益取向，要把社会动员同解决人民群众最关心、最直接、最现实的利益问题结合起来，实现公民个人现实利益最大化。在市场经济条件下，人的利己动机即人的经济性成为市场机制的动力，个人现实利益取向是公众参与社会活动的首要动力。由于地区差距、城乡差别、个体需求差异的存在，司法行政部门要根据本地实际，设计量化的社会调查方案，组织开展或者委托社会调查机构对人民群众的法律素养、法律需求等进行调查与评估。同时，把化解矛盾、法制宣传有机地融入到民众的日常生活当中去，把民众从被动、压抑的状态之中解放出来，真正体会到参与化解矛盾工作和法制宣传教育的乐趣。

（2）建立健全社会动员联动机制，增强化解矛盾的针对性。化解矛盾、宣传法制是社会实现长治久安的基础，是一项复杂的社会性系统工程，需要全社会的参与。必须在发挥政府动员的主导作用的同时，利用民间社会组织来吸引并推动各种社会力量，针对各个时期的各种社会矛盾，共同参与到化解矛盾、宣传法制的过程中去，实现政府动员与民间动员的有机融合。一是利用好化解矛盾、宣传法制志愿者组织，建立起志愿性的社会动员机制。二是区分政府动员与民间社会动员两种模式各自所担当的职能和责任。三是积极探索政府

---

[①] 王学俭、高璐佳：《现代社会动员理论与马克思主义大众化策略》，《兰州大学学报》（社会科学版）2010年第3期。

[②] 王学俭、高璐佳：《现代社会动员理论与马克思主义大众化策略》，《兰州大学学报》（社会科学版）2010年第3期。

与民间组织有效的合作机制。通过以上措施强化人民调解在化解矛盾中的基础作用，强化法律服务在化解矛盾中的中流砥柱作用，强化法律援助在化解矛盾中的终结作用，增强化解矛盾的针对性。

（3）不断提高化解矛盾的水平、提升法制宣传质量，增强化解矛盾的有效性。

首先要强化以人民调解为主的化解矛盾工作。司法行政部门要切实承担起全面负责和指导、通报与协调、支持及帮助人民调解工作的职能职责。与有关部门一起定期对人民调解员进行业务培训。通过各种培训，人民调解员能够系统地掌握专业法律知识和调解技能，提高应对复杂多变局势的工作能力和水平，提高人民调解工作的质量。其次要强化以法律服务为补充的化解矛盾工作，为法律服务队伍化解矛盾搭建工作平台。化解矛盾的过程在一定意义上就是普法宣传的过程，因此化解矛盾的工作可以起到增强公民法制意识的作用。每个人每时每刻都处在错综复杂的法律关系中，又都与法律发生着千丝万缕的联系。随着社会主义法治国家建设的不断深入，法律也必然成为人们维护自身合法权益的有力武器，成为人们正确行使权利、自觉履行义务的依据，从而增强化解矛盾工作的有效性。

**3. 运用法治思维和法治方式在统筹思考司法行政各项业务、整体推进司法行政工作进程中形成工作体系**

司法行政工作可以分为两大工作体系，一个是安置帮教一体化工作体系；另一个是以法制宣传为龙头、以化解矛盾为主线的群众工作体系，此体系正是本课题要研究的内容。司法行政工作中要运用法治思维和法治方式统筹思考司法行政各项业务、整体推进司法行政工作进程，一方面要抓保障体系建设，另一方面要抓工作体系建设，形成工作的强大合力。

（1）完善法制宣传教育、化解矛盾的保障体系，形成立体保障的强大合力。

一是出台法律制度。进行全国性的法制宣传教育立法，是普法依法治理工作做到有法可依，实现普法依法治理工作由依靠行政手段向依靠法律手段转变的必然要求。全国已有13个省（区、市）颁布实施了《法制宣传教育条例》，为制定全国性的法律提供了许多可资借鉴的经验。法制宣传教育立法至少应从以下几个层面考虑：一是确立普法依法治理工作的地位、基本原则；二是确定国家及地方各级普法依法治理管理机关、协调机构的职责；三是确定与普法依法治理活动相关的部门和单位的职责；四是设置罚则，对违反法制宣传教育法的行为规定相应的处罚措施。与此同时，完善《人民调解法》配套制度，使法制宣传教育、化解矛盾工作形成立体保障的强大合力。

二是完善组织保障。首先，强化普法依法治理办事机构设置。由于普法依法治理是在党委领导下进行的，涉及人大、"一府两院"乃至全社会的系统工作，建议将普法依法治理办事机构配置为党委的一个独立部门，负责普法依法治理的日常组织、协调和监管工作。其次，鉴于司法行政部门具有多年的普法依法治理工作经验，且其本身的职能涵盖法制宣传、法律保障、法律服务，普法依法治理办事机构可以与司法行政部门合署办公。同时完善调解组织保障，充分发挥人民调解、法制宣传、法律服务等工作的职能作用。

三是建立评估机制。建立评估机制的关键在于科学设定评估指标体系。根据"六五"普法规划和各个时期化解矛盾的工作重点，采取比较分析与社会调查、定性与定量相结合的办法，对普法依法治理、化解矛盾工作的各方面进行客观分析，设定评估指标体系。总的来看，评估指标的设定应坚持两大原则：一是科学性与可行性相结合的原则。普法依法治理、化解矛盾评估指标应当反映该项工作开展的基本原理和客观规律，在指标量化程度的界定方面体现全国特点的同时，兼顾地区的差异性，使评估指标体系具有可行性。二是基础性和先导性相结合的原则。评估指标体系既要全面体现普法依法治理、化解矛盾的整体内容，确保评估指标体系能反映上级对下级普法依法治理工作、化解矛盾的要求和期望，又要"适度超前"，为地方普法依法治理、化解矛盾提供指引方向和追赶目标。

（2）整合各种资源，形成多位一体的法制宣传、矛盾调处大格局。

一要树立司法行政法制宣传、化解矛盾的整体观念。司法行政工作点多、线长、面广，各具体职能具有相对独立性，但它们之间不是一盘散沙，而是一种相互配合、相互促进的关系，只有在各项职能之间形成你中有我、我中有你，共生共荣的局面，才能在法制宣传、社会矛盾化解中实现效果最大化。因此，司法行政部门及其工作人员要站在维护社会和谐稳定的高度，克服各自为政的狭隘思想，树立司法行政法制宣传、化解矛盾的整体观念和合作意识。

二要建立司法行政整体法制宣传、化解矛盾的长效机制。首先，要建立灵敏有效的社会矛盾预警机制，利用现代信息技术，建立动态的社会矛盾监控系统，及时预告有关迹象，以掌握化解矛盾的主动权。司法行政各业务部门在开展业务的过程中排查、发现的矛盾纠纷甚至矛盾隐患，通过司法行政内网汇集并对矛盾纠纷进行分类整理。其次，要建立法制宣传、人民调解、法律援助、法律服务等业务部门的情况通报机制。定期召开矛盾纠纷形势分析会和情况通报会，并根据所掌握的情况，适时调整重点内容和应对策略。再次，要建立疑难复杂矛盾纠纷会商机制。整合内部资源，逐步建立律师、基层法律服务工作者、人民调解员、司法助理员等共同参与的社会矛盾化解工作体系。

在具体的工作方法上，要抓住司法行政化解矛盾工作重点，实现功能扩展，达到以点带面、整体发力的效果。客观上说，司法行政的各项职能在法制宣传、化解矛盾纠纷等工作中的作用并不平衡，其中，法制宣传、人民调解、法律服务在化解矛盾纠纷中的职能作用发挥得相对突出。为此，要抓住司法行政化解矛盾纠纷的这些重点职能，通过已经建立的各种机制，实现重点职能的功能拓展，带动司法行政整体宣传法制、化解矛盾纠纷。

一是以"调解优先"为原则，实现人民调解与司法行政其他职能在化解矛盾中良性互动。人民调解具有主动性、及时性、预防性、治本性、和谐性的特点，最能体现中华民族"和为贵"的优良传统，已成为当今社会化解矛盾纠纷最便利、最经济、最常用、最有效的手段和方式。如果说通过诉讼是强调以"法、理、情"来化解纠纷，而通过调解则主要是强调以"情、理、法"来疏导纠纷。人民调解要积极拓展调解领域，努力做好在农村征地、城镇拆迁、工程建设、劳资等纠纷中引发的各种矛盾调解工作，为化解新形势下的社会矛盾纠纷发挥重大作用。为此，在调解开始之前，调解员要根据调解案件的基本情况，梳理出相关的法律法规及条文，对双方的权利义务进行归纳总结。调解开始后，人民调解员通过说理，使当事人解开心理疙瘩；通过释法，使当事人明白自身的权利和义务，使法律法规得到宣传。如果矛盾纠纷特别复杂，人民调解员难以厘清各种法律关系，就有必要发挥律师、基层法律服务者的专业优势。各级司法行政机关要利用好复杂矛盾纠纷调解会商机制，对疑难复杂的矛盾纠纷，组织律师、基层法律服务者和人民调解员一起参与调解。调解结束后，及时总结矛盾纠纷化解的经验教训，为今后矛盾纠纷的化解提供借鉴。

二是以"法律六进"为载体，实现法制宣传与司法行政其他职能在矛盾化解中相互融合。法制宣传部门要拓展思维，灵活运用各种载体和手段，捆绑司法行政相关职能，可以通过"法律进社区""法律进乡村"等形式，将人民调解、法制宣传、法律服务、社区矫正、安置帮教等工作整合在一起，把司法行政的职能融入社区建设和新农村建设中。具体说来，就是以社区和农村为平台，以"法律六进"为载体，以律师、公证、基层、普法、社区矫正等业务处室成员为主体，组织部分法律服务工作者和志愿者参与，既明确分工，又相互配合，在宣传法律中提供法律服务、开展矫正帮教，从而达到预防和化解矛盾的目的。

三是以"服务群众"为宗旨，实现法律服务与司法行政其他职能在矛盾化解中彼此配合。司法行政工作具有群众性、基础性、保障性的特点，司法行政机关要以"服务群众"为宗旨建立相应机制，积极引导法律服务工作者参与到司法行政整体化解矛盾工作中来。第一，要建立完善法律服务工作者参与人民调解工作的制度，充分发挥他们在预防和化解矛盾纠纷中的职能作用，使矛盾纠纷的解决符合法律规范。第二，要建立完善法律服务工作者参与处理司法行政信访部门涉法信访纠纷工作制度，使涉法信访通过法律渠道得到妥善解决，逐步扭转"信访不信法"的观念。第三，要建立完善法律服务工作者参与普法依法治理工作制度，引导法律服务工作者在普法依法治理工作中争当示范和表率，逐步在全社会树立起对法律的信仰。第四，要建立完善法律服务工作者参与安置帮教和社区矫正工作制度。法律服务工作者的帮教，使特殊群体减少与社会的对抗情绪，树立守法意识，降低重新违法犯罪率，为社会的和谐稳定奠定基础。

观古论今，自然和则美、民众和则宁、家庭和则兴、社会和则安、国家和则强。建设和谐幸福家园，构建和谐社会，是世人共同的追求。法制宣传、化解矛盾作为一项具有中国特色的法律制度和社会矛盾纠纷解决机制，起到了促进社会和谐稳定的积极作用。在新的历史条件下，我们要以科学发展观为统领，创新工作理念和方法，多措并举，形成合力，推动司法行政工作实现全面、协调、可持续发展，共同建设和谐幸福家园，构建和谐社会，为建设平安中国、法治中国做出新贡献。

# B.6 关于涉诉信访工作导入司法程序应对问题研究

## ——以贵州法院涉诉信访为视角

贵州省高级人民法院课题组[*]

**摘 要：** 当前，行政化处理涉诉信访，带来了"信访不信法、信大不信小、信上不信下"等问题，折射出信访与法治的背离。推动信访法治化进程，让涉诉信访的处理回归司法轨道，是新时期法治中国建设的时代要求。法律程序处理涉诉信访，要坚持遵循保障诉权、维护司法终局和权威的法治原则，不能离开司法程序。应着力完善司法制度，从立法层面进行诉讼终结机制设计。

**关键词：** 涉诉信访 诉访分离 司法程序 终结机制

涉诉信访制度作为化解矛盾、解决纠纷的机制，对涉诉信访矛盾的化解具有一定作用。特别是 2008 年以来，为迎接北京奥运会，在中央政法委的领导下，全国集中清理了一批涉诉信访积案，化解了大量矛盾纠纷，促进了社会和谐稳定。同时，我们也应该清醒地看到，这种集中清理、运动式化解、行政化处理、非法治程序办理涉诉信访的方式，又产生了新的社会矛盾，催生了新的涉诉信访。更为严重的是，当前化解涉诉信访的方式违背了诉讼程序特殊规律，突破了法律底线，损害了法律的尊严。中办、国办2009

---

[*] 课题组组长：赵传灵，贵州省高级人民法院党组成员、副院长；课题组成员：李蓉、杨方程。

年转发的《中央政法委员会关于进一步加强和改进涉法涉诉信访工作的意见》，明确了涉诉信访问题应回归法治程序予以解决的基本方向。党的十八大明确指出，要加快建设社会主义法治国家，把法治作为治国理政的基本方式。在2013年初召开的全国政法工作会议上，中央政法委强调，要将涉诉信访导入司法程序予以解决。新形势、新变化、新任务，要求人民法院要不断提高处理涉诉信访工作的法治化水平，积极引导涉诉信访在法治轨道内解决，做到依法保障合法权益，依法维护公平正义，依法纠正错误裁决，依法保护合法信访，依法制止违法闹访，实现维护人民群众合法权益与维护法治权威的统一。

现以2008～2012年贵州法院涉诉信访工作作为调研基础，对涉诉信访问题进行分析，就下一步涉诉信访回归司法程序提出对策建议。

## 一 全省法院涉诉信访现状及特点

近年来，涉诉信访给法院工作带来了巨大压力，牵涉了法院大量的人力、物力、精力，在一定程度上影响了法院工作的健康发展，其呈现以下新情况、新特点。

### （一）信访总量居高不下，重复访所占比例较高

2008～2012年，全省法院接待群众来访213418人次，其中，重复访67247件，占来访总量的31.5%；处理群众来信158934件，其中重复来信37732件，占来信总量的23.7%。来信来访中，作为案件立案受理14189件，占来信来访总量的3.8%。涉诉信访表现为数量大、增势猛、多头访、重复来信来访的高位运行态势，具体情况如图1所示。

### （二）信访内容相对集中，利益诉求尤为突出

涉诉信访涉及民事、刑事、行政、执行、廉洁、审判作风等方面，如图2所示。从案件类型看，主要集中在人身损害赔偿、物权纠纷、劳动争议和罪与非罪等方面，具体情况如图3所示。

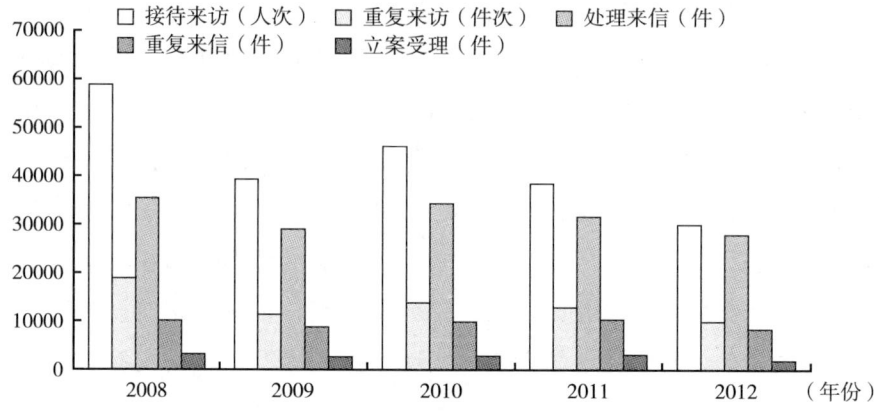

图1　来信来访情况

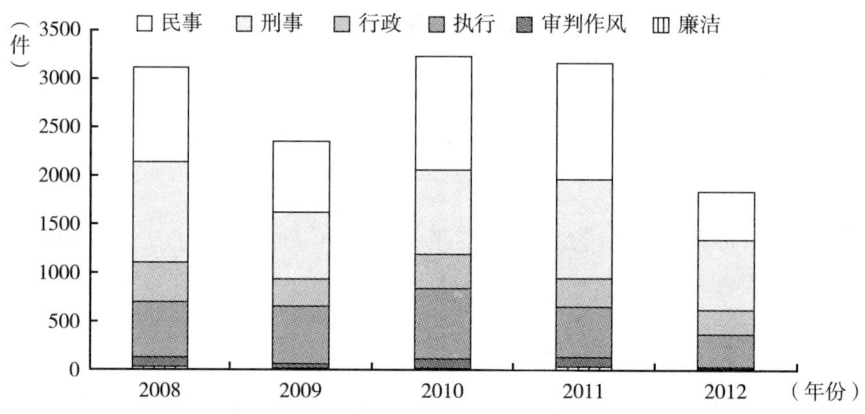

图2　涉诉信访案件的分类

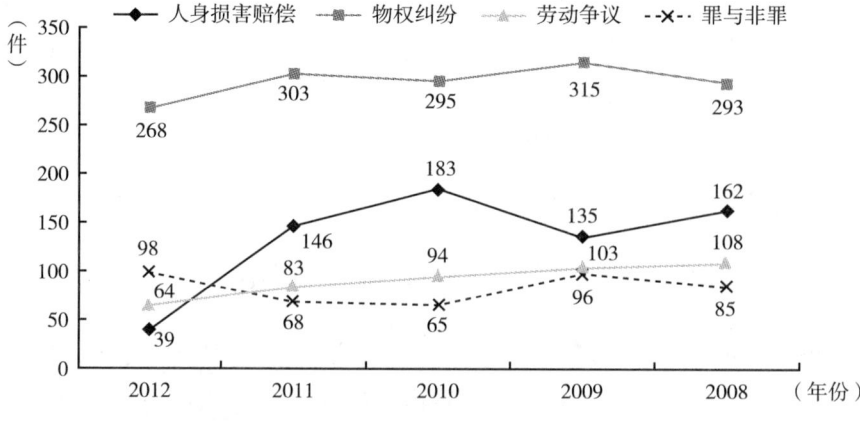

图3　涉诉信访案件的主要类型

### (三)混淆补偿救助关系,信访形势更为严峻

当前,为化解涉诉信访,采取"花钱买平安"方式较为突出。该模式不属于真正意义上的司法救助,其目的是花钱换取当事人不再上访。虽在一定程度上化解了部分涉诉信访矛盾,但带来了更多的负面效应,引发其他当事人效仿。同时,也让当事人误认为案件裁判存在问题,法院才采取准司法救助的方式予以处理。近年来,"花钱买平安"的金额逐年上升,但从效果看,未能从根本上化解矛盾纠纷,有的当初写下息诉罢访的当事人过一段时间后又再次上访。更为严重的是,一些判决生效十多年甚至几十年的历史老案如新中国成立初期的反革命案件,看见有的当事人上访得到救助后,也加入了上访行列,具体情况如图4所示。

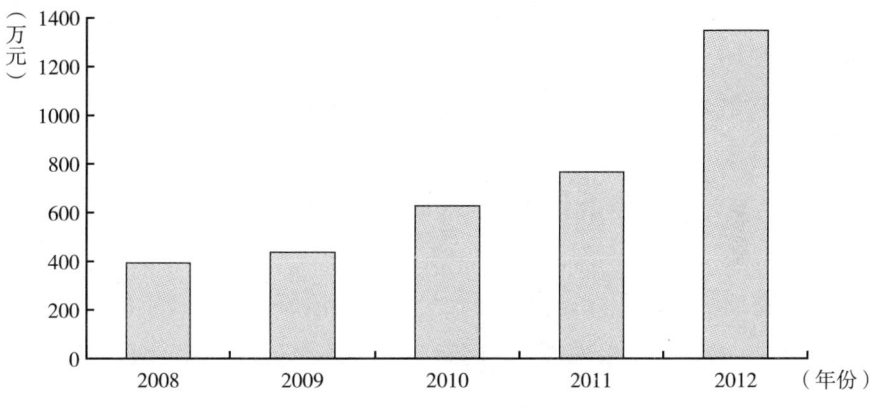

图4 经济补偿救助案件的救助金额统计

### (四)诉讼信访相互交织,"信访"、"信上"、"不信法"突出

涉诉信访不仅是一个单独的访或诉的问题,往往诉访交织,诉中有访,访中有诉。如有的当事人,案件处于正常诉讼程序环节,当事人便开始求助于信访,其目的是给法院正常审判施压。涉诉信访总体呈现"信上不信下"、"信访不信法"、"信大不信小"、"花钱买平安"、"非法访"、"越级访"、"极端访"等非正常现象,具有"乱、软、虚、难"的特点,使得信访推动诉讼程序陷入了无限诉讼、循环诉讼、无限责任的不正常怪圈。

## （五）择机择时上访，追求法外利益明显

2008年以来，党和国家重大活动较多，一些当事人利用这些节点赴省进京上访，以此给法院施加压力，欲借助上访获取法律之外的权利。该行为严重影响了正常的诚信社会秩序，易形成恶性事件、群体性事件，严重影响正常审判，影响司法权威，影响社会稳定。

## （六）历史问题时代差异，现行法律难以解决

因旧法律及政策类因素形成的历史老案，如20世纪80年代的"严打"和企业改制类案件，都是特定历史条件下依据当时的法律及政策处理的，与现行法律规定不相符。例如，贵州烟草系统的黔西县烟草公司、遵义县烟草公司劳动争议案，具有涉及面广、人数众多的特点，牵一发而动全身，甚至会引发全国其他行业的连锁反应，稍有不慎就会引发重大社会动荡。对这类涉诉历史信访案件的化解，不是一个简单的法律问题，还涉及政策层面问题。

# 二 涉诉信访导入司法程序的必要性

涉诉信访回归司法程序，符合法治思维、法治原理，有利于提升司法公信，树立司法权威，促进社会和谐稳定。因而，涉诉信访导入司法程序具有其必要性。

## （一）建设法治中国的需要

1997年9月，党的十五大提出"实行依法治国，建设社会主义法治国家"的目标。从此，"依法治国"确立为党领导人民治理国家的基本方略。1999年3月，第九届全国人大第二次会议将"依法治国"载入宪法，从而使"依法治国"从党的意志转化为国家意志。党的十八大明确提出："法治是治国理政的基本方式"、"运用法治思维和法治方式深化改革、推动发展、化解矛盾、维护稳定"。习近平总书记关于法治建设的一系列重要论述，丰富和发展了中国特色社会主义法治理论。这一系列重要法治理论，为涉诉信访在司法程序轨道内化解指明了方向和道路，提供了政治理论支撑。

## （二）彰显司法公信和司法权威的需要

马克思认为"法官除了法律，没有任何的上司"。① 伯尔曼名言："法律必须被信仰，否则它将形同虚设。"② "信访体制越有所作为，法律规则就会越衰竭，程序规则就会越遭受损害、司法权威也就愈将弱化，继而引发更大规模的信访，同时，法院终将成为没有公信力和终局权威的机构。"③ 法律权威即法治权威，是法律至上理念在司法领域的体现和延伸。民众信赖和认同司法，主动选择司法救济，将减少对信访的依赖，为此就需要增强司法权威和公信力。现实中，许多当事人抱着"信访不信法"、"大闹大解决、小闹小解决、不闹不解决"的心态，只要对法院的裁判不满意，就通过信访来挑战和否定不利于自己的裁判，司法程序的正当性和安定性以及生效判决的强行性和不轻易变更性因此而发生了动摇。在权威领导和社会舆论的干预下，法院不得不对案件重新进行审理，从而使"两审终审"流于形式，大大降低了司法权威。司法裁判的终局权得不到尊重，司法权威不断被挑战和突破，最终不利于社会秩序的和谐稳定，从而损害党的执政权威和执政基础，进而破坏法治社会的建立。

## （三）保障人民法院正常诉讼秩序的需要

法律对诉讼程序有着严格规定，形成了一整套严密的操作规程，发挥着保障当事人合法权益的重要作用。一审、二审、再审为"诉"的环节，在此过程中，人民法院拥有无可争议的管辖权，当事人应按照法律规定正确、充分行使诉讼权利来保护自己的合法权益，不得以恶意信访的形式干扰人民法院正常的审判秩序。将可以通过起诉、上诉、申诉或申请再审维护合法权益的案件，纳入诉讼制度框架之内，有利于减少外部因素对审判活动的干涉，保障审判权的独立性和权威性，维护人民法院的法制诉讼秩序。

---

① 《马克思恩格斯全集》第1卷，人民出版社，1956，第76页。
② 伯尔曼：《法律与宗教》，三联书店，1991，第28页。
③ 刘炳君：《涉法涉诉信访工作的法治化研究》，《法学论坛》2011年第1期。

### （四）确保当事人依法寻求司法救济的需要

涉诉信访因诉而生，通过诉讼途径解决涉诉信访，有利于促使当事人充分认识自己所享有的诉讼权利，督促当事人在司法手段还未穷尽之时，及时、合法、合理地行使诉权，最大限度地获得司法救济。司法救济是法治社会纠纷解决最有效、最权威的途径。但有些当事人由于缺乏法律知识或其他原因，在拥有起诉、上诉、申请再审、申诉等权利的期间内，没有积极行使诉讼权利，而是通过信访途径表达诉求，不但延误了救济时间，甚至因超过时效而丧失胜诉权。2012 年修改的《民事诉讼法》确立"再审之诉"，进一步明确了当事人申请再审的诉讼权利，畅通了当事人通过申请再审救济的诉讼渠道，完善了当事人在司法程序内寻求救济的途径。

### （五）促进社会和谐稳定的需要

涉诉信访影响了正常的社会秩序，增加了社会不和谐因素，造成社会管理无序、混乱，影响社会稳定。将涉诉信访导入司法程序，按照法律规定的诉讼程序依法处理，有利于社会秩序健康有序运行，有利于社会和谐稳定，有利于社会管理有序推进，有利于涉诉矛盾合法、规范、有序、有效化解。

## 三 涉诉信访导入司法程序的路径选择

涉诉信访因诉讼而产生，而诉讼有着严格的司法程序，有着自身的特点规律。因此，化解涉诉信访纠纷要遵从司法本身的规律和特点，通过司法渠道、途径予以处理，这既是司法的回归，更是党的十八大提出的治国理政的要求。习近平总书记强调，"努力推动形成办事依法、遇事找法、解决问题用法、化解矛盾靠法的良好法治环境"，为涉诉信访的法治化改革指明了方向。

### （一）建立源头预防涉诉信访机制

化解涉诉信访矛盾，实现涉诉信访问题法治化处理，不能仅停留在事后治理，为治标而治标，要标本兼治，做到事前防范，从源头上予以防范。减少、控制、预防涉诉信访发生的根本出路在于严格执法、公正司法，提高案件质量和效率，让人民群众在每一起司法案件中都感受到公平正义。对此，法院内部要强化质量意识，增强效率意识，加强源头治理，严格依法办案，狠抓办案质量，注重实体与程序并重，办好每一起案件，从根源上减少涉诉信访的发生，在提升司法公信力和司法权威上下功夫，增强人民群众对法院裁判的认同。对此，法官要树立审判质量、效率、效果并重的理念，切实克服只注重结案数量、轻视审判效果的观念，防止一判了之。要运用好传统行之有效的调解——这一化解矛盾纠纷的法宝，把诉前调解与诉讼调解有机结合起来，综合运用法律、经济、行政等手段合理化解纠纷，有效化解矛盾。同时，要严格落实中央政法委出台的《关于切实防止冤假错案的指导意见》，把办案终身负责制和错案责任追究制落到实处。通过司法权运行机制改革，使司法权责统一，形成职责明确、有权必有责、用权受监督、失职要问责、违法受追究的制度机制，促进案件处理质量提高，从源头上防止涉诉信访。

## （二）建立诉访分离机制

长期以来，人们往往把诉与访混在一起，统称为涉诉信访。诉访不分的现象，严重影响人民法院妥善处理涉诉信访纠纷，同时也不利于当事人通过正常诉讼程序保障个人权利。对涉诉信访应进行甄别，为一审、二审或再审程序，司法程序尚未穷尽的来信来访事项，属于"诉"的范围；司法程序已经完结，当事人仍来信来访反映问题的，属于"访"的范畴。"诉"是法律规则下、司法程序内的权利保障方式，强调司法裁判的功能与作用；"访"是司法程序外、非常态的权利救济途径，侧重于民主监督与个案正义的实现。

处理"诉"的事项，以立审分离、维护诉权为原则；处理"访"的事项，以分级负责、综合治理为原则。具体而言，对处于立案、一审、二审、申请再审等诉讼程序内的案件，其他部门不应再接待、登记、通报，上级机关也不应作为信访案件接待、登记和通报，更不能进行交办、转办，要引导当事人通过依法行使诉权来解决诉求。对引入司法程序的诉讼，法院要加强内部管理，严格依照诉讼法的规定，提高审判效率，依法保护当事人的合法权益，维护司法权威。对属于国家赔偿法规定赔偿范围的，依法予以赔偿。对不能启动司法程序的"访",要树立责任意识,按照分级负责的原则,由原一审法院作为办理信访事项的责任单位,上级法院跟踪催办、督办;同时有效利用其他国家机关、社会机构等资源,形成联动,综合治理,以及时化解矛盾纠纷、实现息诉息访。

构建诉访分离机制,重要的是将依法可申请再审的案件从信访中分离出来。2012年修改的《民事诉讼法》,确立了申请再审与信访申诉相区别的理念。信访申诉一般是指公民依照《宪法》享有的一项民主权利,而申请再审是《宪法》规定的申诉权在诉讼法中的具体落实和特定化,赋予当事人在法定条件下针对生效裁判寻求救济的行为以"诉权"或"诉讼权利"的性质,真正畅通当事人申请再审渠道。对可启动再审的"诉",要给予当事人充分的程序保障,及时做出裁定,展示裁判结果;对信访申诉,则按照信访机制处理,解决当事人的实际困难,化解社会矛盾纠纷。

### (三)建立诉讼终结机制

对当事人重复不断的信访,有人曾提出建立信访终结机制予以规范。《中央政法委员会关于进一步加强和改进涉法涉诉信访工作的意见》中也首次提出建立涉诉信访终结机制。该意见中的涉诉信访终结机制是指,已经进入涉诉信访程序的案件,在法院主持解决后,已经达到了可以终结的标准,无须继续进行处理的,可以做出不再通过涉诉信访进行处理的决定,做出这一决定的所经程序就被称为涉诉信访终结机制。实践中,有最高法院审查终结、省级政法委无理访甄别终结、高级人民法院报送最高人民法院备案终结三种模式。但在立法或司法解释层面上却没有关于信访终结的具体规定,导致实践中各地操作不统一、不规范,也在很大程度上影响了终结的效果,造成"终而不终"。

信访终结制度是在诉讼程序之外另设的一个程序,是就解决信访问题而设计的程序,没有与诉讼程序衔接,属行政化程序设计,也不符合司法规律,不具有可行性和可操作性,实践中亦未能全面推广。涉诉信访的处理理应回归司法轨道上,回归法治本位,严格遵循司法规律,遵从诉讼特性,按诉讼规律办事。对此,应从立法层面、从顶层设计上建立诉讼终结制度,从诉讼程序的结构上进行改造。

2012年修改的《民事诉讼法》，对诉讼终结机制从立法层面上进行了制度设计，采用"有限再审原则"和"法院救济先行，检察监督断后"模式。该模式为：当事人对终审判决不服的，可向法院申请再审，被法院裁定驳回后，当事人可向检察院申请抗诉或检察建议；对经检察院不予监督或监督后通过再审仍维持的裁判应为终结裁判，不得再次申请再审；对已生效的民事裁决、裁定，不论以何种方式启动再审，只能再审一次。这从立法的层面上构建了诉讼终结制度，该制度引进了第三方即检察院的断后监督，从程序上对当事人权利更增加了一层保障，同时，也将该程序作为最后一道屏障。对经过该程序处理的案件从法律设计层面上作为诉讼终结案件予以处理。对依法走完司法救济程序的案件当事人仍坚持信访，认为原裁判存在问题的，不得再进行申诉和申请再审。该立法的修改为诉讼终结提供了立法依据，制度设计亦更为科学合理。但该规定还不十分具体、明晰，实践操作中亦存在走样的情形，应在司法解释中作出更为具体明确的规定，增强可操作性。同时，建议行政诉讼、刑事诉讼也引进该模式，从立法层面上构建诉讼终结机制。

### （四）建立诉讼终结后的救助机制

对案件当事人在诉讼终结后生活有困难、确实需要救济的，要健全完善司法救助体系，把刑事被害人救助资金、特困执行救助资金、涉诉信访救助资金，列入各级财政预算。司法救助属于"救急不救贫"，不可能从根本上改变被救助人的生活状况。因此，对给予司法救助后仍然存在实际困难的群众，应纳入统一社会保障体系。对此，要加大社会保障体系建设力度，把社会困难救助作为民生工程，切实让困难群众惠享经济发展成果，做到应保尽保。对确有困难的，政府要给予及时救助和保障，社会慈善机构要给予更多社会救助，使困难群众能得到及时救济和帮助，社会矛盾和民生问题能得到及时缓解和消除。同时，将社会统一救济纳入法制轨道，明确救济对象、主体、救济途径和内容，开展依法救济。

### （五）建立案结事了事要解决机制

对涉诉信访导入司法程序予以处理，是党的十八大依法治国方略新时期提出的新要求，是法治的理性，是司法的回归，同时，对法院处理涉诉信访也是一个新的挑战。对此，法院一方面要积极应对，切实履行好职责，充分发挥职能作用，把应属法院司法处理范畴的涉诉信访案件通过司法程序予以处理，用法治的手段予以化解，把涉诉信访纳入法治轨道，回归法治程序处理涉诉矛盾纠纷的本位。涉诉信访回归司法之后，党政机关并不是撒手不管，对不属于司法范畴的诉求、对司法程序终结或穷尽司法途径的案件当事人反映的行政问题、社会问题，及时交由政府或相关部门处理，保障司法途径与行政途径的有效衔接和沟通。同时，对一些涉诉信访缠访闹访的历史老案，要用历史的眼光来看待，运用行之有效的化解矛盾纠纷的方法予以处理，不能仅靠法院单打独斗，仍要紧紧依靠党委领导，采取多渠道、多方法、多措施予以协调处理。也就是说，在涉诉信访导入司法程序的过渡时期，对历史老案仍要用老办法予以解决，不能简单搞一刀切。要循序渐进、逐步推进、分类处理、全面化解涉诉信访矛盾纠纷，切实维护好、发展好、保障好社会和谐稳定，为经济社会发展提供更加有力的司法保障。

## （六）建立维护涉诉信访正常秩序机制

要树立"无论诉求是否有理，都必须在法律允许的范围内、以法律允许的方式表达"[①]的理念，无理违法上访是违法行为，有理违法上访也是违法行为，对违法行为要坚决依法予以处理，决不能放任、纵容。对行为妨害诉讼的，依法给予制裁；对闹访、缠访、无理访、非法访、暴力访，要完善司法警察和公安民警职能，凡属于违反治安管理的行为，应由公安机关按治安管理处罚法等法律法规予以依法处理。对采取冲击国家机关、拦截车辆、拉扯横幅、披麻戴孝、煽动群众等手段的违法上访行为，司法警察可依法坚决予以制止，并向公安机关报告；对构成犯罪的，依法追究刑事责任。不能因强调依法纠错，而对违法访听之任之，这将导致涉诉信访的无序，影响社会和谐稳定。在强调依法纠错的同时，也要依法打击违法闹访，做到"两手抓，两手硬"，才能维护正常的信访秩序，才能维护社会的和谐稳定，才能使涉诉信访回归法治轨道。

---

[①] 户青国：《用法治思维看涉诉信访》，中国法院网，2013年6月24日。

## 结　语

　　关于涉诉信访回归司法程序处理，法院要积极应对，畅通申请再审渠道，依法保护当事人申请再审权利，其他机关、部门不应再向人民法院交办、督办信访案件，而应引导信访当事人到人民法院依法解决。涉诉信访导入法治轨道，是法治社会发展的必然要求。"人们在法治的国家下，自然以法律、司法为信念支撑，寻求权利救济，而信访也就失去了存在的支撑"①。与法治社会不相适宜的信访制度，必将渐行渐远，逐步退出历史舞台。

---

① 刘树桥：《涉诉信访的法理思考》，《信阳师范学院学报》（哲学社会科学版）2009年第5期。

# B.7 贵州省促进人的城镇化的法规对策研究*

吴月冠**

**摘　要：** 本文以国家促进"人的城镇化"法规政策为背景，依据贵州省出台相关法规政策实际情况，从户籍制度、流入城镇农民的原有财产性权益——农村土地承包经营权、宅基地使用权、农村集体经济组织财产的收益权、原有人身权益——农村居民享有的特殊政策、非农就业能力等方面分析了贵州省出台的有关政策和法规，并提出了针对性的法规对策建议。

**关键词：** 人的城镇化　户籍　土地承包经营权　宅基地　进城农民保障

城镇化的核心问题就是"人的城镇化"这一论断已经成为当前全社会的共识，其原因在于前一个城镇化阶段我国土地城镇化速度远远超过人的城镇化速度，人的城镇化问题已经成为当前城镇化进程中的主要矛盾，贵州省在大力推进土地城镇化建设的同时，必须妥善处理好人的城镇化这一课题。

## 一　探索新形势下的户籍服务管理模式，逐步形成宽松无障碍的户籍管理法规制度

### （一）户口迁移管理法规与制度现状

系统规范我国户口迁移城镇的法规较少，法律层面上只有1958年全国人

---

\* 本文为贵州省软科学项目"贵州城镇化进程中的法治问题研究"的阶段性成果，项目编号：黔科合体R字［2013］LSK2016号。
\*\* 吴月冠，贵州省社会科学院法律研究所助理研究员。

大常委会颁布的《户口登记条例》，目前该条例已落后于社会发展的需要和实际，对于户口迁移的条件多由各级政府或公安管理部门通过规范性文件的方式予以确定，加之前期在计划经济环境下不鼓励人口过多地向城镇流动，因此，全国各地甚至全省各地的城市入户条件均不一致。《户口登记条例》第十条第二款规定"公民由农村迁往城市，必须持有城市劳动部门的录用证明，学校的录取证明，或者城市户口登记机关的准予迁入的证明，向常住地户口登记机关申请办理迁出手续"。各地不断地在此基础上放宽入户条件，贵州省也在落实国家城镇入户条件的同时，探索符合各市（州）城镇化发展特点的入户政策。

近年来，贵州省城镇入户条件呈逐渐放宽态势。①贵州省于1998年出台了《贵州省人民政府批转省公安厅小城镇户籍管理制度改革试点方案和关于加强农村户籍管理工作意见的通知》（黔府发〔1998〕11号），其中小城镇户籍制度改革试点方案将小城镇入户条件放宽和明确为，特定范围内的农村户口人员在小城镇有合法稳定的非农职业或收入来源的，有固定住所居住满两年的，可以在小城镇入户并登记为非农业户口，①但应在其承包地和自留地予以收回后方予以办理入户手续。1999年贵州省出台《贵州省人民政府关于加快城镇化进程的决定》（黔府发〔1999〕40号），文件对这一条件予以明确，并强调在小城镇入户后在土地不荒弃的条件下五年内可继续保留原

---

① 该通知《小城镇户籍管理制度改革试点方案》第三部分规定："下列农村户口人员，在小城镇已有合法稳定的非农职业或者已有稳定的生活来源，而且在有了合法固定的住所后居住已满两年的，可以办理小城镇常住户口：（一）从农村到小城镇务工或者兴办第二产业、第三产业的人员及其共同居住的直系亲属；（二）经劳动、人事等有关部门批准招收的，在小城镇企、事业单位工作的农业户口职工及其共同居住的直系亲属；（三）小城镇机关、团体、企业、事业单位聘用的专业技术人员、管理人员及其共同居住的直系亲属；（四）在小城镇购买了商品房或者已有合法自建房屋的居民及其共同居住的直系亲属；（五）外商、华侨和港澳同胞、台湾同胞在小城镇投资兴办实业，经批准在小城镇购买了商品房或者已有合法自建房后，如有要求，可为他们需要照顾在小城镇落户的大陆亲属办理城镇常住户口。在小城镇投资兴办实业的其他外来人员，可参照此款办理；（六）普通高、中等院校招收的农业户口毕业生毕业后被小城镇企、事业单位录（聘）用的；（七）投靠小城镇职工、居民生活的直系亲属；（八）在小城镇居住未办理常住户口的户口待定人员；（九）在小城镇范围居住的农民，土地已被征用需要依法安置的，可以办理城镇常住户口。经批准在小城镇落户人员的农村承包地和自留地，由其原所在的农村经济组织或者村民委员会收回；小城镇公安部门凭收回承包地和自留地的证明，办理在小城镇落户手续。"

承包地。②贵州省于 2000 年出台《贵州省人民政府批转省公安厅关于调整部分户口政策意见的通知》(黔府发〔2000〕18 号),取消了小城镇入户有关居住满两年期限限制的条件,规定特定范围内的人员只要有稳定的非农职业、生活来源和固定住所都可以办理小城镇常住户口。① ③贵州省于 2009 年出台《贵州省人民政府批转省公安厅关于推进户籍制度改革的意见的通知》(黔府发〔2009〕24 号),该文件进一步将放宽城镇户口限制,规定贵州省户籍农业人口在城镇有相对固定住所和工作、居住满半年以上即可以办理所在城镇非农业常住户口。② 该通知还规定实施城镇购房入户的政策。④贵州省于 2012 年出台《贵州省人民政府关于开展农村产权制度改革试点工作的意见》(黔府发〔2012〕25 号),进一步取消农业人口入户城镇的限制,将农业人口的范围不再局限于"本省农业户籍",规定农业人口在城镇有相对固定住所半年以上的,可以办理城镇常住户口,并按规定保留农村原有权益。③ 2013 年贵州省在《贵州省人民政府关于印发当前全省改革开放重点工作安排的通知》(黔府发〔2013〕11 号)中进一步明确要"加大户籍制度改革力度,加快农民市民化进程"。

### (二)加快户籍制度改革

贵州省乃至全国层面尚未形成稳定的、与当代社会结构发展相适应的户籍

---

① 该通知第五部分规定:"根据《国务院批转公安部小城镇户籍管理制度改革试点方案和关于完善农村户籍管理制度意见的通知》(国发〔1997〕20 号)精神,凡符合在小城镇入户条件的人员,只要有合法稳定的非农职业、有稳定的生活来源、有合法固定的住所,可以办理小城镇常住户口。同时取消《省人民政府关于加快城镇化进程的决定》(黔府发〔1999〕40 号)中规定的'凡在小城镇已有合法稳定的非农职业或者有稳定的生活来源,而且在拥有合法固定的住所后居住满两年者,都可办理城镇常住户口'的限制。"

② 该通知第一条规定:"凡本省籍农业人口在我省城市、城镇有相对固定工作(务工、经商等)和相对固定住所(公有住房、集体住房、私有住房、租赁房屋以及其他房屋)半年以上的,可以办理本人、配偶及其直系亲属的城市、城镇非农业常住户口。"

③ 该意见第三部分规定:"农业人口在城市、城镇有相对固定职业和相对固定住所半年以上的,可以办理本人、配偶及其直系亲属的城市、城镇常住户口;农业人口投靠拥有城市、城镇户口且生活、居住有保障的亲属的,可以办理城市、城镇常住户口;农业人口入伍的军人退役后,在城市、城镇有相对固定工作和相对固定住所的,可以办理城市、城镇常住户口。已办理城市、城镇常住户口的,按照有关规定保留农村原有权益。"

管理法规体系，调控农业人口转为城镇人口的具体户籍制度多是以政府或其公安职能部门的通知、意见等抽象行政行为的规范性文件出现，其缺乏必要的稳定性、统一性和可预见性；并且此类文件多是从限制农业人口向城镇人口转化的角度予以调控和规制的，与"人的城镇化"这一城镇化的现代理念和核心不相适应。在全国性的、新的户口管理法规出台之前，贵州省可以从地方法规或政府规章制度上探索新形势下的户口管理和服务制度。

（1）通过制度设计，剥离与户口相关联的社会保障、优抚和其他福利制度。可以分步实施，先行开展各城镇名目各异的与城镇户口相关联的福利和保障制度调查；针对调查情况，分类处置。能转化为城乡一体化享有的项目优先转化为城乡居民的同等待遇，能通过市场配置资源方式解决的项目优先通过市场机制解决，对于其他项目应考虑量化为伴随居民在该城镇居住生活状态的存续而存续的社会福利。

（2）基于城乡一体化的发展形势，逐步取消农业人口与非农业人口的户口登记项目，与居住证制度相衔接，统一登记为居民户口。随着经济发展、人口流动、社会分工等水平的提高，每个人都成为社会经济活动的参与者和受益者，农村人口并非一定长期从事农业，其完全有权利也有机会在城镇提供服务；城镇人口也并非一定长期从事非农业生产，其完全有机会到农村从事农业现代化生产。因此，现代社会从身份上精确区分出一个公民是农业户口或是非农业户口其可能性、意义和作用都将日渐式微。

（3）国家有关人口社会保障和福利方面的转移支付，应以居住一定时期的居民为标准确定，构建流入地城镇与流出地城镇间的利益均衡机制，形成财力和物力随人口居住地转移而联动转移的机制，同时构建社会、用工单位和转移人口自身合理承担城镇化成本的机制。

## 二 创新流入城镇农民的原有财产利益和人身利益保障法规建设

激励和保障以农业人口转移为城镇非农业常住人口为核心的人的城镇化进程，必须对农民的原有财产权益的保有或流转做出符合其利益需求的制度安排。通过市场机制实现该财产权益的保有或流转很大程度上符合公平、正义原则,辅以保险和社会保障、国家调控等机制最大限度控制其弊端。

**(一)探索农村土地承包经营权在市场配置下的流转机制,充分发挥其交换价值和担保价值**

目前,我国主要通过《物权法》《土地管理法》《农村土地承包法》等法律和国家土地管理部门颁布的部门规章和规范性文件对农村土地承包经营权法律关系进行调整,基于农村土地系农民生活的基本保障这一功能,旨在通过建立长期、稳定的农村土地承包经营关系,提高农民从事农业生产的积极性和单位土地的农业产出效率,最终使农民富裕起来。其是建立在农民长期稳定的从事农业生产这一生活模式之上的,然而随着社会经济尤其是市场经济的发展,农民尤其是新生代农民已经逐步向城镇转移,这一旨在保护农民长期稳定生活和实现富裕的土地权益设计却因无法使已经城镇化的农民原有农村土地权益按照市场价值流动或保留,[①]出现了农民按市场规律转移到城镇追求更好生活的需求与原有农村权益丧失或失去使用价值这一矛盾性选择。

国家已经注意到这些变化,中发〔2013〕1号文件——《中共中央、国务院关于加快发展现代农业 进一步增强农村发展活力的若干意见》提出要"抓紧研究现有土地承包关系保持稳定并长久不变的具体实现形式,完善相关法律制度"、"探索建立严格的工商企业租赁农户承包耕地(林地、草原)准入和监管制度",《国务院办公厅关于深化收入分配制度改革重点工作分工的通知》(国办函〔2013〕36号)提出要"按照依法自愿有偿原则,允许农民以多种形式流转土地承包经营权,确保农民分享流转收益"。

---

① 《农村土地承包法》第26条第2、3款规定:"承包期内,承包方全家迁入小城镇落户的,应当按照承包方的意愿,保留其土地承包经营权或者允许其依法进行土地承包经营权流转。承包期内,承包方全家迁入设区的市,转为非农业户口的,应当将承包的耕地和草地交回发包方。承包方不交回的,发包方可以收回承包的耕地和草地。"

贵州省也在积极探索土地承包经营权流转和保有的正确做法，《贵州省人民政府关于开展农村产权制度改革试点工作的意见》（黔府发〔2012〕25号）提出要"探索建立农村居民转为城市居民户籍后相应产权处置与利用管理机制"，《贵州省人民政府关于支持"5个100工程"建设政策措施的意见》（黔府发〔2013〕15号）提出"市民化的农村居民……可以在享有城镇福利、社保的同时，继续享有农村宅基地；在示范小城镇就业的农村居民，按本人意愿，其集体土地的承包经营权可继续保留，也可有偿退还和流转"，《贵州省提高城镇人口比重五年行动计划》（黔府发〔2013〕23号）提出要"从制度上、政策上保障农民自愿转变身份，充分保护好农民市民化的合法权益，让农民带着资源、带着资金、带着技能、带着保障、带着尊严进城，促进农业转移人口和各种资源要素的有序流动"。

基于当前社会发展形势和制度需求，在现有农村土地法规体系下，可以对农村土地承包经营权保有或流转机制进行探索和创新：①对于保有制度，可以规定农民转移到城镇后，在承包期内，其土地承包经营权可以保留并可以继承，发包方不予收回。这一设计与农村土地承包法第26条第3款并不冲突，因为该法规定对迁入设区的市转为非农业户口的，发包方"可以"收回承包的耕地草地，但并非"应当"或"必须"收回，并非强制性规定。②对于流转制度，可以探索农村土地承包经营权在坚持农业用途前提下向集体经济组织成员以外的人（自然人和法人）流转的机制，包括可以对外出租、合伙或入股经营等方式予以流转。③对于担保制度即农村土地承包经营权抵押、质押制度，可以在《物权法》第133条①规定的基础上，除农村土地承包法规定的"直接通过招标、拍卖、公开协商承包的荒山、荒沟、荒丘、荒滩等土地承包经营权"可用于抵押外，可将土地承包权出租收益作为担保标的设立权利质押，以探索全面的农村土地承包经营权抵押、质押制度。

---

① 《物权法》第133条规定："通过招标、拍卖、公开协商等方式承包荒地等农村土地，依照农村土地承包法等法律和国务院的有关规定，其土地承包经营权可以转让、入股、抵押或者以其他方式流转。"

## （二）探索农村宅基地使用权流转和保有机制，增加流入城镇农民的财产性收入

对农村宅基地使用权予以规范的法规主要有《物权法》[①] 和《土地管理法》[②] 等，国家规范性文件也对农村宅基地使用权做过具体规定，但多为限制性规定：国务院办公厅1999年发布的《关于加强土地转让管理严禁炒卖土地的通知》第二条规定"农村的住宅不得向城市居民出售"；2004年12月，国务院《关于深化改革严格土地管理的决定》再次强调"加强农村宅基地管理，禁止城镇居民在农村购置宅基地"；国务院办公厅《关于严格执行有关农村集体建设用地法律和政策的通知》（国办发〔2007〕71号）明确规定"农村住宅用地只能分配给本村村民，城镇居民不得到农村购买宅基地、农民住宅或'小产权房'"。但对于宅基地使用权的保有和流转的具体制度，国家尚未有法律予以系统规范，这为贵州省保障城镇化的农民原有宅基地使用权提供了立法空间。

新形势下，《国务院办公厅关于深化收入分配制度改革重点工作分工的通知》（国办函〔2013〕36号）提出要"完善农村宅基地制度，保障农户宅基地用益物权"。为此，可以通过立法方式，一方面对城镇化转移的农民的宅基地使用权予以保留[③]，另一方面可以探索宅基地使用权在特定用途下的向企业法人[④]流转的途径（如用于建设公共租赁住房或其他公益设施或符合村镇规划的其他建设），以及在此基础上形成宅基地使用权担保制度。

---

① 《物权法》第152~155条分4个条文对宅基地使用权进行了简单规定，将宅基地使有权管理的规则引至《土地管理法》等法律和国家有关规定。
② 《土地管理法》规范宅基地使用权的规定亦较简略，只有一个条文即第62条规定"农村村民一户只能拥有一处宅基地，其宅基地的面积不得超过省、自治区、直辖市规定的标准。农村村民建住宅，应当符合乡（镇）土地利用总体规划，并尽量使用原有的宅基地和村内空闲地。农村村民住宅用地，经乡（镇）人民政府审核，由县级人民政府批准；其中，涉及占用农用地的，依照本法第四十四条的规定办理审批手续。农村村民出卖、出租住房后，再申请宅基地的，不予批准。"
③ 这一规定与国家禁止城镇居民在农村购置宅基地的规定并不冲突，转为城镇居民的农民其取得宅基地时的身份并非城镇居民，国家禁止也只是购买宅基地时具有城镇居民身份的人。
④ 这一设计与国家禁止城镇居民在农村购置宅基地的规定并不冲突，因为城镇居民在范围上并不包括企业法人（公司）等单位。

## （三）保障流入城镇农民原农村集体经济组织财产的收益权

对于农村集体经济组织财产管理，贵州省 2002 年就颁布实施了《贵州省农村集体资产管理条例》，对农村集体资产的范围、经营管理和监督做出了系统规定，规定农村集体组织在特定条件下且提取生产和社会公益资金后可进行收益分配①，并将农村集体资产的收益分配方法交由村集体经济组织成员共同决定；但农村集体经济组织财产的收益权之取得、变更、消灭和流转并未在法律上得以系统的规范。

中发〔2013〕1 号文件——《中共中央、国务院关于加快发展现代农业进一步增强农村发展活力的若干意见》提出"鼓励具备条件的地方推进农村集体产权股份合作制改革"和"探索集体经济组织成员资格界定的具体办法"，《贵州省人民政府关于开展农村产权制度改革试点工作的意见》（黔府发〔2012〕25 号）提出要在农村集体财产为农村集体组织成员"共同所有"基础上实施"按份共有"②。

新形势下，为保障转移为城镇户口的农民原有集体经济组织财产的收益权，可以通过修改或制定法规、规章的形式：①保留城镇户口的农民原有集体经济组织成员的资格，并按其转移为城镇户口的时点核算其农村集体财产的收益权份额，发给其相应的收益权权利凭证。②对该农村集体财产的收益权，规定可以参照公司股权相关类似规则予以转让、变更或设置担保，从而激活转移为城镇户口的农民原有集体经济组织财产的收益权。

## （四）以法律形式确立转为城镇户口农民的原有人身利益的稳定性

我国和贵州省根据农村的实际情况出台了特殊法律规定和专门政策，农村

---

① 《贵州省农村集体资产管理条例》第 22 条规定："集体经济组织必须按照国家财务会计制度的规定，在结清全年的收入和支出，清理债权、债务，兑现承包合同和租赁合同，按照规定提取生产发展和社会公益事业所需资金后，方可进行年终收益分配。"

② 《贵州省人民政府关于开展农村产权制度改革试点工作的意见》（黔府发〔2012〕25 号）提出"在坚持集体资产归集体经济组织成员'共同所有'的前提下，严格按照制订方案、清产核资、资产量化、股权设置、股权界定、股权管理、资产运营、收益分配、监督管理的程序，实现向集体经济组织成员'按份共有'"。

居民享有着与城镇不一样的特殊政策（如计划生育政策、社会保障政策、民政政策、"三农"专项补助等），转移到城镇的农民是否继续享有这些特殊优惠政策，法律法规多未明确规定，在当前大力促进人的城镇化的形势下，附期限地保留转移到城镇的农民的原有人身利益可以视为一种可行的方案。《贵州省人民政府关于支持"5个100工程"建设政策措施的意见》（黔府发〔2013〕15号）提出"市民化的农村居民继续按《贵州省人口与计划生育条例》的规定执行"。

贵州省在制定鼓励农民城镇化的法规、规章等法律时，可以对转为城镇户口的农民的原有人身利益做出专门规定：①可以选择参加农村医疗保险或城镇居民医疗保险并分别享受对应的权利、承担对应的义务；②可以选择参加农村养老保险或城镇养老保险并分别享受对应的权利、承担对应的义务；③可以在一定时限内（如10年或5年）适用人口计划生育照顾优惠政策；④可以在不放弃原有农村土地承包经营权、直接或间接从事农业生产条件下享有国家"三农"专项补贴；⑤在一定时限内（如20年或10年）身故的可以选择进入国家公共墓地或原村集体墓地等。

## 三 完善增强人的非农产业发展能力的法规制度

在城镇化过程中，应逐步树立人的劳动能力和技能才是最重要的生存和发展保障这一观念，着力提高转移到城镇的农民的非农产业发展能力，通过制度设计增强新城镇居民在城镇生态环境下的可持续发展能力。

### （一）旨在提高劳动力素质和优化结构的就业促进制度

目前，国家《就业促进法》和《贵州省就业促进条例》对就业政策、就业培训、就业服务和就业援助做出了系统规定，妥善解决城镇化的农民在城镇的可持续发展问题可以在充分利用国家和省出台的促进就业政策的同时，出台专门针对特定时限内转移到城镇的农民的专项培训政策：①对于转移到城镇不满5年的农民，可以免费接受与劳动力密集型行业相关的现场专业培训。如驾驶培训、厨师培训、物流员培训、建筑业培训等。②利用计算机网络技术，免费提供并开放全民共享的就业培训网络课程,内容可以根据农村劳动力素质提升和结构优化的规律,提供初级、中级、高级培训课程。

与此同时,加大对用工单位吸纳农民工尤其是新转移到城镇的农民就业和提升其工作能力的制度激励(如对取得专业技术资格的农民工的用工单位予以资金或税收优惠奖励),加大对农民工尤其是新转移到城镇的农民自主创业的支持和优惠,将贵州省出台的小微企业优惠政策①予以法制化,降低农民在城镇创业办公司的门槛和成本。

## (二)结合失业保险、养老保险制度设立转移到城镇的农民基础保障制度

只有有基本保障的人的城镇化才是健康的城镇化,新转移到城镇的农民在初到城镇之时,其城镇居留成本较农村陡然增加,有必要为这一形态提供与结合失业保险、养老保险制度相似的基础保障制度,以使其能够"留得住"。

可以尝试政府支持部分资金并利用城镇化的农民原有土地承包权、宅基地使用权、农村集体经济组织资产收益权所得部分收益,组成农民城镇化基础保障基金(保险),专项用于此种情形下城镇化的农民基本保障。也可以考虑与城镇养老保险和失业保险相衔接,让城镇化的农民以相对低的成本追溯享有较长参保年限的社会保障。

---

① 参见《贵州省人民政府关于大力扶持微型企业发展的意见》(黔府发〔2012〕7号)。

# B.8
# 贵州省城中村拆迁"违建"法律问题研究*

孟庆艳**

**摘　要：** 贵州省在城镇化进程中面临大量的农村"违建"拆迁，在此过程中涉及的相关法律政策问题也很多。通过对当前法律政策的梳理和分析，找出贵州省在城中村拆迁"违建"过程中存在的问题，结合贵州省的实际情况，提出了解决问题的相关对策。

**关键词：** 贵州省　城中村　违建拆迁　法律问题

"城中村"是我国在大力推行城镇化进程中所产生的一个新名词。城中村存在已久，但由于它特殊的身份而引发了很多新的社会问题和社会矛盾，如大量涌现的城中村违章违法建筑物。对于这些建筑物的拆迁则体现了矛盾的焦点。违建是城镇化建设的障碍，在城镇化提出之前就早有违建存在，只是在不拆迁的情况下，它们得以长期存在。可是，随着城镇化发展而一夜暴富的故事刺激了不少被拆迁者，新的大规模的违建物奇迹般地一夜之间冒出来，最典型的就是原来的房子上不停地"长"出新的房间，颜色大不相同；或是原本就凌乱的城中村被不断增加的违建物挤得水泄不通。而政府对违建的拆迁犹如打地鼠游戏，这边打下去了，另一边猝不及防地又伸出头来。一方面是违建的迅速蔓延，另一方面是随着政府城镇化建设推进而进行的大规模拆迁，一建

---

\* 本文系 2013 年贵州省社会科学院招标课题（省领导圈示课题）的阶段性成果。
\*\* 孟庆艳，贵州省社会科学院法律研究所助理研究员。

贵州省城中村拆迁"违建"法律问题研究

一拆两种截然相反的行为势必暴露和引发更多的社会矛盾。轻者是建了拆，拆了建，重者则造成伤人事件。2012年贵州省铜仁市德江县国土资源局执法监察大队副大队长张波在查处拆违的过程中被刺致死的事件使这一社会矛盾问题再次进入公众的视野。

贵州省近年来不断加大打击违建的力度，贵州省及各地州也出台了很多规定以治理违建问题。以贵阳市为例，2012年贵阳市政府有关领导在全市控违拆违工作会上表示，调查发现，目前贵阳市还有上千万平方米的违法建筑，云岩区重点分布在改茶、三桥、黔灵、宅吉、东山、沙河等地区；南明区重点分布在后巢、云关、红岩、二戈、摆郎、蔡家关、四方河、五里冲等地区①（2013年4月3日，对贵阳市新成立的观山湖区金华镇王家漠村的成片违建楼房进行拆除，共拆除违建楼房50栋，拆违面积达11.8万平方米，是近年来贵阳市规模最大的一次集中拆违行动）。而紧锣密鼓出台的关于拆违的通知和通告以及各种问责办法，体现出贵阳市政府依法坚定拆违的决心。一方面是城市发展导致拆违工作的紧迫性；另一方面是被拆对象的正面抵制和迂回战术，拆迁与被拆迁之间永远是死对头，利益的冲突以及对利益冲突的解决方案的不统一导致矛盾愈演愈烈。

任何社会问题都会对应一定的法律法规体系。在法律法规体系中又分为实体法和程序法，因此在本课题中，将涉及社会学和法律学两方面内容；而法律学方面又分别从实体法和程序法两个角度来分析问题、解决问题。

## 一 关于违建的概述

### （一）违章建筑与违法建筑的含义

本课题主要讨论的是针对城中村违建拆迁的法律问题。对这个问题的讨论主要围绕以下几个问题展开：什么是城中村？什么是违建？对城中村的违建进

---

① 《贵阳晚报》，http://news.gy.soufun.com/2012-02-01/6947029.htm，访问时间：2013年7月4日。

行拆迁遇到一些什么问题？如何从法律的角度来加以分析？

《贵阳市城中村改造暂行规定》明确指出：本规定所称城中村是指在地域上已经进入城区，但住户户籍、土地权属等方面仍然保留农村体制的聚居地。有学者提出，城中村是指在城市规划区内仍然保留和实行农村集体土地所有制的农村社区。① 这样的城中村住户，从生活方式、生活地域、谋生手段或是思维方式上都有别于传统的农民。但是因为户籍、土地所有等二元结构制度的长期存在使得他们又有别于周边的城市居民。如不享有城市的医疗保险、养老保险和最低生活保障等，同样，子女也上不了城市的学校。他们处于一种非农非城市的状态，顶着农民的帽子，穿着城里人的衣服，但最终他们会迈向城市社区的大门。

对违建概念的认定颇有争议。而这个问题又恰恰是最紧迫的。城中村存在的大量违建既具有普遍性，又具有特殊性。由于近年来拆迁成本的不断攀升，现实中确实也存在这样的现象：借拆违之名行强拆之实。基层工作人员为了完成上级任务，为了提高工作"效率"，不惜牺牲合法利益，对于被拆对象是否属于违建，拆迁程序是否完善，被拆迁对象有什么诉求和困难等问题全然不顾，一拆了之。原《城市房屋拆迁管理条例》中提到的"拆除违章建筑和超过批准期限的临时建筑，不予补偿"被拆迁人充分地利用起来。很多地方出现以"拆违带动拆迁"和"以拆违代替拆迁"的现象。2011年颁布的《国有土地上房屋征收与补偿条例》第24条规定："市县级人民政府及其有关部门应当依法加强对建设活动的监督管理，对违反城乡规划进行建设的，依法予以处理"；"市县级人民政府做出房屋征收决定前，应当组织有关部门依法对征收范围内未经登记的建筑进行调查、认定和处理。对认定为合法建筑和未超过批准期限的临时建筑的，应当给予补偿；对于认定为违法建筑和超过批准期限的临时建筑的，不予补偿"。近年来，由于地方土地财政的盛行，广大的民众也纷纷效仿，以期从房产中致富，"种房子"比种庄稼更赚钱。全国近几年因拆迁纠纷而引发的恶性事件令人唏嘘，我们的政府对于违建的调查、认定和处理，必须严格执行宪法和法律的规定，坚持以人为本，尽可能地化解矛盾。应

---

① 魏秀玲、孙帅：《城中村改造中违法建筑的认定及处理》，《政法学刊》2011年第4期。

该做的就是要普及大众对违建的认识,用法律的权威统一人们的认识,以时间为界,对于历史遗留的违建和为获得补偿而赶在拆迁之前进行建设的违建应采取截然不同的办法,树立起违建就是违法的概念。

违建通常指违法建筑和违章建筑,从字面意义上来看,这里的"法"和"章"应该是指我国的法律法规以及规章等。目前涉及违章违法建筑的法规主要有《土地管理法》《城市规划法》《行政强制法》《村庄和集镇规划建设管理条例》等,如果一个建筑物的建设违反了这些法律的规定就属于违法建筑。学界对于违法建筑和违章建筑的定义一直以来没有比较权威和明确的说明。学界和建设行政主管部门对违法建筑所下的定义也多多少少存有瑕疵。有的规定于法律渊源来说过窄;而有的既承认违"法",又承认很多地方性规章,但是有学者指出,建筑物既然是不动产,那么不动产物权应该由国家的法律来统一规定,以防止对违建定义过于宽泛;还有的对违章违法建筑的地域范围规定较窄,在我国现实中,违法违章建筑不仅存在于"城市规划区内",也同样存在于农村,如《村庄和集镇规划建设管理条例》中就规定了村庄和集镇中存在的违建情形。

违法建筑还分为程序违法和实质违法。王泽鉴教授曾提出违法建筑物可分为"程序违建与实质违建"。所谓的程序违建是指建筑物并未妨碍城市规划设计,只是没有依据一定程序申领执照;而实质违建则是指建筑物无法通过程序的辅正来得以合法化,是无法补正的违建。对这个分类有必要再强调一点,所谓的程序违建,其前提条件是它符合城市规划或土地管理法的相关规定,只是程序有瑕疵而已。这种分类在处理违建的实践中是比较常见的。从理论上来看,它涵盖了实体法和程序法,具有很强的理论氛围;从实践中来看,对于执法人员查处违建具有指导性意义,帮助执法人员对违建进行定性和查处,以做出科学的处罚决定。

2013年8月30日,贵阳市政府出台了《贵阳市制止和查处违法建设规定》(以下简称《规定》),该《规定》从2013年10月1日起施行。这个《规定》的重点对象是"违法建设",从其规定的第4条第1款来看,"建设"一词是指一种静态的违法建筑物:建筑物、构筑物及其他设施。但是从其第4条下面的各项规定来看,"建设"一词多指的是一种动态的正在建设

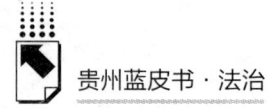

的行为。综合考察此规定,本课题组认为,它可以作为我们研究违法建筑的一个政策法规参考,但本课题还是看重它对于研究静态的违法违章建筑物而不是动态的违建行为所起的作用。

此《规定》的第4条第1~6款,第8款都对程序违法的建筑进行了明确的规定;而第7款则是对违建实质违法做出了规定,第10款是一个兜底条款,对于本规定没有提及的违建都是用这个规定。此次的《规定》经过了反复研究,并借鉴了外地好的经验,明晰了市直部门、区政府以及供电、供水企业等在查处违法建设中的职责,提高了对修建违法建筑的处罚额度,如罚款5倍至10倍增加到罚款8倍至10倍。《规定》还明确规定,在依法征收集体土地和国有土地上的房屋时,属于违法建设的一律不予补偿;违法建设的房屋,一律不得办理产权证;未经批准擅自占用绿地进行违法建设的,由城市综合执法部门责令限期退还、恢复原状,处每平方米500元以上1000元以下罚款,造成损失的,依法赔偿。以前的规定中也曾经提到过关于违法建设的拆除费用自行负担,对于违法建设一律不予补偿等,但是在实践中效果并不明显,因为可操作性不强。以前的规定法律位阶不够,主要是以通知的形式下发的;其次是规定不够明确,体例不够规范。

这次《规定》的出台,表明贵阳市政府对违建的态度愈加明确,打击违法建设的决心也愈加坚定。但是也要看到此《规定》的不足之处。对于在此《规定》施行以前存在的程序性违法建筑该如何处置,《规定》没有给出明确的答案;对于一些可以在程序上予以补救的违建,对于前面提到过的应该区别对待的违建如何分门别类地对待,仍是一个问题。本课题组认为出于社会稳定的角度,还是不宜搞一刀切,对于可以通过程序补足从而转化为合法建筑的情况,在实践中还是要重点考虑。

综上所述,本课题组一致认为,不管是违法建筑还是违章建筑,就目前的状况来看,都属于国家政府严格管控的对象。由于没有一个统一权威的法律规定和法律解释,因此,结合国家政策形势来推断,违建的内涵应该是包括在了法律和规章等的规定之内的。也就是说,凡是法律或是规章关于违建的定义不违反上位法的规定的,都属于我们讨论的范畴。我们在以下的讨论中提到的违建都涵盖了这两方面。

## （二）违建形成的原因分析

**1. 法律意识淡薄**

村民对建房政策并不了解。农村家庭里儿女长大后住房无法满足需要，为了解决自身住房问题，就在自家承包地里建房或是任意违规加层，认为不影响他人即可；或是为发展副业，未经批准任意搭建附属房。

**2. 利益驱动**

修建违建已经成为一个低投入、高回报的行为。违建一般比较简陋，在城市住房租金普遍偏高的情况下，城中村的廉价出租房对外来务工人员和大学毕业生很有吸引力，而这些出租房很多都是房主在满足自身住房的前提下为增加收入而搭建的。随着城市的发展，有些城中村农民已经没有土地可耕，他们的主要经济来源都依赖于租房收入，因此，违建对他们来说已是生活中不可缺少的部分。另外，在拆迁过程中违建带来的经济补偿也是促使村民大兴土木的原因之一。虽然早在2012年初贵阳市政府就发布通告称，依法拆除的违法违规建筑一律不予补偿，并由其承担拆除费用。但事实却并非如此。

以下是课题组对贵阳市乌当区某村村民的调查过程中的一段对话：

问：你们加层的楼房没得产权证吧？也要赔吗？

答：我们照样建（违章建筑），政府到时候还是要赔的，只不过赔偿金额没得那些具有产权证的房产高。每家每户都在建，没有停止的，多少都要赔点，傻子才不修？

**3. 监管不严**

对于城中村的违建监管应该涉及两个主体。一个是村委会，它是群众自治的基层组织，对自己辖区内的情况应该比较清楚。从违建动工开始就有被发现的可能，村委会应该在第一时间发现并制止或是及时上报。但实践中往往是整个村的人都在违建，互相帮忙那是正常的，而互相监督检举则属异类。另外一个监管主体就是城市管理执法机构。城中村特殊的地理位置，使得它在地域上有被城管监督管理的现实必要性，因为它客观上已经影响到了城市建设的方方面面。但是目前我国城管在执法理念、执法方式、执法水平等方面尚有颇多争议，使得城管执法部门对违建的监管特别谨小慎微。因此，监管不严也是导致违建遍地开花的重要因素。

对于历史原因形成的和为了得到更多的拆迁补偿而搭建的违建需要区别对待。前者有的已经成了家庭成员的日常生活居住地，有的成为家庭主要收入来源，如长期出租给外人居住。其实，从客观上来讲，部分违建在解决外来人口住房问题上还是有一定积极作用的。由于城市聚集的外来人口越来越多，城市住房很紧张，很多人在住房方面的支出有限，一方面廉租房等保障性住房无法解决这部分人群的居住问题；另一方面民间有其供需一致的意愿，这时的违建就发挥了它的积极作用。因此，对这部分违建要暂时地容忍和宽限，在认定和补偿时需要考虑具体情况分别对待，并不需要一刀切，以体现人文关怀。

对于以修建违建来牟取不当补偿的恶意行为则应该坚决查处。目前这种行为已经衍生成一种产业。城市规划区内存在的城中村村民现在是"草木皆兵"，"闻风而动"，"未雨绸缪"，违建之风盛行。以贵阳市为中心，辐射至其东南西北各方向。村民现在都很聪明了，不管目前是否需要拆迁，先建起来再说。

目前，全国、全省及各个地州市、县，只要是有城市改造，城市发展的地方，就会占用农村土地，这一后果不可避免地导致农民搭建违建。关于违建的监管问题，我们可以参考学习香港地区的一些经验。①

### （三）相关政策法规梳理与法理分析

目前的法律法规构成体系基本是国家法律法规＋地方性法规和规章。

#### 1. 国家层面的法规

目前国家层面的法律、法规主要是以下几部法规：《城乡规划法》（2008

---

① 香港的违建风暴，卷进去很多官员。其实，香港的违建与内地大有不同，所谓的违建多属"微建"，主要是因为香港的建筑条例复杂，房屋内的架构，稍微有变动就可能违反条例变成"违建物"，而业主却未能察觉。这次被揭发有违建的官员中，教育局局长吴克俭，只是因为出租一个单位，外墙有个金属晾衣架不符合规定，就被指为违建。而前特首曾荫权只是因为用落地玻璃封了露台，也被指违建。正因建筑条例复杂，梁振英就曾提醒问责团队，需要专业人士才能判断家中是否有违建。而他解释自己家中的违建时也归之为"无心之失"。

年1月1日)、《土地管理法》(2004年8月28日第二次修正)、《建筑法》《城市房地产管理法》《物权法》《公路法》《铁路法》以及《村庄和集镇规划建设管理条例》(1991年11月1日)、《国有土地上房屋征收与补偿条例》等。从严格意义上来讲,城中村违建的拆迁不应该适用《国有土地上房屋征收与补偿条例》,因为城中村虽然处于城市之中,但从土地性质来讲还属于农村集体所有,由于它不属于国有性质。在此处列出是为方便后面的讨论。

**2. 地方性规章**

全国各省、市目前都针对具体情况制定了关于违建处理的各种规定。如2009年《成都市违法建设工程罚款暂行规定》,2010年《广州市违法建设查处条例》,2011年《北京市禁止违法建设的若干规定》,2012年《南京市违法建设制止和查处办法(草案)》(以下简称《草案》)出台,该《草案》对违建的定义做出了解释:违法建设是指未取得建设工程规划许可证、临时建设工程规划许可证或未按照许可内容进行建设,以及逾期未拆除临时建筑的行为。违法建筑是指违法建设行为所产生的建筑物、构筑物或其他设施。《草案》第8条规定,任何单位和个人都应当遵守城乡规划,服从规划管理,不得进行违法建设或者利用违法建设非法获利。也就是说,违法建设将一律施行"零补偿"。该《草案》结合《行政强制法》细化了对违建的拆迁步骤,大致分为五步,值得我们借鉴。发现违法建设行为后,当事人不停止建设或不按要求拆除的,城市管理行政执法、城乡规划、国土等部门可以依法实施强制拆除。强拆前,第一,应进行公告和催告,限期当事人自行拆除。第二,当事人在法定期限内不申请行政复议或者提起行政诉讼,又不拆除违法建筑的,执法部门应当及时制作并送达行政强制执行决定书。第三,实施强制拆除前,有关单位应当制订工作方案和应急预案,并确定公安机关、违法建设所在地的街道办事处、镇人民政府以及有关配合单位的职责。第四,实施强制拆除时,相关执法部门应当事先告知当事人清理相关财物;当事人拒不清理的,执法部门应当对当事人的财物进行登记,制作物品清单,经公证机构现场公证后,代为临时保管。第五,完成以上程序后,即可强制拆除违法建设。强拆费用,由当事人承担;拒不承担的,执法部门可申请人民法院强制执行。最值得肯定的一点在于,该《草案》还规定了为违建房建设、施工、设计、监理的单位,将纳入信用不良记录并公示，还将依法取消其参加各级政府及相关部门组织的评优评先资格。对于信用记录的记载，应该引起各方注意，犹如人民银行的公民个人信用记录一样，如果该记录有污点，则整个相关的网络系统都会有所体现。这样一来，很多为他人修建违建的单位也就不再会肆无忌惮地为了蝇头小利而做出违规之举，这是一个方面。此外，如果能建立一个违建信用系统，凡是恶意违建的人，在其以后涉及的贷款、就业、创业等方面取消优惠，这也不乏是一个思路。当然实施起来可能还要仔细斟酌。[①]

2013年《厦门经济特区城市管理相对集中行使行政处罚权规定》于2013年1月1日起实施，新规定扩大了城市管理行政执法部门的职权，将乡村纳入城管执法部门职权管理范围，同时将城市规划行政处罚权调整为城乡规划行政处罚权，使行政处罚权范围扩大到乡村。新规定施行后，2013年其新增的非法占地违法建设行为，未取得《建设工程规划许可证》《乡村建设规划许可证》或者未按照上述规定擅自新建建筑物的，都将由城市管理行政执法部门实施行政处罚权。该规定将乡村违建纳入城管行政权处罚范围。同样，2013年1月1日起《海南省查处违法建筑若干规定》正式实施，标志着海南省拆除违法建筑工作有了更明确更严格的法规。该规定明确规定，省人民政府城乡规划主管部门负责全省查处违法建筑工作。市、县（区）、自治县人民政府统一领导和组织本行政区域内的查处违法建筑工作，建立健全查处违法建筑工作责任制和行政问责制。市县区人民政府城乡规划主管部门、城市管理综合行政执法机关按照各自职责，负责查处城镇违法建筑。行政人民政府负责查处乡村违法建筑。这些规定均是以《中华人民共和国城乡规划法》以及《村庄和集镇规划建设管理条例》等为基础，结合本省的具体情况制定的。

**3. 贵州省的情况**

2010年1月1日《贵州省城乡规划条例》开始实施，这应该是贵州省内关于违建拆迁规定中法律位阶最高的规定。其中涉及"违建"的规定有：第34条，在乡、村寨规划区内进行农村村民住宅建设的，应当向村民委员会提

---

[①] 中国房地产网，http：//www.china-crb.cn/resource.jsp？id=8443，访问时间：2013年9月10日。

出建房申请，报乡、镇人民政府审核，城市、县人民政府城乡规划主管部门核发乡村建设规划许可证。乡村建设规划许可证自核发之日起2年内未取得用地批准文件的，乡村建设规划许可证自行失效。第40条，城市规划区内的临时用地和临时建设，不得影响城市、镇的规划实施。规划区内的建设单位或者个人临时建设使用土地的，应当向城乡规划主管部门申请办理临时用地规划许可证；临时建设应当经城乡规划主管部门审查批准，取得临时建设工程规划许可证，临时建筑物、构筑物不得改变为永久性建筑。临时用地和临时建设的使用期限一般不超过2年，并挂牌公示，批准期限届满之日前，应当自行拆除。第51条，未取得建设工程规划许可证或者未按照建设工程规划许可证的规定进行建设的，由县级以上人民政府城乡规划主管部门责令停止建设；尚可采取改正措施消除对规划实施影响的，限期改正，处建设工程造价5%以上10%以下的罚款；无法采取改正措施消除影响的，限期拆除，不能拆除的，没收实物或者违法收入，并可以处建设工程造价10%以下的罚款。第54条，建设单位或者个人有下列行为之一的，由所在地城市、县人民政府城乡规划主管部门责令限期拆除，可以处以临时建设工程造价1倍以下的罚款；建设单位和个人逾期未拆除的，依法强制拆除：①未经批准进行临时建设的；②未按照批准内容进行临时建设的；③临时建筑物，构筑物超过批准期限不拆除的。

贵阳市关于整治违章建筑的政策法规较多，主要列举如下。

（1）《贵阳市城乡规划监察管理规定》贵阳市人民政府令（第19号）已于2013年3月1日起施行。其中第21条规定，未取得建设工程规划许可证或者未按照建设工程规划许可证的规定进行建设的，责令停止建设；尚可采取改正措施消除对规划实施影响的，限期改正，处建设工程造价5%以上10%以下的罚款；无法采取改正措施消除影响的，限期拆除，不能拆除的，依法没收实物或者违法收入，可以并处建设工程造价10%以下的罚款。在乡、村庄规划区内未依法取得乡村建设规划许可证或者未按照乡村建设规划许可证的规定进行建设的，由乡（镇）人民政府责令停止建设、限期改正；逾期不改正的，可以拆除。

（2）《关于开展依法严厉打击违法违章建筑行为专项整治行动的通告》(2013年5月18日）。该《通告》规定：任何单位或者个人未取得规划、国土、建设等部门行政许可,擅自建设的建筑物和构筑物,将均属于违法违章建筑。

(3)《控违拆违工作考核和问责办法》(暂行)(2013年5月27日)。《办法》明确对各区(市、县)、市直部门控违拆违工作分别进行考核。控违考核将以考核期卫星图片比对结果及举报受理中心受理案件数量为参考。卫星图片比对中,若今年全年某区域内违建增长比例达5%以上或同一地点重复违建的为"失控",增长比例3%以下为"合格",1%为"良好"。拆违考核以年度拆除目标为依据,以考核期拆除面积为参考。考核实行100分制,通过听取汇报、审查报告、实地检查、查看卫星图片资料等方式,每半月考核通报一次,凡在半月考核通报中连续3次排名末位,或本辖区1周内发生违法违章建筑3起且1月内累计发生超过10起的,在全市通报批评;半月内考核通报连续排名末位5次及以上,或1月内发生违法违章建筑15起及以上,或控违工作失控的,视情况对主要领导、分管领导进行诫勉谈话、组织调整。年度集中考核结果将纳入全市综合目标绩效考核。

(4)《贵阳市依法严厉打击违法违章建设行为专项整治行动方案》(2013年5月30日)。《行动方案》明确从2013年5月起至2014年5月,在全市范围内集中开展严厉打击违法违章建设行为专项整治行动,通过"拆除一批违法违章建筑、查处一批违法建设案件、追究一批违纪干部、清除一批不法拆迁中介、严惩一批不法分子",实现全市新建违法违章建筑"零增长",存量违法违章建筑大幅减少。为依法严打违建行为,贵阳市将实施违法建设行为抄告制度。凡存在违法建设的单位和个人将被限制办理各类登记、许可、年检等手续。无论是中介机构、施工单位和人员,只要参与违法违章建设、违法装修行为,将被重罚并列入"黑名单",禁止在贵阳市范围内进行开发建设。该市还将取消租用违建房进行营业的经营户的工商执照。

(5)2013年8月30日,贵阳市政府出台了《贵阳市制止和查处违法建设规定》,该规定将从2013年10月1日起施行。

(6)乌委办通字〔2012〕26号文件关于印发《乌当区严厉打击违法建设行为专项行动工作方案的通知》。2013年如此紧密地制定相关政策,旨在加快贵阳市乃至贵州省的城镇化建设步伐。

(7)黔东南州麻江县2013年制定并印发了《城乡规划建设协理员制度》

《城乡居民建房规划管理办法》《违法用地和违法建设处置方案》，明确了各时段以及各种违法情形处置标准，停止"罚款办证"方式，采取"评估补差"处置办法。同时，采取乡镇、县直各部门与县人民政府签订责任状方式，签订包保责任书4494份，落实责任主体，推进"两违"工作开展。遵义印发了《进一步加强城市环境综合整治的通知》，组建专职违法建设巡查队伍，合理划分责任区域，实行零报告制度，2012年，累计投入整治违法建设行动经费110余万元，加大整治违法建设行为的宣传和查处力度。另外，遵义市的绥阳县、湄潭县、桐梓县等也纷纷加大了打击违建的力度。

以上规定中存有法律用语不一致而导致的不严谨性问题。如有的称"严厉打击违法违章建筑行为"，有的称"严厉打击违法违章建设行为"，使得严厉打击行为具有不严肃性、不严谨性。

## 二 贵州省城中村改造中存在的违建相关法律问题分析

### （一）认定违建的主体资格性问题

哪些部门可以做出违建认定？在实际的操作过程中，不排除不具有认定资格的主体对违建进行认定或是干预。政府部门在制定相关的专项工作规划时，需要明确自己的权利范围。"拆违"这样一种行政处罚行为是受《行政处罚法》相关规定限制的。涉及"拆违"的每一个环节都要考虑其合法性。违建的拆除问题一般涉及两个部分，前一部分是对违建的认定，即基础法律行为，只有这个行为合法了，其后面做出的行政强制拆除行为才有可能是合法的，也才具有可执行性，否则会面临无法执行或是执行后要求索赔的情形。

目前，关于违建的实体性质的法律规定主要散见于《城乡规划法》《土地管理法》以及各地颁布的地方性法规和规章，这些规定对违法建筑的认定、处理和执行问题有一定的涉及。就目前的情况来看，主要是三类部门有权做出违建认定的决定。一是根据《城乡规划法》的规定，拥有城乡规划管理职权的是各级政府城乡规划主管部门,有权做出限期拆违决定的行政机关包括县级以上地方人民政府城乡规划主管部门以及乡、镇人民政府。据此可以看出,既然有权做出限期拆违决定也就说明其具有认定违建的主体资格。二是根据《土地管理法》规定,县级以上人民政府土地行政主管部门。三是地方性法规或是规章做出特别规定赋予相关部门这些权利。如《贵阳市制止和查处违法建设规定》第3条规定,制止和查处违法建设坚持属地管理,谁主管谁负责、部门执法与群众参与相结合的原则,实行源头控制、全面查处、重点整治、协作配合的工作机制。从这一规定可以看出,它强调的是属地管理,及违法建筑物地处哪个行政主管部门的管辖范围内,就由哪个部门来负责查处。该《规定》第9条规定"城市市容和环境卫生行政主管部门或者市政设施行政主管部门,发现违法建设行为的,及时核查、认定……",此条款又赋予了城市市容和环境卫生行政主管部门或者市政设施行政主管部门对违建进行认定的权利。又如《上海市城市管理相对集中行政处罚权暂行办法》则直接将拆违列为城管执法部门行使处罚权的职责范围之一。

### (二)违建权属问题

目前就我国关于物权规定的最专业法律规范《物权法》来看,其并不承认违法建筑能设立物权。但在现实生活中,对违法建筑确有实实在在的占有情况。城中村的许多违法建筑由来已久,已经成为一个历史难题,任何解决方案都很难一蹴而就,立马见效。对违法建筑法律属性的正确认识有利于解决违法建筑是否应该赔偿以及如何赔偿的问题。本课题组认为,进行违法建筑建设的人不具有违建的所有权。因为《物权法》对所有权的规定非常严格,应该是毫无瑕疵的。而违法建筑的前提就是其违反了相关法律法规的规定,其本身具有瑕疵,所以才被归为违法违章建筑的。因此从《物权法》的规定来看,所有权是得不到承认的。但是不具有所有权并不代表它不具有其中的某一项权能。从实践来看,由于行政部门的原因没能完善相关手续但现实中又合理地长期存在的违法违章建筑,其主人长期实际占有,那么我们就应该承认其对违法建筑的占有权。这种占有并没有违背公共利益和城市规划,可能仅仅是没有取得合法有效的证件。

采访渔安、安井片区时，被安置的农民提出，一是房屋确权证书一直没有发放下来，政府是按户头来进行安置补偿，平均每户可以获得240平方米的住房补偿，这是住房面积的赔偿也就是关于土地部分的赔偿；二是房屋建筑及装修赔偿，建筑面积每平方米853元，如果是2006年后建的，则按照每平方米453元进行现金赔偿。这其中又存在一个装修赔偿问题。很多村民抢着装修，因为现在我们看见的大量玻璃窗户，铝合金护栏以及质廉价低的防盗门，都会获得较高的装修补偿。调查中我们了解到，在一些村民家中的地上平铺着地板砖，但是这些地板砖并没有用水泥黏上，只是"平放"在地上而已，这也要算在装修赔偿款内，当然赔偿款也是远远高出地砖自身的价格。同时周边尚未拆除的已属规划内拆迁的农民房屋，依然出现了违规加层的情况。违规加层在城中村违建中属于比较典型的情况。前面已经提到过，先前的农民已经从加层违建中尝到了甜头：不管有没有房屋产权证，拆迁时都有补偿，只不过比具有产权证的要少些，受利益的驱使，待拆迁城中村或是城郊结合部的农民大肆建房以谋取私利。

由于以前农村房屋确权工作的进度没有跟上，早期在对农民进行征收补偿的过程中，除了按户给予一定面积的赔偿外，对于每平方米的实际面积还给予了补偿，还有装修补偿款。在征收执行过程中不排除违法违规行为，在面积的认定上不严谨，一些村干部甚至为了一己私利而带头违建，混得过去则发财，混不过去则拆，对自己没有什么损失。于是村民纷纷效仿，以至于违建之风一度盛行，越演越烈，是时候解决历史遗留问题了。而最有效的办法就是制度跟上，执法跟上。

### （三）违建拆除的法律性质及违建拆除程序问题分析

关于城中村违建最为关键的问题，本课题组认为在于两点，如果能把握好这两点，则关于违建拆迁的许多纠纷都可以迎刃而解。其一是前面提到的关于违建的认定问题，此处不再赘述。其二是关于违建的拆迁程序问题。即一个实体问题一个程序问题。如果在这两方面能够做到有法可依，有法必依，执法必严，那么违建拆迁纠纷问题将会得到极大的解决。

关于违建的拆除程序问题，我们还需要暂时回到法律理论方面进行简单的回顾。对于政府违建拆除行为的法律性质我们需要一个正确的认识。2012年1月1日起施行《中华人民共和国行政强制法》。该法第44条规定,对于违法的建筑物、构筑物、设施等需要强制拆除的,应当由行政机关予以公告,限期当事人自行拆除。当事人在法定期限内不申请行政复议或者提起行政诉讼,又不拆除的,行政机关可以依法强制拆除。《行政强制法》没有明确规定对于正在建设施工中的违建如何处理,但是根据该法第2条、第34条及53条的规定,可以看出,对于正在建设中的违建的拆除程序应该是,行政机关可以做出限期停工拆除的决定,如果当事人在期限内不履行该决定,则有执法权的行政机关可以立即拆除,《行政强制法》第34条规定:行政机关依法做出行政决定后,当事人在行政机关决定的期限内不履行义务的,具有行政强制执行权的行政机关依照本章规定强制执行。没有行政强制执行权的机关,根据《行政强制法》第53条规定,当事人在法定期限内不申请行政复议或者提起行政诉讼,又不履行行政决定的,没有行政强制执行权的行政机关可以自期限届满之日起三个月内,依照本章规定申请人民法院强制执行。

在此需要强调的一点是,强制拆除行为的前提条件是对违建已经做出了限期拆除的决定,在此基础上,既没有履行拆除义务,又没有提出行政复议或是法院诉讼等异议行为的,到期相关行政机关即可按照本法的规定进入拆除程序。

### (四)违建的拆迁补偿问题

对于违建到底应不应该给予经济补偿一直都有不同观点。

支持赔偿的一方认为,应根据违建的情况区别对待。说到底还是一个程序违法和实体违法的问题。如果属于可以通过程序辅政得以补救的违建,那么通过一定的程序给予补偿是应该的。从社会和谐角度来看,这样的观点是值得支持的。现实生活中,许多城中村的违建已经成为其家庭成员长期居住的地方,因为经济原因,户主的确没有能力购买房产,但总不至于住到街边吧,为解决实际困难,在二十年前开始陆陆续续地进行建设,要么手续不全,要么因时间推移政策过时作废等原因,无法变身为合法建筑,从特征上看的确属于违法建筑。对于这种情况,如果采取一刀切的办法,统统限期拆除,进行强拆,且不予任何经济补偿,相反按规定还要被拆迁人负担拆迁费用。这种行为虽然符合了法规,却造成了新的社会不稳定因素和社会矛盾。因此,在进行实际操作时,一线人员一定要把握政策的内涵,有关行政部门的领导也要吃透精神,另外我们制定的涉及违建的规定最好是能顾及到这些方面,对违建应视情况而定。该给予拆迁方补偿的一定要补偿。持反对意见的一方则认为,既然是违建,而且法规明确规定属于违建的一律不予赔偿。《民法通则》规定:"公民的合法财产受到法律保护,财产权的取得应符合法律规定。"违法建筑本身性质违法,不应受到法律保护,也不存在救济。《物权法》第30条规定:"因合法建造、拆除房屋等事实行为设立或者消灭物权的,自事实行为成立时发生效力。"可见只有合法的建筑行为才能设立物权,违法建筑并没有物权,因此也不应存有相应的救济和补偿。在实践中,如果不按照法规执行,而一味地讲人情,则违建者很可能利用这种心理继续进行违建,双方在此过程中进行的是一种心理素质的博弈,所谓"心理素质强"的一方往往能够胜出。但这样的后果就是政府的法律和政策起不到应有的作用,广州市在城中村违建的拆迁补偿方面的经历或许值得我们参考。①

2012年初贵阳市政府就发布通告,贵阳市、区有关部门将依法对现有的

---

① 在城中村违法建筑管理方面,2001年广州市就颁布了《广州市违法建筑查处条例》,规定了在市辖区范围内,适用该条例对违法建筑进行查处,可见这是一种地域管辖权。而2011年11月18日市政府发布了《关于严查严控违法建设的通告》,规定各区(县级市)人民政府全面负责辖区内违法建设的查控工作,依法处理违法建设,这些规定虽然加大了对违法建筑惩处的力度,但是由于城中村内部管理混乱,执法力度不够,违法建筑查处难度大等原因,再加上趁着城中村改造的机会,村民违法加建、改建的现象屡见不鲜,违法建筑问题严重。2011年8月《关于印发〈进一步规范称哈宗村改造有关程序〉(试行)的通知》和《关于印发〈广州"城中村"改造成本核算指引〉(试行)的通知》出台前,在实际操作中,为保证改造的顺利进行,缓和社会矛盾,政府对违建拆迁的补偿采取两种方式,一是按照原面积予以补偿,这种方式虽然满足了村民的要求,但违反了《城市房屋征收管理条例》和《国有土地上房屋征收与补偿条例》中提到的违法建筑一律不予补偿的规定,并不值得提倡。另一种方式则是补偿建筑材料成本,政府采取的方法是对违法建筑本身不予补偿,但是对于违法建筑按每平方米1000元的标准给予建筑材料成本补偿。这种方式同样也不能遏制村民疯狂违建,因为这种补偿标准远远高于实际建筑成本,就难怪我们看到那些用门和不锈钢栏杆加盖起来的并不能住人的奇怪的房屋。后来,广州市又采取了以时间界限为标准的补偿方式:2007年6月30日之后建设的无合法权属证明的村民住宅一律拆除,不予补偿。这个规定倒是很明确了,但实际操作起来问题很多。为何以2007年6月30日为界,前后相差一天其经济利益就相差甚远,难免激起许多村民不满,在执行过程中很受阻挠。

违法建筑进行确权后分门别类进行查处。凡属于违法建筑的,必须立即停建并限期自行拆除,对不自行拆除的违法违规建筑,按照属地管理原则,由当地政府组织城管等部门依法拆除,依法拆除的违法违规建筑一律不予补偿,并由其承担拆除费用。① 确权,其实也是一个技术含量很高的工作。这意味着对所谓的违法建筑进行身份甄别,凡是获得合法身份证明的,则意味着财富;相反则意味着得不偿失。确权工作绝不是短时间内能完成的,过程也并非一帆风顺。对于目前确权工作进度如何,确权后能否依法执行值得期待。

根据贵阳市《关于开展依法严厉打击违法违章建筑行为专项整治行动的通告》第1条的规定:任何单位或个人未取得规划、国土、建设等部门行政许可,擅自建设的建筑物和构筑物,均属违法违章建筑。此项规定对违法违章建筑的定义是采取"凡是"主义,这种规定让对方没有任何辩解的余地,而且对实际操作不具有指导性意义。最重要的是,现实中并没有按照这种硬性规定来操作。就像调查中指出的,村民依然肆无忌惮地加盖楼房,虽然其行为完全符合该《通知》的第1条规定。这是为什么呢?因为在实际操作中政府确实对这些违建的楼房进行了赔偿,执法不严使然。这样就存在一个逻辑错误,既然被认定是违建,为何还要进行赔偿呢?既然进行了赔偿就说明不是违建了。这样的局面一方面使得政府的规定很难实施,另一方面是百姓对政府的政策规定的严肃性产生了怀疑。百姓对于政府是否会动真格感到疑惑,大家都在观望,同时大家也有一种认识误区,农民都是弱势群体,只要能闹就能获得赔偿。当然,农民之所以闹,之所以违建是另一个课题需要解决的问题,在此不做过多的讨论,我们只重在讨论违建如何拆迁的问题。

## (五)小产权房的性质认定

何为小产权房?小产权房属于违建吗?小产权房一直是颇受争议的房产。在房价居高不下,而刚性需求又在一定范围和程度内存在的情况下,许多有条件的城中村瞄准了市场需求和法规空白,在农村集体土地范围内修建商品房出售。对于急需买房而又没有经济实力的大多数老百姓来说,小产权

---

① 新华网,http://gy.focus.cn/news/2012-02-01/1745267.html,访问时间:2013年7月4日。

房无疑能解燃眉之急。但是小产权房因为用地性质的不同而不受国家承认，不受《物权法》的保护，购买了小产权房的房主无法办理产权证。而不动产所有权的最有力的证明就是产权处的登记。而从另一个角度来说，小产权房的存在无疑扰乱了全国的房地产市场，不仅造成相同地域范围内的其他房产公司的损失，对其他购房者来说也是不公平的。但是，凡是存在的东西都有它一定的合理性。小产权房之所以能够存在，也一定有它的合理之处，有它一定的市场空间。

目前，对于小产权房，国家的态度是不予承认，但是也没有采取强制措施予以拆除。对于这种搁置争议的做法，大胆的人认为生米已做成熟饭，承认只是时间问题，但是我们试想一下，如果随着时间的推移，国家予以承认了，或是有条件地承认了，后果将不堪设想。如果国家不承认，一旦日后遇上拆迁，对于小产权房应不应该补偿？按照什么标准补偿？这些问题将如何应对呢？目前贵州省内还没有大量借集体土地修建商品房予以出售的小产权房问题，但是有这样的苗头存在。在调研中发现有一些村民存在以下的行为：在城中村改造的过程中有的村民借此获得十几套房产的赔偿，不仅如此，他们还在自留地里抢建起几栋房屋，说是以后再遇上拆迁还可以得到赔偿。问他们为什么可以再建，国家为什么会承认？他们大方地说，我们可以换个方式索赔嘛，或是以村集体、村公司的财产来要求索赔。至于他们说的方式，我们实在搞不懂，这里面的道道实在太多但基本应该属于是违法违规的办法，实际操作者肯定也不愿多讲，我们也只能猜测。是不是以集体财产的名义要求赔偿，然后再进行第二次分配？然而这个所谓的集体财产，其财产权合法吗？其修建的这些建筑物是否属于违建呢？因为我们的法律法规已经很明确地规定了农民修建房屋所需要的手续，否则不予批准，而且一旦面临拆迁，立即停办一切建房手续。然而现实中，人的主观能动性远远高过法律法规的静止性。所以当面临再次拆迁时，又会是一场政府与村民的博弈，而博弈的前提和基础都是不合法的。这犹如前世埋下的地雷，如果在当时没有引爆，则会后患无穷。

在我们看来，对于尚未出现的大规模的以集体的名义修建的违建，不能听之任之，对于没有取得相关手续而修建的违建应该及时清理拆除，有时从表面现象来看是一种小产权房（在我们看来，没有取得相关手续而修建的小产权房其实也属于违建），而实际上却是不折不扣的违建，这为一线工作人员进行判断增加了难度，但是违建认定部门应该有能力把握并做出准确的判断和命令。

## 三 相关政策法律对策建议

### （一）立法规范集体土地征收制度，并制定关于违建的专门法律

2012年11月，国务院常务会议讨论通过了《中华人民共和国土地管理法修正案（草案）》，对农民集体所有土地征收补偿制度做了修改，会议决定将草案提请全国人大常委会审议。希望能够尽快出台关于农村集体土地征收的条例，对违法违章建筑的概念，谁有权对之调查认定，谁有权进行强拆以及强拆的程序性要求等进行界定，避免因此引发社会不稳定。

因为违建的概念定义对于违建的认定行为影响巨大，违建的定义不能散见于各种地方性规范之中。长远目标是制定一部"违章违法建筑处理法"，以体现对违建处理的严肃性，更好地保障人权。但各地各个时期的违建情况不同，处理的方式也不一样，要因地、因时而异，对于行政权的自由裁量依赖性强，建议由国务院尽快制定"违章违法建筑处理条例"，在此条例的基础上，各地方政府可以作为参考范本，在不违反上位法规定的前提下制定符合各省省情的地方违法违章建筑处理条例。内容至少包括：总体原则、违建的界定、构成要件、认定体系、处罚方式、处罚程序、执行主体、监管机制、监管措施、部门协调及民事、行政、刑事责任等。此外，建议将违建的处理任务交由各地方规划部门管理而不是由地方政府负担，这样有利于常态化监管。对此，我们可以参考省外甚至国外的经验。

香港在1997年回归时，香港的违建数量庞大且楼龄偏大。香港政府采取了刚柔相济的手段，有效解决了违法建筑拆迁问题。在刚的方面，香港政府在《城市规划条例》和《建筑物条例》中对违法建筑的处罚均有规定，如果不遵照法律执行，即属犯罪。如果是第一次定罪，处罚款50万港币，如属第二次

定罪或其后每次定罪，处罚款100万港币。在柔的方面，政府在拆除时给予业主充足的时间自行拆除，并在拆除过程中为业主提供必要的人力和财力支援。另外，政府以任何人都不会因为清拆而导致无家可归为宗旨，屋宇署和房屋署、社会福利署和民政事务总署做出安排，为清拆受影响人提供租住公务或中转房屋并提供社会保障援助，并有专业团队提供咨询等，对违法建筑拆除实行人性化管理。而美国对违建的处理则更注重从根源上杜绝违法建筑的出现。1997年颁布并每三年更新一次的《国际建筑条例》是全美通用的建筑条例。其中规定：户主在房屋动工之前必须上报房屋规划及各项关键数据，通过相关部门审核后取得建筑许可证，其中各项参数必须符合当地相关法律法规的要求。① 其实如前所述，我国关于违建的地方性规章有很多，但就是没有一个权威统一的效力较高的法律。

对于以后将要开展的农村民房建筑，应该有一个统一的规划和布局，规定农房的住房标准，如外观、楼距、层数、高度、面积和结构等关键数据加以严格规定。另外，在房屋建设过程中进行监督，防止违法加建、改建的情况出现。同时对违建的行为要加大处罚力度，起到一定的震慑作用。

北京大学法学院教授，著名的行政法专家姜明安曾撰文"违建应该区别对待的10种情形"。对于程序违建和实质违建要区别对待，对于程序违法的违建只需敦促其补办相关手续以完善建筑物的程序瑕疵。因此，针对违建涉及的相关法律问题做一个较为权威的界定，对于实践中拆违人员有法可依，被拆者有法必依、违法必究，政府部门执法必严显得尤为重要。对违建行为进行正式的立法规定，从而树立违建属于违法行为这样一种观念，轻者被追究民事或行政责任，重者则会被追究刑事责任。就如规定"酒驾入刑"一样，让"喝酒不开车，开车不喝酒"成为人们的一种生活习惯，一种非常自律的行为，违建的情况也是一样。当然在实践中，在改造前应对城中村村内的村民建房与非村民建房、经批准建房和超标建房等进行区别造册登记，并根据当地的实际情况，基于公平合理的原则给予适当的经济补偿，这样以保障城中村违建拆迁的顺利进行。

---

① 李斯哲：《城中村违法建筑的拆迁补偿初探》，《城市观察》2012年第4期。

## （二）清镇市经验

清镇市采取有效措施，实行综合整治，强化打击防范，进一步遏制违法建设，确保规划区域、重点工程、重大项目建设顺利实施。据了解，该市组织各乡（镇、社区）、包村单位及村（居），对修建的违法建筑进行调查摸底、登记造册，建立台账、分类整治。对在建或新建，以及存在严重安全隐患的违法建筑，该市下达停工通知书，要求其限时自行拆除。对于规划控制范围及重点工程、重大项目范围内的新增的违法建筑，以及暴力阻碍正常拆除违法建筑物的行为人，清镇市将其列入先期查办和打击对象。同时，该市建立了举报机制，从源头上防范新违建产生。①

## （三）避免法规间的冲突

由于违建的查处和拆迁是一个比较敏感的社会问题，因此政府在出台相关政策法规或部门通知等规范性文件时要慎重。广东省2011年《违法建设查处条例（修订草案）》就与公安部2011年3月下发的《2011年公安机关党风廉政建设和反腐败工作意见》"撞车"了。广东省的《条例》规定，公安机关应当协助城市管理综合执法机关通过合法建筑物、构筑物进入违法建筑现场或者强制拆除违法建设，维护查处违法建设执法秩序。而公安部的《意见》明确规定，严禁公安民警参与征地拆迁等非警务活动，对随意动用警力参与强制拆迁造成严重后果的，严肃追究相关人员的责任。在公安部的意见出台以前，曾有多个城市在其违法建筑查处条例中提到需要公安部门配合。贵阳市2011年实施的《贵阳市城市管理行政执法办法》第5条第2款也规定：对以暴力、威胁方法阻碍集中行使行政处罚权的执法人员依法执行职务的行为，公安机关应当依法及时处理，甚至依法追究其刑事责任，不得作为民事纠纷处理。这个《办法》是2010年10月11日由贵阳市人民政府常务会议通过的，应该在公安部颁布《意见》之前，因此，这项规定也是违反了公安部的《意见》的。

---

① 贵阳新闻网，发布时间：2013年6月3日。

警察的职责是制止违法和犯罪活动，如果介入强拆，很可能会加大警民矛盾。一直以来，强制拆除违建都是地方政府最为头疼的事情之一，渔安、安井片区在进行违建拆迁的过程中就常常出现大量身着制服的警察，还有医务人员和救护车等待一旁。这种架势显然是在告诉路人，这里或将有暴力伤害事件发生。本来的目的是防止出现暴力冲突而进行及时的救治，但也给出了另外的信息，即违建拆迁是很危险的事情，弄不好是要出人命的。

### （四）依法办事，提高拆违队伍的素质

这里的拆违队伍是一个广义的概念，他不仅指一线工作人员，还包括违建的认定机构，违建案件的受理机构，可以说凡是与拆违有关的政府机构都应该囊括其中。对于拆违队伍的素质问题，需要注意两方面，一个是业务素质，另一个就是政治素质。为什么违建屡禁不止？除了村民胆大以外，监管方面的"漏洞"或许是更主要的原因。从贵阳市中级人民法院判决的案件材料中，我们了解到：原贵阳市城市综合执法局金阳分局工作人员高庆，在金阳分局执法一科工作期间，2010年11月4日起至案发前负责贵阳市金阳新区小箐村、二铺村的拆控违及违章建筑查处工作。2011年初至2011年2月，高庆利用职务之便，收取违章建筑户好处费共计人民币4万元，经高庆"协调"，多处违法建筑未被拆除，至案发后，违法建筑才未继续修建。违建是有利可图的行为，所以人们不仅以身试法，甚至以生命为代价也在所不惜。所以，违建拆迁人员的综合素质要求是相当高的。

另外，加大对城管等执法部门人员的相关法律法规知识培训，使之在拆迁过程中能够做到以理服人，而不是在面对激动的被拆迁人时也失去理智。2012年8月，云岩区城市综合执法大队接到群众举报，反映有人非法买卖土地修建整体三层、局部四层的房屋，共570平方米。经过调查核实，该建筑未办理规划、土地等许可手续，属于违法建筑。早在2008年和2009年，执法队员曾多次对该违法建筑进行强拆，但是房屋被拆后，当事人并没有停止建设，反而抢工并装修入住。执法大队领导和队员多次进行劝说均被拒绝。后贵阳市城市综合执法支队云岩分队汇通区公安局、区保安公司、区司法局、区物价局、区医院等部门出动执法人员600余人，民工80人，动用

大型挖掘机1台,依法对该违建予以强制拆除,拆除面积约570平方米。这是自贵阳市发布《关于开展依法严厉打击违法违章建筑行为专项整治行动的通告》以来,第一次在对违建进行强制拆除的同时,并处罚款,并要求当事人承担违法建筑拆除费用的案例。此次拆除费用高达7.7万元,违建罚款2.85万元。相关负责人表示,从即日起,对违法建设单位(个人)不履行自拆义务的,都将依据《中华人民共和国城乡规划法》和前述《通告》拆除,并对违法建设者一律给予处罚,收取违法建筑拆除费用,依据《行政强制法》相关规定一律申请人民法院强制执行。对此我们可以看到政府违建拆迁的态度坚决。能不能顺利拆除违建建筑,工作人员的业务水平也是一个重要因素。

但不管如何,这些都需要以国家政府作为强有力的后盾,只有国家在政策法规方面完善了,一线工作人员的拆违行为才能理直气壮。

### (五)出台《贵州省农村地区规划实施管理规定》

对农民建房的程序,房屋自身的硬件条件,如层高、楼层数、地基参数等,农房的确权登记效力等做出详细规定。一定要确权,就像城市的房屋一样,严格按照产权证登记的内容来处理。

### (六)完善相关法规政策规定

如制定《贵阳市制止和查处违法建设规定》,虽然是最新出台的政策,但是其中有些规定不是很完善,如对于违建的区别对待问题等,因此需要不断完善。

### (七)建议制定较为规范的拆迁程序规定

除了文字规定以外,建议制定条款式的文书。根据《行政诉讼法》《行政强制法》等规定,对于违建的认定及拆除问题从合法性的角度来看,需要从执行机关是否需要具备法定职责、适用法律是否正确、证据是否确凿、程序是否合法等方面进行考量。对于强拆前的公告内容应该具体而翔实,应该载明:履行义务人的姓名或者名称、准确地址;强制拆迁的理由和依据(包括具体的适用法律法规或是规章规定);强制拆迁所需费用的负担;强制拆迁的方式和时间;履行义务人申请行政复议或是提起行政诉讼的途径和期限;强制拆迁主体的名称、印章和日期等。

### (八)其他原则

在拆迁(除)过程中应注意的一些原则。如《行政强制法》设置了行政诉讼不停止执行原则的例外,即在诉讼过程中,行政行为是可以不受此影响而继续执行的,但涉及违建拆除的时候,《行政强制法》却给出了例外规定。被执行人在行使行政复议权和提起行政诉讼时,正在进行的强制拆迁(除)行为必须停止。这也是最大限度保护被执行人权利的一种体现。《行政强制法》第43条规定,行政机关不得在夜间或者法定节假日实施行政强制执行,但是,情况紧急的除外。不得对居民生活采取停止供水、供电、供热、供燃气等方式迫使当事人履行相关行政决定。这是对违建周边地区居民生活权利的一种最大限度的保护。

## 结　语

本课题一直围绕"违建"问题展开法律层面的讨论分析。从中发现,对于违建存在一个内在的逻辑关系。首先,对违建的认定问题,这是一个决定全局命运的关键,一旦对违建的认定进行了分类,那么以后的所有路径都不一样了,涉及违建拆迁、赔偿等一系列问题。本课题组一致认为,对违建的认定应该分情况对待,而目前就贵州省、贵阳市等政府颁发的相关文件来看,似乎这方面强调得不够。多数文件体现的是坚决打击违建的决心,但是具体到实务部门操作的时候,又会遇到很多实际问题,实务部门的困惑在于,既要完成上级下达的任务,又要不刺激大部分被拆迁人的情绪,如何使工作能够稳步推进,如何能有一个比较全面具体的操作流程以确保第一线工作人员有理有据且高效合法地完成预定任务。因此我们需要逐渐将历史遗留问题解决掉,并最终形成一套系统的违建拆迁工作指导。

附程序图:

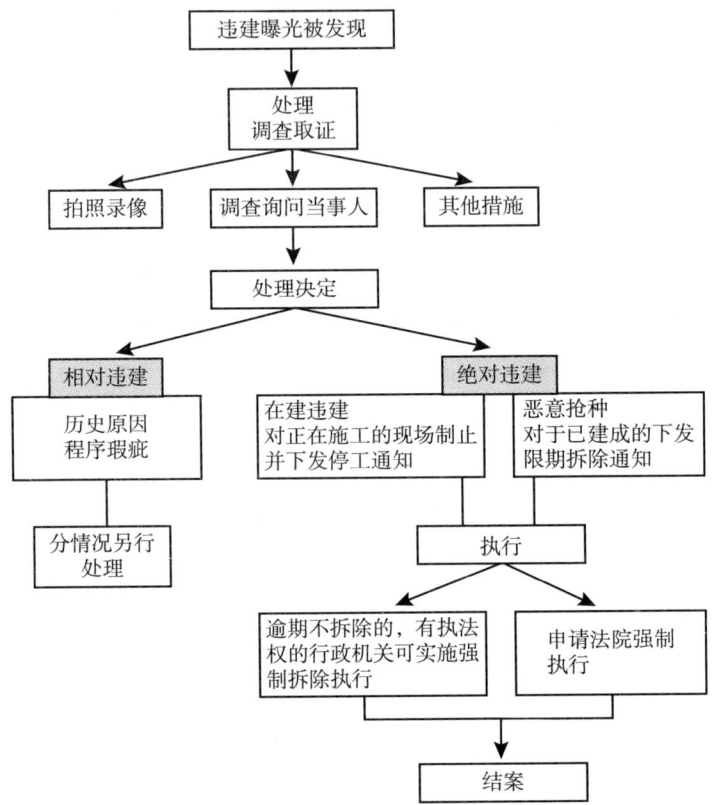

图　违建拆迁工作指导程序

# B.9 贵州白酒产业发展中的法律政策研究

任永强*

**摘　要：** 白酒产业是贵州省的优势产业，本文从全国白酒产业发展的趋势和发展模式及白酒市场需求出发，针对贵州白酒产业发展的实际需要，分析贵州白酒产业发展所需的法律政策体系及其相应机制存在的问题，并在此基础上提出完善贵州白酒产业法律政策及其机制的对策建议。

**关键词：** 贵州白酒产业　法律政策　对策建议

贵州白酒产业，是贵州的优势产业，要让贵州这一产业优势转化为经济优势，并且可持续发展，就要求我们在注意相关技术开发、市场营销等事项的同时，发挥相关法律政策在产业发展中的规范和激励作用，从而构建起全方位的、立体的能促进和保障贵州白酒产业健康和可持续发展的法律政策体系及相应的制度体系。只有这样才能确保贵州白酒产业的健康、稳定、可持续发展。而目前，国内外发表的有关贵州白酒产业发展与相关法律政策关系的文章并不多，没有专门进行系统性、对应性的研究的机构和人员，相关文章大多数只是从贵州茅台酒知识产权法律保护的单一视角去说，并没有从贵州白酒产业发展所需要的对应的法律政策体系及相应的制度体系去进行全方位的、系统的、对应的研究。因而导致贵州白酒产业发展面临着法律政策体系支撑不足，法律保

---

* 任永强，贵州省社会科学院法律研究所副研究员。

障等相关机制不到位等问题。为了构建支撑贵州白酒产业发展的法律政策体系与机制，必须从全国白酒产业发展的趋势和发展模式及白酒市场需求出发，针对贵州白酒产业发展的实际需要，对贵州白酒产业发展所需的法律政策体系及其相应机制如何设计和完善，开展全方位的、对应性的研究，从而为构建贵州白酒产业发展所需的法律政策体系及机制，提供决策参考建议。

# 一 我国及贵州白酒产业发展相关法律政策的现状、成就、问题、措施

## （一）我国白酒产业发展及相关法律政策的现状、成就、问题、措施

**1. 我国白酒产业发展的现状、成就、问题、措施**

从2002年起，中国白酒产业经历了十年黄金发展时期，从《中国行业咨询网站》反映的数据看，全国现有白酒生产企业18000家，其中四川1200家，贵州527家。经过"十一五"的高速发展，我国的白酒市场已经形成了"川黔名酒板块"、"苏酒板块"、"皖酒板块"三大板块，湘酒、鲁酒、晋酒等地方名酒发展较快，获得了一定的市场份额，2011年我国白酒产量达1025.6万千升，2012年我国白酒行业累计产量为1153.16万千升，[①] 我国白酒产业取得了长足的发展。但是我国的白酒产业由于"全国性的酿酒冲动"，也出现了比较严重的问题，主要有以下几方面。

（1）各地竞相投资白酒企业，我国白酒产业总体上存在投资过度的问题。"十一五"期间，全国各省市区都有新增白酒投资项目，仅2010年四川"酒金三角地区"的投资就超过1000亿。[②]

（2）投资范围广，投资主体多元，如海航、海尔、新河湾房地产开发公司等都纷纷投资我国白酒产业，浓香型白酒等已经出现严重的产能过剩。

（3）白酒产业结构和产品结构不合理。全国现有白酒生产企业18000家，

---

① 《2010~2012年我国白酒行业单月产量及变速变动》，中国行业咨询网，2013年2月1日。
② 《观念创新，推动白酒产业发展》，《国家名酒评论》，2012年5月10日。

年销售额过5000万元的仅为1200家左右，仅占6.67%。以山东为例，山东现有白酒生产企业194家，没有一家的销售额超过5亿元；贵州527家白酒生产企业，除了贵州茅台集团外，近520家的销售额都在5亿元以下，而这520家白酒企业近500家的销售额都在200万～3000万元。白酒生产大省四川其利润的70%属于四川五粮液集团公司，另外30%属于其他1190家生产企业，贵州茅台集团的产值占全省的73%，贵州白酒产业结构明显不合理。①

（4）低价倾销，价格竞争激烈。在18000家白酒生产企业中，很多中小酒厂由于过度价格竞争，利润极低，以四川为例，四川五粮液酒业公司就占四川白酒利润的70%，而贵州茅台股份公司的利润就占贵州白酒产业的90%，②很多中小白酒生产企业是在亏损的边缘线上挣扎。

（5）过度广告、过度包装。仅中央电视台军事频道每晚开播之前就有四条推销白酒的广告，我国的白酒包装一般占到该商品价格的10%～25%，有的甚至高达50%。

（6）侵犯名酒知识产权和违反食品安全规范的违法犯罪现象严重。假冒茅台、五粮液的侵权案件数量居高不下，同行业相互诋毁，低价倾销，开展恶性竞争，据白酒营销专家铁铧估计全国有近一万家无证生产的酒类企业在非法生产，违反《食品安全法》的事件也时有发生，如酒鬼酒的"塑化剂风波"。

针对上列问题，国家在《中国酿酒产业"十二五"发展规划》和《关于"十二五"期间加强酒类流通管理的指导意见》中提出了确保我国白酒产业健康发展的相关措施，指明了我国白酒产业发展的任务与目标。这些措施主要包括以下几方面。

一是加强标准化、信息化建设。制定白酒生产工艺标准，加强对白酒生产过程的监控，加强白酒企业的食品安全体系建设，制定符合中国白酒国际化发展的标准化体系。

二是加强知识产权保护，实施白酒品牌战略。针对我国18000多家白酒生产企业，只有几十个知名品牌，而白酒企业大部分利润都集中在知名酒业企业

---

① 《观念创新，推动白酒产业发展》，《国家名酒评论》，2012年5月10日。
② 《观念创新，推动白酒产业发展》，《国家名酒评论》，2012年5月10日。

的情况，提出要完善产业标准，加强食品安全体系及机制建设，加大科技创新，铸造一批有国际影响力和知名度的白酒民族品牌，进入世界500强。

三是加强白酒产业集群和白酒产业基地建设。我国白酒产业十多年的发展证明，白酒产业基地建设是构建产业集群的基础，即产业集群能够使我国白酒产业的资源优势转化为产业优势，产业优势能够转化为经济优势，并延伸产业链，带动相关产业和当地社会经济文化的全面发展。

四是优化我国白酒产业的产业结构。《中国酿酒产业"十二五"发展规划》明确要求优化我国的白酒产业布局，提高设立白酒生产企业的条件，通过收购、重组、兼并、入股等方式改组现有中小白酒生产企业，推动我国白酒产业向规模化和集约化方向发展。

五是加强食品安全管理。白酒是我国重要的食品品种之一，也曾多次出现食品安全事故，在《中华人民共和国食品安全法》规定了十分严格的食品安全检查监督程序和责任后，《中国酿酒产业"十二五"发展规划》和《关于"十二五"期间加强酒类流通管理的指导意见》又针对非法添加剂和加工助剂等问题做了进一步明确的规定，要求严厉打击制假贩假行为，维护我国白酒产业的行业信誉。

六是加强技术创新。既要通过技术创新提高我国白酒产品的质量，也要通过技术创新实现节能减排，促进白酒产业的循环发展。

七是加强白酒产业人才培养。白酒产业既是资金密集型企业，也是技术密集型和劳动密集型企业，所以要加强白酒生产环节、销售环节等相关环节的人才培养，要实现培养10万名酒类高科技人才的战略目标。

八是实施国际战略。我国对啤酒产品实行的是"引进来"的战略，而对我国白酒产品应实行"走出去"战略，这就要求我国白酒企业要不断实施相关技术改造，提高白酒行业的生产装备水平，生产出更高质量的产品，实现产品、技术走出去的目的。

《中国酿酒产业"十二五"发展规划》指出，到2015年我国白酒产业的总酿数量要达到960万吨，销售收入达到430亿元，生产目标明确，销售任务艰巨。

同时，前列两个文件从战略层面为我国白酒企业提出了主要任务和所要实现的战略目标及相关措施,已经为我国白酒产业的健康发展做好了顶层设计,各省区面临的问题就是如何针对顶层战略规划,制定和完善相应的制度和措施。

**2. 我国白酒产业相关法律政策体系及其基本情况**

由于白酒产业是一个消耗粮食较多的产业,新中国成立初期我国是严格控制白酒生产规模的,20世纪50~70年代,我国粮食生产不足,供应紧张,在这样的大背景下,国家严格控制白酒生产企业的数量、产量。党的十一届三中全会后,随着中央关于农业发展的几个"一号文件"的出台,我国的粮食产量增加,市场供应充足,在此情形下,国家开始放松白酒生产企业的数量和产能管制,我国的白酒产量从1980年的215万吨增加到1996年的801万吨,但由于白酒是一个消耗粮食较多的产业,仅1996年就消耗粮食2100万吨,加上当时环保水平低下,白酒企业污染严重等原因,国家仍将白酒产业列入限制发展的产业,至今没有改变,中国白酒业成为改革开放以后唯一一个以减少产能为目标的产业,国家在2011年修订的产业发展指南中仍然把酿酒业作为限制发展的产业,基于这样的决策原则,国家对相关白酒产业的功能定位是约束型定位,而非激励型定位。在这些政策和原则指导下,国家颁布了下列相应的法律政策。

(1)全国人大常委会颁布的国家层面的法律《中华人民共和国食品安全法》,这部法律既调控所有食品企业,也调控白酒产业。这是一部以保障食品安全为主要目的的法律,其调控措施更多的是采用行政监督管理为主要手段,"行政管理"特性较强的法律,它对我国白酒产业产品有全面的调控与监督管理作用。

(2)《中国轻工业"十二五"发展规划》,这是国务院通过的行政性行业发展的文件,具有法律规范的效力。它对我国白酒产业的发展有原则性的、宏观性的指导作用。

(3)《中国酿酒产业"十二五"发展规划》,是国务院发布的有关指导我国白酒产业发展的最全面、最权威的文件,具有指导我国白酒企业发展"基本法"的作用。

(4)商务部2011年12月6日《关于"十二五"期间加强酒类流通管理的指导意见》。这是有关酒类流通环节所要遵循的原则和程序的部门规章,具有很强的刚性规范作用。

（5）有关白酒税收方面的系列通知。1993年12月国家税务局文件规定，从1994年1月1日起对白酒产品征收消费税，其中粮食白酒为25%，薯类白酒为15%，而葡萄类为10%。这体现了国家用消费税引导消费需求，调整产业结构，限制产业发展的产业决策价值取向。从一定意义上讲，国家就是用高税政策限制白酒产业的发展。

（6）有关白酒广告方面的规范性通知。1998年3月财政部、国家税务总局下发了《关于粮食类白酒广告宣传费不予在税前扣除问题的通知》，不仅规定了白酒广告费不能税前扣除，而且还规定了从1999年1月起各电视台在黄金时间内，有关白酒的广告不能超过4条。不仅如此，2001年2月国家税务总局发出《关于实施〈企业所得税税前扣除办法〉的通知》，规定白酒广告宣传的额度不能超过销售额度的2%，超过部分不得在税前扣除。

## （二）贵州白酒产业及其相关法律政策的基本情况、成就、问题

**1. 贵州白酒产业及其相关法律政策的基本情况、成就**

贵州省现有白酒生产企业527家，其中遵义市320家，贵州白酒产业在十年黄金发展期内取得了长足的发展，贵州省白酒产业发展最好的时期是2011年，贵州规模以上的白酒生产企业实现产量24.66万千升，排名全国第十一，主营税费收入位居全国第二的目标，现贵州白酒工业正处于投资增加、发展增速、效益提升、八大名酒品牌重建的发展时期，白酒产业已经成为贵州省的增长产业。经过几十年的发展，尤其是在栗战书、赵克志等为主要领导的新一届贵州省委、省政府的全力推动下，规范和促进贵州白酒产业发展的法律政策体系已经基本形成，接着以赵克志、陈敏尔等为主要领导的现任贵州省委、省政府继续全力推动贵州白酒产业发展，贵州除了有全国性的法律政策《中华人民共和国食品安全法》《中国酿酒产业"十二五"发展规划》《关于"十二五"期间加强酒类商品流通管理的指导意见》外，贵州还先后制定了下列指导性很强的产业发展文件。

（1）《贵州省"十一五"轻工业发展专项规划》；

（2）《贵州省人民政府关于促进贵州白酒产业又好又快发展的指导意见》；

（3）《贵州省人民政府关于促进茅台酒厂集团公司又好又快发展的指导意见》；

（4）贵州省人民政府印发的《贵州省白酒产业振兴规划》；

（5）《关于加快贵州省白酒产业发展的意见》；

（6）《贵州省"十二五"白酒产业发展意见》；

（7）《贵州省酒类管理办法》；

（8）《关于加强贵州茅台酒知识产权保护工作的意见》；

（9）《贵州省酱香型白酒标准》；

（10）《贵州省米酒标准》；

（11）《董香型白酒标准》；

（12）《酱香型白酒国家标准》；

（13）《国务院关于进一步促进贵州经济社会又好又快发展的若干意见》（国发〔2012〕2号文件）。

除了省一级层面的法律政策外，贵州省的遵义市、铜仁市、黔东南州先后制定了各自的白酒产业发展规划或指导意见，尤其是遵义市的仁怀市、遵义县、湄潭县等地更是针对各自的实际情况制订了自己的白酒发展规划或方案。

可以说贵州在构建促进白酒产业发展的法律政策体系方面已经走在了全国的最前列，而且还代表国家制定了《酱香型白酒国家标准》，为中国白酒产业健康发展做出了很大的贡献，进一步提升了贵州白酒生产工艺水平，进一步提高了贵州白酒在全国和全世界的知名度、美誉度。

贵州现已完成指导白酒产业发展的顶层设计，贵州今后的主要精力就是按照顶层设计，完善贵州省的产业发展规划、机制和措施，让相关法律政策落地开花结果。

**2. 贵州白酒产业及相关法律政策存在的问题**

尽管贵州在制定白酒产业发展法律政策方面取得了骄人的业绩，走在了全国的前面，但是仍存在着一些不足。

一是从时间上看，这些规划、文件大多数是在2006年以后才出台的，此时我国白酒产业的黄金十年已接近尾声，这些法律政策的激励功能，未能得到超前发挥和适时发挥。这既说明贵州省存在相关法律政策引领方面的滞后现象，更凸显的是贵州严重缺乏对我国白酒产业发展有准确预见性，有全面、系统、深入研究的智囊团队。由于理论支撑不足，贵州白酒产业发展出现了问题，这使得贵州错过了白酒产业黄金十年的大部分时间，如果不是以栗战书、赵克志等为核心的新一届中共贵州省委、省政府领导及时抓住机遇，及时召开贵州白酒产业发展大会，制定了一系列激励性很强的白酒产业政策，贵州白酒产业就没有今天这样的发展成就，如果还是按照过去的思维，贵州白酒企业就只能品尝他人的残羹剩饭。此前一段时间，贵州历史上的八大名酒厂多数被外地人收购，这是贵州白酒产业发展过程中出现的惨痛教训，这说明贵州在发展白酒产业的过程中出现过严重的认识错误和决策失误。贵州应认真总结白酒产业发展中的经验和教训，虚心向四川等省区学习白酒产业发展和市场营销的经验，才能推进贵州白酒产业的健康发展和可持续发展。

二是从调控功能来看，相关法律政策存在着原则性指导很强，实操性指导较弱的情况。

三是这些文件着力点一直放在贵州省白酒的生产能力和企业规模上，而对决定贵州省白酒企业命运的关键点——市场营销指导与推进功能等明显缺失。

贵州省白酒产业发展过程中也存在着一些亟须解决的问题。

一是由于对贵州白酒产业的战略定位不明确，只是把它当成优势产业来对待，因此其应有的支柱产业地位受到认识和资金、措施支持等方面的影响和限制，影响了贵州省白酒产业的健康发展和可持续发展。同时，贵州多年来在贵州茅台集团发展和贵州白酒产业发展的关系问题上，存在着认识和决策等方面的纠结，这严重影响了贵州省白酒产业的全面发展，正如贵州省白酒行业的领导和专家龙超亚所说，我们既要让茅台集团发展得更好，也要大力发展二、三线白酒品牌企业，两者是相互促进的关系。

二是增资扩能错过最佳时机。如果我们在上一个五年计划中就能准确预见我国白酒产业的发展趋势、规模、产能、市场容量，能提前增资扩能，贵州白酒产业就会发展得更好，而贵州只是在白酒产业发展的黄金十年的最后几年才增资扩能，当贵州的这些产品出来时正遇上产品饱和期，这些产品需要在仓库里沉淀一段时间后，才能进入中国白酒产业的"白银十年"，这使得贵州白酒企业在利润回报方面受到了严重影响。

三是过去贵州省并没有从战略高度保护贵州白酒生产资源（环境、条件、工艺等），所以贵州对白酒生产所需的相关稀缺资源的保护不到位，导致贵州大量白酒以裸酒方式销到省外，据有关专家估计，贵州省每年有一万吨左右的白酒是以裸酒方式销往外省的，① 这使得贵州的资源优势未能充分地转化为经济优势，这是贵州的一大损失。

四是贵州白酒的品牌优势未能得到应有发挥。主要表现在两方面：①"贵州白酒"本身就是一块品牌，多年来，我们并没有充分地认识到这块品牌的价值，所以就没有充分地保护这块品牌，如申请"贵州白酒"原产地保护或驰名商标等，也没有用足够的时间、资金去省外宣传我们的这一品牌。②对"贵州茅台"这块金字招牌的保护和宣传不是很到位。"贵州茅台"是贵州人民的自豪，也是中国人民的骄傲，贵州全省上下要像保护自己的眼睛，爱护自己的声誉一样去爱护"贵州茅台"。近段时期，不但外省有一家白酒企业诋毁说该企业才是唯一的1915年巴拿马万国博览会白酒金奖获得者，而且贵州省一些企业也声称自己才是1915年巴拿马万国博览会金奖茅台的继承者，这些说法对"国酒茅台"产生了不好的影响。而对此类情形，贵州省有关方面并未采取有力的措施去回应，而是听之任之。

五是贵州省白酒产业结构和产品结构均不合理，产品同质化现象严重。贵州省虽有527家白酒生产厂家，但真正销售金额在5亿元以上的不超过7家，贵州白酒利润的90%来自于贵州茅台集团，这说明贵州500多家中小酒厂都在低价倾销、同质竞争、相互降价、自相残杀，贵州白酒优质不优价，这严重地破坏了贵州省白酒的价格体系和市场秩序，对贵州省白酒市场销售和应有的利润造成了严重影响。对此，应引起贵州省有关主管部门的高度重视和贵州省白酒行业的自我反省。

六是包装等相关产业不适应白酒产业发展需要，导致贵州省白酒包装滞后且雷同，也导致市场销售混乱。根据贵州省包装协会的统计，贵州省每年需要150亿元左右的白酒包装，而这么大的蛋糕主要被四川广东等外地人获得，由于

---

① 贵州茅台集团技术开发公司原书记、董事长陈孟强：《贵州白酒基酒外流现象值得关注》，《珍酒报》2013年8月15日。

定制白酒包装物的时间长、路途远,贵州白酒企业为了减少时间成本和费用成本,就在本地购买"大路货"式的包装,造成贵州白酒包装雷同,不同质量的白酒装在同一种瓶内,导致市场信息混乱,经销商和消费者对贵州白酒信任度下降。

七是市场推广能力低下,营销手段单一。由于贵州省大多数酒企都是家族式企业,也由于历史和地理条件的限制,贵州省大多数白酒企业没有市场开发的精力和能力,因此不具有主动开发市场占有市场的胆略和魄力,只好把关系营销作为市场开发的主要手段,招商方式也大多采用委托外省企业或个人为总经销、总代理的方式进行,或让有销售能力的省外企业"贴牌"销售。这几种方式都是让贵州白酒生产企业丧失市场主动权的被动方式。贵州白酒营销方式和营销人才的严重缺乏,是贵州白酒产业发展的短板,应引起贵州省委、省政府的高度重视。

八是缺乏应对外来酒品挑战的措施和能力,对省外白酒产业的发展势头和竞争力的提升缺乏应有的事前应对方略。客观地说,以外国红酒、果酒为代表的产品已经占有了贵州省的一部分酒类销售市场,而对来势汹汹的外来酒类产品,贵州白酒生产企业对其挑战性没有足够认识,更缺乏有效的应对措施。不仅如此,贵州大多数白酒生产企业并没有对省外酿酒业发展的趋势、模式、发展方略进行事前周密调查、综合判断,一切都是以得过且过的消极心态被动应对省外同行业的竞争。

九是对贵州省白酒知识产权的保护不足。贵州省除茅台集团外,普遍缺乏对包装物的外观设计和瓶贴的著作权、白酒商标权的保护机制。贵州是一个白酒生产大省,有527家酒企,而在省外有点名气的品牌企业不超过5家,即使是只有194家白酒企业的山东,也有18件中国驰名商标、78件山东省著名商标,36个山东名牌。①

## 二 完善贵州白酒产业法律政策及其机制的对策

我国白酒产业经过黄金十年后,已进入了白银十年时期,在白银十年时期

---

① 《山东省"十二五"白酒产业发展规划》。

白酒产业的销售市场和利润，虽然没有黄金十年那样好，但从总体上看，白酒产品尤其是酱香型白酒产品仍然是市场空间大、利润高、风险低的产品，我国白酒产业的发展势头不会明显减弱。这是国际投资家和企业家一致看好的产业，更是各类企业和资本（如娃哈哈集团等）纷纷投资贵州白酒产业的主要原因。所以，贵州发展白酒产业的目标一定要明确，信心一定要坚定，措施一定要到位。应全力发展贵州白酒产业，并把它作为推进贵州工业化的一个重要战略措施和主要抓手，从战略高度重视它，从具体的措施上去推进它。虽然，我国白酒产业属于国家产业发展指南所限制发展的产业之一，受国家粮食安全战略和低碳环保政策调控的风险依然存在。但由于贵州属于优质白酒的主要产区，历史上贵州人民和贵州茅台为中国革命做出过巨大的贡献，所以贵州白酒产业的发展一直得到历届党和国家领导人的高度重视和有力支持，国家可能会因粮食安全问题限制全国性的白酒产业发展，但由于贵州独特的白酒生产条件和悠久的历史，尤其是有"国发2号文件"和西部大开发政策的支持，贵州白酒产业不会受到来自中央和国家层面的政策限制，贵州可以放心大胆地发展贵州白酒产业。为了准确判断贵州省白酒产业面临的形势与挑战，抓住酱香型白酒的发展机遇，促进贵州白酒产业健康稳定可持续发展，我们提出如下建议。

### （一）准确把握我国白酒产业的发展优势，科学制定贵州白酒产业的发展规划、政策和措施

我国的白酒产业经过黄金十年发展后进入白银十年时期。从目前全国各地白酒产业发展的情况和有关专家的意见及我们的综合分析判断，我国白酒产业会向着以下趋势发展。

（1）"十二五"期间，中国白酒产业将向优质、低度、多品种、低消耗、高效益、无污染方向发展，产业向原产地高度集中，产业发展模式向规模化、集约化方向发展，厂区建设向园区化方向发展，产业发展方式向生态化、低碳环保方向发展。

（2）行业内的兼并重组、股权置换等合作模式会继续下去。从国内看，四川省五粮液集团已于2012年开始行业内的兼并重组。在贵州，仁怀市不少

的白酒生产企业已经完成重组。在江苏,洋河大曲已经整合本地企业,组成了苏酒集团。从我国白酒产业近几年的发展情况看,白酒生产企业之间的重组还在继续。不仅如此,白酒生产企业与专业的白酒营销企业之间以参股方式为主导的合作方式也在进行之中。经过这一系列重组后,我国白酒产业的竞争会更加激烈,打拼出来的名牌产品会有所增加,不少的中小白酒生产企业会破产倒闭。2001年全国合法的白酒生产企业有3.8万家,骨干企业5400家,而经过10多年的竞争,到2013年全国只有1.8万家白酒生产企业,规模企业2707家,资产规模达1千亿元的已有2家,销售额向产业巨头集中。

(3) 业外资本仍会大举进入白酒产业。由于煤炭产业和房地产产业的前景不被看好,所以煤老板、房地产开发商和其他投资者手中的大量资本,将投资到我国的白酒产业。以贵州省为例,如天津金士力集团药业公司、南方航空公司、娃哈哈集团公司等拥有巨额资本的行业外巨头已相继投资贵州白酒产业,而其他的资本也会继续进入我国的白酒产业,我国"全民开酒厂"的情形会越演越烈。

(4) 中国白酒产品将会从高档向中低档倾斜,从"名酒"向"民酒"方向发展,高端白酒将会从政务型向商务型方向发展。由于高端白酒的价值与价格失衡,已经使一些消费者理性对待高端白酒而采用简约的方式购买高端白酒,也由于限制"三公消费"高端白酒的市场份额被挤压,我国白酒产品从高端向中低档全面发展,从名酒向民酒发展的趋势已经理性地、自然地形成。这有利于我国白酒产业的健康发展,也有利于我国白酒企业的价格体系建设。尽管如此,随着我国人民物质文化生活水平的不断提高,我国商业商务活动的增加,高端白酒从政务型向商务型发展的趋势已经形成,我国高端白酒的发展势头仍不会受到太大影响。

(5) 企业链延伸度决定中国白酒的规模和利润率。中国酿酒业受中粮集团"全产业链价值战略"的启发,开创了中国酿酒业从"田间到餐桌"的发展模式,正在向着种植—加工—物流—贸易的产业链上下延伸。这种模式有以下好处。

一是能推动农业向规模化、集约化方向发展。《中国酿酒业"十二五"发展规划》明确要求充分发挥白酒产业对农业发展和新农村建设的推动作用,走一条农业—粮食—酿酒业—饲料业（肥料业）—畜牧业（饲养业）的良性发展的循环经济发展模式。这种发展模式既保证了酿酒企业有稳定的生产原料，也促进了农民的收入增加，以贵州仁怀市为例，该市农民因种高粱销售所得的收入人均达1000元。贵州酿酒产业对促进贵州农业发展起到了积极的推动作用。

二是能推动食品机械制造工业、包装材料工业、包装制造工业、物流业的发展。仅以贵州为例，贵州白酒产业每年所需采购的白酒包装产品价值为150亿元以上，对相关工业的发展起到了很大的推动作用。而西凤、洋河、稻花香等酒厂通过上游整合方式扩大了基酒的产能，而泰山特曲等通过下游整合方式，实现了销售激增，扩大了产业链的延伸，今后白酒产业的竞争实质上就是产业链优劣的竞争。

三是能推动饲料工业和种植业及养殖业的发展。酿酒的大量附属产品可以用作饲料，而这些饲料又是最受养殖业欢迎的好饲料，能很好地推进养殖业的发展，养殖业的发展又是种植有机高粱、小麦、玉米的最佳肥料，从而形成良性的循环经济发展模式。

（6）中国白酒产业受产业政策调控的概率仍然很大。从国家2011年颁布的产业发展指南可知，酿酒类仍是被国家限制大规模发展的产业，国家对酒类产品课以高税的政策短期内不可能改变。如因自然灾害导致粮食减产，国家会基于粮食安全考虑，随时启动粮食安全措施，可能会做出限制白酒生产规模的决定。

（7）我国白酒企业要随时接受"低碳、环保"政策的考验。由于大量的酒类生产企业都是以煤炭作为主要的烤酒燃料，白酒产业"高碳运行"的情况客观存在。加上白酒生产过程中会产生大量的废弃物和污水，这些情形都是环保部门高度关注和监管的行为。大量中小白酒企业可能会在现行的地方保护主义和GDP价值引导下得以苟延残喘，但随着我国执行国际公约的力度加强和国内环保执法力度的不断提升，我国不少中小型白酒企业可能会"死"在环保关卡上。如果我国大多数中小白酒企业要想生存和发展，一定要回应国际国内环保法律政策的指引和要求，逆势而行必然灭亡。只能提早准备，早日达到相关低碳环保的发展要求。

（8）同一香型白酒在市场上的竞争会更加激烈，红酒、果酒对白酒产业的

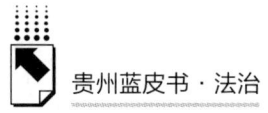

冲击更大。近年来，我国白酒行业发展中同一香型的市场竞争已经越演越烈。

一是以苏酒、湘酒、皖酒为代表的地方浓香型名酒不仅相互激烈博弈和拼杀，而且都有在局部市场上占领"五粮液"部分份额的举动和未来全面冲击五粮液市场的战略。

二是酱香型白酒生产企业之间的竞争会更加激烈。由于在全国市场上，仅占销售额5%的酱香型白酒产品占据白酒行业的利润的20%以上，贵州和四川都制定了打造千亿元酱香白酒的战略，而早在2003年浓香型鼻祖四川泸州老窖公司就与以生产酱香型白酒为主打产品的湖南省常德武陵酒业，通过股权置换方式进行合作，相互持股，其中四川泸州老窖酒业公司持有湖南常德武陵酒业公司60%的股份，2007年6月四川泸州老窖公司再持常德武陵酒业公司500万股权，从而使四川泸州老窖公司持有湖南常德武陵酒业公司80%的股份；2007年12月四川仙潭酒厂与北京万豪投资公司合资组建了四川万豪酒业公司，投资金额达3亿元，共同建造5000千升酱香型白酒基地；2009年8月，四川五粮液集团第一经销商华泽集团公司以人民币8250万元的价格收购了贵州珍酒厂，其战略目标是成为第二大酱香型白酒企业；2010年四川沱牌酒业集团公司推出了750毫升"吞之乎"酱香白酒，价格高达998元。从那时起，四川、湖南两企业通过股权合作方式分别进入了酱香型白酒市场和浓香型白酒市场，使相互的合作相得益彰。2009年9月9日湖南常德武陵酒业公司举行了盛大的酱香型白酒基地开工仪式，宣示湘酒已全面进军酱香型白酒市场。今后酱香型白酒企业之间的全方位竞争将会进入白热化阶段。从2010年开始我国酱香型白酒生产企业之间的"全面战争"已经开始，而率先进行这一挑战的是四川省，2010年2月26日时值春节期间，四川五粮液集团就邀请了我国白酒行业的最权威人士季克良、沈怡方、高月明、高景炎、曾祖训等十多位专家隆重出席了四川五粮液集团召开的酱香型白酒产品品鉴会，正式宣布四川五粮液集团经过十多年的充分准备后正式进军酱香型白酒企业。

### （二）不断完善贵州白酒产业的顶层设计

全省上下对贵州白酒产业要有一个全新地、科学地认识和定位，我们应从战略层面上把贵州白酒产业定位为贵州第一（工业）产业或支柱产业。同时我们应十分重视贵州白酒产业决策体系建设，成立贵州白酒产业发展研究咨询培训中心，不断完善贵州省白酒产业的顶层设计。

我们之所以提出这样的建议是基于以下理由。

（1）巨大的白酒需求市场与贵州优质且丰富的白酒资源，使贵州白酒产业具备能力成为贵州第一产业，贵州的白酒产量是根据我国"十二五"期间全国人口状况和白酒消费群体的情况，提出市场销售额为5000亿元的目标，这个目标是科学的。而贵州全省都具备生产优质白酒的自然条件和人才储备、市场声誉。从经济要素来看，我们有把贵州白酒产业建成第一产业的市场要素和资源要素，这是贵州省能把白酒产业建成全国最大的白酒产业的基础性条件。

（2）贵州白酒产业已经成为与贵州省矿产业、能源产业并列的三大产业，排名第三，已经是贵州的支柱产业。且贵州省白酒产业所需的糯高粱、水、人力资源等生产要素都是可再生、可持续发展的资源。在矿产储量越来越少、能源资源产能固定的情况下，贵州白酒产业的可持续发展特性必然使之成为贵州的第一大产业，它能推进贵州食品机械制造业、包装材料制造业、包装业、物流业的发展，这是不以任何人的意志为转移的发展趋势，这是贵州推进工业化的大好机遇。我们应顺势而为，随势而发，借势跨越式发展。

（3）白酒的产业特性和产品特性决定它可以成为贵州的第一大产业主要理由包括以下几方面。

一是如前所述，白酒产品所需的原料和其他生产要素都是可再生、可持续发展的，所以这个产业具备永续发展的自然条件。

二是"感性型"中国社会的历史和现实，使白酒这个精神化、情感化的商品和产业成为中外历史上最古老、能永恒发展的产业之一，它与人类同生共荣，这使白酒产业具备其生存与发展的社会条件和市场需求。

三是白酒的消费受众广。无论是中国人还是外国人，无论是老年人还是年轻人，无论是男人还是女人都有可能成为白酒产品的消费者。

四是白酒产品是最不受社会制度影响的商品。无论是社会主义社会，还是资本主义社会，无论是旧中国还是新中国，无论是在中国台湾还是在中国大陆，都需要白酒这个物化了的精神产品。

五是白酒产品受气候影响很小。其他产品受自然气候影响很大，如种植业、养殖业等。而白酒产业无论是生产环节还是销售环节,气候对其影响都不是很大,从笔者在一些市场上的调研可知,夏季白酒的销量只少于冬季的5%左右,春秋季只少于冬季的3%左右。这些数据说明白酒生产和消费是几乎不受气候影响的。

六是白酒本身固有的物理特性和品质升华特性,使贵州省酱香型的白酒不存在如其他鲜活农产品那样商品会过期、过时、霉烂变质的危险,酱香型白酒存放的时间越长越好,这些都是发展贵州省白酒产业的一些优势条件。

七是白酒产业投入少,利润高,产业关联性强,仍然是投资家认为最好的几个产业之一。它的劳动密集型特性和产品关联性,促使产业链会得到很大的延伸。

八是白酒产品是一个仓储成本、物流成本较低的产品,有利于长期存放和远距离运输。由于白酒产品不易霉烂变质和不会虫吃鼠害等特点,无论是生产环节的仓储还是销售环节的仓储,其成本和损坏都不多,这一切都有利于白酒生产和白酒产品的仓储和市场营销,能为生产者和销售者带来高额利润,能为政府带来高额税收。

九是白酒产品有刚性需求。在中国无论是喜事(如小孩出生、生日庆典、结婚、升学、开业等)还是丧事都需要使用白酒,在红、白喜事场合,这个白酒产品不是可有可无,而是必需品。

(4) 贵州属于少数民族地区,有悠久的酿酒历史和中国白酒最高品质的美誉,还有西部大开发政策,尤其是"国发2号文件"的支持,使贵州具备发展白酒产业的相关条件。

上列分析论证说明,贵州具有上帝赋予的成为中国最强白酒产区、最大白酒产业的天时地利人和要素。在如此优厚的条件面前,贵州人民一定要做好贵州白酒产业这篇大文章。因此,要继续加强贵州白酒产业决策体系建设,成立有编制的贵州白酒产业发展研究咨询培训中心,不断完善贵州白酒产业的顶层设计。

### (三)创新现有的白酒营销理念,加强贵州省白酒营销体系建设

一充分发挥贵州省驻各地办事处在宣传和销售白酒产品及贵州名优土特产品

等方面的作用,充分应用各地在黔商会的桥梁和纽带作用,帮助其建立全国性的商会联盟,如中国浙商联盟、中国湘商联盟、中国闽商联盟等,让其成为推销贵州白酒的主要商业联盟,让其组成推销贵州白酒的一张全国性的大网,从而实现贵州白酒产品的系统化和网格化经营。建议省委、省政府向全国300个以上的大中城市派出以推销白酒产品及贵州名优土特产品为目标的交流市长,让其去全国各地组织各种规模的贵州白酒产品及贵州名优土特产品展销会、去全国各地设立贵州名酒和贵州名优土特产品城或销售中心。

## (四)切实保护贵州白酒的生产环境和产业资源

优越的水质和生态环境,贵州兼具酱香型、浓香型、清香型、兼香型等多种香型的白酒资源,是贵州白酒产业得以健康、稳定、可持续发展的必备条件。我们一定要保护好贵州良好的白酒生产条件和环境,保护好相关的白酒生产资源。多香型是贵州不可多得的白酒香型资源,是其他省区可望而不可即的宝贵财富,贵州应该充分发挥这些香型资源的作用,全力推进多香型并举发展的战略,让遵义市和毕节市全力发展酱香型白酒,让安顺市和黔东南州及黔西南州全力发展浓香型白酒,让董酒集团全力发展董香型白酒,建议让黔南州和铜仁市全力发展兼香型白酒。贵州既有的白酒声誉和优越的白酒生产条件和资源,使贵州可以有效实施多香型发展战略,从而完善贵州白酒行业的产品结构和产业结构,全面推进贵州白酒产业的健康、稳定、可持续发展。

## (五)提高外省投资者和外省资本进入贵州白酒产业的门槛和条件

近十年来,外来投资者纷纷进入贵州白酒产业,贵州历史上的八大名酒厂,已大部分被外来投资者掌控,他们不仅控制了贵州白酒产业的销售环节,而且已经在局部控制贵州白酒的生产环节。十年前贵州矿产业被外省人大量兼并的情况已在贵州白酒产业重演!长此以往,贵州白酒企业的利润和白酒销售环节的税收就会流向他省。对此,我们既要有让天下人卖贵州酒的好心态,更要有让贵州白酒资源优势转化为贵州经济优势的方法和措施,在这方面我们应向山西学习,山西省用"国进民退"的方式整合山西煤炭资源,从而实现了资源优势向产业优势发展,向经济优势转化的战略目标。

## （六）充分发挥红色文化和相关文化在推进贵州白酒产业发展过程中的作用

贵州茅台与红色文化相得益彰，茅台酒喝出健康来的理念，已深入人心。贵州白酒的天然原料和自然生产工艺，体现了贵州白酒生产的道法自然，使贵州白酒与绿色文化、生态文化、健康文化能够有机结合。充分发挥文化在白酒产业发展中的作用，在白酒销售中注入特色文化内涵，才能推进贵州白酒产业的发展，提升贵州白酒产品的品质。

## （七）完善贵州产品的价格体系

贵州白酒企业众多，大多数是家族企业，在省内外市场上，各企业之间恶性竞争，竞相降价，也导致了贵州白酒产品在省外市场上价格混乱，导致贵州白酒产品优质不优价，也造成了贵州白酒企业的利润流失和国家的税收流失。建议贵州省委、省政府责成贵州省有关部门加强白酒行业协会建设，加强白酒企业之间的自律与他律，制止贵州省白酒企业之间的恶性竞争，帮助贵州省白酒企业建立现代企业制度和产品价格体系，阻止贵州白酒产品价格战的恶性蔓延，全面推动贵州相关产业发展。

## （八）全力推进贵州白酒产业的产业链延伸

所有白酒营销专家一致认为，今后中国白酒企业之间的竞争一定是白酒产业链优劣的竞争，贵州白酒产业要获得可持续发展或跨越发展，一定要在原料供给链、包装设计链、包装材料生产链、包装品生产链、物流链建设等方面形成系统的、相互配合的产业链体系，这样才能最大限度地推进贵州白酒产业的发展。

## （九）强化贵州白酒销售环节的税收征管工作

一个国家和地区的税收制度是否完善，是判断一个国家和地区领导治国理政水平的标准之一，一个地区或一个产业税收流失严重，说明这个地区或产业的税收征管机制和税收征管队伍有问题。贵州省白酒行业的产能与税收不成正比的事实说明贵州白酒行业税收流失现象客观存在,这与贵州省大力发展白酒产业,实现强国富民、增加财政收入的初衷相背离。因此,应通过设立全省性的白酒税收征管机构,定期开展专项税收治理等手段,不断完善贵州省白酒产品的税收征收机制,以确保贵州白酒税收不至于大量流失。

# B.10
# 贵州省国有企业按照《破产法》实施破产操作研究*
## ——以若干重点问题为对象

贵州省社会科学院课题组**

**摘 要：** 从《破产法》的立法精神来看，国有企业破产不能一破了之，破产不是目的而是一种手段，通过破产这种方法来最大化地盘活企业存量资产，优化产业结构，培育出更多适合市场经济发展的产业，以推动地区经济的发展。本文将重点围绕国有企业破产操作指引规则的制定展开研究，力争把该指引做得全面、详细且具可操作性，以供法院、企业以及相关单位在实施破产的操作过程中参考。

**关键词：** 贵州省 国有企业 破产法

## 引 言

国有企业是指由中央或地方政府投资兴建或参与的一类企业。按照企业股份结构的不同，可将其划分为国有独资企业、国有控股企业和国有参股企业。国有企业是贵州省经济的重要组成。2012年，省内规模以上工业增加值

---

\* 本文为贵州省国资委2012年度对外招标课题部分成果。
\*\* 课题组成员：吴大华、蔚继志、张德昌、蒋浩、朱山、王飞、吴月冠、孟庆艳、贾梦嫣、范文汛、郑淑君、蒋娜。

2055.46亿元，国有企业增加值707.85亿元，占全省规模以上工业增加值的34.4%。可以说，国企改革对贵州省扩大开放，增强经济活力具有重要意义。2013年2月，时任贵州省代省长的陈敏尔在政府工作报告中提出，应当充分发挥企业的主体作用，促进兼并重组，推动国有资本更多地投向资源深加工、装备制造、能源等重要行业和关键领域，深化国有企业产权制度改革，增强国有经济竞争力和带动力。

国有企业破产是指在充分尊重市场规律的前提下，将长期亏损、资不抵债、扭亏无望的国有企业予以关闭和停产，从而有效地增强国有经济的整体活力和竞争力。作为国企改革的一个重要方面，国有企业破产工作有其自身特点。一是国企破产具有全局性和复杂性。一方面，国企破产工作涉及股东、债权人、职工等多方主体和政府、法院等多个部门，需要在多种利益中权衡；另一方面，受历史和现实因素的影响，很多破产或濒临破产的国有企业规模大、职工人数多、资产负债数量大。破产问题一旦处理不好，极易引起上访和群体性事件。故而，国有企业破产既是一个企业经营问题，也是一个影响全局的社会问题。二是国企破产工作具有长期性和专业性。一般而言，从企业提出破产申请到程序终结，往往需要经历较长的过程。并且，随着新《破产法》及相关规定的颁布和实施，国有企业破产工作的程序性、专业性要求进一步提高。

企业破产是国有企业改革中的一剂猛药，必须慎用，但也不能不用。然而，一些经营者和监管者对相关问题的了解还有待提高。一是对破产问题认识不清，对一些长期亏损、濒临破产的企业来说，继续勉力经营不仅将损害债权人、股东的利益，也会使管理者和职工陷入进退两难的尴尬境地。但是，一些管理者、监管者和职工不愿破产、不敢破产，反而导致相关主体的利益进一步受损。二是从实际操作的角度看，一些企业思维还停留在"企业破产，政府兜底"的老模式上，阻碍了相关程序的顺利进行。

## 一 贵州省实施国有企业破产的总体情况

### （一）贵州省国有企业政策性破产情况

截至2009年，贵州省国资委监管的企业中，完成了贵阳制药厂、剑江化肥厂、贵阳耐火材料厂、贵州铁合金厂、贵州福泉军民水泥厂、中国有色进出口公司贵州公司等23家省属国有企业的政策性关闭工作。其中，军工企业10家，医药企业1家，煤炭等矿产企业4家，化工企业2家，冶金企业1家，有色金属行业3家，建材和钢铁行业各1家。从行业规模来看，除中国有色金属工业第七冶金建设公司、贵州水城煤电有限责任公司大河边煤矿、遵铁（集团）有限责任公司等企业为大型企业外，其余均为中型企业。据不完全统计，上述企业实际涉及破产人数达67534人，安置职工33022人；相关企业资产总额491590万元，负债总额632571万元，实际亏损累计431554万元。涉及资源枯竭煤矿需治理的矸石山数量33个，涉及资源枯竭其他矿山需治理的尾矿库数量34个。①

### （二）依法破产案件审理情况

2006年，贵州省政府发布《关于省属国有企业政策性关闭破产工作有关问题的通知》（黔府发〔2006〕43号），标志着贵州省国有企业政策性关闭工作进入尾声。2009年，贵阳磷酸盐厂向贵阳市中级法院提出破产申请，成为省内第一例依法实施破产的案例。截至2013年1月1日，尚无审结的国有企业破产案件案例。

## 二 贵州省国有企业破产重整的相关问题及建议

企业重整是指对已经具有破产原因或有破产原因之虞但又有再建希望的企业，在法院主持下，通过各方利害关系人的参与，并借助法律强制性地调整其利益关系，进行企业重整与债务清理，以挽救企业，避免破产。一般来说，当债务人企业具有破产原因或有破产之虞时，债务人企业、债权人和股东都有申请启动重整程序的权利。重整申请一经提出和批准，包括有担保债权人在内的所有债权人都必须停止对债务人企业的一切诉讼和要求。在此期间，法院可以选任重整人，重整人须提出重整计划，如果债权人会议表决同意或者法院批准

---

① 数据来源：贵州省政府国资委。

重整计划，企业可以在一定时期内由重整人按照重整计划继续经营，重整计划可以灵活地采用追加投资、租赁经营、整体出让、并购重组等多种方式达到挽救企业的目的，最终履行重整计划中的偿债协议，并使企业复苏。

### （一）贵州省国有企业破产重整情况

2008年，由于面临新《破产法》的实施，国有企业政策性破产转换为依法破产，贵州省加紧了政策性破产的步伐。在政策性破产中，国有企业土地使用权变现之后可以优先补偿企业职工，从而减轻职工安置的压力，破产成本相对较低；而当转入依法破产之后，这一优惠条件已经消失。2008~2010年底全省共有502家国有企业退出市场。①

在上一轮的政策性破产高潮之后，贵州省又迎来产业结构调整的新一轮浪潮，将进行国有资本布局的大调整。按照省委、省政府提出的"加速发展、加快转型、推动跨越"主基调统领实施工业强省战略的全过程，必然将推进国有资本向优势产业和企业集中，改变贵州省国有资本布局分散、集中度低的状况，在此过程中，兼并重组是进行国有资本调整的主要抓手，而破产重整则是劣势企业退出市场的重要制度设置，是实现国有资本"有进有退"的题中应有之义。

### （二）贵州省国有企业破产重整中存在的问题

**1. 重整制度规定过于原则化**

重整制度是现行《破产法》新引进的制度，大部分内容都是借鉴其他国家的相关规定而制定的。也可能正是基于此，立法者并没有大刀阔斧地对某些内容进行规定，因此对重整制度的规定也仅仅有25条②，规定过于原则化。我国对于重整制度法律条文规定得少，制度设计存在较多漏洞，不能很好地处理现代破产企业出现的一些新问题、新情况。另外，关于重整计划强制批准的问题，对于强制批准的适用条件也规定得过于原则化，并没有列举清楚，重整

---

① 不限于省国资委监管的国有企业。
② 参见《破产法》第70~94条。

程序是否通过完全由法院自由掌握，法院的自由裁量权过大。

**2. 政府定位失当**

地方政府在企业重整中既是国有资产管理者，也是公共利益维护者。但是，政府在重整中的定位均存在失当之处。在多数的企业重整中，政府均可基于国有资产管理者的地位参与重整程序。然而，地方政府对重整程序的参与应以重整公司的股东的身份参与重整，其权利限于股东在重整程序中的权利，如通过重整计划，对重整公司追加新的投资以利其重生等；能够行使出资者权利的部门应限于地方政府的国有资产管理部门，而非其公共管理部门，从而实现国有资产管理和公共管理职能的分开。而在现有的企业重整中，政府超越其所拥有的国有资产管理者地位做出大量重整决定。

**3. 破产重整案件中司法权威性不高**

一是"捷足先登"式的诉讼大战和执行大战，即债权人纷纷避开破产程序而运用民事诉讼和执行程序寻求个别清偿，从而助长了地方保护主义的蔓延和地区间的司法冲突。二是"有债不讨，欠债不还"的现象存在。讨债成本高，效果差，加上政府干预和其他体制因素，债权人面对与日俱增的债权记录，包括越来越多的不良债权束手无策。

**4. 破产重整管理人职权弱化**

在破产法的法律制度框架中，管理人是破产程序管理的核心环节。但是在破产企业重整中，管理人的组成结构却不能很好地满足其职能需求。

### （三）完善贵州省国有企业破产重整制度的建议

**1. 政府准确定位**

重整意味着对企业过去的损失的分担和未来权利义务的重新分配，各参与人应当在意思自治的基础上做出选择，同时，由司法权力保障此种选择的公平，并完成对公共利益的维护。在困境企业和多方利益博弈的重整过程中，强有力的行政权力确实能够起到推进重整的作用，但由于政府本身在重整中存在经济利益纠纷，政府参与推进的重整对于市场和经济而言未必是最好的选择。因而，政府应在更为合理的角色定位上参与重整进程，避免对重整参与方的实质权利义务的影响和对司法权力的干预。作为国有资产出资者，政府应在重整法律规定的框架内，根据国有资产出资管理的相关规定和公司内部的权利行使方式，以出资人的身份，参与重整程序。

**2. 防止债务人利用重整程序逃债**

债务人利用重整程序的关键环节通常在程序启动和重整计划的监督执行，同时由于破产程序通常是一审终审，因此，赋予债权人异议权和监督权制约债务人和法院是必要的。同时，在重整人执行计划过程中，如果有不合理低价处分财产和违法剥离资产转移到关联公司的行为，债权人可以通过破产撤销权制度撤销重整人的低价处分行为。

## 三 贵州省国有企业破产管理人制度现状、问题及完善建议

随着我国新《破产法》的施行，一项集专业化、市场化于一体的破产管理人制度应运而生。该制度取代了存在已久的清算组制度，究其原因正是其具有清算组所不具备的优越性，例如，专业性、中立性、主体性及相对独立性等。应该说，该制度的建立是日趋完善的市场经济的自觉选择，亦是顺应发展潮流，与国外破产管理人制度相衔接的必然结果。但是，由于实践经验不足及立法不完善，管理人在实务操作中存在诸多问题需要进一步研究和解决。

### （一）贵州省国有企业破产管理人的现状

**1. 贵州省破产管理人队伍的构成情况**

贵州省高级人民法院2007年公布的《贵州省高级人民法院企业破产案件管理人名册》显示，现贵州省获得破产管理人资格的社会中介机构破产管理人和个人破产管理人共119名，其中律师事务所37家、会计师事务所20家、律师48人、会计师14人。目前贵州省破产管理人机构破产管理人数量少于个人破产管理人，队伍的构成以个人居多。

**2. 破产管理人的选任**

《破产法》第24条规定："管理人可以由有关部门、机构的人员组成的清

算组或者依法设立的律师事务所、会计师事务所、破产清算事务所等社会中介机构担任。人民法院根据债务人的实际情况,可以在征询有关社会中介机构的意见后,指定该机构具备相关专业知识并取得执业资格的人员担任管理人。"据此,破产管理人的选任,是由人民法院在已取得破产管理人资格的机构及人员中指定,但具体指定的方式未予规定。目前,各地区人民法院大多采取随机方式指定破产管理人。例如,在贵州省贵阳市白云区人民法院受理的贵州五洲商贸有限公司破产一案中,破产管理人的选任系在受理案件后于人民法院网站进行公告,告知已取得破产管理人资格的机构及人员,随机采取摇号方式选任破产管理人,最后以裁定的形式正式指定该破产管理人。另外,也有少数地区的人民法院采用公开遴选竞标的方式指定破产管理人。例如,遵义中山中学破产一案中,遵义县人民法院首先公告破产信息,各破产管理人在规定时间内报名,遵义县人民法院在对报名的破产管理人资格进行审核后,由各破产管理人公开各自工作方案、报酬金额等进行竞标,最终在具备最优同等条件的破产管理人中随机抽选,指定破产管理人。

### 3. 破产管理人团队

破产程序的本质是一种概括的强制性清偿程序,即对破产人的破产财产进行接管、变价、处分并将其按法定程序公平地对每一个债权人进行分配,而前述所有事务均要由破产管理人承担和执行。

《破产法》第28条规定:"管理人经人民法院许可,可以聘用必要的工作人员。"在具体的实务操作中,破产管理人一般会根据破产企业的基本情况预判待处理事务的复杂程度及办案周期等,以此聘用必要的工作人员组成相应破产管理人团队。例如,贵州贵达律师事务所就曾受贵阳舜天会计师事务所委托,在其作为机构破产管理人的破产案件中为其提供法律服务。由于团队的规模取决于办案的工作量,故目前的破产管理人团队难免存在临时性和不稳定性。

### 4. 对破产管理人的监督

《破产法》在债权人会议的基础上,增加了债权人委员会这一监督主体。依照该法第67、68、69条的规定,债权人委员会由债权人会议选任的债权人代表和一名债务人的职工代表或者工会代表组成,并经人民法院书面决定认可。行使监督债务人财产的管理和处分、破产财产分配、召开债权人会议等权利。并有权要求破产管理人、债务人的有关人员对其职权范围内的事务作出说明或者提供有关文件。破产管理人实施涉及土地、房屋等不动产权益的转让，探矿权、采矿权、知识产权等财产权的转让，债权和有价证券的转让及履行债务人和对方当事人均未履行完毕的合同等对债权人利益有重大影响的行为时须向债权人委员会报告等。可以说新企业破产法通过债权人委员会这一新的监督主体，加强了对破产管理人行使主要职能的监督，但是目前对债权人委员会的监督范围、监督的程序和监督的效力和后果的法律规定并不具体。

**5. 破产管理人的履职环境**

（1）社会环境。

破产管理人在履行具体职能时，必然会同其他行政职能部门接触，但从总体上看，社会有关方面对《破产法》了解不足，破产管理人在履行职责过程中难免遇到很多障碍。例如，某些机关仅知道清算组而不知道管理人，破产管理人刻制印章困难，往往要通过人民法院出具证明才予办理。另外，破产管理人专用账户也无法开立，目前银行开立账户管理严格，手续复杂，且很多银行往往以没有接到人民银行的相关文件为由，拒绝为管理人开立账户，导致破产管理人的工作无法正常开展等。

（2）经济环境。

由于贵州省社会经济发展相对落后，省内国有企业、民营企业及其他混合所有制企业等经济主体总量不足，并且规模相对较小，导致破产类案件其本身数量有限，而即使破产管理人有幸办到破产类案件，也常面临破产企业"无产可破"的窘境，造成破产管理人履职困难。

（3）司法环境。

破产类案件属于特殊的诉讼案件，案件数量有限，且《破产法》实施的时间不长，大多数人民法院很少甚至从未办理过《破产法》实施后的破产类案件。人民法院对破产程序了解不足，时常导致人民法院同破产管理人的分工出现混乱，例如，该法第14条规定："人民法院应当自裁定受理破产申请之日起二十五日内通知已知债权人，并予以公告。"但在实践中人民法院经常在该告知期限快届满时仍未通知已知债权人，最后将工作交由破产管理人处理，导致该部分工作及随后整个破产程序的期限出现延迟，无形中增加了破产管理人不可控的履职负担，同时与《破产法》法定程序期限相冲突。

（4）行业环境。

目前贵州省破产管理人行业发展相对滞后，同国内经济发达地区相比，贵州省尚未成立专门的破产管理人行业委员会，整个破产管理人行业的管理处于由人民法院主导的非专业、非独立、无监督状态。

## （二）现阶段破产管理人面临的主要问题

### 1. 破产管理人队伍相对固化

贵州省破产管理人队伍自2007年《贵州省高级人民法院企业破产案件管理人名册》公布以来从未进行过调整和变化，机构破产管理人和个人破产管理人比例结构不合理，个人破产管理人数量多于机构破产管理人，不能适应破产工作团队化的需求。同时，这种固化势必排斥优胜劣汰的竞争机制，使破产管理人队伍得不到更新。

### 2. 破产管理人选任方面

目前，破产管理人选任在实践中出现了以下问题：一是法院受理审查申请时间过短，导致了大多数法院指定管理人采用轮候、摇号等随机方式，而很少采用招标、竞争择优的方式。例如《贵阳市中级人民法院破产案件管理人管理规则（试行）》第5条规定："本院指定破产案件管理人时，一般在贵阳地区的管理人名册中选定，由院外委办会同本院纪检监察室在进入名册的管理人中摇号随机选定破产案件的管理人。管理人的选定实行轮候制，已被选定为管理人的机构或个人原则上不得参加本轮中下一案的摇号，管理人名册中所有的机构或个人轮候被指定一遍后，重新启动新一轮的轮候备选"；指定清算组担任管理人普遍化，出现了"穿新鞋，走老路"的现象。二是"无产可破"案件指定管理人难，无钱可赚，社会中介机构普遍不愿担任管理人。三是指定个人担任管理人，与其他法律存在冲突，因为《律师法》《注册会计师法》规定律师、注册会计师不能以个人名义办理业务。四是新《破产法》赋予了债权人会议可以向法院申请更换破产管理人的权利,但未明确法院不予更换管理人的标准及债权人会议不服法院不予更换决定的救济渠道,导致相关问题无法有效及时解决,影响破产程序的顺利进行。

**3. 破产管理人团队存在的问题**

(1) 具体承办者缺乏专业工作技能。

要想顺利完成破产案件,破产管理人需具备较高的执业水平和专业素养,具体而言,即要求破产管理人必须专业化——破产管理人需通晓法律,知悉破产法的相关规定;要熟悉会计业务,具备管理财产的能力;需熟悉商业交易规则;要连续从事该工作,具备相应的实践工作经验。

但是,由于破产类案件的特殊性,与普通案件相比,其数量十分有限,尤其是能正式进入破产程序的案件更少,相应的不是每个破产管理人都有接触该类案件的机会,可以说破产管理人拿到案件有相当的偶然性。在现实中,有的破产管理人即使参与过若干起破产案件,也只是细枝末节办理一部分,有的甚至一起案件都没办过,客观地讲这很难产生什么实际经验,从而造成破产管理人处理问题、解决问题的实际工作技能相对缺乏。

(2) 破产管理人团队缺乏稳定性。

破产管理人团队是破产法律关系的一方主体,是在破产程序启动后由法院指定而临时组建的,其组成人员主要由组长自行决定,但基本上都缺乏办案经验。这样临时组建的团队,成员间缺少默契,工作上易出现纰漏。而对于破产案件而言,破产管理人团队不仅需要办理各种法律事务,还需要处理各种非法律性的、日常持续性的事务,事务繁杂,几乎需要与全部参与破产程序的主体打交道,需要解决破产程序的每一个问题,办案周期长,短则 2~3 年,长则 3~5 年,这样复杂漫长且很多在当地又有一定影响的案件,破产管理人团队作为破产企业命运的掌控者,需以其专业知识和丰富的事务处理经验支撑绝大部分的破产清算事务。因此,破产管理人团队的专业化程度,对办案效果将产生巨大的影响。

(3) 管理人的监督问题。

由于新《破产法》对债权人委员会的监督范围、监督的程序和监督的效力和后果的法律规定并不具体，导致债权人委员会难以正确、有效地行使监督权。另外，债权人委员会成员是由债权人代表、债务人职工代表及工会代表担任，其在破产管理领域的专业性有限，导致其行使监督权存在风险。是否可聘用专业人士出任债权人委员会的部分成员，或当债权人委员会成员违法行使监督权造成损失时，破产管理人是否可以请求法院追究其民事赔偿责任？这些问题亟须司法解释加以明确。

(4) 社会认知度问题。

由于人们在旧企业《破产法》下形成了一些习惯做法及思维定式，导致其对破产管理人认识不足，甚至对这一职能主体的合法性产生怀疑，使破产管理人在履职过程中障碍重重，某些仅需由破产管理人处理的事务却需要另经人民法院做出说明才能得到办理，这无形中降低了破产管理人的履职效率，造成破产管理人人力和人民法院司法资源的浪费。

### (三) 解决破产管理人实务存在问题的建议和对策

**1. 制定《破产法》司法解释**

出台司法解释主要可通过两种途径：一是最高人民法院自行主动制定，二是破产管理人通过承办法院向最高人民法院请示制定。

对后者而言，当破产管理人在具体破产工作中遇到障碍，在与承办法官、承办法院沟通仍无法得到解决方案的，可通过承办法院向最高人民法院寻求司法解释及时弥补法律漏洞。例如，遵义县双龙水泥厂破产一案，遵义县双龙水泥厂2011年12月申请解散，2012年3月成立债权人委员会，2012年6月委托贵州子尹律师事务所进行自行清算。在自行清算的过程中出现三大法律障碍：一是贵阳南明区人民法院、息烽县人民法院等法院执行查封双龙水泥厂资产，个别债权人虽然意欲实现个别完整清偿，但资不抵债现实导致其余800多债权人不能完整受偿的冲突矛盾。二是律师事务所是辅助清算人，不能解决债权异议的问题。三是双龙水泥厂除本部资产外，还涉及延伸资产和投资其他企业的股权资产，必然存在债务的主体范围等问题。贵州子尹律师事务所不能解决上述问题，因此层层上报，最高法院在2012年12月出台司法解释，解决了问题。

**2. 加强配套制度建设，确保管理人制度正常运作**

首先，应完善管理人执业责任保险制度，明确个人破产管理人执业责任保险的承包范围、受益人、保险费用等。其次，加快劳动、社会保障立法，解决破产企业的失业安置、社会保障等一直困扰破产管理人的老大难问题。再次，"无钱可赚"的案件破产管理人指定和报酬问题，由财政对破产管理人办理的无钱可赚的案件进行补贴，另外应规定破产程序提前终止时破产管理人费用确定标准和支付办法。

**3. 加强对破产管理人团队的专业化培训**

由于破产类案件属于特殊的诉讼，故笔者建议应由律师协会为主吸收其他如会计师协会等行业组织成立破产管理人专门委员会。由该专门委员会作为培训主体，以年会、专题培训的形式组织破产管理人进行职业化培训，同时可组织破产管理人与国内经济发达地区的同业协会以及具有破产重整经验的国有、民营企业、银行等交流学习，这是比较务实的举措，也是实现破产管理人团队专业化的关键。

**4. 加强新《破产法》的宣传，提高全社会的认识**

《破产法》无论是立法宗旨还是实施思想较旧企业《破产法》都有很大的突破和创新，我们应大力加强该法的宣传和普及，改变人们在旧企业《破产法》下形成的一些错误思维定式以及形成的习惯做法。唯有如此，才能为新《破产法》实施和管理人的工作创造良好环境，这样管理人印章雕刻、银行开户，指定清算组普遍化、职工安置救济等问题，才能得到正确、妥善的解决。

## 四 贵州省国有企业经营管理人员责任追究问题

### （一）基本情况及规定

**1. 国有企业经营管理人员责任类型**

《破产法》第6条规定，"人民法院审理破产案件，应当依法保障企业职工的合法权益，依法追究破产企业经营管理人员的法律责任"，此处所称"企业经营管理人员"主要是指企业中的董事、监事、企业高级管理人员和法院确定的其他经营管理人员。其责任类型主要包括以下几类。

（1）国有企业经营管理人员的民事责任。

民事责任形态主要包括赔偿、返还等。根据《破产法》和《公司法》规定，经营管理人员的忠实义务主要包括：不得挪用公司资金，不得将公司资金以其个人名义或者以其他人名义开立账户，不得未经同意将公司资金借贷给他人或者以公司财产为他人提供担保，不得未经同意与本公司订立合同或者进行交易等。① 经营管理人员的勤勉义务则更为宽泛，主要是指相关人员应当在法律、行政法规或公司章程规定的范围内勤劳谨慎地行使职权。②

（2）国有企业经营管理人员的行政责任。

与一般企业相比，国有企业经营管理人员具有特殊性。其委任方式、职权来源和社会地位均具有较强的公共性和公职性。因而其行为不仅要遵守一般民商事规范和行政法规，还要遵守各类行政性规范，对相关规定的违反将产生相应的行政责任。行政责任主要包括训诫、免职、降级、不予任用等。例如，《破产法》第125条第2款规定："有前款规定情形的人员，自破产程序终结之日起三年内不得担任任何企业的董事、监事、高级管理人员。"

（3）国有企业经营管理人员的刑事责任。

国有企业破产涉及人员安置、资产处理等重大问题，引发国有企业经营管理人员的刑事责任风险较高。根据北京师范大学中国企业家犯罪预防研究中心发布的《2012中国企业家犯罪媒体案例分析报告》③，国企企业家所触犯罪名最多的三类依次为受贿罪、贪污罪和挪用公款罪。除上述罪名和《刑法》的其他相关规定外，还有渎职罪等。

**（二）国有企业经营管理人员责任追究中存在的主要问题及对策**

针对国有企业经营管理人员责任的相关规定内容不可谓不多，其责任设置

---

① 参见《公司法》第149条。
② 参见《公司法》第150条。
③ 杜晓：《2012年度报告详解企业家犯罪深层原因》，中国法院网，http://www.chinacourt.org/article/detail/2013/01/id/814719.shtml，访问时间：2013年6月23日。

总体也较为严苛。然而，国有企业经营管理人员违法犯罪案件仍屡见不鲜，在企业破产过程中发生的相关案件更是具有特殊性和典型性，极易引起各类上访事件和群体性事件。

关于国有企业经营管理人员破产责任构成的规定流于空泛，并且导致破产的原因众多，使得责任界定本身存在困难。如对经营管理人员的"勤勉义务"认定可能在操作性上存在困难。同时，对企业经营管理人员的监督尚显不足，由于缺乏相关程序保障，在企业经营过程中，检察和监察部门介入存在困难；相关问题得不到及时查处，日积月累，到企业破产时已是无力回天。

**1. 明确企业经营管理人员的义务和责任内容**

从现有规定看，企业经营管理人员承担的义务主要包括两个阶段，即日常经营管理过程中承担的义务以及企业破产过程中承担的义务。对上述两个阶段义务的违反均有可能产生相应的民事、行政或刑事责任。其基本逻辑脉络如图1所示。

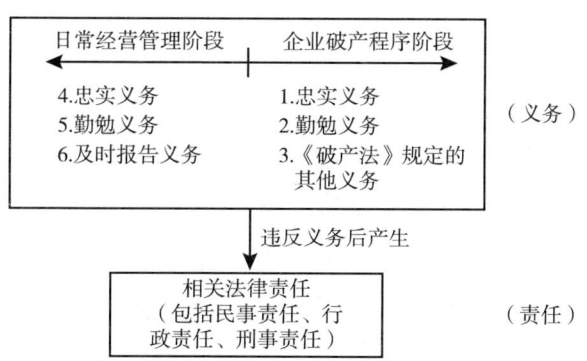

**图1 企业经营管理人员的义务和责任脉络**

具体而言，国有企业经营管理人在日常经营管理阶段承担的义务包括：①忠实义务；②勤勉义务；③及时报告义务。

在企业破产过程中，除忠实义务和勤勉义务外，还包括：①谨慎、妥善保管其占有和管理的财产、印章和账簿、文书等资料；②根据人民法院、管理人的要求进行工作，并如实回答询问；③列席债权人会议并如实回答债权人的询问；④未经人民法院许可，不得离开住所地；⑤不得新任其他企业的董事、监事、高级管理人员①；⑥关于工资的规定，破产企业的董事、监事和高级管理人员的工资按照该企业职工的平均工资计算。

**2. 建立健全报告和预警机制**

历史遗留问题是大多数破产国有企业共有的一个典型特点，企业破产中出现的问题只是这些历史遗留问题的一个集中爆发和体现。因此，想要解决或减轻企业破产中存在的问题（甚至在最大程度上避免国有企业破产），其关键在企业的日常经营管理阶段。

一是进一步健全报告制度。出台贵州省国有企业经营管理情况重大事项报告规定，尤其是重视程序性规定，对报告义务人、报告时限、报告事项、不履行报告义务的法律后果等问题做出明确规定，对违反义务的责任人做出处罚，加强国资委对国有企业经营状况监督管理。二是建立国有企业亏损或重大变化预警机制。要求经营管理人在国有企业发生重大亏损或变化的一个月内，通过专题报告形式报国有资产监管部门。建立企业亏损情况预警等级，对连续亏损的国有企业进行预警等级评级和重点监管，最大限度地减轻国有企业破产对企业职工、国有资产和社会稳定的冲击。

**3. 建立健全监督和审计机制**

一是自破产程序开始时起，由监察、审计等部门审查核实后，对无违法违纪行为，在生产经营中无重大决策失误的，在破产清算工作中恪尽职守并做出贡献的党政领导班子成员，经破产清算组推荐，破产清算领导组同意，由上级主管部门给予妥善安置。未经监察、审计部门核实的国有企业经营管理人员，不得在其他国有企业中任职。二是对破产企业进行审计。企业破产清算组应委托经有关部门认证、具有审计资格的中介机构对破产企业进行审计。对审计中发现原企业存在严重违反国家财经纪律问题的，由主管部门视情节轻重追究当事人的责任；构成犯罪的，依法移交司法机关追究刑事责任。

---

① 值得注意，根据《破产法》规定，上述义务的履行主体既包括企业的法定代表人，也可以包括经人民法院决定的企业的财务管理人员和其他经营管理人员。

## 五 破产程序中的职工安置问题与建议

在国有企业破产这一课题上,无论是试行破产法破产、国家政策性破产,还是依据新《破产法》破产,国有企业职工安置问题始终是必须妥善解决的关键问题之一。

### (一)国有企业破产职工安置的基本内容

国有企业破产职工安置主要涉及两方面的内容:一是劳动法律关系的变动,二是基于劳动关系所产生的劳动债权受偿。《劳动法》及《劳动合同法》已对劳动关系的变动做出明确规定;《破产法》第113条第1款第1、2项规定了职工债权具体范围。对国有企业依法破产而言,涉及的职工安置问题主要包括以下六方面的内容。

**1. 工资清结问题**

依法及时支付工资(劳动报酬)是任何用工单位都应当承担的法定义务。新《破产法》第113条将所欠职工的工资纳入第一顺序的优先受偿,同时新《破产法》第132条规定在特定条件下对有担保的财产优先于担保权人受偿。①

(1)"工资"范围的界定。

依法纳入破产优先受偿债权中的工资的具体范围应根据劳动法规确定。根据《关于贯彻执行〈中华人民共和国劳动法〉若干问题的意见》第53条规定:"劳动法中的'工资'是指用人单位依据国家有关规定或劳动合同的约定,以货币形式直接支付给本单位劳动者的劳动报酬,一般包括计时工资、计件工资、奖金、津贴和补贴、延长工作时间的工资报酬以及特殊情况下支付的工资等。'工资'是劳动者劳动收入的主要组成部分。"

---

① 破产法第132条规定:本法施行后,破产人在本法公布之日前所欠职工的工资和医疗、伤残补助、抚恤费用,所欠的应当划入职工个人账户的基本养老保险、基本医疗保险费用,以及法律、行政法规规定应当支付给职工的补偿金,依照本法第一百一十三条的规定清偿后不足以清偿的部分,以本法第一百零九条规定的特定财产优先于对该特定财产享有担保权的权利人受偿。

(2) 所欠"工资"范围之外的劳动收入的处理。

对于不属于"工资"范围内的劳动收入，则应尽可能纳入"医疗、伤残补助、抚恤费用，所欠的应当划入职工个人账户的基本养老保险、基本医疗保险费用，以及法律、行政法规规定应当支付给职工的补偿金"或《破产法》第113条第1款第2项的范围，予以优先补偿。

根据《关于贯彻执行〈中华人民共和国劳动法〉若干问题的意见》第53条规定："劳动者的以下劳动收入不属于工资范围：①单位支付给劳动者个人的社会保险福利费用，如丧葬抚恤救济费、生活困难补助费、计划生育补贴等；②劳动保护方面的费用，如用人单位支付给劳动者的工作服、解毒剂、清凉饮料费用等；③按规定未列入工资总额的各种劳动报酬及其他劳动收入，如根据国家规定发放的创造发明奖、国家星火奖、自然科学奖、科学技术进步奖、合理化建议和技术改进奖、中华技能大奖等以及稿费、讲课费、翻译费等。"

**2. 劳动关系的终止或变更问题**

国有企业破产完成后，国有企业法人资格即依法终止。国有企业职工与国有企业之间的劳动合同关系即依法终止。①

国有企业破产完成前，经协商如有其他企业同意接收该国有企业职工及安置费用，则可以根据《劳动合同法》有关劳动合同关系变更的规定，② 变更劳动合同的用工主体。该"其他企业"可以在原国有企业职工债权范围内优先受偿。③

**3. 社会保险关系的建立和延续问题**

（1）有关社会保险关系用工单位义务的承担。

国有企业破产完成后，国有企业法人资格即依法终止。国有企业依法应当承担社会保险义务从人民法院裁定破产之日起即不再额外发生。国有企业与职工

---

① 《劳动合同法》第44条第1款规定："有下列情形之一的，劳动合同终止：（四）用人单位被依法宣告破产的。"

② 《劳动合同法》第35条规定："用人单位与劳动者协商一致，可以变更劳动合同约定的内容。变更劳动合同，应当采用书面形式。变更后的劳动合同文本由用人单位和劳动者各执一份。"

③ 《最高人民法院关于正确审理企业破产案件为维护市场经济秩序提供司法保障若干问题的意见》（法发〔2009〕36号）第5条规定："有条件的地方，可通过政府设立的维稳基金或鼓励第三方垫款等方式，优先解决破产企业职工的安置问题，政府或第三方就劳动债权的垫款，可以在破产程序中按照职工债权的受偿顺序优先获得清偿。"

解除劳动关系、支付经济补偿金,其社会保险责任不再承担。人民法院裁定破产之日后,如有新的用工单位,则应由该新的用工单位依法承担,如无新的用工单位,则可按失业保险有关规定享受基本医疗保障待遇,即失业人员在领取失业保险金期间,参加职工基本医疗保险,享受基本医疗保险待遇;失业人员应当缴纳的基本医疗保险费从失业保险基金中支付,个人不缴纳基本医疗保险费。①

(2)社会保险费用优先受偿的范围。

根据《破产法》第113条第1款第1、2项的规定,列入第一受偿顺序的是"所欠的应当划入职工个人账户的基本养老保险、基本医疗保险费用",列入第二受偿顺序的是"破产人欠缴的其他社会保险费用"。

**4. 医疗、伤残补助及抚恤费用问题**

医疗、伤残补助主要是指职工在职期间依据医疗保障规定应享受的待遇或在工作中因事故伤残应享受的补助。工伤职工应享受一次性伤残补助、一次性就业补助、一次性医疗补助伤残津贴。抚恤费用是指职工因工伤亡其家属依据国家规定应享受的抚恤费用。

**5. 法律、行政法规规定应当支付给职工的补偿金**

包括因破产终止劳动合同所应支付的经济补偿金、因拖欠工资按《违反和解除劳动合同的经济补偿办法》规定所应承担的经济补偿金。

**6. 其他福利**

职工的其他福利包括:住房公积金、存量补贴和增量补贴、按国家政策发放给特定对象的补助、企业发放给特定职工的补贴等。该等职工福利能否纳入第一顺序的予以优先受偿,现行破产法律法规并未明确规定。

(1)住房公积金,是指国家机关、国有企业、城镇集体企业、外商投资企业、城镇私营企业及其他城镇企业、事业单位、民办非企业单位、社会团体(以下统称单位)及其在职职工缴存的长期住房储金。②

(2)存量补贴和增量补贴则是为解决特定历史时期和特定单位工资性收

---

① 《社会保险法》第48条规定:失业人员在领取失业保险金期间,参加职工基本医疗保险,享受基本医疗保险待遇。失业人员应当缴纳的基本医疗保险费从失业保险基金中支付,个人不缴纳基本医疗保险费。

② 参见《住房公积金管理条例》第2条。

入较低的补贴,将逐步规范进入工资范围。

(3)按国家政策发放给特定对象的补助:如国家级劳动模范、省级劳动模范补助等,该补助能否纳入破产国有企业所欠职工的工资,根据《关于贯彻执行〈中华人民共和国劳动法〉若干问题的意见》第53条规定,应属于"按规定未列入工资总额的各种劳动报酬及其他劳动收入",据此不属于工资。这一部分是否具有优先受偿效力,法规未明确规定。

(4)其他奖金、津补贴,属于国家统计局《〈关于工资总额组成的规定〉若干具体范围的解释》规定范围内的,应作为"工资"纳入优先受偿范围。

(5)企业年金,是指根据依法制订的企业年金计划筹集的资金及其投资运营收益形成的企业补充养老保险基金。[①] 其是否纳入优先受偿范围,法规未予以明确。

## (二)有关企业破产职工安置规定的演变

**1. 政策性破产职工安置规定**

《中华人民共和国企业破产法(试行)》颁布后开始适用于全民所有制企业。国务院于1994年10月25日发布《关于在若干城市试行国有企业破产有关问题的通知》,以促进国有企业的破产试行工作,解决社会保障制度不健全、社会保障立法不完善等问题。鉴于一些地方出现滥用政策性破产的现象,国务院1997年3月2日发布《关于在若干城市试行国有企业兼并破产和职工再就业有关问题的补充通知》,强调政策性破产只适用于国务院确定试点城市的范围。国务院有关部委还就政策性破产制定了一些行政规章,并针对特定行业如有色金属行业、军工行业等实施特殊的破产政策。[②] 根据国务院规定,2009年起国家将不再实施政策性关闭破产,至此政策性关闭破产的相关特殊政策原则上将不再实施。

**2.《破产法》下的企业破产职工安置**

《破产法》于2006年8月27日颁布,自2007年6月1日起施行,旧《破

---

① 《企业年金基金管理办法》第2条第2款规定。
② 参见叶昆仑《破产企业劳动债权保护研究》,2010年西南政法大学硕士学位论文,第21页。

产法》同时废止。《破产法》将职工债权放在优先清偿的地位,但同时规定职工债权要在破产费用、共益债务和有财产担保债权之后清偿。2009年最高人民法院又对职工安置困难问题的解决方法予以规定,指出保障职工合法权益需要社会各方面的共同努力。人民法院要加强与国家社会保障部门、劳动部门、工商行政管理部门、组织人事部门等的沟通和协调,积极提出司法建议,推动适合中国特色的社会保障体制的建立和完善。①

### (三)2008年后贵州省出台的关于职工安置的相关政策

**1. 贵州省出台政策扩大职工安置费用的资金来源**

贵州省政府办公厅于2008年12月28日颁布了《关于转发省财政厅、省国土资源厅省属破产改革改制和结构调整国有企业土地出让金收缴使用管理暂行办法的通知》,该《通知》第1条规定,省属破产、改革改制和结构调整的国有企业,其土地出让总价款全额就地缴入省级国库,优先用于省属破产、改革改制和结构调整的国有企业的职工安置。市(州、地)、县不再分享,不再计提各种专项资金。第2条规定,缴入省级国库的土地出让收入,包括省属破产、改革改制和结构调整的国有企业依法处置的土地及地上附着物出让。第6条规定,省属破产、改革改制和结构调整的国有企业土地出让收入在使用时,通过省级基金预算全额转入"省级国有企业改革与脱困资金专户",分账运行,优先用于省属破产、改革改制和结构调整的国有企业的职工安置。

**2. 贵州省地市出台政策扩大职工安置费用的资金来源**

贵阳市政府办公厅于2009年8月26日颁布了《关于规范贵阳市市属国有企业破产、改革改制和结构调整土地出让收入收缴使用管理的通知》,该《通知》第2条第1项规定,市属国有企业破产、改革改制和结构调整的国有企业,其土地出让使用权价款必须全额缴入市级金库,在按照国家相关规定提取各项基金及按规定比例上缴省级分成后优先用于市属破产、

---

① 参见《最高人民法院关于正确审理企业破产案件为维护市场经济秩序提供司法保障若干问题的意见》(法发〔2009〕36号)第10条。

改革改制和结构调整的国有企业的职工安置工作，不再按比例返还各区、县（市）。

该通知第2条第3项规定，市属企业土地处置未改变土地用途或未产生资金流转的可仍按照《市人民政府办公厅关于转发市国土资源局〈贵阳市土地资产处置操作细则〉的通知》执行。《市人民政府办公厅关于转发市国土资源局〈贵阳市土地资产处置操作细则〉的通知》文件第4条规定，企业土地资产处置可采取将土地资产列入改制企业总资产一并处置或由改制企业出资购买土地使用权。企业土地资产列入总资产的不再缴纳土地出让金。

### （四）有关完善国有企业职工安置问题的对策建议

**1. 健全职工工资发放及社会保险办理的督促与考核机制**

（1）由政府部门及主管企业采取多种渠道和方式给予困难国有企业专项资金补贴。

在财政有余力的范围内，可以按以下顺序实施：首先，对于2006年8月27日《破产法》颁布之后拖欠的其他社会保险费用，以及未纳入该法优先受偿范围的职工安置所需费用，由政府部门及主管企业按适当比例给予困难国有企业专项资金补贴。其次，对于2006年8月27日《破产法》颁布之后拖欠的可以按一般规定优先受偿的职工债权和个人账户的社会保险费用，由政府部门及主管企业按适当比例给予困难国有企业专项资金补贴。再次，对于2006年8月27日《破产法》颁布之前拖欠的职工工资和社会保险费用，由政府部门及主管企业按比例给予困难国有企业专项资金补贴。

（2）健全工资发放及社会保险费缴纳督促与考核机制。

首先，健全困难国有企业职工工资及社会保险欠付、欠缴信息报送制度，健全有关台账数据。其次，由国资委会同政府社会保障部门对困难国有企业职工工资及社会保险欠付、欠缴情况开展劳动监察和督促。最后，结合导致困难国有企业职工工资及社会保险欠付、欠缴的各种因素，对企业高级管理人员进行督促考核，并作为该企业高级管理人员任职及报酬的依据。

**2. 建立破产风险预警制度、破产督促机制及职工权益保证金、基金制度**

（1）建立健全国有企业破产风险预警制度。

首先，依托当地法院破产专业法官、国资委系统专业管理人员及破产管理人中的破产专业律师的智力支持，制定困难国有企业分级破产风险预警标准。其次，设置阶段性的专门部门或依托有关职能部门指定专门人员从事困难国有企业分级破产风险预警的管理。最后，建立困难国有企业分级破产风险预警结果与国有企业高级管理人员的考核联动机制。

（2）建立符合破产条件的国有企业应尽早进入破产程序的督促机制。

建立尽早进入破产程序的督促机制，由国有企业同级人民政府或主管部门在国有资产管理权限范围内，督促符合破产条件的国有企业或企业破产风险预警级别最高的国有企业在一定期限内申请破产。

（3）建立企业破产职工权益保证金、基金制度。

可以考虑建立政府部门主导下的国有企业破产职工权益保证金、基金制度，增强国有企业抗破产风险的能力。对于非困难国有企业，可以按期交纳一定比例的保证金；对于困难国有企业，由所属政府给予补助。补助范围可以优先考虑劳动合同法之外劳动债权的国有企业职工补助政策，由企业所属政府解决。

**3. 加强职工权益保障和企业破产法规的宣教工作**

（1）妥善解决国有企业破产职工安置问题，必须首先执行法律行政法规框架范围内对职工权益保障的特别规定，可以参照政策性破产的有关职工安置规定对申请破产国有企业提供的"职工安置预案"的构成要件和规范予以细化和明确。

（2）职工权益保障法规的宣教工作可分为两个层面，一方面，加强在国有企业高级管理人员中职工权益保障的法规宣教工作，通过要求国有企业高级管理人员签署依法执行保障职工权益法规的承诺书和责任书等方式，在明确国有企业高级管理人员责任的同时，使企业高级管理人员明了有关职工权益保障法规的内容；另一方面，加强对国有企业职工的法规宣传教育工作，提高国有企业职工及时维权的动力。企业破产法规的宣教工作，一方面可以增强国有企业高级管理人员责任感，另一方面可以使国有企业职工对国有企业破产的后果有一个合理预期，降低国有企业依法破产职工安置阻力。

## 六 贵州省国有企业破产资产处置问题及其处置

### （一）贵州省国有企业现状及问题

自2007年6月1日起《破产法》开始施行，但就目前贵州省的情况来看，还没有一家国有企业是按照《破产法》来实施破产程序的。之前一直是实施政策性破产，由于政策性破产的弊端已经显现出来，国家的态度也越来越明确，不再倾向于对国有企业实行政策性破产。随着国家产业政策的调整，结合贵州本省的实际情况，越来越多不符合产业政策的国有企业会面临着破产和退出市场的现实。因此，按照《破产法》实施国有企业的破产显得尤为紧迫。

**1. 破产财产的范围界定不明确**

破产财产在企业实施破产程序的过程中地位非常重要，它涉及破产企业的哪些财产可用于清算分配，直接涉及债权人和债务人利益，因此对破产财产的范围进行界定显得尤为必要。在实践中，适用《破产法》也会出现一定的问题。如企业使用的国家出让的土地，虽然它不属于企业所有，但它属于企业使用的财产，它的使用权在实践中也是可以进行抵押的，抵押所得资金用于企业的经营管理中，已经无法与企业自身的资产严格划分开，通过土地抵押取得的财产应该算是企业所有还是非其所有？是否可以纳入破产财产的范畴？在法律上"经营管理"和"所有"是两个不同的概念。从物权法的规定来看，"所有"是指对该物享有完全的支配权，而"经营管理"只具备了物权中的部分权能，不是真正意义上的物权。《破产法》去掉了"经营管理"这个概念，但实践中确实还存在被企业经营管理但不属于企业的财产。

**2. 划拨土地的使用权能否作价评估计入破产财产**

关于国有划拨土地在企业破产时是否属于破产财产的问题一直有着截然相反的两个认识。一方面，《土地管理法》《城镇国有土地使用权出让和转让暂行条例》和《最高人民法院关于破产企业国有划拨土地使用权应否列入破产财产问题的批复》均指出，企业破产时，划拨土地可由政府收回，然后进行处置。据此，划拨土地不与企业发生财产关系，破产时也不列入破产财产的范围。但这些规定对于政府的后续处置方式也没有明确的规定，这为政府、企业和其他参与企业破产的第三方提供了很大的操作空间。另一方面，根据《国土资源部关于加强土地资产管理促进国有企业改革和发展的若干意见》《关于改革土地估价结果确认和土地资产处置审批办法的通知》等规范性文件，企业破产时，划拨土地使用权是有价格的，这个价格作为土地使用权评估的参考依据，可以据以估算为企业的资本金或企业股金，计入破产财产。

**3. 国有资产的流失问题**

《破产法》颁布以前，企业实施破产的过程中，需要成立清算组，而清算组的成员构成中并没有明确的禁止性规定。实践中就存在这种情况，破产企业的管理层或者利害关系人进入破产清算小组，对企业的资产作出低于市场价的评判，抑或虚构企业的债务，待企业破产清算结束后再与相关企业狼狈为奸，从而达到侵吞国有资产的目的。

**4. 对知识产权价值的忽视**

许多国有企业在破产清算过程中重视有形财产而往往忽略知识产权等无形资产，例如，现实中还出现企业虽然破产了，可是其商标使用权还在有效期内，这样其他企业可以继续使用而不存在侵权之说，当然也不用支付相应的使用费，对已破产企业来说无疑是一大损失。对于贵州省的国有企业，在破产程序的执行过程中更应该对知识产权这一块高度重视，对于一些很有价值的老品牌在破产清算过程中千万不能忽视。

## （二）完善贵州省国有企业破产资产处置的对策建议

**1. 破产财产范围的界定**

《破产法》第30条规定，破产申请受理时属于债务人的全部财产，以及破产申请受理后至破产程序终结前债务人取得的财产，为债务人财产。第107条规定，债务人被宣告破产后，债务人称为破产人，债务人财产称为破产财产，人民法院受理破产申请时对债务人享有的债权称为破产债权。可以看出，以破产宣告为界限,之前称"债务人财产",之后称"破产财产",企业享有的财产和债权均属企业资产,可用于清算。这两个规定在前面已经阐述过,它未能解决财产的所有权问题。建议制定的细则中对企业"所有"和"经营管理"的财产进行细化和明确,可规范性规定,也可举例式规定,以消除概念模糊导致的操作不规范。

**2. 明确国有企业土地使用权性质**

纵观国内关于国有土地使用权在破产过程中处置方法的规定,无外乎国家收回和作价评估两种,对于贵州省国有企业破产过程涉及的划拨土地,建议着眼于保护企业职工利益,有利于破产企业资产最大化原则,将国有划拨土地使用权进行作价评估。根据《贵州省人民政府关于做好省属国有企业关闭破产工作的通知》规定:企业破产时,企业依法取得的划拨土地使用权,应按照国家有关规定进行评估、备案,以公开出让方式按原用途处置,土地出让收益可优先用于职工安置。需改变土地用途的,按国家国土资源管理部门的有关规定办理,其变更用途后所获得的增值收益用于破产企业职工安置。即国有划拨土地经过出让程序以后可以变成企业自身的资产。这与《最高人民法院关于破产企业国有划拨土地使用权应否列入破产财产等问题的批复》的规定有很大的不同。后者规定:破产企业以划拨方式取得的国有土地使用权不属于破产财产,在企业破产时,有关人民政府可以予以收回,并依法处置。其实该表述也不严谨。既然是可以收回,那就意味着也可以不收回。随着近年来房地产市场的不断发展完善,土地需求始终处于优势地位,而贵州有的国有企业所在的地理位置还是相当重要的,如果能完善相关的后续手续,并对其进行评估,有利于盘活这部分资产。这对于充实破产企业职工安置费用有很大帮助。至于评估费用则按照谁受益谁支付原则进行。

**3. 防止国有资产流失**

一是制定较为细致的管理人制度。二是完善国有企业破产的国有资产评估办法。目前贵州省内有 2001 年财政厅发布的《关于企业破产资产评估项目管理有关问题的通知》,该《通知》的规定比较全面,但其是在实施政策性破产的环境下制定的,且时间早于《破产法》颁布的时间。现需要结合《破产法》

进行修改和完善与细化。如要结合企业资产负债表的账面价值对相关的流动资产、固定资产、对外投资以及无形资产等逐一进行实物估价,同时不能因为企业经营业绩差或者负债率高而忽略企业尚存的其他有价值的资产,特别是无形资产的评估。

**4. 加强对知识产权的认识和保护**

在制定详细的破产执行程序中应考虑知识产权问题,一方面可以切实避免国有企业知识产权的流失;另一方面也显示出我们对知识产权的重视,还可以培养一种良好的保护知识产权的意识。

# B.11
# 贵州省中小企业知识产权质押融资法律问题研究*

贾梦嫣**

**摘　要：** 作为一种新型的融资手段，知识产权质押融资能够较好地拓宽部分企业融资渠道，缓解其融资难的问题。但是，囿于知识产权自身的特性，知识产权质押融资在权利辨别、评估、管理和质权实现等方面具有其特有的风险，推进知识产权质押融资工作有其特殊性和局限性。近年来，在各级政府有关部门的积极推动和企业、银行等市场主体的参与下，贵州省知识产权质押（尤其是专利权质押）融资工作得到了一定发展；但是，还存在制度定位不明确、风险分担机制不完善等问题。建立和完善适应贵州省经济社会发展的知识产权质押融资制度，首先是要对知识产权质押融资的风险性有一个充分的认识，进而明确制度定位和政府、银行、企业、担保机构等主体在知识产权质押融资工作中的角色作用。通过构建知识产权的风险分担机制和多层次、多角度的激励机制，有针对性地提升银行、企业和中介机构开展知识产权质押融资工作的积极性。

**关键词：** 贵州省　知识产权　质押融资

---

\* 本报告为2012年贵州省哲学社会科学规划青年课题阶段性成果（立项号：12GZQN02）。
\*\* 贾梦嫣，贵州省社会科学院法律研究所助理研究员。

# 引　言

知识产权质押融资是指以知识产权作为质押财产的一种融资方式。具体而言，即债务人以其自身或他人拥有的专利权、商标权、著作权等知识产权向债权人（或质权人）出质，作为其履行债务的担保，借以换取债权人的资金支持；如债务履行期届满债务人仍未履行债务的，债权人有权从质押财产变价的价款中优先受偿。一般而言，银行①是主要的债权人。

近年来，融资难问题越来越凸显，正成为制约企业（尤其是中小企业）生存和发展的主要瓶颈。这主要是由于，企业在其初创期和成长期往往缺乏长期、稳定的生产经营记录和较高的授信额度，拥有的土地、厂房、设备和原材料等有形资产有限，无法按期偿还借款的风险相对较大。然而，部分企业（尤其是科技型企业）所拥有的专利权等知识产权却可能蕴涵着较大的经济利益。因此，与传统融资模式相比，知识产权质押融资制度能够更好地解决或缓解这类企业的融资需求。除此之外，通过发展知识产权质押融资制度，还能鼓励企业树立较强的知识产权意识，积极进行知识产权创新，提升其运用、创造、保护和管理知识产权的能力，进而促进整个地区和国家核心竞争力的整体提升。

## 一　贵州省知识产权质押融资的现实基础及制度发展

### （一）贵州省知识产权质押融资制度发展的现实基础

近年来，贵州省知识产权创新能力不断增强，为知识产权质押融资制度的发展提供了基础；企业融资需求仍然突出，为知识产权质押融资业务的开展提

---

① 包括政策性银行、大型商业银行（工、农、建、中、交）、全国性股份制中小型商业银行（招商、中信、浦发、民生、兴业、平安、光大、华夏、广发、浙商、渤海、恒丰）、城市商业银行、农村商业银行（农村信用社）、中国邮政储蓄银行、外资银行、非银行类金融机构（小额贷款公司）、村镇银行。下同。

供了市场。

**1. 企业知识产权得到了较好的发展**

（1）专利授予量上升，区域创新能力增幅快。

中国科学院《中国区域创新能力报告2011》和科技部《2011年科技进步统计监测报告》显示，贵州省区域创新能力在全国排位由2010年的第29位上升至2011年的第24位，排名增幅居全国首位（并列）；科技促进经济社会发展指数提升9.13%，增幅居全国首位。

2011年，贵州省申请发明、实用新型和外观设计三种专利共计7510件，获授权3386件。其中，发明专利授权596件，占总授权量的17.6%；实用新型专利授权1885件，占总授权量的55.7%；外观设计专利授权905件，占总授权量的26.7%。2012年，全省三种专利共申请11296件，同比增长50.4%，其中发明专利申请3103件；实用新型专利申请4111件；外观设计专利申请4082件。全年全省专利授权6054件，同比增长78.8%。①

（2）商标数量迅速增长，市场主体活跃度高。

2012年，贵州省商标申请量19981件，获注册7335件；截至当年12月，贵州省各类市场主体累计注册商标39853件，有效注册商标32753件。在有效注册商标中，有效驰名商标35件，地理标志35件，贵州省著名商标635件，市场主体活跃。②

（3）登记著作权增长较快。

2012年，有192件作品进行了著作权登记，同比增长38.1%。③总体来看，登记著作权的数量少，但同比增长较快。④

**2. 企业融资需求仍然突出**

贵州省企业（尤其是中小企业）融资需求突出。从融资方式看，贵州省中小企业最主要的融资方式为内源融资，即企业内部融通资金，包括法定积存

---

① 数据来源：贵州省知识产权局。
② 数据来源：贵州省工商局。
③ 数据来源：贵州省知识产权局。
④ 根据著作权法规定，著作权的产生不以登记为要件。故现实生活中著作权的数量远远大于商标权和专利权数量。但是，并不是所有的著作权都具有市场价值。

金、股东再投入和未分配利润等。贵州省工商联2011年进行的一项调查显示，贵州省中小企业主要融资方式依次为内源融资（占受调查企业数量的72.4%）、金融机构借贷（44.86%）、民间融资（11.52%）和风险投资融资（1.52%）；几乎不存在中小企业通过股票债券融资的案例。

在各类外源融资方式中，银行贷款是最主要的方式。有44.86%的企业选择银行贷款的方式进行融资。然而，银行对中小企业贷款持谨慎态度。贵州省统计局2011年针对3.8万家小微型工业企业经营状况进行抽样调查，在受调查企业中，仅有15.5%的企业能够获得银行贷款。[1]

### （二）贵州省知识产权质押融资制度发展

2006年4月，《贵州省企业知识产权工作指导意见》出台，提出要建立知识产权资产的评估制度；涉及知识产权的转让、许可、质押、作价入股或出资的，企业变更或终止前需要对其知识产权作价的，以知识产权资产对外合资合作的，应进行知识产权资产评估。7月，《贵州省实施知识产权战略（2006~2015年)》出台，贵州省成为继上海市和山东省之后国内第三个出台实施知识产权战略的省份。作为"十一五"和"十二五"时期贵州省知识产权发展总体部署，该战略提出要"建立知识产权孵化实施机制……制定知识产权作为生产要素，以股权、期权等形式参与分配的政策，鼓励企业采取知识产权入股、质押、信托和拍卖等多种形式筹集知识产权实施资金"。2007年7月，贵州省中小企业局和贵州省知识产权局联合发布《贵州省中小企业、非公有制经济知识产权工作指导意见》，再次强调企业要"加强对自主知识产权的日常监管……通过转让、许可、入股、质押等多种形式，进行投融资，解决一直阻碍中小企业、非公经济发展壮大的瓶颈问题"。

总体来看，在知识产权各类型中，以专利权质押融资制度发展最早，尤其是自2010年以来，各有关部门相继出台了各类规范性文件和规定，对专利权质押融资中的一些基本问题做出了规定。商标权质押融资制度在2012年也有一定发展；著作权质押融资制度发展相对滞后，尚无针对著作权质押的专门

---

[1] 谭蔚林：《贵州中小企业融资现状及对策分析》，《金融经济》2012年第4期。

规定。

**1. 专利权质押融资方面的规范性文件**

2010年，人民银行贵阳中心支行、银监局和贵州省知识产权局联合出台《贵州省专利权质押贷款管理暂行办法》（以下简称《暂行办法》），对专利质押质押人、质押财产、贷款额度等问题做出了规定，其中，要求最高贷款额度原则上不超过专利评估价值的50%；要求知识产权部门积极培育专利权交易市场、价值评估机构，为贷款人、借款人提供专利权管理政策咨询、信息查询等便捷服务；[①] 人民银行应积极引导金融机构合理设定信贷审批权限，改进服务，规范办理专利权质押贷款业务，督促在风险可控前提下简化手续，提高效率。[②] 从其规定来看，《暂行办法》侧重于对专利质押配套平台建设，对涉及知识产权的主管部门有较为明确的分工，对专利质押融资贷款额度的规定较低，强调知识产权质押融资制度的风险防控。

2011年，贵州省《实施知识产权战略2011年度推进计划》提出要继续推进中国专利技术（贵阳）展示交易中心建设，办好第五届中国专利技术（贵阳）展示交易周活动，促进专利技术转化实施；推进专利权质押融资工作，进一步贯彻实施《暂行办法》，研究制定包括财政贴息在内的相关政策和风险补偿机制。

2012年，《贵州省专利权质押贷款贴息补助管理办法》（以下简称《管理办法》）出台。《管理办法》主要是针对专利权质押贷款贴息补助的专门规定，其目的在于引导和支持企业采取专利权质押方式实现专利权的市场价值，帮助贵州省行政辖区内拥有专利权的中小型企业解决融资难问题，促进技术含量高、市场前景好的专利项目实施转化。根据《管理办法》，各级各部门对中小型企业通过专利权质押向银行获得的贷款给予不超过50%的利息额贴息补助。[③]

此外，《贵州省专利权质押贷款中介费用补助管理办法》正在制定中。[④]

---

① 参见该规定第25条。
② 参见该规定第26条。
③ 参见《贵州省专利权质押贷款贴息补助管理办法》第8条。
④ 《贵州：企业申请专利权质押贷款将享贴息补助》，新华社中国金融信息网，http://news.xinhua08.com/a/20120619/974988.html，访问日期：2013年6月3日。

**2. 商标权质押融资规范性文件**

2012年,以国发2号文件①的出台为背景,国家工商行政管理总局出台《关于支持贵州经济社会又好又快发展的意见》。同年,贵州省工商局出台了《关于贯彻落实〈国家工商行政管理总局关于支持贵州经济社会又好又快发展的意见〉的实施意见》,提出要"积极引导企业股权质押、动产抵押,激活股权资本,扩大融资渠道"②;"开展商标专用权质押登记工作,促进无形资产的合理利用。加大商标专用权质押登记的宣传工作,提高企业合理利用企业资产的意识";并支持企业采取商标权投资入股、质押融资、转让、许可等方式开展经营活动,促进企业资产的合理利用,实现品牌价值、效益的最大化;与相关金融部门沟通联系,开展调研,制定《贵州省商标专用权质押登记贷款指导意见》③。

2012年,经贵州省工商局同意,遵义市工商局牵头在湄潭县开始了商标权试点工作,并由湄潭县工商局出台了《商标质押工作实施方案》;同年11月23日,遵义市工商局、人民银行遵义市中心支行联合下发了《遵义市商标专用权质押贷款办法(试行)的通知》,拉开了贵州省商标质押工作的序幕。

## 二 贵州省知识产权质押融资的实践及其特点

### (一)贵州省知识产权质押融资的实践

**1. 专利权质押融资稳定发展**

2008~2012年,贵州省的专利权质押贷款项目数基本稳定(见图1)。④ 2013年一至二季度,贵州省专利质押合同登记为6件,知识产权出质人均为

---

① 参见《国务院关于支持贵州经济社会又好又快发展的意见》,国务院发〔2012〕2号。
② 参见《关于贯彻落实〈国家工商行政管理总局关于支持贵州经济社会又好又快发展的意见〉的实施意见》第16条。
③ 参见《关于贯彻落实〈国家工商行政管理总局关于支持贵州经济社会又好又快发展的意见〉的实施意见》第28条。
④ 根据国家知识产权局2008年、2009年、2010年、2011年、2012年和2013年第一、二季度专利权质押合同登记统计情况整理,只含专利权质押登记合同。

制药企业。2010~2012年，贵州省各类金融机构共发放专利权贷款67216万元，获专利权贷款的企业大部分为中小企业。在全国范围内，贵州省专利质押情况发展总体较好，根据《2012年全国专利实力状况报告》，贵州省专利质押数量金额2011年和2012年分列第10位和第17位[①]。

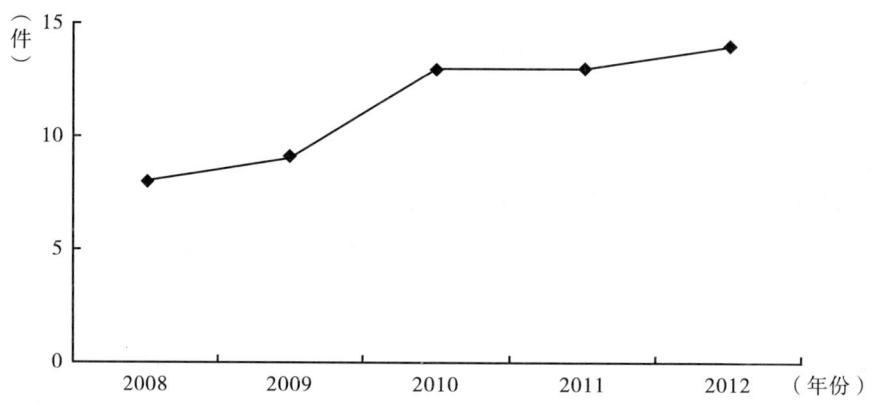

图1　2008~2012年贵州省专利权质押登记发展情况

较为典型的专利权质押融资案例有：贵州百祥制药有限责任公司以3件专利获贵阳市商业银行兴筑支行质押贷款（2008年）；贵州三力制药有限责任公司以治疗口腔、咽喉疾病的中药制剂及其制备方法和板蓝根软胶囊及其制备方法2项专利获中国农业银行贵阳市新华支行贷款（2009年）；贵州昌泰科技开发有限公司以1件发明和2件实用新型专利获安顺市西秀区农村信用联社300万元贷款（2010年）；贵州百灵企业集团制药股份有限公司以1件发明专利获农业银行安顺市分行2800万元贷款（2010年）；贵阳新天药业股份有限公司以夏枯草等发明专利作为质押，获中国农业银行贵阳乌当支行1000万元贷款（2012年）等。

**2. 商标权质押融资的初步探索**

2009年12月，依据《注册商标专用权质权登记程序规定》，百灵公司以其拥有的10件注册商标作为质押财产，向贵州省安顺市商业银行股份有限公司贷款，并获准登记。成为贵州省首笔成功的商标专利权质押贷款案例。此

---

① 参见国家知识产权局等《全国专利实力报告2012》。

后,贵州省商标权质押贷款工作一直处于停滞状态。

2012年,《国家工商行政管理总局关于支持贵州经济社会又好又快发展的意见》的出台为贵州省商标权质押融资工作的开展创造了良好的契机。经研究,贵州省工商行政管理局决定在商标发展基础较好的遵义市开展商标权质押融资工作试点。经有关部门和单位努力,截至2013年5月,已有贵州四品君茶业有限公司、湄潭县茯莹食品开发有限公司和湄潭县永隆粮油有限公司获得商标权质押融资贷款,成为贵州省这一轮启动商标权质押融资工作以来首批获准质押登记并取得银行贷款的案例。

### (二)贵州省知识产权质押融资实践的主要特点

**1. 质押财产类型以专利权和商标权为主**

从已成功的案例来看,质押财产主要以专利权和商标权为主;著作权质押融资工作进展相对缓慢。这一情况既符合知识产权自身的特点,也与我国其他地方知识产权质押融资实践状况相一致。在三类主要的知识产权类型中,专利权(尤其是发明专利权)成果转化更容易,直接产生经济效益的能力更高;而商标权虽与市场联系紧密,但其价值易受市场、消费者、生产经营者等各方面因素影响,价值稳定度低,评估难度相对更大;除计算机软件等特定类型的著作权外,著作权成果直接转化为经济利益普遍难度大,变现风险高。因此,作为质权人或债权人的银行开展著作权质押融资的积极性较低。

**2. 银行贷款额占质押财产评估价值比率普遍较低**

根据《贵州省专利质押贷款管理暂行办法》规定,专利权质押融资最高贷款额度原则上不超过评估价值的50%。在实践中,贵州省知识产权质押贷款比例一般只能达到其评估价值的30%~50%;而在以有形财产作为担保的贷款中,银行贷款比例往往能达到其评估价值的70%~80%。在2012年成功的商标权质押融资案例中,银行也"以商标专用权作为质押财产基础,同时综合考虑企业生产经营等其他因素"进行贷款。①

---

① 参见湄潭县农村商业银行副行长文国敏《遵义市湄潭县三家企业用商标专用权质押贷款》,贵州工商局网站。

**3. 获贷款企业以成长期的中小企业为主**

成长期企业是指经过一定时间的生产经营，具备一定经济实力和生产规模，具有较强知识产权创新能力的企业。2008年至2013年第二季度，贵州省获得知识产权质押融资企业多为成长期企业。

以2012年专利权质押融资情况为例，当年获专利权质押贷款企业10家，①包括贵州信邦制药股份有限公司、贵阳新天药业股份有限公司、贵州太和制药有限公司、贵州威门药业股份有限公司、贵阳德昌祥药业有限公司、贵州汉方制药有限公司、贵州益康制药有限公司、贵州绿卡能科技实业有限公司、贵州三占集团股份有限公司和贵州瑞和制药有限公司。其中，有大型企业1家，中小型企业9家；平均经营时间为17.3年（见图2）。②

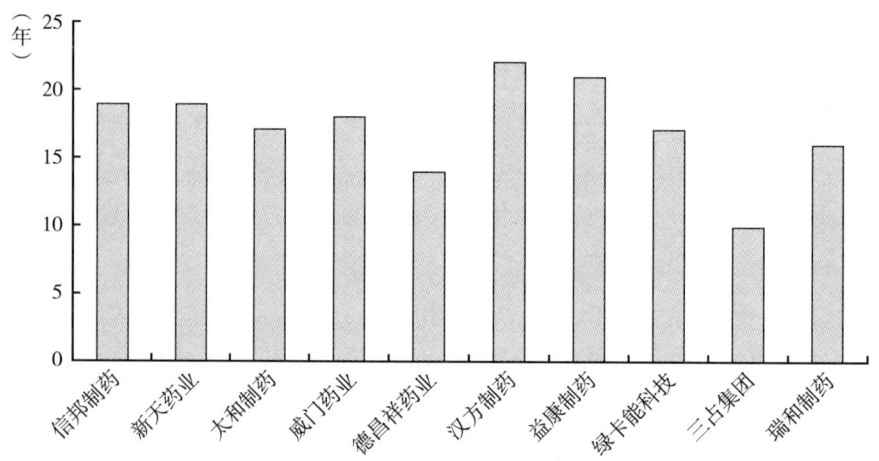

图2　2012年贵州省获专利权质押融资企业的经营时间

2012年获商标权质押融资贷款的企业平均经营年限9.3年（见图3）。2012年获商标权质押贷款的企业均为食品制造（包括制茶）企业。

**4. 惠及企业数量有限，企业从事行业集中**

从2008年至2013年第二季度，贵州省各类银行共发放知识产权质押贷款

---

① 部分企业获得了多笔专利权质押贷款，如贵州益康制药有限公司分别于2012年6月20日和2012年9月3日获重庆银行贵阳分行和中国农业银行贵阳花溪支行贷款。
② 个别企业改制前的时间没有计入。

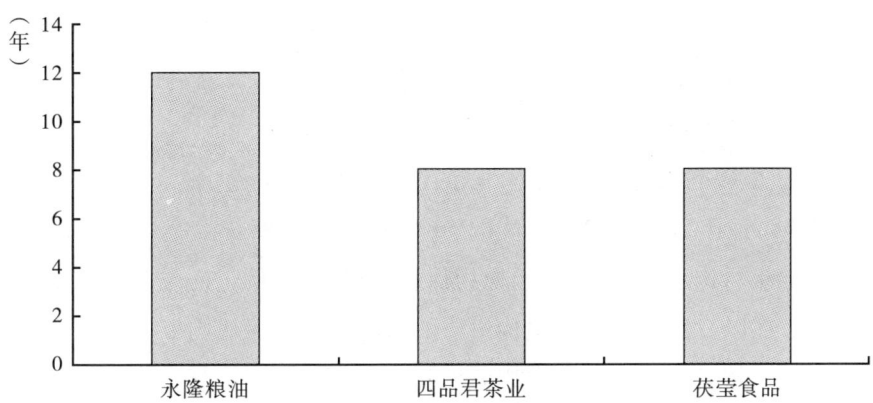

**图3 2012年贵州省获商标权质押融资企业经营时间**

63笔。但是，获贷款企业数量仅22家，同一家企业获得多笔贷款、重复贷款的情况较为普遍，惠及企业数量有限。

获得知识产权质押贷款的企业主要集中于制药产业，能源、钢材、食品加工等行业也有分布（见图4）。

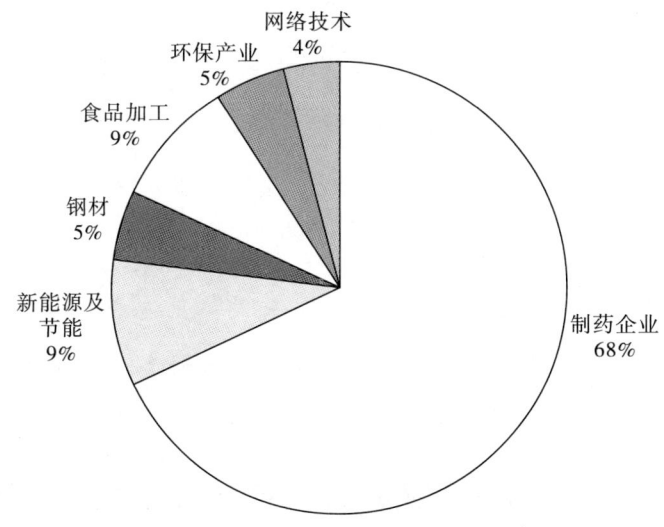

**图4 2008～2012年贵州省获知识产权质押贷款企业行业分布**

**5. 政府有关部门在知识产权质押融资工作中的作用较为主动**

总体来看，政府有关部门在知识产权质押融资工作中起到了较为主动的作用：绝大多数企业首次知识产权质押融资贷款均由政府有关部门牵线搭桥；2012年3笔商标权质押融资案例，全部由遵义市、湄潭县两级工商部门协助联系银行、办理质押登记等。

**6. 企业直接向银行出质为主，以通过担保机构担保为辅**

从2008年至2013年第二季度的63例专利权质押贷款案例中，企业以专利权直接向银行出质的有51例，向担保机构出质11例，向政府部门出质1例（见图5）。在以专利权向担保机构出质的情况下，担保机构以其资产为作为债务人的企业向银行担保，企业再以其所持有的专利权向担保机构出质作为反担保，从而获得银行贷款。

2012年获得商标权质押贷款的企业则全部以其商标权直接向银行出质。

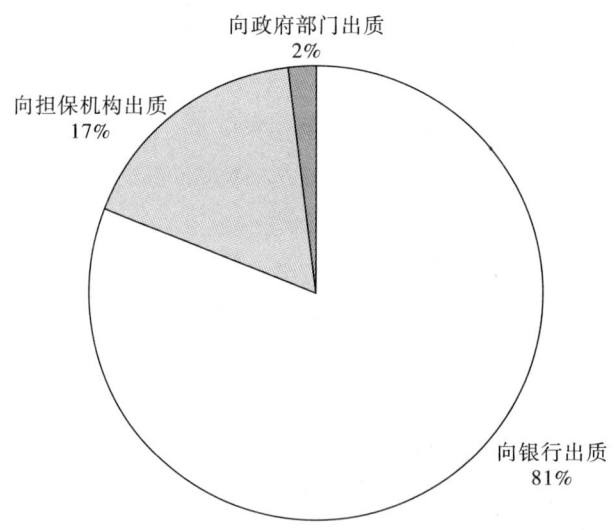

图5　2008年至2013年第二季度贵州省专利权质押贷款合同质权人情况

## 三　贵州省知识产权质押融资存在的主要法律问题

贵州省知识产权质押融资中存在的问题，既包括基于知识产权特性及知识产权质押制度产生的共性问题，也包括基于贵州省经济社会发展状况产生的特有问题。这些问题都应在构建贵州省知识产权质押融资制度的过程中予以重点考虑。

## （一）基于知识产权特性和知识产权权利辨别的法律问题

知识产权的存续和价值具有较大的可变动性和不稳定性。权利保护期限、权利人行为、市场环境等因素都极大地影响着（甚至决定着）其存续时间和价值。这就加大了知识产权质押贷款中的风险，也决定了知识产权质押贷款具有比例低、周期短、门槛相对较高等特点。

**1. 知识产权的辨别具有专业性**

知识产权往往不像房屋、车辆等有形财产那样显而易见，法律对知识产权权利的设立条件、存续时间、权利丧失等问题做出了严格的规定，故而，知识产权辨别具有较高的专业性要求。

**2. 知识产权存续与价值受权利保护期限的影响**

为促进社会科技文化发展，各国都对知识产权的保护期限（或存续时间）做出了规定。超过法律规定的期限且权利人未按规定续展的，知识产权即告消灭[1]；该知识产权转化为社会共同财富，为公众所共用。因此，知识产权受权利保护期限的影响，随着权利保护期限的缩短，该知识产权的价值也相应减少甚至消灭。

**3. 知识产权价值受权利人的行为的影响**

权利人的行为对知识产权的价值有很大影响。例如，商标权是权利人借以将其商品或服务与其他经营者的商品或服务加以区分的标志；商标价值是权利人商品、服务质量、商业信誉等因素的综合体现。故而，权利人的生产经营理念、能力、行为都直接决定了商标权价值的高低，一旦商标权人经营出现重大失误，商标权价值将迅速贬损甚至丧失。

**4. 知识产权价值受市场环境和他人行为的影响**

知识产权价值受市场环境和他人行为的影响包括：专利技术可能被新技术所取代，从而发生价值减损；商标权价值可能受到市场竞争和经济景气程度的影响；著作权易受侵权行为的侵害等。

---

[1] 根据《著作权法》第 21 条，作者的署名权、修改权、保护作品完整权的保护期不受限制。

## （二）基于知识产权质押融资参与主体角色的法律问题

**1. 政府直接参与融资，不利于形成良性的市场互动**

部分案例中，为促成贷款，政府有关部门直接参与知识产权质押融资：事前为企业和银行牵线搭桥；事中代为担保，解决银行贷款风险；事后积极协调，帮助企业完成质押登记。政府部门直接参与知识产权质押融资工作，在制度发展初期市场发育尚不完全时，具有其合理性和积极意义。但从长远看，这样的工作方式将极大地增加行政风险和财政负担，不利于形成良性的市场互动，也不符合有限政府和法治政府建设的趋势。总体来说，弊大于利。

**2. 银行的收益与风险不成正比，积极性普遍不高**

总体来看，银行开展知识产权质押融资工作的积极性不足。一方面，在大多数案例中，银行既是债权人，又是主要的质权人和评估人。一旦评估出现失误，或企业出现还款困难，银行将承担主要（甚至是全部）的损失。另一方面，现有政策主要是对企业贷款的贴息补助，银行开展知识产权质押融资业务的收益和风险不成正比，利益驱动不足。在2008年至2013年第一、二季度的知识产权贷款中（包括专利权质押贷款和商标权质押贷款），仅有中国农业银行、中国银行、中国光大银行、贵阳银行、重庆银行、农村信用合作社、农村银行和邮政储蓄银行等银行的少数支行（或分社）开设并实际发放了知识产权质押贷款，实际参与知识产权质押融资的银行数量少。

**3. 中介机构缺位，风险降低和分担机制没有形成**

从2008年至2013年第二季度的63例专利权质押融资案例中，企业以知识产权直接向银行出质的比例达到81%。关于银行自行对知识产权价值进行评估的情况，暂无统计数据，但从课题组调研所了解到的情况看，由银行对用于质押的知识产权价值自行评估的情况较为普遍。这表明，中介机构在知识产权质押融资工作中还没有发挥应有的作用，知识产权质押融资风险降低和分担机制没有形成。①

---

① 关于评估、担保等中介机构的作用，将在下文予以详述。

## （三）基于知识产权质押融资立法的法律问题

现有法律法规为知识产权质押融资制度提供了基本框架，但国家层面的立法和政策仍显原则化，可操作性有待增强。这既为地方立法①提供了空间，也要求地方立法为知识产权质押制度提供必要的补充，成为推动本地区知识产权质押融资制度发展的重要力量。贵州省在这一领域的立法仍有欠缺，未能很好地对法律法规中的不足进行补充和完善。

截至 2013 年 11 月，在专利权质押融资领域，有关部门已颁布和实施了《贵州省专利权质押贷款管理办法》和《贵州省专利权质押贷款贴息补助管理办法》两个规范性文件。在商标权质押融资领域，出台了《湄潭县工商局商标质押工作实施方案》和《遵义市商标专用权质押贷款办法（试行）》，商标权质押融资仍处于试点阶段，尚未在全省范围内铺开。在著作权质押融资领域，尚未出台相关规定。商标战略的深入实施和软件、电子集成电路等产业的发展，将对商标权质押融资、著作权质押融资和其他知识产权质押融资工作提出更高的要求。

## （四）基于知识产权价值评估的法律问题

贵州省知识产权价值评估机制不完善。一是在省内缺乏专业的知识产权价值评估机构。二是在已有的知识产权质押融资案例中，也没有很好地利用和引入外省专业知识产权价值评估机构。例如，在贵州省 2008 年至 2013 年第二季度成功的专利权质押贷款案例中，作为质押财产的专利权价值多数是由银行自行评估；2012 年的 3 例商标权质押贷款案例中，商标权的价值则全部未经专业评估机构评估，而是由作为出质人的企业和作为质权人的银行协商确定。由于银行和政府部门无法对每一领域的技术发展、市场发展和知识产权特性等情况都有全面和准确把握，因此，与专业的评估机构相比，银行和政府部门出现错评、误评的可能性更高。一旦出现债务人无法清偿债务的状况，银行就可能因对知识产权价值错评、误评承担较大的损失。

---

① 主要是以行政规范性文件在内的地方行政立法。

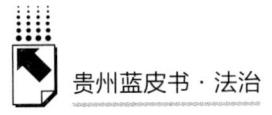

### （五）基于质权实现的法律问题

担保债的履行是质押制度的基本功能。当企业无法按时清偿债务时，质权人（从贵州省实践来看，银行是主要的质权人）首要面对的问题就是如何通过质权的实现，降低或弥补其损失。根据法律规定，质权人有权从质押财产变价中有限受偿，质权人实现质权的方式较为单一。同时，由于贵州省知识产权交易市场发育不完全，不利于质押权的实现。

无论是拍卖、变卖还是协商变价，都需要通过知识产权交易完成。而贵州省知识产权交易市场发育不完善，市场狭小、程序复杂严格、交易成本较高，客观上限制了知识产权质押权的实现。

## 四 完善贵州省知识产权质押融资制度的对策

### （一）明确贵州省知识产权质押融资制度定位和侧重点

知识产权质押融资制度既有其优势，又有其固有风险。作为一种新型的融资方式，它不可能有效地解决贵州省企业融资中的全部（甚至是大部分）问题，而只能作为传统担保融资的辅助方式，满足特定企业的部分融资需求。因此，完善贵州省企业知识产权质押融资制度，首先要明确该制度的定位和政策侧重点，针对特定对象的特定需求对症下药，使政策的制定和实施更有针对性。

**1. 侧重支持成长期[①]中小企业的进一步发展**

银行在进行贷款前，需要综合考虑企业的现金流、营业额等因素，对企业的经营情况和还款能力进行综合判断，进而决定企业的授信额度和贷款额度。初创期的中小企业（尤其是新设立的科技型企业）虽然也可能拥有发展潜力较大的知识产权，但其知识产权开发、运用能力和生产经营能力仍有待市场的

---

① 关于初创期和成长期中小企业的划分，业内没有统一标准。本报告认为，应结合企业经营年限、经营规模等方式进行综合判断。

检验；对这类中小企业，可以通过科技发展专项基金补助等方式支持其发展。

**2. 侧重支持实体经济和高新技术产业发展，与产业结构调整方向契合**

在选择支持知识产权质押融资企业时，应当充分考虑该企业所处产业情况和贵州省产业结构调整方向，对软件、环保、能源等重点扶持产业的企业融资的，给予重点支持。对从事高污染、高能耗、产能过剩的企业，减少或取消对其融资支持。

## （二）构建和完善贵州省知识产权质押融资制度的路径选择

构建和完善贵州省中小企业知识产权质押融资制度，应当明确各参与主体的角色和作用，探讨其参与知识产权质押融资工作的动力和阻力，提高各主体参与知识产权质押融资工作的积极性。一是要构建风险和成本的分担机制，合理地分解、消化知识产权质押贷款的风险和成本；二是要健全激励机制，通过政策优惠，提高各参与主体参与知识产权质押贷款的收益，提升其积极性。

## （三）建立健全贵州省知识产权质押融资制度

**1. 逐步建立健全政策体系**

一是在专利权质押融资经验的基础上，加紧研究和制定《贵州省知识产权质押融资中介机构管理办法》等规定，逐步建立健全知识产权质押融资制度和政策体系，使知识产权质押融资工作的开展有法可依，更加统一、规范。二是加大对银行开展专利权质押融资业务的政策支持和优惠力度。除已有的政府贴息外，允许银行在合理范围内自行调整知识产权质押融资贷款利率；对开展知识产权质押融资制度的银行给予一定的税收、补助等优惠。

**2. 深入推进商标权质押融资试点工作**

鼓励遵义市继续深入推进商标权质押融资的试点工作。同时，鼓励和支持各地、州、市选取本地区具有融资意愿和较好商标基础的企业开展商标权质押融资试点工作。待条件成熟后，制定《贵州省商标权质押融资管理办法》，开展全省范围内的商标权质押融资试点。

### 3. 探索以计算机软件著作权为代表的著作权质押融资制度

以战略性新兴产业的发展为契机,以贵阳市作为试点,探索建立以计算机软件著作权为代表的著作权质押融资制度。

## (四) 建立健全知识产权的权利辨别和价值评估机制

### 1. 引入律师事务所,降低知识产权权利辨别风险

开展知识产权质押融资业务,首先要解决知识产权权利辨别的问题,即企业拟用于质押的知识产权是否恰当。政府和作为债权人的银行,虽然也要对知识产权权利辨别问题进行严格审查,但其并非从事知识产权工作的专业人士,难免有所疏漏。因此,由律师事务所对知识产权权利情况进行审查,作为知识产权质押融资工作开展的前置程序,可以最大限度地避免知识产权权利辨别的风险。

### 2. 引入专业评估公司,降低知识产权评估风险

在知识产权质押融资的过程中,引入专业评估,帮助出质人和质权人对知识产权价值形成科学、准确的认识,降低知识产权评估风险。(1) 通过税收优惠、财政补助等方式鼓励专业评估机构来黔开设分所,鼓励现有的资产评估机构开展知识产权质押融资机构;(2) 鼓励组建知识产权评估机构行业协会等自律性组织,并开展评估机构信誉评级等工作,提高评估机构的自律性;(3) 在政府资金介入或由政府设立的担保公司进行担保的知识产权质押融资案例中,要求出质人委托专业评估公司对其拟用于质押的知识产权进行评估;(4) 通过科技专项资金、商标发展战略专项基金等项目,对出质人的评估费用进行补贴。

### 3. 完善知识产权价值评估数据平台

在现有基础上,进一步完善知识产权数据平台,将已有知识产权评估案例计入数据库,实现知识产权评估数据在合理范围内的共享,为将来知识产权价值评估提供参考,提高评估的准确性。

### 4. 建立健全知识产权质押融资风险分担机制

财政部、知识产权局、银监会等六部门下发的《关于加强知识产权质押融资与评估管理支持中小企业发展的通知》提出,要建立引导企业开展同业

担保业务,构建知识产权质押融资多层次风险分担机制。① 合理的风险分担有利于提升各参与主体(尤其是作为主要风险承担人的银行)开展知识产权质押融资制度的积极性。因此,建立健全风险分担机制是完善知识产权质押融资制度的关键。

### (五)知识产权质权实现的风险防范

**1. 引导企业开展同业担保业务**

通过同业企业对知识产权质押融资担保,银行于债权到期时可以将其债权与质权一并转让给该同业企业,既能解决贷款企业的债务危机,又能保证银行实现其担保物权,降低处置风险。更重要的是,同业企业对该知识产权的价值有足够了解,并有能力发挥该知识产权的价值。相比单独对质物的处置,将债权与质权一并转让的方式更能保障知识产权价值的实现。

**2. 完善知识产权交易市场**

一是制定统一的知识产权交易地方性法规。二是构建统一的知识产权交易平台。近年来许多知识产权的交易平台在政府的扶持下相继产生,如上海知识产权交易中心、杭州创新知识产权公共服务平台运营的中国创新交易所、天津滨海国际知识产权交易所等,一些私营企业也建立知识产权交易网站,提供交易中介服务,但这些交易平台颇具地方特色,规模有限,未能从根本上改善我国知识产权的交易情况。三是发展知识产权产业化。着力提高全社会的知识产权意识,鼓励知识产权创造和运用,完善知识产权管理体系,促进知识产权应用的支撑体系,推进具有自主知识产权的成果产业化,大力建设知识产权交易市场,繁荣知识产权交易,实现知识产权资源配置的最优化,营造有利于实施国家知识产权战略的环境,为知识产权融资铺平道路。

---

① 参见《关于加强知识产权质押融资与评估管理支持中小企业发展的通知》第1条。

# B.12 贵州省民族自治地方立法研究*
## ——兼以纪念《民族区域自治法》实施30周年

王 飞 吴大华 兰元富**

**摘 要：** 贵州省民族自治地方所制定、修改或废止的系列自治条例、单行条例和变通规定，符合《宪法》《立法法》《民族区域自治法》和有关法律的基本原则，反映了贵州省民族地区少数民族的政治、经济、文化特点，体现了贵州省民族自治地方改革开放的精神，有力地促进了民族自治地方的民族团结，推进了民族自治地方政治、经济、社会、文化建设事业的发展。下一步需继续加强民族自治立法工作，进一步提高立法质量，从而在推进依法治省进程、助推"法治贵州"构建、加快民族地区改革开放和经济社会发展中发挥更大的作用。

**关键词：** 贵州省 民族自治地方 立法

从省情看，贵州是一个多民族共居的省份。全省共有民族成分56个，其中世居少数民族有苗族、布依族、侗族、土家族、彝族、仡佬族、水族、回族、白族、瑶族、壮族、畲族、毛南族、满族、蒙古族、仫佬族、羌族等17个民族。

---

\* 本文系2013年度贵州省甲秀文化人才资助项目"法治贵州建设研究"（编号：理论类1号）阶段性成果。

\*\* 王飞，贵州省社会科学院法律研究所副研究员，法学博士，中国民族法学研究会副秘书长；吴大华，贵州省社会科学院院长、二级研究员，法学博士后，博士生导师，中国民族法学研究会常务副会长；兰元富，贵州民族大学法学院副教授。

据第六次全国人口普查，贵州全省常住人口中少数民族人口为1254.7983万人，占36.11%；少数民族人口总量在全国排第4位，比重排第5位。全省有3个民族自治州（黔东南苗族侗族自治州、黔南布依族苗族自治州、黔西南布依族苗族自治州），11个民族自治县（威宁彝族回族苗族自治县、松桃苗族自治县、三都水族自治县、镇宁布依族苗族自治县、紫云苗族布依族自治县、关岭布依族苗族自治县、玉屏侗族自治县、印江土家族苗族自治县、沿河土家族自治县、务川仡佬族苗族自治县、道真仡佬族苗族自治县）。地级行政区划单位3个，占全省的33.3%；县级行政区划单位46个，占全省的52.3%。少数民族自治地区国土面积9.78万平方公里，占全省国土面积的55.5%。基于这一省情，考察贵州省民族自治地方立法情况具有特殊的意义。1984年我国《民族区域自治法》颁布实施，开启了全国民族区域自治法制化的新阶段。经过30年的发展和变化，贵州省民族自治地方立法工作得到了较快的发展，取得了较好的成绩。

## 一　贵州省民族自治地方立法的概况

自1983年7月《紫云苗族布依族自治县执行〈中华人民共和国婚姻法〉变通规定》制定以来，贵州省民族自治地方先后颁行（修改或废止）了近100件自治条例、单行条例和执行国家有关法律的变通规定（下文简称"变通规定"）。① 现将其情况按照每类立法获得贵州省人大常委会批准时间的大致顺序简要梳理如下。

---

① 根据《宪法》《立法法》和《民族区域自治法》以及有关法律的规定，贵州省下辖3个自治州和11个自治县的人民代表大会有权依照当地民族的政治、经济和文化的特点，制定自治条例、单行条例和执行国家有关法律的变通或者补充的规定。自治州、自治县的自治条例、单行条例，报贵州省人民代表大会常务委员会批准后生效，并由贵州省人民代表大会常务委员会报全国人民代表大会常务委员会和国务院备案。根据目前学界大多数学者的看法，自治条例是指由民族自治地方享有相应立法权限的机关，依照宪法和民族区域自治法的规定制定的关于本地方实行区域自治的组织和活动原则、自治机关的组成、职权以及自治地方有关重大问题的综合性规范性文件。单行条例是指民族自治地方享有相应立法权限的机关，根据当地民族的政治、经济和文化特点而制定的关于某一方面具体事项的规范性文件。变通规定则有两种情况，一种是民族自治地方对上级国家机关的决议、决定、命令和指示中不适合本地实际情况的规定做出的变通规定，报经上级国家机关批准后变通执行或停止执行；另一种情况是民族自治地方根据有关法律的特别授权，在贯彻执行这些法律时，根据本地区的实际情况而制定的某些变通规定或补充规定。就本文研究立法而言，尽管国家有关法律授权（转下页注）

### （一）自治条例类立法情况

这类立法（包括被修改或被废止）主要有：《黔南布依族苗族自治州自治条例》（1986年7月11日，① 1989年7月26日第一次修改，2006年3月30日第二次修改）、《黔东南苗族侗族自治州自治条例》（1987年7月16日，2006年5月26日修改）、《黔西南布依族苗族自治州自治条例》（1988年1月10日，1988年5月14日第一次修改，2006年7月19日第二次修改）、《玉屏侗族自治县自治条例》（1988年7月15日，2006年5月26日修改）、《松桃苗族自治县自治条例》（1988年9月20日，2006年5月26日修改）、《紫云苗族布依族自治县自治条例》（1989年5月19日，2006年5月26日修改）、《镇宁布依族苗族自治县自治条例》（1989年7月26日，2006年7月19日修改）、《关岭布依族苗族自治县自治条例》（1989年11月25日，2006年7月19日修改）、《印江土家族苗族自治县自治条例》（1990年1月19日，2006年3月30日修改）、《道真仡佬族苗族自治县自治条例》（1990年7月21日，2006年5月26日修改）、《沿河土家族自治县自治条例》（1991年7月24日，2006年7月19日修改）、《务川仡佬族苗族自治县自治条例》（1991年7月24日，2006年3月30日修改）、《威宁彝族回族苗族自治县自治条例》（1992年9月17日，2006年7月19日修改）、《三都水族自治县自治条例》（1992年11月5日，2006年3月30日修改）。

---

（接上页注①）民族自治地方，有权根据当地少数民族政治、经济、文化特点对非基本原则性规定进行变通或者补充，但从笔者收集的贵州省民族自治地方立法相关资料来看，都是采取变通方式进行规定，尚未发现通过补充方式进行单独专项规定的情况。此外，还需说明的是，贵州省第九届人大常委会于2002年7月30日通过的《贵州省民族民间文化保护条例》，贵州省第十届人大常委会于2005年9月23日通过的《贵州省实施〈中华人民共和国民族区域自治法〉若干规定》等地方性法规，贵州省人民政府于1996年8月23日颁布的《贵州省实施〈民族乡行政工作条例〉办法》〔贵州省人民政府令第24号〕和《贵州省实施〈城市民族工作条例〉办法》〔贵州省人民政府令第25号〕等地方行政规章。从立法属性上讲，这些贵州省级国家机关制定的关于民族工作的地方性法规和行政规章，既不属于自治条例，也不属于单行条例，更不属于变通规定。本文也就暂不论述。

① 此时间为贵州省人民代表大会常务委员会批准日期，下文同。

## （二）单行条例类立法情况

关于经济发展方面的立法主要有：《黔西南布依族苗族自治州鼓励外商和华侨港澳台同胞投资条例》（1995年9月22日，2002年12月27日废止）、《黔南布依族苗族自治州个体工商户和私营企业权益保护条例》（1998年5月23日，2006年9月22日修改）、《黔南布依族苗族自治州惩治生产销售假冒伪劣商品违法行为条例》（1998年5月23日）、《黔东南苗族侗族自治州个体工商户私营企业条例》（1999年5月30日）、《务川仡佬族苗族自治县非公有制经济发展保护条例》（1999年5月30日）、《玉屏侗族自治县个体经济私营经济发展保护条例》（2000年3月24日，2004年5月28日修改）、《镇宁布依族苗族自治县非公有制经济发展保护条例》（2000年5月27日）、《松桃苗族自治县农业承包经营权继续承包条例》（2000年5月27日）、《黔西南布依族苗族自治州个体工商户私营企业发展与保护条例》（2000年7月22日，2002年12月27日修改）、《玉屏侗族自治县预算外资金管理条例》（2001年3月29日，2011年5月31日废止）、《印江土家族苗族自治县非耕地开发管理条例》（2001年5月25日）、《紫云苗族布依族自治县非公有制经济发展保护条例》（2001年7月21日）、《印江土家族苗族自治县非公有制经济发展保护条例》（2001年9月23日）、《松桃苗族自治县非公有制经济发展保护条例》（2002年5月26日，2013年3月30日废止）、《威宁彝族回族苗族自治县非公有制经济发展保护条例》（2002年7月30日）、《沿河土家族自治县非公有制经济发展保护条例》（2002年12月27日）、《三都水族自治县乡村公路条例》（2005年5月27日）、《玉屏侗族自治县乡村公路条例》（2006年9月22日）、《威宁彝族回族苗族自治县畜牧业发展条例》（2010年3月31日）、《黔西南布依族苗族自治州农作物种子管理条例》（2010年5月28日）、《黔南布依族苗族自治州畜禽防疫条例》（2010年7月28日）、《松桃苗族自治县农村公路条例》（2010年7月28日）、《威宁彝族回族苗族自治县农村公路条例》（2011年3月30日）、《三都水族自治县都柳江渔业条例》（2011年5月31日）、《黔东南苗族侗族自治州农村公路条例》（2011年9月27日）。

关于环境、风景区资源方面的立法主要有：《道真仡佬族苗族自治县水资源管理条例》(1995年5月31日)、《紫云苗族布依族自治县格凸河穿洞风景名胜区管理条例》(2000年5月27日)、《威宁彝族回族苗族自治县草海保护条例》(2001年1月5日,2013年7月26日修改)、《沿河土家族自治县乌江沿岸生态环境保护条例》(2001年5月25日)、《黔西南布依族苗族自治州天然林保护条例》(2001年7月21日)、《黔南布依族苗族自治州荔波樟江风景名胜区管理条例》(2001年7月21日)、《关岭布依族苗族自治县封山育林条例》(2002年7月30日)、《关岭布依族苗族自治县古生物化石资源保护条例》(2002年7月30日)、《镇宁布依族苗族自治县水资源管理条例》(2002年9月29日)、《黔东南苗族侗族自治州舞阳河风景名胜区管理条例》(2003年7月26日,2013年3月30日修改)、《黔东南苗族侗族自治州里禾水库水资源保护条例》(2004年5月28日)、《黔南布依族苗族自治州岩溶资源保护条例》(2007年3月30日)、《务川仡佬族苗族自治县洪渡河生态环境保护条例》(2008年7月24日)、《印江土家族苗族自治县印江河保护条例》(2009年7月29日)。

关于城镇建设方面的立法主要有:《镇宁布依族苗族自治县城镇规划建设管理条例》(1999年5月30日,2011年7月29日废止)、《黔南布依族苗族自治州城镇建设管理条例》(1999年7月27日,2006年9月22日修改)、《玉屏侗族自治县城镇规划建设管理条例》(2000年3月24日)、《印江土家族苗族自治县城镇管理条例》(2000年5月27日)、《道真仡佬族苗族自治县城镇管理条例》(2000年7月22日)、《威宁彝族回族苗族自治县城镇规划建设管理条例》(2000年9月22日)、《关岭布依族苗族自治县城镇规划建设管理条例》(2001年3月29日,2011年9月27日废止)、《务川仡佬族苗族自治县城镇环境管理条例》(2001年5月25日,2004年5月28日修改)、《松桃苗族自治县城镇管理条例》(2001年5月25日,2011年9月27日修改)、《沿河土家族自治县城镇管理条例》(2002年5月26日)、《黔东南苗族侗族自治州城镇建设管理条例》(2005年5月27日)、《三都水族自治县城镇管理条例》(2005年5月27日)、《紫云苗族布依族自治县城镇管理条例》(2008年7月24日)、《印江土家族苗族自治县城镇管理条例》(2011年3月30日)、《沿河土家族自治县城镇管理条例》(2011年5月31日)。

科技、教育、文化等其他方面立法主要有：《黔南布依族苗族自治州科学技术进步条例》（1999年7月27日）、《黔东南苗族侗族自治州档案管理条例》（2000年5月271）、《黔南布依族苗族自治州档案管理奖励与处罚办法》（2000年5月27日）、《黔西南布依族苗族自治州教育条例》（2000年7月22日）、《印江土家族苗族自治县法制宣传教育条例》（2001年5月25日）、《镇宁布依族苗族自治县科学技术进步条例》（2001年9月23日）、《黔东南苗族侗族自治州农村消防条例》（2002年5月26日）、《黔西南布依族苗族自治州档案管理条例》（2004年5月28日）、《黔东南苗族侗族自治州民族文化村寨保护条例》（2008年5月30日）、《三都水族自治县水书文化保护条例》（2008年5月30日）、《黔东南苗族侗族自治州镇远历史文化名城保护条例》（2009年5月27日）、《三都水族自治县村寨消防条例》（2010年3月31日）、《玉屏侗族自治县非物质文化遗产保护条例》（2010年5月28日）、《黔西南布依族苗族自治州科学技术进步条例》（2011年7月29日）、《黔南布依族苗族自治州旅游发展条例》（2011年7月29日）、《黔东南苗族侗族自治州森林防火条例》（2012年5月25日）。

（三）变通规定类立法

贵州省民族自治地方的这类变通规定，大多是关于婚姻法方面的，也有些是关于森林法方面的。其中，关于婚姻法变通方面的立法主要有：《紫云苗族布依族自治县执行〈中华人民共和国婚姻法〉变通规定》（1983年7月20日，2003年7月26日废止）、《松桃苗族自治县执行〈中华人民共和国婚姻法〉变通规定》（1985年4月23日，2002年5月26日废止）、《黔南布依族苗族自治州执行〈中华人民共和国婚姻法〉的变通规定（试行）》（1985年7月9日，1994年6月1日废止）、《镇宁布依族苗族自治县执行〈中华人民共和国婚姻法〉变通规定》（1985年12月18日，2009年9月25日废止）、《黔南布依族苗族自治州执行〈中华人民共和国婚姻法〉的变通规定》（1994年6月1日，1999年5月30日修改，2011年3月30日废止）。此外，关于森林法变通方面的立法主要有：《黔西南布依族苗族自治州执行〈中华人民共和国森林法〉变通规定》（1996年8月2日）。

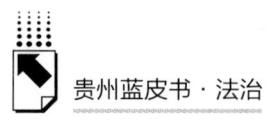

## 二 贵州省民族自治地方立法的特点

贵州省民族自治地方制定、修改或废止上述自治条例、单行条例和变通规定，符合《宪法》《立法法》《民族区域自治法》和有关法律的基本原则，反映了贵州省民族地区少数民族的政治、经济、文化特点，体现了贵州省民族自治地方改革开放的精神，有力地促进了民族自治地方的民族团结，推进了民族自治地方政治、经济、社会、文化建设事业的发展。从总的情况看，贵州省民族自治地方的立法具有以下特点。

### （一）立法重点较突出，内容较广泛，体现了民族自治地方立法的灵活性和原则性

贵州省民族自治地方立法注重立足本地实际，服务当地经济社会发展。30多年来，贵州省民族自治地方立法坚持围绕中心，服务大局。围绕加快经济发展、推动城镇建设、保护民族文化、维护生态环境、加强民族团结等重点工作开展立法。特别是加强了有关经济方面的立法，在一定程度上体现了立法为地方经济建设服务的宗旨。在内容上，这些自治条例、单行条例以及变通规定涉及的内容比较广泛，涉及非公经济、农业发展、农村公路、环境保护、景区管理、城镇管理、教育科技、民族文化、婚姻法、森林法等。

在具体的立法实践过程中，贵州省民族自治地方坚持从实际需要出发，兼顾灵活性与原则性，对所制定的规范条款进行区别考量，能细化的尽量作细化描述，实在难以细化的就按照国家法律原则精神进行处理。这种处理的优势在于，弥补了国家法律对调整对象大多作宏观性规定的缺憾。作为我国西部的一个多民族内陆省份，贵州省内的经济社会发展也比较不平稳，民族自治地方相对更为欠发达、欠发展。鉴于贵州省民族自治地方发展的实际差异，如果国家相关法律规范过于原则化和抽象，那么这类条款在实际运作中就很难得到真正的有效执行。民族自治地方立法注重从当地民族特色和实际情况出发，在法律授权范围内进行灵活性的细化处理以及制定新的规范，由此增强了规范的针对性和实际操作性。总体而言，前述条例大多是围绕民族自治地方的经济、社

会、文化发展所需而制定的,因而对当地的经济社会发展发挥了较好的推进作用。

### (二)多数立法体现了民族自治地方的政治、经济和文化特点,反映了当地民族特色

贵州省民族自治地方立法总体上达到了突出当地民族特色和地方特点的要求。在自治条例方面,贵州省下辖的3个自治州和11个自治县都制定了自治条例。尽管有些自治条例可能存在这样或那样的不足,但是我们应当看到这些自治条例所体现出来的法治等重要意义。它们是贵州省民族自治地方的人民代表大会根据《宪法》《立法法》和《民族区域自治法》赋予的权力所制定的规范性文件。它们既在一定程度上反映了当地民族的政治、经济、文化特点,又使当地少数民族实行区域自治有了更为具体的规范保障,还促使当地自治机关职权行使上的规范化、制度化和法制化,不但有利于调处民族自治地方的社会关系及矛盾纠纷,而且推动了民族自治地方的法治化进程。

在单行条例方面,相比一些自治条例的中规中矩,贵州省民族自治地方颁行的一些单行条例则更为突出经济社会发展过程中的地方特色和民族特色。这类条例在环境、资源、景区和文化保护方面体现得尤其明显。比如,《威宁彝族回族苗族自治县草海保护条例》《关岭布依族苗族自治县古生物化石资源保护条例》《黔东南苗族侗族自治州镇远历史文化名城保护条例》《黔东南苗族侗族自治州民族文化村寨保护条例》《三都水族自治县水书文化保护条例》《玉屏侗族自治县非物质文化遗产保护条例》等都体现了当地特色和民族特色。

在变通规定方面,自《民族区域自治法》实施以来,贵州省民族自治地方颁行变通规定主要有紫云自治县、松桃自治县、镇远自治县和黔南自治州在执行婚姻法上的变通,以及黔西南自治州在执行森林法上的变通。以对婚姻法的变通执行为例,这些变通规定在一定程度上和一定时期内缓解了当地少数民族婚姻习俗与国家婚姻法的直接冲突,为引导当地少数民族成员逐步自愿改变婚姻习俗,促进国家婚姻法逐步得到切实的统一实施赢得了时间,促进了当地的社会进步和文化变迁,从而较好地维护了民族团结和社会稳定。

### （三）加强了相关自治立法的立、改、废

进入 21 世纪以来，贵州省民族自治地方逐步注重对自治立法的及时制定、修改或废止，特别是近年来更是如此。

一是加强了对道路交通、资源环境、文化旅游等当地经济社会发展急需领域的立法建设。比如，在农村公路的建设、养护和管理上，像《三都水族自治县乡村公路条例》《玉屏侗族自治县乡村公路条例》《松桃苗族自治县农村公路条例》《威宁彝族回族苗族自治县农村公路条例》《黔东南苗族侗族自治州农村公路条例》等都是自 2005 年开始制定的。再如，在河流、湖泊等水资源的保护上，像《威宁彝族回族苗族自治县草海保护条例》《黔东南苗族侗族自治州舞阳河风景名胜区管理条例》《务川仡佬族苗族自治县洪渡河生态环境保护条例》《印江土家族苗族自治县印江河保护条例》等都是自 2008 年开始制定或修改的。又如，在民族文化旅游发展保护上，像《黔东南苗族侗族自治州民族文化村寨保护条例》《三都水族自治县水书文化保护条例》《黔东南苗族侗族自治州镇远历史文化名城保护条例》《玉屏侗族自治县非物质文化遗产保护条例》《黔南布依族苗族自治州旅游发展条例》等都是自 2008 年开始制定的。

二是加强了对不适应经济社会发展需要的自治立法的修改。贵州省下辖所有自治州县的 14 个自治条例在 2006 年都进行了修改。曾经颁行婚姻法变通规定的州县都废止这类变通规定。此外，黔南布依族苗族自治州、黔西南布依族苗族自治州、玉屏侗族自治县等还对不适应经济社会发展的保护个体经济、私营经济发展等条例进行修改，黔西南布依族苗族自治州、玉屏侗族自治县、松桃苗族自治县等还各自废止了过时的外商投资、预算外资金管理、非公经济发展保护等条例。这些条例的修改或废止，较好地解决了贵州省民族自治地方立法中存在的不适应、不协调等问题，有利于实现立法反映现实需要的追求。

通过上述自治立法的立、改、废工作，截至 2013 年 8 月底，贵州省民族自治地方现行有效自治条例、单行条例和变通规定达到了 90 余件，尽管相比有的民族自治地方较大的自治立法数量而言，贵州省民族自治地方立法数量可能并不算多，但还是占贵州省 340 余件现行有效地方性法规（自治条例和单行条例）的 27%。这反映出贵州省民族自治地方经过 30 余年的立法实践，随着立法数量的增加，地方立法经验也不断积累。

### （四）聘请专家、学者担任立法顾问，实行开门立法，呈现一定的开拓创新精神

经过 30 多年实践探索和总结提高，贵州省民族自治地方立法工作机制也逐渐趋于科学化，工作程序也趋于更为规范，工作方式也注重更加完善。一般而言，邀请法律专家参加立法工作，有利于解决立法中的难题，也有利于法律体系及法规的科学性与规范性。针对专家立法的这一优势，为了提高自治立法的技术水平和规范效应，更加体现立法的科学性、民主性和公开公正原则，一些自治州、自治县出台了一系列制度，推行开门立法。比如，黔东南苗族侗族自治州人大常委会就完善了立法顾问制度。该州从 2007 年起在高等院校和司法机关聘请了 10 名法学理论功底深厚或司法实务经验丰富的专家学者为州人大常委会立法顾问，充分发挥立法顾问在自治立法工作中的重要作用，让他们为提高立法质量，持续推动自治州立法的步伐而出谋划策和法律把关。此外，该州在立法项目的选择、法规起草、调研、审议、修改等环节，还广泛听取自治州人大代表和各族群众的意见，并通过网络、电视、报纸向社会公开征集立法项目建议，适时召开立法草案听证会等，广泛征求社会各界人士的意见。

## 三 贵州省民族自治地方立法的前瞻

2012 年国务院颁布的《关于进一步促进贵州经济社会又好又快发展的若干意见》明确提出，要把贵州省建设成为"民族团结进步繁荣发展示范区"。这为贵州省民族自治地方的发展指明了一个努力方向。当前，贵州省民族自治地方立法工作进展并不平衡，还不能完全适应民族自治地方全面深化改革新形势的发展要求。因此，贵州省民族自治地方还需要进一步加强民族自治立法工作，进一步提高立法质量，从而在推进依法治省进程、助推"法治贵州"构建、加快民族地区改革开放和经济社会发展中发挥更大的作用。

**（一）进一步加强立法调研，做好立法规划，规范立法程序，满足发展需要**

在今后的自治立法过程中，贵州省民族自治地方应当继续坚持深入实地调查研究，了解本地经济、社会、文化和生态文明发展中存在的主要矛盾和突出问题，充分掌握本地经济社会发展的实际情况。坚持以经济建设为中心，以促进当地经济发展、社会进步、文化繁荣为目的，积极做好立法规划，切实把握需立之法的轻重缓急和制定进程的循序渐进，不断促使自治立法与本地的改革发展要求相适应。要进一步重视立法程序工作，坚持科学立法、民主立法、开门立法，完善立法草案的调研、起草、论证等工作，进一步规范立法的论证、审议、表决等程序，广泛听取当地各族群众和社会各界的意见，逐步扩大当地民众有序参与立法工作。要使立法过程逐步成为与当地各族群众交流沟通、化解社会矛盾的过程，成为反映民情、体现民意、集中民智的过程，成为学法普法、营造良好法制环境的过程。

**（二）进一步突出民族特色和反映地方特点，提高立法质量，实现务实管用**

贵州省民族自治地方立法要进一步突出民族特色和反映地方特点，增强规范的可操作性。应注意把握以下几点：一是要着眼于本地的特殊需要，具有自身的特点。受立法权限的制约，民族自治地方立法的效力范围也仅限于本地适用。任何根据外地立法范本的随意"翻版"或规定的泛化，皆失去了民族自治地方立法本身的价值意蕴。因此，在具体立法过程中，必须根据本地民族的政治、经济、文化特点，比如民族的生活方式、生产方式以及社会经济发展等方面的特色，结合其发展的现实需要，准确切入"上位法"的一些空白点和抽象点来制定（修改）自治条例、单行条例或变通规定，由此突出本地特点和民族特色。二是要注重提高立法质量，注意法规的针对性和可操作性。结合贵州省民族自治地方立法工作的实践看，要特别防范立法体系化倾向的蔓延，切忌追求立法的"大而全"或"小而全"，恰当采取成熟几条就制定几条的方式，从而大大增强条款的可操作性，达到制定的规范务实管用。民族自治立法条款内容一旦能够真正实现本地化、具体化、明确化和具有针对性，民族自治地方也就可以从立法中获得更多的发展实惠。

### （三）进一步用足立法权限，加快民族自治立法的制定、修改或废止工作，注意适度超前，增加社会效益

立法自治权是《宪法》《立法法》《民族区域自治法》赋予民族自治地方的特殊权力。贵州省民族自治地方的立法机关要进一步解放思想，认真研究，领会法意，准确把握，充分用足用好用活这一法定权力，从根本上落实民族区域自治的实质内涵和法律精神，加快本地民族自治立法的制定、修改和清理工作。此外，变通权也是民族自治地方享有的一种特殊立法权，贵州省民族自治地方在这一权力上的探索也还不够，对灵活运用变通权有效促进本地经济和社会发展的思考及实践也不多。在下一步的立法工作中，要在法律授权范围内，保持适度的立法超前意识，充分发挥民族自治地方立法的社会效益。鉴于此，根据贵州省民族自治地方的立法实践和社会经济发展的现实情况，今后应当继续加大民族自治地方自然资源和生态环境保护、民族民间传统文化及知识产权保护、非物质文化遗产保护、少数民族产品地理标志保护、少数民族文化村寨保护、少数民族文化旅游资源保护、散居少数民族权益保障等方面的立法步伐。

# B.13 贵州生态文明法治建设存在的问题与对策研究[*]

兰元富[**]

**摘　要：** 贵州生态保存良好，但十分脆弱，极易受到破坏，很难修复。法治是贵州省生态文明建设的重要保障，同时也是生态文明建设方式的最佳选择。本文从贵州生态文明法治建设的现状出发，对贵州生态文明法治建设中存在的问题展开探讨，并提出相关完善建议。

**关键词：** 贵州省　生态文明　法治建设

2013年5月24日，习近平总书记在中央政治局第六次集体学习时的讲话中强调："保护生态环境必须依靠制度、依靠法治。只有实行最严格的制度、最严密的法治，才能为生态文明建设提供可靠的保障"。[①] 2013年11月12日，中国共产党第十八届中央委员会第三次全体会议通过的《中共中央关于全面深化改革若干重大问题的决定》在第十四部分"加快生态文明制度建设"中提出："必须建立系统完整的生态文明制度体系，实行最严格的源头保护制度、损害赔偿制度、责任追究制度，完善环境治理和生态修复制度，用制度保

---

[*] 贵州省软科学项目"西部开发中贵州生态文明法治建设研究"（立项编号：2013GZ22585）阶段性成果。课题组成员：陈小平、兰元富、姚知兵。

[**] 兰元富，贵州民族大学法学院副教授、硕士研究生导师，贵州省社会科学院法治研究中心研究员。

[①] 《习近平主持中共中央政治局第六次集体学习》，新华网，2013年5月24日。

护生态环境；要健全自然资源资产产权制度和用途管理制度，划定生态保护红线，实行资源有偿使用制度和生态补偿制度，改革生态环境保护管理体制。"① 2013年12月8日，中国共产党贵州省第十一届委员会第四次全体会议通过《中共贵州省委关于贯彻落实〈中共中央关于全面深化改革若干重大问题的决定〉的实施意见》第十五部分"创新生态文明建设体制机制，加快创建全国生态文明先行区"中提出："……（61）强化生态文明建设法制保障。制定《贵州省生态文明建设促进条例》《贵州省大气污染防治条例》《贵州省水资源保护条例》等法规，加强重点区域、重点领域生态环境保护专项立法。加大执法力度，2014年在公检法司系统通过整合力量、优化结构的方式，组建生态环境保护执法机构和队伍，对造成生态环境损害的责任者严格实行赔偿制度，依法追究刑事责任。建立环保人民陪审员制度和专家咨询制度。有法人资格的国家机关、事业单位和认定的环保志愿者可以作为诉讼主体，对破坏生态、污染环境等案件提起公益诉讼。支持发展生态环保中介专业鉴定机构。健全举报制度，加强社会监督，建立生态环境信息发布制度。深入开展生态文明法制宣传教育，加强生态环保法律援助和人民调解工作。"② 从以上所列的中央及贵州省委的重要会议和文件精神可看出，"生态文明建设"作为一项重要内容被提出来。贵州在经过多年的努力，在生态文明法治建设方面取得了较大的成就，同时也还存在不少问题，下面将逐一展开论述。

## 一　贵州生态文明法治建设的现状

### （一）贵州生态文明法治建设立法成就

为了推进贵州生态文明建设工作有序地展开，贵州省先后制定了大批地方性法规及单行条例：《贵州省资源综合利用条例》《贵州省环境影响评价条例》《贵州省环境保护条例》《贵州省赤水河流域保护条例》《贵州省红枫湖百花湖

---

① 《中共中央关于全面深化改革若干重大问题的决定》，新华网，2013年11月15日。
② 《中共贵州省委关于贯彻落实〈中共中央关于全面深化改革若干重大问题的决定〉的实施意见》，《贵州日报》2013年12月11日。

水资源环境保护条例》《贵州省城镇供水节水管理条例》《贵州省矿产资源执法监察条例》《贵州省矿产资源条例》《贵州省矿产资源补偿费征收管理实施办法》《贵州省实施〈中华人民共和国水土保持法〉办法》（修订）、《贵州省基本农田保护条例》《贵州省水土保持条例》《贵州省土地管理条例》《贵州省土地整治条例》《贵州省地质环境管理保护条例》《贵州省气象灾害防御条例》《贵州省防震减灾条例》《贵州省森林公园管理条例》《贵州省森林林木林地流转条例》《贵州省森林条例》《贵州省绿化条例》《三都水族自治县村寨消防条例》《黔东南苗族侗族自治州民族文化村寨保护条例》《沿河土家族自治县乌江沿岸生态环境保护条例》《务川仡佬族苗族自治县洪渡河生态环境保护条例》《黔东南苗族侗族自治州里禾水库水资源保护条例》等30多部法规，这些地方性法规及单行条例的颁布施行，极大地促进了贵州地方经济、社会、文化和生态环境可持续发展，并为此提供了坚实的法治保障。

## （二）贵州生态文明法治建设执法成就

2011年以来，贵州生态文明法治建设不断强化，取得了长足的发展。贵州以邓小平理论、"三个代表"和科学发展观为指导思想，围绕"加速发展、加快转型、推动跨越"主基调和"工业强省"、"城镇化带动"两大战略，以国家法律法规和上述的地方性法规及单行条例为依据，生态文明执法工作不断强化，取得较大的成绩。

2007年11月贵州省清镇市人民法院成立环境保护法庭，截至2012年12月，共审理各类环境保护案件527件。[①] 如以《贵州省红枫湖百花湖水资源环境保护条例》为依据针对红枫湖环境污染进行了建庭后第一件环境污染案件的审理，加大了对红枫湖区污染排放的企业制裁力度，取得了良好的社会效益。同时，加大了重点河流保护的执法力度。如对赤水河的保护就是一个典型事例。国酒茅台及泸州老窖等数十种享誉中外的美酒都是由赤水河之水酿造而成。早在2006年，贵州省人民政府就发布了《贵州省人民政府关于加强赤水河上游生态环境保护和建设的意见》，要求加强赤水河上现有生态环境的保护

---

① 丁力辛：《清镇："环保法庭"还百姓碧水蓝天》，中国法院网，2013年3月16日。

和建设，保障国酒茅台等名优白酒的生产环境安全，依法关闭和淘汰了170多家酿造、煤矿、建材等污染企业。① 2011年7月29日贵州省第十一届人民代表大会常务委员会第二十三次会议通过《贵州省赤水河流域保护条例》，自2011年10月1日施行，这又为执法提供了更强有力的依据。此外，不断推进重点污染行业的执法工作。如自2005年起针对松桃县电解锰行业的特性，采取了"一厂一策"治理模式，实行严格监管执法。到2012年9月率先实现了稳定达标，该模式现已成为贵州全省矿产行业的执法模范，全省借鉴、吸收其执法工作经验。② 除此之外，近年来，贵州执法部门还强化了对产业集聚区、工业园区、生态敏感区、重点排污企业的环境执法监督检查。

## 二 贵州生态文明法治建设存在的问题

### （一）立法方面的缺陷

如前所述，贵州已经制定了30多部地方性法规及单行条例，但由于贵州省复杂的生态环境状况、经济文化发展水平等方面的影响，在立法方面还存在不足之处。

**1. 生态文明法治理念还未达成共识**

在2013年10月《贵州省生态文明建设促进条例（草案）》立法工作会议召开之前，生态文明理念尚未完全成为贵州省生态环境立法的基本理念，也未真正地融入到相关立法及生态文明建设工作中。现在还有不少地方在走"先污染，后治理"的老路，忽视"源头控制"，依赖"末端控制"，远未达到实现经济、社会可持续发展的高度。

**2. 地方性的生态法规体系还有待进一步健全和完善**

目前，贵州省虽然颁布施行的生态环境地方性法规有30多部，但大多数是针对各种资源领域的具体规范，缺乏对生态文明法治建设的综合性立法，且

---

① 《三省联手 保护赤水河》，《贵州日报》2008年1月21日。
② 《治理电解锰污染采取一厂一策等措施贵州推广"松桃模式"》，《中国环境报》2012年3月27日。

不少地方性法规沿袭传统环境法的立法指导思想,这与生态文明法治理念不相符,需要重新修订。

**3. 现有的地方性法规具有较强的部门利益色彩**

现行的许多地方性法规是由具有熟悉业务的行政主管部门起草的,这不可避免地会产生强烈的部门权力倾向。后果是行政工作过程中只要有利益的,部门抢着管,对部门没有利益的,都推诿。另外,由于具有强烈的部门权力利益倾向,公众参与立法的积极性不高。

## (二)执法方面的不足

在生态文明法治建设过程中,公平、公正、合法、合理、灵活地执法是实现贵州省生态文明法治建设的重要基础,虽然贵州执法工作取得了一些成果,但是也还存在着一些问题。一是环境行政管理体制。行政权力的分散带来行政管理、行政执法权力部门都想管或者都不想管的问题,贵州也无法避免这种现象。实践中,存在着对破坏生态环境的违法企业、个人进行处罚时,多部门对一个违法行为进行重复处罚的现象;也有在生态环境保护管理工作中的疏忽,造成严重的生态环境后果时,执法权力部门都相互推诿的现象。这种都想管或者都不想管的现象成为生态文明法治建设中的执法缺陷。二是环境执法中可以依据的法律规范缺乏。这是由于贵州省地方性的生态法规体系还不健全,所以在执法中不可避免地会产生执法时执法依据缺乏,不能有效执法。

## 三 健全贵州生态文明法治建设的对策

### (一)完善相关地方性法规,构建生态文明法规体系

(1)加快制定和实施《贵州省生态文明建设促进条例》。目前该《条例》已纳入了2014年贵州省人大立法计划,并将于2014年7月生态文明贵阳国际论坛年会召开之前颁布实施。作为全国第一部省级生态文明建设方面的法规,在起草时就以生态文明发展方向、发展目标和发展路径为框架,涉及自然生态的保护与修复、低碳绿色循环经济、环境污染防治以及公众参与生态文明建设

等内容，囊括了经济社会发展的各个方面。这充分体现了贵州省在建设生态文明中注重自然资源、环境、生态系统的承载能力，实现资源节约、环境保护、循环经济和可持续发展的目标。该条例的制定将为贵州生态文明法治建设起到强有力的助推作用。

（2）制定有关生态方面的法规和规范性文件，完善现有规定，进一步建立健全相关法规标准体系。要根据建设生态文明的总要求，结合贵州省发展实际，建立健全符合贵州生态环境的各级地方性法规和政府规章体系，要深刻把握地区实际，探索建立生态保护的法规和规章制度，如已制定的《贵阳市促进生态文明建设条例》《黔东南苗族侗族自治州里禾水库水资源保护条例》《贵阳市民用建筑节能条例》《黔东南州苗族侗族自治州森林防火条例》《贵阳市城市供水条例》《贵阳市湿地公园保护管理规定》等，这些都是结合自身实际制定的地方性法规和单行条例，对于促进生态文明法治建设提供了有益的参考。

（3）尽快建立和完善生态保护的有关法律制度、标准和体制机制，构建完善的生态保护法律体系。到目前为止，我国不仅没有一部环境应急管理的专门法律，也未建立起环境应急管理的制度体系，这不得不说是一大遗憾。因此，贵州应该尽快研究制定包括对生态环境风险界定、风险识别、风险监督、环境应急响应、环境应急救援、环境应急处置和损害评估、责任追究等内容的环境应急管理和救援体制机制。另外，还应该建立健全相关法律制度和标准，如生态规划制度、生态区划制度、生态建设项目管理制度、生态风险评估制度、生态示范区制度、生态监测制度、生态破坏预警制度等。

（4）积极对现有的生态文明法规进行可持续发展评估工作，及时对相关法规的实施效果进行评估，对于实施过程中出现的新问题进行归纳总结并做进一步完善，进行生态化改造；对冗杂的法规进行清理和修订，提高生态环境法规立法的科学性、协调性以及可操作性。

### （二）加强生态文明的执法力度，为生态文明法制建设保驾护航

尽管贵州省执法机关在生态文明建设中已发挥了重要作用，取得了很大成就，但仍然存在着偏差。如个别机关和个人生态意识还比较淡薄，不重视污染

环境、破坏自然资源等破坏生态的案件，认为这类案件对人们的权利义务影响不大，导致执法的主动性较弱，法律未及时落实；个别的执法人员保护生态自觉性较低，在执法过程中甚至还有损害生态的现象等。这些都是建设生态文明法治亟须解决的问题。

### （三）健全生态文明司法体系，推进生态文明司法的专业化与专门化

目前，贵州只有贵阳市中级人民法院和清镇市人民法院建有环保法庭，这与日益增多的环境案件不相协调，因此，可以探索在省内各地主要法院建立环保法庭，方便专门审理当地的环境案件。同时，针对污染环境和破坏生态的行为，要切实解决立案难的问题，切实保障污染受害者的合法权益，要通过严格规范司法行为，促进司法公正和司法公开，充分体现司法的公信力，努力让每一个案件当事人都能感受到公平正义。要加大改革力度，切实解决"执行难"等问题，及时兑现"胜诉者"的权利，使"法律白条"现象不再出现。因此，需要加强对司法工作人员进行专门的环境保护法知识培训，使他们理解环境案件与传统案件的差异性，掌握环境案件办理的基本技能，以提高司法人员的生态法律素养，从而提高司法的权威、效益和效率。

### （四）加强和完善政府环境责任，加大监督力度

在生态文明建设中，加强和完善政府的环境责任非常重要，它关系整个生态环境的安全，贵州可以从以下几点来进行：一是要充分利用现代的科学技术优势，如安装自动监控系统对重点污染源实施在线联网监控，实时掌握情况，对污染源实现在线远程定量化监控。二是创新体制机制，成立五级环境保护管理网络，逐级对生态环境问题进行管理，实现管理网络的全面覆盖；实施生态环境保护片警管理制度，形成治污整体合力，加大对污染的控制和治理力度。三是着重市场准入机制，使现有的环境法律制度能充分发挥作用。四是进一步完善生态文明建设考评体系，落实环境责任追究机制，督促领导干部在发展经济的同时充分考虑环境影响。通过以上方式，不断地推进贵州生态文明法制化建设。

## （五）大力宣传生态文明理念，加大公众参与力度

贵州应加强生态文明教育，增强全社会生态文明意识，营造良好的社会氛围，可采取以下措施：一是探索制定《贵州省环境教育条例》，建立环境教育体系，提高公众的生态文明意识。美国是最早进行环境教育专门立法的国家，早在1970就公布了《环境教育法》，后又在1990年重新出台了《国家环境教育法》。此外，欧盟、巴西、阿根廷、墨西哥、日本、韩国、菲律宾等国也对环境教育进行了专门立法，我国的台湾地区也于2011年颁布了"环境教育法"。而在其他一些国家，虽然没有专门的环境教育立法，但相关的法律同样为环境教育提供了一系列的保障，例如瑞典在1985年和1990年《教育法》中都提出尊重每个人自身的价值观和共享的环境。我国虽然尚未出台国家层面的环境教育法律，但早在1994年颁布的《中国21世纪议程》中就提出通过教育来提高全民的环境意识，目前，地方环境立法正在不断地推进，如《宁夏回族自治区环境教育条例》已于2012年1月1日起施行、《天津市环境教育条例》已于2012年11月1日起施行。此外，山东、深圳、黑龙江、甘肃、重庆、厦门等地都在积极推动环境教育立法工作，如《厦门经济特区环境教育条例》已进行到草案第五稿。因此，贵州应学习国内外的经验，推进环境教育地方立法，通过地方性法规的形式将生态文明法治融入到教育中，对公众提高生态环境保护意识和素质有很大帮助。二是吸收公众力量，搭建一个公众参与的平台，提高公众参与生态文明建设的积极性。此外，要充分利用各种传播媒介，增强全民生态文明法治意识，使人们牢固树立生态文明与自然和谐的价值观，促使人们改变落后的消费方式和观念，倡导绿色消费，使生态文明理念深入人心。

# B.14
# 《贵阳市建设生态文明城市条例》评析[*]

邓琳君 吴大华[**]

**摘　要：** 根据中央政府的新部署以及国发2号文件的新规定，贵阳市生态文明建设有了新的内容和新的定位。贵阳市人大在总结了《贵阳市促进生态文明建设条例》实施三年经验的基础上，制定了《贵阳市建设生态文明城市条例》。该《条例》再次确定了生态文明的概念以及建设生态文明城市所要实现的目标，对生态文明的内涵进行了更加准确、科学地界定；通过促进绿色经济、循环经济和低碳经济的发展，在经济建设、政治建设、文化建设和社会建设的过程中充分体现了生态文明的理念和原则，为贵阳市成功打造生态文明城市提供了法律保障。

**关键词：** 生态文明城市　条例　评析

## 一　《贵阳市建设生态文明城市条例》立法背景

生态文明是物质文明、政治文明和精神文明的基础和前提，它以人与自然协调发展作为行为准则，建立健康有序的生态机制，实现经济、社会、自然环境的可持续发展。建设生态文明，是关系人民福祉、关乎民族未来的长

---

[*] 本文系贵州省科技厅软科学课题"循环经济：再造'生态文明'新范式——贵阳市生态立法之路径研究"（批准号：黔科通〔2009〕82号：理论类1号）的阶段性成果之一。
[**] 邓琳君，华南理工大学法学院刑法学专业博士研究生；吴大华，贵州省社会科学院院长、研究员。

远大计。① 2013年5月1日正式施行的《贵阳市建设生态文明城市条例》（以下简称《建设条例》）更加有利于生态文明建设的制度导向、制度合力。《建设条例》的出台，可以归纳为出于以下三方面的需要。

一是巩固贵阳市生态文明建设成果的需要。作为全国首个"国家森林城市"，贵阳近年来生态文明建设成果斐然。以2012年为例，首先，经济实力得到了明显提升，实现生产总值1700.3亿元，实际增长17%。在全国省会城市中，贵阳多项经济指标的增速都保持在领先位置。其次，贵阳市的环境质量有了明显提高。2007年、2011年贵阳市分别获得了"国家园林城市"、"国家卫生城市"的称号。再次，贵阳市人民的生活质量有了显著提升。2012年，贵阳市人均生产总值达到6090美元，城市居民人均可支配收入、农民人均纯收入分别为22525元、8710元，增长幅度分别为16%和18%。② 最后，贵阳市生态文明制度建设逐步走向完善。贵阳市制定了相关地方性法规，在全国率先设立了环境保护审判庭和法庭，对生态补偿的专项资金进行了明确，并建立了相应的生态补偿机制。③ 为了巩固所取得的这些成果，立法部门有必要制定一部专门的行政法规。

二是修改完善相关立法的需要。2010年3月1日，《贵阳市促进生态文明建设条例》（以下简称《促进条例》）作为我国首部促进生态文明建设的地方性法规正式实施。这不仅是全国第一部促进生态文明建设的地方性法规，《促进条例》明确提出的区域限批制度、监督员制度、"门前三包"责任制、舆论监督规定等也均是在全国第一次被写进地方性法规。自公布之日起，《促进条例》为贵阳市建设生态文明城市起到了重要的引领作用。《促进条例》引导了贵阳市建设生态文明城市的方向，对生态文明城市的建设进行了有效监督。此外，《促进条例》规定了建设生态文明城市的目标、原则和相关措施，为贵阳市建设生态文明城市起到了保驾护航的作用，可谓功不可没。但是根据形势的发展，原有的立法理念必须做出相应的调整。根据中央政府的新部署以及国发2号文件的新规定，贵阳市生态文明建设有了新的内容和新的定位。针对这些

---

① 刘武俊：《生态文明建设要靠法治来保障》，《人民论坛》2012年第12期。
② 数据来源于《2013年贵阳市政府工作报告》。
③ 《贵阳：生态文明建设驶上法制化轨道》，《贵阳日报》2013年4月26日。

新的内容和新的定位,需要对《促进条例》进行相应的修改和完善,攻克生态文明建设过程中的薄弱环节,克服不足,更加准确地把握生态文明的内涵,在经济建设、政治建设、文化建设和社会建设的过程中更加充分体现生态文明的理念和原则,增强生态文明建设法规的可操作性。

三是与时俱进推动生态文明建设的需要。为了推进中国特色社会主义事业,党的十八大报告中做出了"五位一体"总体布局,生态文明建设就是其中之一。这不仅为生态文明建设的顺利进行提供了保障,也突出了生态文明建设在社会主义事业建设中的重要地位。2012年12月,国家发展和改革委员会审批通过了全国第一个生态文明城市规划——《贵阳建设全国生态文明示范城市规划(2012~2020年)》,这是贵阳市认真贯彻落实党的十八大精神的具体行动。《建设条例》的实施对于全国生态文明示范城市的成功建设至关重要,不仅保证了建设的各个环节依法进行,而且为规划的实施提供了坚实的规范保障。《建设条例》与规划相辅相成,共同致力于贵阳市建设生态文明城市总目标、总任务的实现。两者互相吸收,互相作用,为贵阳市的发展确立了方向、目标和路径,进一步坚定了贵阳市建设生态文明城市的决心与信心,对于确保贵阳市2015年在全省率先全面建成小康社会,2020年建成全国生态文明示范城市具有深远的意义。

## 二 《建设条例》评析

### (一)《建设条例》的主要内容

生态文明建设涉及经济社会发展各个方面,决定了生态文明建设立法具有很强的综合性,《建设条例》紧紧围绕"促进"和"保障"进行规范,突出重点,既注意实践总结,又积极谋求创新。《建设条例》明确规定,建设生态文明城市,应当将生态文明理念、原则、目标、方法融入经济、政治、文化、社会建设各方面和全过程,推进绿色、循环、低碳发展。实施生态文明建设,应当坚持节约优先、保护优先、自然恢复为主的方针,遵循以人为本、民生优先、城乡统筹、合理开发、政府主导、全民参与、法治保障的原则。在内容上，《建设条例》共有五章五十条，分为规划建设、保障措施、法律责任三部分内容，主要包括以下几方面。一是突出强调城市建设规划和环境保护的地位和作用，即抓住城市建设编制和实施规划"龙头"、守住防治污染"源头"；二是强调对生态文明建设指标体系和目标责任制的规范要求，使之更加具有针对性和可操作性；三是既突出对政府作用的保障，为贵阳市各级政府领导和推动生态文明建设提供法规依据，又坚持"有权必有责、用权受监督"的原则，对各级政府及其部门有效行使生态文明建设相关权力进行必要的约束和规范，并在法律责任部分对违反条例的负责人规定了相应的处罚；四是坚持权利义务的一致性，在充分赋予一切单位和个人生态文明建设知情权、参与权、表达权、监督权，并提供保障的同时，又对单位和个人引进建设项目、保护生态环境、遵守生态文明建设行为规范等，有重点、有针对性地进行了规范。

### （二）《建设条例》的创新点

**1. 建立绿色考核制度，打破 GDP 至上的神话**

很长一段时间里，GDP 几乎是被当作考核干部工作的唯一指标。GDP 至上的观念使得干部工作的主要工作重心放在了 GDP 的增长上，一些错误的政绩观也因此被推崇，例如以牺牲环境为代价，片面追求经济增长；"政绩"工程被放在首位，而群众的切身利益则被置于次要的位置。① 生态文明建设需要我们摒弃传统的 GDP 神话，建立全新的绿色考核制度，牵引和保障生态文明建设的顺利进行。因此，《建设条例》规定，生态建设绩效考核的主要依据为生态文明建设目标责任的完成以及公众评价。此外，第一责任人必须实行一票否决和离任报告制度。这些规定的目的就是在于转变领导的政绩观，淡化 GDP 考核，使生态文明的意识植根于各级领导人心中，确保达到完成目标任务和保护生态环境有机统一的效果。

**2. 落实"门前三包"责任制度，细微之处见真章**

针对贵阳市绿化维护、环境卫生、市容秩序等方面的责任难以落实等情况，在总结传统"门前三包"责任制实践的基础上，《建设条例》对"门前三

---

① 丘丽云：《绿色 GDP 与干部政绩考核》，《广东社会科学》2006 年第 2 期。

包"责任制度进行了创新,规定了新"门前三包",即绿化维护、环境卫生和市容秩序。其特点为:一是责任书签订者为贵阳市市容环境卫生行政管理部门、街道办事处(乡、镇人民政府)和管理区域内的机关、企业事业单位、社会团体、个体工商户;二是遵循专业管理与群众管理相结合原则,按照划定范围和管理标准签订责任书;三是绿化维护、环境卫生、市容秩序责任不仅仅是由责任人承担,市容环境卫生行政管理部门、街道办事处(乡、镇人民政府)也要履行相应的组织、指导、协调、监督、执法等职责;四是明确了贵阳市市容环境卫生行政管理部门作为执法主体的资格,防止出现主体过多而导致责任混乱、责任主体不明的情况。

**3. 建立环境公益诉讼制度,为生态文明建设提供司法保障**

生态环境的保护需要法治,需要公众的参与,要让生态环境的破坏者付出更大的代价,而环境公益诉讼为这样的呼吁提供了现实的制度安排。贵阳市于2007年底成立了环境保护审判法庭,多年来审理了大量与环境保护相关的案件,刑事案件、民事案件、行政案件均有涉及,为保护生态环境提供了全方位的司法保障。①《宪法》第二十六条关于"国家保护和改善生活环境和生态环境,防止污染和其他公害"的规定,为环境公益诉讼提供了保障,环境保护法第六条关于"一切单位和个人都有保护环境的义务,并有权对污染和破坏环境的单位和个人进行检举和控告"的规定,为环境公益诉讼的实施提供了空间,国务院《关于落实科学发展观加强环境保护的决定》第十九条关于"研究建立环境民事和行政公诉制度"的规定,为环境公益诉讼提供了政策依据。因此,本着更好地实施民事、行政诉讼法律和更有效地保护环境公共利益的目的,《建设条例》规定,为了环境公共利益,法律规定的机关和有关组织可依照法律,对污染环境、破坏资源等损害社会公共利益的行为提起诉讼。该规定不仅是充分利用法律手段,加强环境保护的重要措施,更有利于依法制裁、打击一切破坏生态环境的违法行为。

**4. 转变发展方式,生态循环经济促腾飞**

中国西部广袤区域,地处云贵高原的贵州发展相对滞后。因此,加快发展

---

① 《从观念到行动的一场革命》,《贵阳日报》2010年3月2日。

步伐成为贵州经济的主旋律,但是我们不能为了较高的增长速度而重蹈牺牲生态保发展的覆辙。贵阳市政府意识到,青山绿水是贵阳发展旅游、会展等绿色经济的最大竞争力所在,要让生态经济引领贵阳加速发展、加快转型。因此,《建设条例》明确将推进绿色经济、循环经济和低碳经济发展放在重要的位置,并规定重点投资项目为节水、节地、节材、绿色建筑、资源综合利用、节能、低碳、新能源、主要污染物减排、生态环境保护建设和危险废弃物安全处置等。此外,磷、铝、煤等资源型产业应当遵循开发与保护并重的原则,走深加工道路。这一系列的规定对于推动贵阳经济发展方式转变,实现贵阳经济大发展、大跨越起到了至关重要的作用。

**5. 完善生态环境教育,让生态文化深入人心**

生态文明是自然生态平衡和生态文明建设主体精神平衡的统一。要做到这一点就需要培养新型的政府、个人、企业和其他社会组织,使生态文明建设主体具有自觉的生态意识、坚定的环保理念。因此,生态文明的建设需要重视生态文化的培育。根据《建设条例》的规定,企事业单位、社会团体、机关以及其他组织等应当创建单位、家庭、示范教育基地,开展志愿服务等活动,将有关生态文明的教育课程纳入地方课程,提高青少年生态文明意识。这些规定不仅大幅提升全社会生态文明意识,充分发挥社会组织的积极作用,也为生态文明建设提供了广泛而坚实的基础。

### (三)《建设条例》实施的意义

《建设条例》的通过标志着贵阳市生态文明建设的各项决策有了法律依据,为贵阳市建设全国生态文明示范城市提供了强有力的法制保障。《建设条例》的实施不仅标榜了一种理念,更是开创了一个时代,有着重要的意义。

**1. 绿色崛起,当好贵州经济发展的"火车头"**

贵阳曾是我国西南版图上一座不起眼的省会城市。然而,现在的她越来越多地吸引着外界的目光。生态文明建设为这座城市的发展注入了新的活力,经过多年来的坚持不懈,贵阳市迎来了一个漂亮的转身,逐渐摆脱了当初典型的粗放式资源依赖型发展模式,由传统的经济发展模式,即"大量生产、大量消费、大量废弃"逐渐转向"低消耗、低排放、高效率"的现代化生态产业发展模式。城市环境也从20世纪80年代末被列为"全球十大污染城市"和"全国三个酸雨污染最严重城市之一"变成了"中国避暑之都",变成了"爽爽的贵阳"。[①] 可以说,生态文明引领了贵阳的绿色崛起。如今,《建设条例》的实施为进一步建设生态文明城市起到了保驾护航的作用,也为贵阳当好贵州全省生态、经济、社会发展的"火车头"提供了法律保障。

**2. 敢为人先,做生态文明建设先行者**

《建设条例》不仅为贵阳市建设生态文明城市提供了有力的法律保障,更为其他地区的生态文明城市建设以及相关立法活动提供了丰富的经验和借鉴,主要体现在以下三方面:一是《建设条例》的首创性。《建设条例》是党的十八大以来国内首部生态文明建设地方性法规,是贵阳市在生态文明建设方面进行积极探索的结果。二是《建设条例》的前沿性。该条例所规定的绿色考核制度、"门前三包"制度、环境公益诉讼制度、区域限批制度、生态补偿制度等极具创新性和前沿意识,为生态文明城市的建设开辟了新的道路。三是《建设条例》的实践性。从提出"建设生态文明城市"以来,贵阳市一直持之以恒地推进生态文明实践。五年多来实现了经济持续快速发展与生态质量明显改善的双赢,走上了可持续发展的良性轨道。《建设条例》对这五年的实践经验进行了总结和提炼,包括城市空间布局的优化、生态文明项目的建设、产业结构的优化、生态文明理念的宣传等多方面。

## 三 对《建设条例》贯彻实施的建议

一是加大《建设条例》的宣传力度,使生态文明的理念深入人心。《建设条例》是党的十八大召开后全国出台的第一个建设生态文明城市专项法规,贵阳市政府及相关部门一定要针对《建设条例》开展广泛而深入的宣传,保证企事业单位、机关、各团体以及广大群众知晓《建设条例》、理解《建设条例》并自觉遵守《建设条例》。此外,作为条例的执行者,执法部门需要对自身有更高的要求,只有这样才能保证《建设条例》得到有效的执行。尤其是

---

[①] 《一座城市的幸福路径——贵阳推进生态文明建设综述》,《贵州日报》2012年9月18日。

要组织干部对《建设条例》进行深入学习，提高自身能力和素质，助推生态文明城市的创建工作。

二是创造良好的法制环境，完善《建设条例》所需的配套制度。《建设条例》虽然综合性极强，但规范内容不可能面面俱到。《建设条例》所需配套制度的建设主要包括六个方面："门前三包"责任制、生态补偿制度、生态文明建设绩效考核制度、群众评议制度、一票否决制度、行政责任追究制度等。关于生态文明城市建设的指标体系、考核奖惩办法、目标责任体系等；生态产业扶持、资源有偿使用政策、水权交易、排污权、碳排放权等试点办法；激励机制、监督机制、协调机制、决策机制、交流合作机制等；与环境资源保护相关的如耕地的保护、林地的保护、森林资源的保护、水资源的管理、湿地的保护和环境损害赔偿等相关制度；《建设条例》实施过程中还需要制定和完善的其他制度。①

三是加强执行力度和监督检查，以法制保障生态文明建设持续推进。法律的生命力在于实施，《建设条例》全面、正确的实施依赖于有效的执法。《建设条例》中许多规定，例如禁止建立小规模畜禽养殖场、禁止随地吐痰、乱扔杂物、禁止违法横过马路等，都与人民的日常生活息息相关。徒法不足以自行，必须要有严格的执行才能让法规真正发挥作用。为杜绝违法违规行为，要及时防止和纠正执法上的偏差，明确执法环节和步骤，保证程序公正，维护公共利益和社会秩序。此外，要建立行政执法的内部监督程序，设立法制、纪检、督察等行政执法案件监督体系，完善行政执法案件的法律审核程序，形成良好的制约和责任机制。

四是更加注重各职能部门之间的配合与协作，上下一心、步调一致，合力推进生态文明城市建设。贵阳市生态文明建设作为一个整体，是由各个行政区域的生态文明建设工作组成的，整体和部分不可分割。这就要求我们既要树立全局观念又要搞好局部关系。贵阳市人民政府作为全市生态文明建设工作的领导者，要充分发挥统筹、协商、服务的作用，促进地区之间、部门之间的沟通和交流，使各个部分之间保持互相支持、互相促进的良好互动局面，取长补

---

① 《贵阳：生态文明建设驶上法制化轨道》，《贵阳日报》2013年4月26日。

短,为把条例贯彻好、实施好而共同努力。

五是加强政府自身的建设,营造出高效、廉洁的政务环境。政府要大力推进法治建设,切实落实《建设条例》规定的内容,不仅要自觉地接受人大的法律监督和政协的民主监督,还要主动接受群众和舆论的监督。坚决按法律规定办事、按政策程序办事。要不断加强政府的执行力,提升行政效能监察能力,建立起制度、教育和监督并重的惩治和预防腐败体系,进一步推进政府的廉政建设。强化审计监督和行政监察,对违纪违法案件坚决查处,纠正部门和行业不正之风,不断优化政务环境。只有通过加强政府自身的建设,才能培养出一支作风优良、踏实肯干、清正廉洁的公务员队伍,为认真落实立法规划计划、严格执行条例相关规定、推动环境保护和生态发展提供强有力的保障。

# 调研报告

Survey Reports

## B.15
## 贵州省全省法院立案难、申诉难问题调研报告

贵州省高级人民法院课题组*

**摘　要：** 本文通过对贵州省全省法院2012年立案、申诉、申请再审等基本情况的调研，分析立案难、申诉难的具体表现及原因，并在此基础上提出解决相关问题的对策建议：一是建立涉众型、敏感型等影响社会稳定案件的诉前调处机制，二是建立诉访分离机制，三是全面推进诉讼服务中心的标准化、规范化建设，四是提高审判管理的科学化水平，五是完善整合立案、申诉工作管理机制。

**关键词：** 立案难　申诉难　对策建议

---

\* 课题组组长：屠筑平，贵州省高级人民法院审委会专职委员；课题组成员：丁辉、王凌武、虞斌、李圣瑞。

立案难、申诉难是社会反映较为强烈的问题之一。为解决这一问题，人民法院从改革内部工作机制入手，于20世纪90年代末开始，全国法院相继成立了立案庭，专门从事各类一审、二审和再审案件的立案审查工作。随着法律的修改和不断完善，人民法院立案庭也相继从原来的一个增设到两个，新增设的立案庭专司民事申请再审案件的审查工作，然而立案难、申诉难在今天仍是老生常谈的问题。因此，对立案难、申诉难进行研究分析，搞清楚存在的问题和原因并提出相应对策建议尤为重要。

## 一 贵州省法院2012年立案、申诉、申请再审的基本情况

### （一）一审立案受理的情况

2012年全省法院新收一审民事案件110721件，其中，依法裁定不予受理109件，占收案数的0.098%。新收一审行政案件1833件，其中，依法裁定不予受理17件，占收案数的0.93%。从司法统计反映的一审受理情况看，不存在有案不立的情况。

### （二）全省法院申诉案件的立案审查情况

2012年全省法院共接到当事人申诉1252件，其中，立案审查678件，立案审查比例为54.15%。从数据显示的情况看，立案审查的比例不高。

### （三）申诉、申请再审案件进入再审的情况

2012年全省法院立案审查各类申诉、申请再审案件1710件，其中，375件进入再审程序，申诉、申请再审进入再审程序占比21.93%。这一方面说明法院案件质量是好的，另一方面又反映出法院对申诉、申请再审案件的处理结果与申诉当事人的期望值之间的差距不小。①

---

① （二）与（三）项数据中法院立案审查数不一致，是因为（三）中的1710件包含了中央政法委、省政法委等上级相关部门交办的案件和民事申请再审案件，而（二）中的678件仅指当事人向法院申诉，法院立案审查的案件数量。

## 二 立案难、申诉难的具体表现及原因

在这次专题调研中,课题组先后到遵义、毕节、六盘水、安顺、铜仁、黔东南等地区,与当地政法委、人大、政协、信访局等单位负责同志和人大代表、政协委员、律师代表及中级法院、部分基层法院代表召开了座谈会,广泛听取当前法院在立案、申诉工作方面存在的问题及意见、建议。这些意见建议反映当前立案难、申诉难问题呈现一些阶段性特征,并主要集中在民事诉讼方面,具体表现为以下几点。

### (一)立案难问题

**1. 受维稳压力影响,不敢立案**

主要表现为:一是对某些案件不收材料,或收下材料不出具相关手续,或者既不受理又不下裁定。如企业改制中整体买断工龄纠纷,涉及面广的征地拆迁纠纷,小产权房的流转分割等。二是立案审查阶段向审理阶段延伸。有的法院对当事人可能败诉,或胜诉后执行不了的案件怕形成涉诉上访而不予立案。

**2. 工作作风欠佳、工作能力不足**

一是法院之间存在相互推诿现象。对一些棘手、处理难度较大的案件,如道路交通事故案件、扶养纠纷案件、行民交叉案件等,有管辖权的法院之间相互推诿,造成当事人在两个或数个法院之间往返数次也立不了案。二是有的一审案件立案周期过长。如有些法院对于一些新类型案件、疑难复杂案件的立案审查要几周或一个多月甚至更长时间。三是法官的一次性告知、释明能力不足。诉讼是一项专业性强的活动,有的当事人受其知识所限,不知道提起诉讼需要准备哪些材料,又无钱聘请律师,而由于有些立案法官一次性告知能力不足,解释不到位的问题,导致当事人多次往返跑路。

**3. 受结案率考核指标影响,推延立案**

结案率是法院的一项重要考核指标,各级法院都非常重视,每到11月中

下旬不收案的情况较为普遍,个别地方甚至10月份就不收案了,均推延至次年初才恢复收案。

**4. 以立压调,久调不立**

有的基层法院、法庭片面追求调解率,立案阶段反复调解,调解时间过长。

**5. 有的地方政府要求法院对某类诉讼设置法外条件**

对离婚案件的起诉人要求提交计生证明,对房屋分割的起诉要求提交是否属违章建筑的证明等。

### (二)关于申诉难问题

**1. 申诉复查率不理想,释法析理不到位**

一是接访法官认为申诉理由不充分,不收申诉材料而释法析理能力又不足。二是收下材料不及时审查处理。三是对符合申诉受理形式要件的申诉,不能做到及时审查或全部立案审查。

**2. 审查期限普遍过长**

一是对民事申请再审的审查有相当一部分超审限,效率低。二是对申诉的审查没有时间概念,有的久拖不决。

**3. 工作欠缺责任心**

一是不认真对待申诉来信,积压不处理,有的甚至让其石沉大海。二是程序繁琐,法官不能一次性告知申诉、申请再审所需手续,导致当事人反复跑路。三是息诉工作能力不足,释法析理不到位。四是工作粗心,先入为主,不耐心听取申诉人诉求。

### (三)立案难、申诉难的成因

当前,造成"立案难、申诉难"的原因是多方面的。从总体来看,主要是法律规定的立案条件与法院处理、化解矛盾纠纷的条件和能力不相适应,法官的司法能力、服务能力与当前人民群众的司法需求不相适应,当事人维权意识增强与尊崇法律的精神尚待培育的现实不相适应。

**1. 诉讼法规定的法院主管范围过于宽泛,有的矛盾纠纷不是通过诉讼就**

能解决的

当前，我国正处于发展的关键阶段、改革的攻坚期，各类纠纷高发、多发。比如，农村承包合同纠纷、城市房屋拆迁纠纷、移民安置补偿纠纷和产业结构调整中的企业改制、破产等纠纷，涉及劳动保障、社会管理、体制改革等方面，且和人们的利益关系重大，是当前的敏感热点问题。这些矛盾属于发展中的问题，只能通过发展的方式来解决。法院是裁判争议的司法机关，依靠自身力量无法解决诉讼外的问题，不能解决当事人的全部诉求。因此，法院内部明确提出某些案件暂不受理。

**2. 受信访维稳压力影响，是否会成为信访案件，是法官立案考虑的重要因素**

一段时期以来，在大信访格局下，层层交办涉诉信访案件，限时化解、排名问责、包保稳控，使法院背负沉重的包保稳控压力，尤其在全国、全省有重大活动、重要会议、敏感节点和节庆期间，当地党委将涉及法院的涉诉上访案，成批量地交由法院限时由领导层层包案化解，对有赴省、进京上访倾向的涉诉当事人要求法院包保稳控。如某州的一个县法院，在党的十八大期间，排查出有8人可能上访，当地党委要求每个稳控对象要有6个人稳控，该院全院干警60余人，稳控8个人牵涉该院70%的人员力量。既耗费了大量的人力、物力和财力，也在一定程度上冲击了法院的正常工作。立案多了，信访案件必然就多，信访压力必然加大。于是，有的法院在案件进入法院之前要考量判决后是否会信访，把是否引起信访作为立案的一个因素。为了减少信访案件，以极为保守的态度立案的现象较为普遍。

**3. 涉众型案件的诉前调处程序不规范，没有特殊的司法程序，在立案的法定期限内一般不能处理完毕**

近年来，一些由企业改制引发的劳动争议、环境污染、地质灾害等纠纷，由于这些案件涉及面广、情况复杂、政策性强、敏感度高，有些敏感的问题又缺乏相应的法律法规，处理不好容易产生连锁反应，甚至引发群体性事件或在案发时就伴随着群体性事件隐患。有的虽然以单人单案到法院起诉，但系"投石问路"，背后潜伏着数量庞大的类似案件。这些纠纷涉及复杂的社会问题,法院简单受理,不仅不能彻底解决纠纷,社会效果往往适得其反。考虑到受理以后的社会影响和处理的难度,法院对这类案件都高度重视,在处理上侧重于诉前调解,一般是在当地党委的领导下,协调各个相关部门,平衡、兼顾各方利益,力争一揽子解决问题,确保取得好的法律效果、政治效果和社会效果。成功案例如遵义"问题房开"案件、乌江"死鱼事件"、金沙地质灾害损害赔偿纠纷等。由于对这类案件的处理程序不规范,一般不公开,在纠纷彻底解决前,当事人会误认为法院不予立案、甩手不管,党委政府不予理睬,造成当事人认为立案难。

**4. 在现行体制下,不敢坚守法律底线**

对当地政府为了计划生育和拆违控违工作的需要,要求法院对起诉离婚的当事人要求其出具计划生育证明、对房屋纠纷的起诉要求当事人提供是否属违章建筑的证明等,而法院却不敢不为。

**5. 诉讼服务措施不完善,服务能力还不够理想**

在服务措施上,降低诉讼成本、方便群众诉讼的措施还未做实,一次性告知和释明等服务能力不强。一是文化水平较低,有的工作人员针对起诉所需材料,申诉、申请再审所需材料,申诉、申请再审的程序和所需的相关手续,不能一次性告知当事人,导致当事人往返跑路。二是法官对法院实行立审分离,案件审限管理工作解释沟通不到位,造成当事人认为审判作风拖拉。三是在服务的细节上考虑不周。如在缴费方式、复印材料等方面,未考虑农村银行网点设置、文印服务等配套服务不完善以及农村当事人文化水平不高等实际情况,造成群众"跑冤枉路"。四是有的法官司法能力不强,化解矛盾的办法不多,执法过于机械,或以复杂的程序处理简单的案件,导致有的案件反复"翻烧饼",增加了当事人的维权成本和讼累,让当事人在诉讼维权的道路上"越走越远",也使得当事人感到申诉难。

**6. 案多人少的矛盾突出,有的法官工作作风有待进一步加强**

民事诉讼法修改后,民事申请再审和进入再审的案件数量成倍增加,法官的办案任务成倍增长,加上程序的繁琐,如要求窗口接收申请材料要先做息诉工作,收下材料后报庭领导签批,再移送编立字号。有的重大、敏感案件还要做大量案外协调工作等。审查前的工作也需要大量时间，引起当事人不满。同时，也存在法官责任心不强、工作效率不高、超审限的现象。案件归档不及时，导致调卷难。特别是申诉、申请再审调卷工作耗费大量时间，影响案件审查时限。

## 三 关于立案难、申诉难问题解决机制的建议

造成上述"立案难、申诉难"问题的原因，有制度设计方面的因素，也有转型时期的社会现实因素以及司法能力、司法作风等多方面的因素，必须立足现实，理性解决，避免按下葫芦浮起瓢。通过调研，课题组认为，规范司法行为是解决"立案难、申诉难"的基础，坚持群众路线是解决"立案难、申诉难"的重要途径，强化制度建设是解决"立案难、申诉难"的重要保障。现结合实际，在梳理总结和承接以往体制机制的基础上，笔者提出如下建议。

### （一）建立涉众型、敏感型等影响社会稳定案件的诉前调处机制

实践中，法院对涉众型、敏感型等影响社会稳定的案件，由于仅靠法院一己之力或简单机械执法无法化解矛盾，不能实现法律效果和社会效果的有机统一，一般都采取暂缓立案的办法，在党委的领导下，通过协调处理。为此投入了大量的人力、财力、物力，化解了大量矛盾，为维护社会稳定做出了贡献。但由于对这类案件的处理缺乏统一的操作规范，各地做法不一，甚至同一法院对这类案件的做法也不尽相同，程序上一般封闭运行，而暂缓立案与民事诉讼法规定的七日内立案或裁定不予受理相冲突，引起当事人的不满，使得法院"费力不讨好"。鉴于当前这类案件存在的客观性及对法院工作的重大影响，建议加强调研，将各地法院处理这类案件的成功经验转化为程序制度，建立涉众型、敏感型等影响社会稳定案件的诉前调处机制，规范处理这类案件的立案前处理程序。强化司法程序公开，对该程序的适用条件、处理原则、受理条件、流程、时限等做出明确规定，以增强法院审判工作的透明度，便于当事人对程序的知晓、参与，帮助当事人正确认识和行使诉讼权利，便于人民群众对

法院工作的监督,增进人民群众、当事人对法院工作的理解、支持,提升司法的公信力。

### (二)建立诉访分离机制,完善违法信访的惩戒机制

2013年的全国政法工作会议将涉法涉诉信访工作改革作为重点推进的改革之一。党的十八届三中全会《中共中央关于全面深化改革若干重大问题的决定》明确指出,"把涉法涉诉信访纳入法治轨道,建立涉法涉诉信访终结制度"。针对因害怕形成信访案件而不敢收案的普遍问题,应当抓住中央推进涉法涉诉信访改革的历史机遇,以贯彻刑事诉讼法及司法解释、民事诉讼法,修订完善民事诉讼法司法解释为契机,摒弃"花钱买平安"、"摆平就是水平"的伪稳定思维,摒弃靠牺牲法治尊严和社会基本规则来换取短暂稳定的功利性做法,积极探索将涉诉信访纳入法治轨道的路径设计。建立诉访分离机制,对"诉"和"访"分别适用不同的办理规程、程序。科学设定甄别涉诉信访案件属于"诉",还是属于"访"的形式要件和实质要件。对于依法具有可诉性属于"诉"的案件,依照法律规定,纳入"诉"的处理程序,按照法定诉讼程序办理。对于不具有可诉性或已按程序终结的信访案件,纳入"访"的处理程序办理,应当归口行政处理、司法救助的信访案件,移交或协调相关单位解决。明确法院不再承担司法救助的职能,还司法解决机制以本来面目,使法院能将有限的司法资源真正投入到海量的诉讼案件中去。同时,建立和完善违法信访的惩戒机制,制定有效措施防止当事人滥用申诉权和访权,加大对无理闹访违法行为的治理力度,对扰乱社会秩序的,要依法惩治,维护诉讼秩序和法院的工作秩序,彻底改变以避免产生信访案件"统领"立案工作的不正常状态,打通造成立案难、申诉难问题的"梗阻",推动立案、申诉工作健康运行。

### (三)全面推进诉讼服务中心的标准化、规范化建设,做细做实便民措施,建立便民利民措施的日常督察机制

近年来,省法院针对立案难、申诉难问题制定了全方位的制度、措施,加强硬件软件的建设,但是这些制度措施未能在各个地方、各个环节实施到位、执行到位,未能充分发挥其应有的效果。从调研情况看,主要原因是缺乏对这

些制度措施的执行监督和责任落实。为此，笔者建议建立便民利民措施的日常督察机制，加大对制度措施的日常巡查力度，畅通信息反馈渠道以及建立责任倒查机制，落实和完善首问负责、岗位责任等管理制度，督促指导各级法院进一步深化落实省法院司法为民的具体举措及实施意见，确保各项措施落实到位。同时，在进一步完善、细化做实便民措施上下功夫。一是在法庭的设置上，以这次增设法庭为契机，搞好司法资源的充分利用和便民诉讼之间的平衡，合理规划、布局法庭设置，合理配置人员，结合边远少数民族地区居住分散、路程远、交通不便、案件量少、一般在赶集当天处理事务的特点，建议以法庭网点为基础，以定时定点巡回法庭、车载法庭为重点，以电话预约立案为补充，全方位方便人民群众诉讼。二是切实转变服务理念和职能，全面提升服务质效和水平，全面推进推广诉讼服务中心的标准化、规范化建设，为当事人提供全方位、实用性强的诉讼服务。特别是对农村群众反映强烈的交费地点难找、复印材料不方便等细节问题，建议探索在基层提供诉讼费代收代缴服务和复印服务，并建议统一设计法院诉讼服务中心的名称、门头和标志以及车载法庭的标志，让人民群众好认好记好找，使之成为人民法院为民司法的标志形象。三是提高科技的运用和转化水平，将贵州省各级法院完备的信息化系统，转化为司法为民的有效手段，探索远程立案、网络立案，开通立案咨询专线等。四是运用好诉讼法规定的各项便民制度，督导人民法庭强化速调速裁、积极适用小额诉讼、调解协议确认、督促程序等诉讼制度，从根本上降低当事人的维权成本、减少当事人讼累。

### （四）提高审判管理的科学化水平，强化、优化考核考评机制

合理设置审判流程节点，对审判进行规范化、精细化、实在化的管理，对立案、分案、审理、结案等环节，对合议庭、承办法官、书记员的职责权限、操作流程、办理时限等进行细化规定，规范工作流程、约束工作行为，通过过程控制提升办案效率。强化结案后续管理，规范案件归档工作、调卷程序，明确调卷工作的管理归口和案卷的移送流转、调卷时限、相关责任等，同时利用信息化手段，探索建立电子档案，有效解决调卷难、调卷慢问题，减少不必要的时间消耗，切实维护当事人上诉权、申诉权。合理科学设置考核指标。针对人民群众反

映强烈、法院普遍存在的年底不收案的问题,建议科学定义结案率指标,或对年底所收案件以审限内结案率代替年结案率,或增加相关数据的权重,以避免法院为应对考核,采取年底不收案、暂缓立案等手段搞变通,损害群众利益。

**(五)完善整合立案、申诉工作管理机制,发挥诉讼服务的整体功能**

近年来,省法院为规范立案、申诉工作,在窗口建设、立案法官管理、案件流程管理、礼仪规范等各个方面建立了制度,但存在零散和与当前诉讼服务理念不相匹配的问题。建议根据当前立案、申诉工作的新情况、新问题,强化服务理念,全面清理、整合完善这些规章制度,提升服务效果,制定完善省法院诉讼服务工作管理办法,从基础设施建设,法官行为规范、培训、轮岗等,立案、申诉各个环节的操作流程等,细化管人管案管事的各项制度,加强节点控制,明确工作责任,健全责任甄别、惩戒执行等机制,实现从立案到审判,从审判到判后释疑等工作的无缝对接,充分发挥诉讼服务的整体功能,为从根本上解决立案难、申诉难问题提供制度支撑。

**(六)强化理想信念教育,加强司法作风建设**

省法院党组按照中央、最高法院和省委的要求,部署了党的群众路线教育实践活动,核心内容是加强司法作风建设。法官的司法作风是确保司法公正、提升司法公信力的重要保证。立案、申诉服务工作是当事人对人民法院的第一印象,是人民群众感受司法公正、司法为民的起点。应以开展党的群众路线教育实践活动为动力,以司法作风建设为突破口,加强理想信念教育,牢固树立社会主义法治理念、政法干警核心价值观和群众立场与群众观点;加强立案接待工作人员审判业务、行为规范、服务礼仪等方面的培训,提高综合素质;坚持以人为本,加强诉讼引导、诉讼风险提示,引导当事人正当实施诉讼行为,避免因诉讼行为失当造成不必要的损失。对一些缺乏法律知识的,特别是农村群众,应当多一些职权主义,少一些当事人主义;坚决查纠"冷硬横推"、"四难"等损害群众利益、伤害群众感情的不正之风,增强接待人员的责任心,以实实在在的工作赢得群众的理解与支持。

# B.16
# 关于进一步完善案件质量评估指标体系的调研报告

——以贵州法院案件质量评估指标体系运行实践为视角

贵州省高级人民法院课题组[*]

**摘　要：**

本文通过对贵州省案件质量评估指标体系及全省法院案件质量评估工作开展情况的调研，对现行案件质量评估指标体系应用中存在的问题进行了反思，探索了案件质量评估指标体系的完善路径。

**关键词：**

案件质量评估指标体系　存在问题　完善路径

## 一　现状概览：贵州省案件质量评估指标体系的基本情况

### （一）贵州省案件质量评估指标体系概况

近年来，最高人民法院高度重视案件质量评估工作，把构建科学合理的案件质量评估体系，作为推动审判工作的重要内容。2011年3月，最高人民法院公布了《关于开展案件质量评估工作的指导意见》，决定在全国正式开展案件质量评估工作，并将贵州省确定为试点单位。贵州省现行案件质量评估指标

---

[*] 课题组组长：赵福全，贵州省高级人民法院党组成员、机关党委书记；课题组成员：卢飏、薛雁升。

体系是从最高人民法院2011年确立的《人民法院审判质量效率评估指标体系（31个）》中选取的适合贵州省实际的案件质量评估指标，分为公正、效率、效果三个层级。由于受限于信息化建设水平，有些指标无法提取，再加之部分指标的设置不符合贵州省司法实践的需要，因此贵州省案件质量评估指标体系共由19个评价指标构成，分别是衡量审判工作公正指标、衡量审判工作效率指标和衡量审判工作效果指标。其中，衡量审判工作公正指标包括立案变更率、一审陪审率、一审判决发改率、二审发改率、二审开庭率、生效案件发改率和司法赔偿率等7个指标，衡量审判工作效率指标包括一审简易程序适用率、当庭裁判率、结案均衡度、法定（正常）审限内结案率、法官年人均结案数等5个指标，衡量审判工作效果指标包括一审服判息诉率、撤诉率、实际执行率、执行标的到位率、民事调解案件申请执行率、信访投诉率和调解率等7个指标。

部分中、基层法院在开展案件质量评估工作的过程中，除严格按照省法院的案件质量评估指标开展工作外，还根据各地法院的实际情况，有针对性地设置一些指标对审判执行工作进行了全方位评价。如部分中级法院添加了"执行中止率、执行异议成立率、案件合格率、行政和解件数、院领导办案数"等个性指标。还有的法院分别设置了立案、民事、刑事、执行四类案件评估指标来运行，在此逐一论述。

（1）立案环节：主要是有无该立不立的案件，诉前财产保全、证据保全程序是否合法，案件受理费收取是否合法，有无违反诉讼费收费办法规定的案件，立案后转到业务庭的案件诉讼文书是否齐全，案件登记、移送是否符合流程管理时限规定，繁简分流定性准确率（如80%以上），确定陪审员参与案件审理数占所立案件数的比例（如10%以上），诉讼文书送达率等。

（2）民事案件评估指标：对机关业务庭的评估指标主要为年终结案率、公开开庭率（法定不公开审理的除外）、审判程序合法率、上诉率、申诉率、涉诉信访率、服判息诉率、二审维持率、调解撤诉率、当庭宣判率、法定审限内结案率、法律文书合格率、归档率；对人民法庭的评估指标除上述对机关业务庭的评估指标外，还包括巡回审理率、简易程序适用率、陪审率、案件回访率等。

(3) 刑事案件考核指标：主要为审判程序合法率、公开开庭率（法定不公开审理的除外）、年终结案率、上诉率、申诉率、涉诉信访率、服判息诉率、二审维持率、当庭宣判率、自诉案件和附带民事案件调解撤诉率、法定审限内结案率、法律文书合格率、归档率。

(4) 执行案件的评估指标：一般分两块来评估，对人民法庭的评估指标主要为年终结案率、执行期限内结案率、执行和解率，对执行工作的评估指标除人民法庭的上述指标外，还有终结执行率、引起执行信访率、法律文书合格率、归档率等。

## （二）贵州省案件质量评估工作开展情况

自 2011 年 3 月最高法院决定在全国正式开展案件质量评估工作以来，贵州省各级法院高度重视，精心组织，迅速行动，狠抓落实，严格按照最高人民法院指导意见的要求开展各项工作。

**1. 设立评估工作机构，强化组织领导**

2012 年 6 月，经省编办批准贵州省高级人民法院成立了审判管理办公室，将分散于各部门的司法统计、流程管理、质效评估、质量评查、绩效考核、案件信息管理等职能统一划归审管办行使，并下发通知，要求全省法院以审判管理办公室为主体搭建案件质量评估工作的平台，通过对案件质量评估各项工作职能和工作程序进行规范和明确，在各级法院之间构建了上下一致、职责到位的案件质量评估工作体系。截至目前，全省 98 个高级、中级、基层法院（1 个高院、9 个中院、88 个基层法院）中，有 45 个法院设立了独立编制的审管机构（高级法院、8 个中级法院和 36 个基层法院均设立了独立编制的审管机构），有 53 个法院与其他部门合署办公；全省法院共配置专门审判管理人员 200 余人。当前，贵州省案件质量评估工作主要是由各级法院的审判管理办公室负责开展，部分未成立审判管理办公室的法院由研究室或审监庭负责开展，机构基本健全，案件质量评估工作正有条不紊地开展。

**2. 完善审判管理流程，确保评估质量**

一是加强案件审判流程管理工作。全省法院通过出台《案件审判流程管理办法》，完善基础信息设置，落实奖惩措施，加强案件流程管理，规范文书审签制度、司法鉴定管理制度，对案件从立案、开庭、裁判、结案到归档情况等各个审判环节进行动态监控，强化流程管理的节点控制，促进审判工作高效运转。二是强化对案件法定审限执行情况的监督检查。严把审限、中止等关口，切实建立和落实好审限监管制度，对审限的扣除、中止、延长等情形实行跟踪监督，确保对审理时限"看得见，说得清，管得住"。同时，不定期监督检查全省法院法定审限执行情况，确保案件审理程序合法、及时、不超审限；通过对长期未结诉讼案件进行清理，并及时通报，进一步强化对超审限案件的监督，有效地预防了长期未结诉讼案件的产生。三是严格落实审限预警、超期督办和定期通报制度。定期发布《长期未结诉讼案件通报》，进一步落实对长期未结诉讼案件的检查、督办、汇报、研判等各项工作，多措并举，统筹消化关联案件，将清理活动从"专项"变为"常态"。2012年，全省法院全面排查清理、消除积案80余件，一批信访老案、"硬骨头案"得到有效处理，实现案结事了。四是进一步加强全省法院司法统计及统计分析、监督工作。按照最高法院要求，完成全省法院各项数据的统计工作；建立健全全省法院司法统计基础数据的监督和检查制度，定期对各类案件进行分类清理和排查，建立工作台账，做到底数清楚，情况明确，确保基础数据质量；积极推动全省法院司法统计信息化建设和运用，强化司法统计分析制度。

**3. 完善案件评查机制，拓宽评估外延**

一是出台《案件质量评查办法（试行）》《贵州省人民法院案件质量评估体系》等一系列规定，形成一整套行之有效的从立案到审结直至归档全程跟踪的管理，实行质量与效率监督、评价并举的举措。二是扎实开展案件评查工作。采取常规评查、重点评查、专项评查等方式，对各类案件进行规范化、制度化的考核检查。通过评查，定期发布评查报告，对案件存在的问题、产生问题的原因、好的经验和做法，进行认真分析和总结。如毕节市部分中级、基层法院分别制定民事、刑事、执行案件质量评查标准，按照各业务庭、各人民法庭在季度内审结案件的20%进行抽查（案件较少的，每年抽查数不少于10件），逐案登记评级，并根据评查情况做出评查报告，向本院各部门进行通报，对发回重审、改判的案件进行检查，对案件审理中存在的问题进行登记备案，年终将各庭及案件承办人在案件办理过程中存在的问题进行统计，纳入年终目标考核。

**4. 完善分析研判机制，加强评估应用**

全省法院在司法统计的基础上，通过对每月的审判运行态势进行深刻分析，准确研判审判工作形势，对下一步的审判运行走势进行初步预测，对重点指标进行监控和适时提醒，及时发现问题，总结经验，有效地加强了评估结果的运用。如省法院定期对"立案变更率、执行标的到位率、正常审限内结案率、上诉率、申诉率、生效案件发回重审率、结案均衡度"等19个关键审判数据指标进行评估，每月向本院各业务部门通报司法统计数据，每季度向全省各中级法院印发《审判执行工作态势分析报告》和《案件质量评估报告》，针对存在的问题提出加强案件质效管理的意见和建议，为院领导宏观决策提供科学、准确的数据分析。

**5. 健全绩效奖惩机制，营造良好氛围**

以《贵州省人民法院案件质量评估体系》为基础，合理分解办案质量、效率、效果以及队伍建设等相关考核指标，完善审判绩效考评综合体系，从考核对象、考核期限、考核标准、考核办法等方面逐项层层分解目标任务，任务到庭、责任到人、考核到点，适时对下级法院、业务部门及法官进行业绩考核。通过建立健全案件质量评估体系与绩效考核的对接机制，奖勤罚懒、肯定先进、鞭策后进，营造竞争有序的良好工作氛围。如省法院制定《省法院机关审判绩效考核标准》，从公正、效率、效果等方面对省法院机关部门绩效进行全面评估和考核，并完善对中级法院的绩效考核体系，通过采取"听、测、查、谈、评"等方法对各中级法院进行考核，并在全省法院进行通报。遵义市中级、基层法院建立个人绩效量化考核机制，对中层干部、法官、审判辅助人员等实行分类考核，考核结果与干部选拔、评先选优等挂钩。黔西南州中级、基层法院以最高法院《关于开展案件质量评估工作的指导意见》和《贵州省案件质量评估试行指标》为指导，结合本地实际，通过设定科学的审判绩效考评指标，全面、客观、公正地评价审判、执行工作，进一步提高办案质量和效率。

## （三）取得成效

**1. 案件质量进一步提升，树立司法公正的良好形象**

一是司法民主与透明度明显增强。截至目前，全省法院二审开庭率平均值为15.05%，同比大幅上升了10.49个百分点，一审案件陪审率全省平均值为42.29%，同比大幅上升了8.22个百分点。二是裁判公信与权威状况明显好转。全省法院生效案件改判发回重审率平均值为0.666个千分点，同比下降了0.519个千分点；全省司法赔偿率平均值为0.016个千分点，同比下降了0.02个千分点，全省9个地区均低于平均值。三是立案审查水平明显提升。全省法院立案变更率平均值为0.14%。全省有7个地区的立案变更率低于平均值，其中，有两个地区的立案变更率为0，达到满意值。

**2. 案件效率进一步提高，实现审判工作良性循环**

一是法官人均结案数持续上升。全省法院法官人均结案数平均值为28.8件，同比上升了1.54%，在案件数日益增长、审判工作任务日益繁重的情形下，全省仍有超一半法院的法官人均结案数高于全省平均值。二是案件审理效率明显提高。全省法院法定（正常）审限内结案率平均值为99.35%，同比上升了0.06个百分点，全省有8个地区的法定（正常）审限内结案率高于平均值。当庭裁判率和结案率全省平均值分别为14.81%和86.5%，同比分别上升了4.32个和1.59个百分点，表明法官庭审驾驭能力和办案效率有了进一步提升。三是均衡结案管理效果初步显现。全省法院结案均衡度平均值为0.72%，同比上升了0.02个百分点，以往收结案数大起大落的不均衡状况得到了较好改善，全省法院审判工作良性运行状态日趋显现。

**3. 社会矛盾得到进一步化解，司法公信力更加凸显**

一是信访投诉率下降，人民群众更加满意。贵州省法院信访投诉率平均值为5.38%，同比下降了2.63个百分点，贵州省有8个地区的信访投诉率低于平均值。一审服判息诉率平均值为85.79%，贵州省有7个地区的一审服判息诉率大幅高于贵州省平均值。二是审判执行活动更加高效。贵州省法院实际执行率平均值为72.93%，同比上升了1.22个百分点，贵州省有4个地区的实际执行率大幅高于平均值。贵州省执行标的到位率平均值为53.02%，有6个地区执行标的到位率大幅高于贵州省平均值。三是调撤工作效果更加明显。全省法院调解率平均值为45.54%，同比上升了0.86个百分点，贵州省有近2/3地区的调解率大幅高于平均值。贵州省法院撤诉率平均值为19.66%，同比上升了0.35个百分点。

## 二 问题反思：贵州省现行案件质量评估指标体系应用中存在的问题

案件质量评估指标体系的构建是一个十分庞杂、繁琐的过程，评估指标的选择和权重的设定、评估方法的采用都需要经过实践的检验和多次的修改方能形成一个科学、合理、完善的案件质量评估指标体系。经实地调研后发现，贵州省现行案件质量评估指标体系应用中主要存在以下问题。

### （一）思想认识不到位

调研中我们发现，部分法院领导及法官观念滞后，唯"数据论"，案件质量评估工作开展不均衡，协调机制不健全，缺乏对审判指标数据的综合运用和指导；对案件质量评估指标体系的认识不到位，为美化政绩或业绩，唯"指标化"，为了追求片面的高指标，甚至弄虚作假，简单地将整体的案件评估当作具体考核，部分数据与工作实际明显脱节，指标内涵与基础数据出现"错位"；质效评估工作局限于对过去问题的描述，缺乏对审判过程的评估、对审判运行态势的预测和修正、对司法行为的精细化引导。

### （二）指标设置有待完善

一是指标设置存在矛盾冲突。如一审服判息诉率和上诉率，一审服判息诉率低则上诉率就高，一审服判息诉率高则上诉率就低，两者相辅相成，互为关联。根据法律规定，上诉是当事人的一项法定权利，被告人只要不服判决结果即可上诉。因此，上诉率高并不一定说明案件有质量问题。二是对法官裁判行为的评价过于简单。在相应的指标设置中，应当对不合理的负面评价予以适当排除，否则可能会影响法官做出裁判行为的客观性，破坏设定评估指标体系的价值和目的。三是对某一裁判行为存在重复过度评价。现行案件质量评估指标体系中，部分案件从立案到诉讼，再到裁判、执行，完全有可能历经整个诉讼程序，而被整个评估指标体系检测。如民事财产纠纷案件，一审判决被告人败诉后，被告人提出上诉，二审发回重审，重审后被告人不满意，再上诉，二审维持原判。若被告人无财产可以执行，判决难以履行，当事人便开始上访。在该审判过程中，就涉及评估指标中的一审发改率（错误）、一审服判息诉率、实际执行率、执行到位率、信访投诉率等指标的评价。如果将这种案件全部适用相关指标，就会导致对裁判行为做出重复过度的否定评价。

### （三）基础数据不准确

评估数据是案件质量评估指标体系得以运转的基础，评估数据的正确与否直接决定着评估结果的客观、公正与否。贵州省评估数据主要来自两方面：一是由各法院及本院各部门自己上报，二是采集自审判综合信息管理系统。但在实践中发现，这两部分数据都存在一定的不客观性。一方面，各法院及本院各部门上报的数据，通常只需要报案件类型或案件数，并未予以具体审查，具体案件信息的真伪缺乏监管与核实；个别统计员还有漏报、错报的现象，难以保证数据的准确性；再加之不正确的政绩观，部分法院或部门为考核而虚报、瞒报数据。如一些中级、基层法院对调解、执行案件采取"预立案"的方式，为了获取高指标不结不立；有的甚至对案件审限进行人为修改以提高"法定审限内结案率"。另一方面，采集自审判综合信息管理系统的部分数据的准确性取决于审判综合信息管理系统数据录入的准确性和完整性，由于法官日常工作量较大，信息录入比较匆忙，错填、漏填的现象大量存在；也有一些信息录入项填写标准比较模糊，个别案件扣除审限事由的期限填写过于随意，实践中个别工作人员曾将扣除审限事由的期限填写为1000天。上述种种原因使得信息录入的基础数据不准确，从而导致评估结果不科学、不客观。另外，审判综合信息管理系统软件本身存在的缺陷也是导致评估数据不客观的原因。

## （四）统计方法有待更新

案件质量评估的过程实际上就是一个信息处理过程。评估部门通过收集大量原始、实时、详尽的指标数据后再按照一定的原则和程序进行量化处理，最终得出评估结果。因此，数据采集、统计方法是否科学、先进，对案件质量评估指标体系的有效开展具有较大的影响。受经济条件制约，贵州省部分法院信息化设备陈旧，信息化水平落后，各地发展不均衡，有待进一步完善和更新。实践中，大部分法院对于案件质量评估数据的提取和评估结果的生成主要靠手工操作，缺乏一个评估数据自动提取、评估结果自动生成的信息技术处理平台，耗时耗力，且容易出现错误。另外，统计方法步骤繁多、公式复杂、数据庞杂，且人力短缺，实践操作中任何一个环节出错都可能导致统计结果的不准确。

## （五）评估结果尚未有效运用

案件质量评估工作是强化审判管理工作的重要"指挥棒"和评价审判执行工作的"体检表"，对审判工作具有明显的激励、引导和监督管理作用，为服务司法决策发挥了十分重要的作用。从贵州省部分中级基层法院的具体实践来看，部分法院未将案件质量评估结果充分运用到日常审判工作之中，未能有力地发挥案件质量评估指标体系的功能。部分法院对案件质量评估指标体系功能的认识还存在局限性，案件质量评估工作开展还不全面，评估结果的运用还有待完善；案件质量评估评工作与绩效考核尚未有效结合；未与相关部门建立有效的沟通协调机制，案件质量评估指标体系的激励和导向功能也未得以有效发挥。

## （六）理论研究滞后

辩证唯物主义认为，理论对实践具有重要的指导作用。实践证明，科学正确的案件质量评估体系理论就是对审判管理规律的正确认识和把握，是对审判行为与过程实施调控、评价、引导的方法的总结和升华。长期以来，贵州省法院致力于探索、研究案件质量评估体系、标准，深入开展案件质量评估工作，取得了许多有益的成果。但总体来看，相关理论研究滞后，诸如案件质量评估体系的内涵和外延、案件质量评估指标之间的内在关系、案件质量评估结果的运用、案件质量评估与绩效考核之间的关联等，都需要进行理论上的探讨和研究，案件质量评估体系理论对案件质量评估工作实践的指导作用尚未得以充分发挥。

## 三 路径探索：案件质量评估指标体系的完善

案件质量评估指标体系既是一种审判管理手段，又是一种调查研究方法，也是一项检验执法办案成效、检验人民法院职能作用发挥、检验人民法院司法公信力的重要工作，目的是为审判执行服务、为司法决策出谋划策。因此，建立和完善科学合理的评估体系是抓好执法办案第一要务，是促进司法公正、提高司法公信力的重要的基础性工作。

### （一）加强教育培训，树立科学观念

一是强化教育培训，提高思想认识。案件质量评估指标体系是近年来审判管理工作中出现的新名词，是司法改革的新事物。人们对新事物都会经历一个从陌生、认知到接受、熟识的过程。必须通过广泛地动员学习和教育培训，广大审判人员才能深刻认识案件质量评估指标体系的评价、引导、激励、规范、监督等重要功能及作用，促使他们树立科学理念，为提升办案质量和效率、维护司法公信和权威奠定思想基础。二是加强人文关怀，营造良好氛围。以社会主义法治理念为抓手，大力加强法院特色文化建设，培育具有人文特色的法院精神。同时以构建和谐审判环境为目标，帮助解决切实困难，培养审判人员的职业自豪感和价值观，强化"指标不等于政绩、更不等于业绩"的观念，充分调动他们自觉运用案件质量评估指标体系的积极性和主观能动性，促使他们以饱满的热情、良好的精神状态投入审判、执行工作。

### （二）完善评估体系，提升审判质效

一是科学设计评估指标。科学合理的指标设置是案件质量评估指标体系得以有效实行的前提条件。结合目前案件质量评估指标体系运行的实践经验，对现行评估指标进行逐个排查，予以完善，是完善现有审判质效评估体系的关键

步骤。可从立案、审判、执行各个审判流程中抽取一些具有共性并兼具决定性作用的因子,以此来作为衡量审判质量与效率的基本指标。各级法院可以在此基础上根据各自需要和条件,选择适用或另行设立其他指标,以完善审判质量评估指标体系。同时,在设置指标时,对于具体裁判行为的价值评估要求,应当做多方面的考虑,具体裁判行为的主要价值取向需要分析;实施该类裁判行为对主要价值取向否定的可能次数和程度以及对冲突价值带来的利弊也应予以分析。而且,这种分析不应局限于某一单个程度内,而是应当覆盖至个案处理的整个诉讼程序。例如对二审改判发回案件的评估,可根据不同情况予以区别对待,而不是一竿子打死。对于因事实证据认定有误或程序不当而导致发改判的应纳入评估,对于因出现新证据、新事实或新的法律、政策而导致发改的应予以剔除。具体而言,可结合贵州省实际,做如下修改:首先,增设评估指标。在原有指标基础上增设"对下级法院生效案件提起再审率、对下级法院生效案件再审改判发回重审率、裁判文书评分、平均审理时间指数、平均执行时间指数、再审审查率"等指标。其次,设置指标合理区间和权重。根据各地不同情况,科学确定不同法院、不同条线的指标合理区间和权重系数配比,增强评估指标的可操作性。再次,分类细化指标体系。根据刑事、民事、行政、执行等案件的不同情况和特点,分别设置不同指标体系,分类评估。最后,简化指标体系,突出评估重点。根据各地情况,剔除不合实际的评估指标,保留核心指标,进一步突出评估重点,增强评估指标的地域性和可操作性。二是正确应用评估指标。指标的科学设置是基础,但正确运用是关键。进一步强化指标公开,在新设、修订、使用评估指标时,要对指标含义、评价范围和计算标准,予以同步公开并附注说明,以便于各级法院对指标进行科学评价并提出修改建议。通过指标说明手册、分析指引等多种载体,引导各级法院正确解读指标的数值和变化,对计算较为复杂、专业性强的指标,要避免因指标误读而产生误用、误导。理性看待指标的正面作用和负面作用,最大限度地发挥指标体系的正能量,最大限度地降低指标的副作用。三是不断检验修正评估指标体系。进一步强化指标体系的实践检验,注重分析指标对相关领域工作实践的促进和阻碍作用,及时发现指标体系自身存在的设计缺陷或不当应用问题,为进一步提升指标体系的科学性和针对性提供依据。同时,研究确立符合审判规律的指标数值合理区间，建立科学评估机制，逐步构建覆盖全面、应用有别的指标群，运用相互依存、相互制衡原理，合理配置体系指标，避免因指标之间缺乏约束而导致"异化"现象。

### （三）强化数据管理，确保数据真实

司法统计工作是案件质量评估指标体系的基础，统计数据的真实性是评估指标准确性的前提。一是加强信息录入监管。无论采用何种统计方法，手工的或技术的，审判业务管理系统中的数据都是基础，只有确保基础数据的准确性才能保证审判质效评估结果的科学性。可由审管办对全省法院案件信息录入情况进行定期或不定期的检查，将检查结果予以通报，并将信息录入质量纳入质效评估体系，以此来督促相关部门和人员及时、准确、完整地填写信息录入项，保证系统数据的准确性和完整性。二是建立、健全程序转换、审限变更审批制度。为了规范案件程序转换以及审限变更情况，避免个别审判人员为规避审限规定而将简易程序转换为普通程序或为缩短审限而随意扣除审限，应建立程序转换、审限变更审批制度。审判人员要转换程序或变更审限的需向审管办递交相关证明材料，并由审管办在系统中予以同意并统一填写审限变更中法定事由结束时间。三是强化监督管理、落实奖惩机制。督查是贯彻落实政策、制度的强有力保障。进一步加强基础数据的核查工作，采取有效措施对数据的真实性、准确性进行全面核查并及时通报。对于弄虚作假、虚报、瞒报、篡改数据的，依法依规追究相关法院及个人的责任；对于统计工作成绩突出的，相关法院、业务庭及个人予以单项奖励，计入业绩档案，作为今后评先评优、晋职晋级的依据。

### （四）强化信息化建设，提高智能水平

信息化建设对案件质量评估指标体系有着强大的支撑作用，是案件质量评估指标体系的重要依托。为克服评估数据统计过程中存在的问题和缺陷，建立一个便捷、高效、准确运行的信息技术处理平台已成为当务之急。因此，进一步强化信息化建设，更新评估体系软硬件设施，修改软件漏洞，充分利用局域网和广域网，逐步达到各项指标数据采集、整理、传输和指数编制由计算机自

动生成和及时更新,实现案件信息智能提取和校验自动化。对立案、审理、执行、归档等工作环节进行信息跟踪和控制,实现审判工作的系统化、网络化和自动化,依托网络技术提高案件质量评估指标体系的工作效能。

### (五)强化结果运用,发挥评估功能

一是构建科学绩效考核指标体系。案件质量评估结果比较全面、客观地反映了法院及相关业务庭的工作业绩,可以作为法官奖惩、提职晋级,审判人员岗位调整以及领导决策的重要依据。构建科学绩效考核指标体系,研究出台《考评办法》及《考评细则》,将案件质量评估结果与绩效考核机制进行对接,使之与法官年终评先评优、中层提拔等挂钩。一方面可以使评选标准公开化、公平化,充分调动各级法院工作人员的积极性,明确努力方向;另一方面案件质量评估结果清楚地体现每个工作人员的工作业绩,院党组可以根据评估结果进行岗位调整,平衡各个部门的办案力量,使办案的人力资源得到优化配置。二是强化分析研判。根据评估结果,重点加强对审判运行态势、审判工作质效、司法资源等情况的分析研判,有助于准确找出审判工作中的薄弱环节,可以有针对性地予以强化和突破。同时,对于评估中发现的审判工作中存在的普遍性、倾向性的问题,可以及时发布研判报告或制定规范性司法指导意见,有效促进了裁判尺度的统一,为促进司法公正、提高司法公信力奠定基础。三是增强案件质量评估的导向和激励功能。对案件评查工作中发现的典型差错和共性问题进行归纳总结,剖析原因,以质评通报或专门会议的形式,有针对性地进行讲评,提出统一的规范性意见和建议,防止和避免同一类差错的重复出现,预防和减少案件瑕疵,促进案件评查预防功能与审判监督事后纠错功能的有机结合,实现对审判质量问题的标本兼治。

### (六)健全调研机制,强化指导力度

组织专门力量,精心开展案件质量评估指标体系的相关问题调研,及时掌握工作开展情况及运行态势,及时发现问题,准确研判并做出正确决策。同时,要及时总结工作经验,不断完善工作机制并做好相关配套工作,为案件质量评估工作的具体实践提供有力的理论支持。

# B.17
# 新形势下人民法院妥善处理劳动教养行政案件的调研报告

贵州省高级人民法院课题组 *

**摘　要：** 本文通过对2008年以来贵州省全省劳动教养行政案件的调研及统计，全面分析了全省劳动教养行政案件基本情况以及特点，系统提出了妥善处理劳教行政案件的工作思路，并探讨了行政案件审理中的裁判方法、类型化思考、利益衡量、法律解释等问题。

**关键词：** 劳动教养行政案件　工作思路　对策建议

## 一　问题的提出

《中华人民共和国行政诉讼法》于1989年4月4日通过，自1990年10月1日起施行。该法第二章"受案范围"第十一条规定："人民法院受理公民、法人和其他组织对下列具体行政行为不服提起的诉讼：……（二）对限制人身自由或者对财产的查封、扣押、冻结等行政强制措施不服的……"1991年5月29日最高人民法院《关于贯彻执行〈中华人民共和国行政诉讼法〉若干问题的意见（试行）》第2条规定，公民对劳动教养管理委员会做出的劳动教养决定不服的，可以向人民法院提起行政诉讼，明确将劳动教养

---

\* 课题组组长：余红梅，贵州省高级人民法院党组成员、副院长；课题组成员：朱进、管劲松、黄瑶。

行政行为纳入司法审查，从而建立了我国劳动教养司法救济制度。该意见虽已被 2000 年 3 月 8 日《最高人民法院关于执行〈中华人民共和国行政诉讼法〉若干问题的解释》废止，但是劳动教养行政案件纳入人民法院司法审查已成共识。

据统计，人民法院受理的行政诉讼案件中，劳动教养行政案件占比不高，数量不多。但因劳动教养决定涉及限制人身自由，导致纠纷处理难，矛盾化解不易。再则，近年来，劳动教养与信访问题纠结、循环，对上访行为（包括非正常和正常上访，而信访本身是对原有的矛盾的反映）采取劳动教养处理，对劳动教养处理不服又产生信访，积累了新的矛盾。同时，在新媒体时代，一些劳动教养案件容易引发舆情事件。[①] 而劳动教养制度本身作为极具中国特色的一项法律制度，其合法性、正当性、完备性长期以来备受争议，加之实施过程中极易侵犯公民的合法权益。这些因素的交织，往往又授某些所谓人权保护"维权人士"以借口，甚至成为西方反对势力进行中国人权状况政治攻击的靶标。因此，劳动教养案件数量小，影响大，关乎当事人切身利益，关乎社会稳定，亦涉及政治、政策问题，敏感性强，在最高法院尚未出台相关司法政策、缺乏统一的司法审查指导意见、裁判标准的情形下，法院处理起来比较困难。

当前，我国正深入推进法治建设，努力建设法治政府、法治社会、法治国家。2013 年的全国政法工作会议也明确提出了要积极推进劳教制度改革。如何做好劳教制度改革与法院审判执行工作的有机衔接，确保劳教制度改革积极稳妥地进行，是人民法院面临的重大挑战和全新课题，也是《行政诉讼法》实施 20 多年来面临的新情况、新问题。在步入劳动教养制度改革、"后劳动教养时代"的背景下，人民法院如何正确认识劳动教养制度的特殊性以及劳动教养案件的特殊性，进一步积极发挥司法救济功能，使当事人可以更多、更好地通过行政诉讼实现权利救济，如何妥善处理改革过程中的问题以及废除后的遗留问题，包括因制度废除后引发的申诉信访问题、尚在执行中的教育说服问题、尚在诉讼中的合理处理问题等，这对人民法院提出了新的要求。为了积

---

① 如重庆任建宇案、湖南唐慧案。

极应对、妥善处理劳教制度改革背景下的劳动教养行政案件，充分履行行政审判工作职能，课题组开展了专题调研，主要从实践的层面、审判实践的角度，提出了一些对策建议，以期统一认识、统一尺度，为劳教制度的稳妥改革、确保社会稳定、维护群众合法权益提供司法保障。①

## 二 全省劳动教养行政案件基本情况

2008年以来，全省法院共计受理一审劳动教养行政案件38件，其中2008年9件、2009年11件、2010年6件、2011年3件、2012年6件、2013年3件。

表  贵州省2008年以来一审行政劳动教养案件数据

| 地 区 | 2008年 | 2009年 | 2010年 | 2011年 | 2012年 | 2013年 | 总计 |
| --- | --- | --- | --- | --- | --- | --- | --- |
| 贵 阳 | 4 | 5 | 1 | 1 | 2 | 0 | 13 |
| 安 顺 | 2 | 3 | 0 | 0 | 1 | 1 | 7 |
| 遵 义 | 0 | 2 | 4 | 1 | 0 | 0 | 7 |
| 铜 仁 | 1 | 0 | 0 | 0 | 3 | 1 | 5 |
| 黔东南 | 1 | 1 | 1 | 0 | 0 | 0 | 3 |
| 毕 节 | 1 | 0 | 0 | 1 | 0 | 0 | 2 |
| 六盘水 | 0 | 0 | 0 | 0 | 0 | 1 | 1 |
| 合 计 | 9 | 11 | 6 | 3 | 6 | 3 | 38 |

### （一）在公安类行政案件中占比不高

由于劳动教养的具体办理和实质审批权在公安机关，故属于公安类行政案件。全省公安类一审案件2009年248件、2010年240件、2011年242件、

---

① 需要说明的是，在本文完成之后，2013年11月15日发布的经党的十八届三中全会讨论通过的《中共中央关于全面深化改革若干问题的决定》中已经正式宣布废止劳教制度。因此，本文除了对于过去遗留的劳动教养行政案件的处理具有一定的意义外，更多的是对于行政案件审理中的裁判方法、处理思路等方面的意义。

2012年222件，劳动教养案件占比不到5%。主要原因在于贵州省坚持正确的社会治安管理控制司法政策，严格按照《公安机关办理劳动教养案件规定》（以下简称《规定》）的适用对象办理劳动教养案件，总体控制较严。

### （二）进入诉讼的劳动教养案件不多

据了解，全省各地劳教委员会每年做出劳动教养决定近2000件，但最终进入司法途径的案件数量每年不到10件，占比很小。主要原因一方面在于大多数劳教对象违法行为事实清楚，自愿接受处理；另一方面可能存在司法救济力度不够，当事人不愿通过诉讼途径解决。

### （三）劳动教养行政案件维持率很高

在审结方式上，进入诉讼的案件有着很高的维持率。如安顺法院2008~2013年，共计收案7件，其中维持3件，驳回诉讼请求1件，裁定准予撤诉3件；贵阳法院共计受理13件，其中维持11件，驳回诉讼请求2件，裁定准予撤诉1件；黔东南州法院受理3件，均判决维持劳动教养决定。劳动教养案件高维持率、低撤销率的主要原因一方面在于违法行为基本事实清楚，另一方面存在劳动教养制度的特殊性导致司法审查的局限性。

### （四）全省各地案件受理不平衡

贵阳地区案件最多，而黔南、黔西南州无诉讼案件。这与全省各地社会治安状况、经济社会发展程度、实践中一些社会管理做法以及当事人诉讼权利意识等存在一定的关系。例如，对于进京非法上访人员，遵义采取行政拘留措施，而有些地区则采取劳动教养。

### （五）作为原告户籍所在地法院受理劳动教养案件

原告在管辖权上充分运用行政诉讼法赋予的权利，回到原籍所在地法院寻求救济。贵州省一些地方法院也按照《行政诉讼法》第十八条规定"对限制人身自由的行政强制措施不服提起的诉讼，由被告所在地或者原告所在地人民法院管辖"。作为原告户籍所在地法院受理劳教案件，并且做出了有利于原告的判决。①如毕节中级法院审理的大方县刘国俊不服被告上海市劳动教养管理委员会收容劳动教养一案，该案判决撤销了上海市劳动教养管理委员会2011年6月24日做出的（2011）沪劳委（审）字第1904号《劳动教养决定书》。

### （六）法院审理劳动教养案件总体比较谨慎

在现有法律框架内，法院审查仍然倾向于适用现行有效的规章如《劳动教养试行办法》等。虽有部分法官认为《劳动教养试行办法》与上位的《行政处罚法》《立法法》存在冲突，认为应当严格审慎使用劳教，但是无人敢于"大胆"地、应然地按照《立法法》规定和法律适用的原则，弃办法不用。这种情形的主要原因在于制度设计和实践压力。从法治统一和判决统一角度讲，法院的做法也许应该是目前"制度夹缝"中所能做到的最好选择。

### （七）劳动教养决定针对的行为主要是不能给予刑事处罚，给予行政处罚又显得过轻的违法行为，反映了政府对劳动教养作为社会治安管控手段的依赖性

此类行为包括吸毒、寻衅滋事、聚众斗殴、盗窃和赌博、卖淫嫖娼、危害公共安全、故意伤害、抢夺、妨碍公务等。如贵阳辖区共计受理14件，其中涉及贩毒3件、吸毒1件、盗窃6件、扰乱社会秩序2件、传销1件、不履行保护人身权法定职责1件。黔东南州3件，其中寻衅滋事、扰乱社会治安秩序2件，流氓行为1件。遵义8件，其中寻衅滋事1件、吸毒4件、邪教2件、

---

① 王静：《从行诉案件看劳教制度变革路径》，《国家行政学院学报》2012年第3期。在公开的81件涉上海劳教委员会的案件中，上海本地诉讼原告的胜诉率是25.9%，而在其他地方诉讼则是87%。地方法院作为原告的户籍所在地法院，更倾向于做出有利于原告的判决，原籍法院胜诉率是上海法院胜诉率的3.36倍。在劳动教养这类案件中，原告住所地法院对保护原告合法权益确实发挥了作用，而且在被告是上海市行政机关的情况下，这样的胜诉在原告、原籍所在地法院甚至地方政府和地方媒体看来都意义重大。代表了原告所在地法院在受理和审理劳教案件时的态度和意愿，所传达的对公民合法权益的保护、对法治的尊重和宣扬，是值得肯定的。

上访1件。数据也反映出吸毒、寻衅滋事、盗窃属于贵州省重点处理案件,而对非法上访行为进行劳教的,占比并不高。

### (八)劳动教养申诉案件呈现上升趋势

目前全省法院已经受理了部分劳动教养申诉案件,如安顺法院2件。预计劳教制度正式被废除后,基于个别案件的示范作用以及对制度废除行为的不当认识,可能会引发申诉潮。

## 三 人民法院审理劳动教养案件面临的困境

劳动教养制度作为极具中国特色的一项法律制度,其建立以来,为维护社会治安秩序、确保社会稳定发挥了积极作用。其事实上已成为独立于刑事、行政法律制度之外的一项特殊的法律制度。通过其50多年的发展,我们可以看出一些基本特点,它的价值取向由最初的阶级斗争、政治斗争的工具转变成现行的维护社会治安的法律工具,执行依据上由最初的单纯依靠政策调整转变成现行的依靠法律规范和政策调整,性质上由最初的兼具安置就业的性质转变成现行的强制性教育改造的法律制裁,适用对象上由最初的狭隘到其后的宽泛直至目前的滥行,适用范围由最初的单纯单位内部转变成现行的整个社会面①。劳动教养制度本身的立法硬伤,存在劳教对象扩大化、劳教期限过长、缺乏程序保障等问题,长期以来受到广泛评论。

劳动教养制度先天不足、后天也不完备,其性质与内涵虽然也随着我国政治、经济、社会发展而不断变化、完善,但其发展与我国法制建设的总体进程不同步,与《立法法》《刑法》《刑事诉讼法》等的要求与精神不一致;与我国行政诉讼制度发展不同步,跟不上诉讼司法审查标准;与我国行政法律体系发展不同步,跟不上一些行政支架性法律如《行政处罚法》等的要求。因此,按照司法审查标准和法治要求,其实施则必然存在一些普遍性、系统性"违法"现象,导致人民法院审理劳动教养案件面临一些障碍和困难。

---

① 徐晨:《劳动教养若干问题研究》,载《中国法律法规规章司法解释全库》。

### （一）劳动教养性质不明确，导致案由的确立、管辖权以及法律适用等问题发生争议

劳动教养是一项在我国治安实践中建立、发展起来，针对轻微违法，尚不够刑事处罚者实施的强制性教养改造的处罚措施。1957年《国务院关于劳动教养的决定》规定："劳动教养是对于被劳动教养的人实行强制性教育改造的一种措施，也是对他们安置就业的一种办法。" 1980年国务院批转的《公安部关于做好劳动教养工作的报告》指出："劳动教养是一种强制性的教育改造措施，是处理人民内部矛盾的一种方法。" 1982年国务院批转的《公安部劳动教养试行办法》同《公安部关于做好劳动教养工作的报告》相比，在"强制性教育改造措施"之前加上了"行政"两字。1990年国务院发布的《中国人权状况》白皮书指出："劳动教养不是刑事处罚，而是行政处罚"，将劳教表述为"行政处罚"。1995年国务院发出的《关于进一步加强监狱管理和劳动教养工作的通知》指出"劳动教养所是国家治安行政处罚的执行机关"，将劳教表述为"治安行政处罚"。关于劳动教养的性质，主要有两种不同观点：一种认为是行政强制措施，另一种认为是行政处罚。我们认为，《行政强制法》出台前可以定性为行政强制措施，但由于其不符合《行政强制法》所规定的行政强制措施的定义，目前还是宜定性为行政强制性教育改造措施。此种定性还应当从排除法的角度来理解，其性质不是刑事强制措施，而是属于行政行为；不是行政处罚行为或者《行政强制法》规定的行政强制措施行为，而是一种类似的特殊的强制性教育改造措施。

### （二）劳动教养制度法律规定模糊，且存在很多空白，导致司法审查依据不足

我国现行劳动教养的法律规定主要有1957年全国人大常委会批准、国务院公布的《关于劳动教养问题的决定》和1979年《关于劳动教养问题的补充规定》及1982年国务院转发公安部制定的《劳动教养试行办法》。这几个规范性法律文件规定都比较模糊，且存在很多漏洞，如，劳教性质、劳教对象、决定程序等都未明确规定。反映在审判实践中，如，存在"罪罚不相适"问

题，同案多人均处以一样的劳动教养期限，未能区分在违法（轻微犯罪）中的主次要作用。贩毒案件中，贩毒0.1克和几克，量刑上也无法区别对待。因劳动教养期限比刑法羁押期限长得多，当事人起诉要求撤销劳动教养而请求被追究刑事责任；程序不到位问题，如违法犯罪嫌疑人报请逮捕后，由于案情补充侦查不能及时进行起诉，将当事人直接转为劳动教养，未能体现无罪释放，也未能给予劳动教养当事人程序上的保障，使当事人对惩罚措施性质不清，救济途径不明；拘留逮捕羁押日期如何折抵劳动教养天数的问题，因两者均为行政处理范围，治安行政拘留1日折抵劳教1日，但对逮捕的羁押期间如何折抵劳动教养期限，因两者性质不同，能否同等对待等。这些问题缺乏明确规定，导致无法可依的尴尬局面，司法审查依据不充分，审查判断难。

## （三）劳动教养制度法律依据效力低，本身的法律依据缺乏，导致司法审查结果易受到质疑甚至引发舆论炒作

目前关于劳动教养的法律规定最高层级为行政法规①，公安部还制定了《公安机关办理劳动教养案件规定》等规章以及做出一些批复、通知。但实践中当事人或者社会有关人士提出，《教动教养试行办法》与《行政处罚法》《立法法》存在冲突。另外，上述《规定》及批复还存在范围扩大或者与上述《办法》相冲突等问题。② 这些问题属于劳教制度的固有缺陷，但又是司法审

---

① 1957年8月3日国务院公布实施的《关于劳动教养问题的决定》、1979年11月29日国务院公布施行的《关于劳动教养的补充规定》获得了全国人民代表大会常委会的批准，但从其制定机关、公布的机关等方面看，这两个决定不属于严格意义上的法律，而应是行政法规。

② 为规范劳动教养案件的办理，公安部（2002年4月12日，公通字〔2002〕21号）制定了《公安机关办理劳动教养案件规定》，虽然该《规定》没有经过公安部以正式的指令印发，但是对先前的法律、法规进行了许多细化、解释工作，并具体规定了办案的全过程，因此，各级公安机关办案时经常适用该《规定》。有观点认为，上述《规定》有一些条款超越了上位法的规定，存在与上位法相冲突的现象。比如《劳动教养试行办法》第十条规定："对下列几种人收容劳动教养：……（三）有流氓、卖淫、盗窃、诈骗等违法犯罪行为，屡教不改，不够刑事处分的"，而《规定》第九条规定："具有下列情形之一的，应当依法决定劳动教养：被公安机关依法予以罚款、行政拘留、收容教育、劳动教养执行期满后三年内又实施前述行为（包括盗窃行为）之一，尚不够刑事处罚的。"从上述两条款看，前者规定的是"屡教不改"的，才能实行劳动教养，屡教不改从字面理解至少要达到3次以上，但是后者的规定只需有2次这种违法行为就可以实行劳教。

查的前提性、基础性问题,导致司法审查陷入无法审查、不能审查的尴尬局面。

**(四)一些劳动教养案件与地方党委、政府的维护社会稳定工作相联系,甚至依据地方制定的法规、规范性文件做出,导致司法裁判难**

尤其是涉及基于信访维稳需要采取劳动教养处理的,如严格依法裁判,可能带来示范效应,严重影响当地的行政权威或者社会稳定,可能带来新的不稳定因素。另外,对于地方制定的法规、规章、规范性文件,地方法院的审查空间基本没有。如《贵州省高级人民法院、贵州省人民检察院、贵州省公安厅、贵州省司法厅关于处理少量毒品违法犯罪的若干意见》黔高法〔2002〕80号文件规定对于贩卖少量毒品可以实行劳动教养。

**(五)劳教执法决定具有一定的随意性,导致当事人服判息诉难**

劳动教养制度名义上由人民政府领导,劳动教养管理委员会由政府主要领导及政府部门的公安、司法、民政、发改委、教育、工信、财政、人力资源社会保障、卫生、粮食、工商、总工会、妇联、团委等部门的人员组成,但上述劳教委组成部门及人员并未实际参与案件审批过程,劳动教养决定权实际上由公安机关独家行使。劳动教养不经检察院审查批准,缺乏公开、公正的法定程序,更缺乏相互监督、互相制约的机制,并且由于法律法规对劳教对象的规定不稳定、不明确、不统一,劳教对象的范围易被人为地放宽或缩小,造成有些不该劳教的被劳教,该劳教的却没有劳教。难免导致劳教执法在实际执行过程中有较大随意性。如从适用范围上看,治安管理处罚与劳动教养其实是重合的,同一违法行为就可能出现既可以给予治安处罚,也可以劳动教养的现象。"寻衅滋事"行为,在情节上同样是不够刑事处罚,如果按照《治安管理处罚法》第26条,最重可以做出"十五日拘留,并处一千元罚款"的决定;如果按照《劳动教养试行办法》第10条第四项,最重可以做出"收容劳动教养三年"的决定。实践中,公安机关的自由裁量权较大,对此做出劳动教养决定十分常见。

## 四 对策、建议

尽管劳动教养案件审判实践中存在诸多困难，但人民法院必须依法履行行政审判职能，不得拒绝受理、裁判。并且，在劳动教养制度没有发生变革之前，如果行政诉讼不能提供救济和保护，这对整个法治环境的完善、法治政府的建设都是非常不利的。行政诉讼能够针对个案来弥补制度未及变革前可能对个体造成的权益损害，为制度的弊端提供缓冲。因此，必须正确认识困难，正确认识当前所面临的有利形势，积极发挥司法救济功能。

本文从处理的基本原则、基本思路、具体法律适用、完善机制四个方面做了探析。

### （一）正确认识制度特殊性，努力坚持四个统一，妥善处理劳动教养行政案件

**1. 服务大局与依法办案的统一**

要正确处理执法办案与服务大局的关系，既要增强大局意识，防止孤立办案、就案办案，又要坚持严格依法办案，决不能借口维护地方稳定而放弃职责、不敢办案，要努力实现在每一起案件中让当事人感受到公平正义。要正确认识劳动教养制度的作用，客观看待各地实施制度的做法，在制度改革之前，积极履行司法职能，推进制度改革，保障制度废除前后的平稳过渡，维护社会稳定。要正确认识劳动教养案件的特殊性，始终保持政治敏锐性，对于政治性、政策性较强的，社会影响大的，甚至个别以政治维权方式出现的，要慎重处理。要严格遵循司法审查的边界，审判中不能对《劳动教养试行办法》等进行合法性审查评价。鉴于劳教制度的历史性、特殊性以及劳动教养案件特殊性，甚至不能采取一般行政案件所采取的对规章的"变相审查权"即拒绝适用权。不能受到舆论或者一些学者对劳动教养制度的种种质疑或者提出《试行办法》与上位法存在冲突的不当影响而产生"一律不管"、"大胆纠错"、"全盘否定"等不符合实际的不妥认识。

### 2. 法律效果、政治效果与社会效果的统一

一些劳动教养案件经过舆论关注产生了广泛的社会影响，一些案件和社会公共利益密切相关。因此，必须充分考虑政治效果和社会效果。要根据时代变化，树立正确司法理念，全面准确地理解适用法律，通过公正、高效、权威的审判，来实现维护党的执政地位、维护社会稳定，宣示对人民群众人身自由权的尊重和维护。办案中，既不能僵化刻板地理解适用法律，而忽视制度的固有缺陷、实践操作的习惯做法、长期存在的客观实际以及案件在整个社会层面的影响，也不能为了暂时的稳定而违背法律最基本的价值目标，更不能曲解或滥用政治效果，在办案中迫于干预而放弃法律原则，以牺牲法律严肃性、权威性为代价，寻求非正常的解决方式。

### 3. 监督与维护的统一

监督与维护相统一的原则是人民法院行政审判的重要审判原则。要敢于依法履行宪法和法律赋予的司法监督权，坚持把维护公民合法权益作为出发点和落脚点，既要对行政行为实施有效监督，又要维护正常的社会管理秩序，支持和促进行政机关依法行政，树立法治权威。

### 4. 司法裁判与其他纠纷化解方式的统一

司法的功能是定纷止争，解决社会矛盾纠纷。司法裁判具有规范指引功能，能够建立和维护法律秩序和社会规则，彰显法律公正和司法权威。因此，应当做到依法及时裁判，坚持依法纠错与依法支持。另外，为了促进纠纷得到实质性化解，基于劳动教养案件特殊性，对于个别政治性、政策性较强，或者裁判后三个效果不好的，要积极引导，促成通过行政手段或者其他途径加以解决。审理中也要注重通过协调方式解决行政争议，实现社会效益最大化。

## （二）正确认识案件特殊性，尊重历史、尊重实际，区别对待、分类把握，综合判断，妥善处理

劳动教养制度的特殊性决定了劳动教养案件的特殊性，而劳动教养案件的特殊性决定了人民法院具体处理上的特殊性，包括案件受理、审查标准、法律适用、裁判方式等方面不同于其他行政案件的特殊性。当前，反映在具体审判中，主要困难在于对被诉劳教决定行为的审查标准的把握。

总体而言，我们认为：

第一，坚持用历史的、发展的观点来分析看待劳动教养制度，应当采取历史从宽、现在从严的审查标准；

第二，坚持事实求是的观点，对于该制度存在的固有的缺陷、系统性违法、普遍性做法，要正确对待，既不能采取极端严格的标准也不能采取极端宽松的标准，而是应当采取合理的、符合实际的审查标准；

第三，绝不能搞一刀切的标准，而是应当按照类型化处理的思路，区别处理，综合判断，思考司法审查究竟应该采取什么标准、严格到什么程度、放宽到什么程度。

目前，我们的思路如下。

一是要区别劳动教养决定该行政行为的违法性质的严重程度，是重大明显还是一般瑕疵。如果属于重大明显，则应当依法撤销或确认违法。

二是要区别行政行为的违法内容即按照行政诉讼审查的范围，判断是属于何种失误，如超越职权、滥用职权、事实认定错误、适用法律错误、程序违法。实体方面审查标准应当高于程序方面。

三是要区别被处理的相对人行为的违法性质，综合审查相对人的违法事实、情节、动机、社会危害程度等，考虑"合理性"审查标准的适用。

四是要区别被诉行为的发生时间，历史从宽。客观看待行政机关依法行政、依法劳教的发展，是从不规范到规范、不完善到完善的过程。

五是要区别劳教决定该具体性行政行为是否涉及地方的抽象性行为。实践中，一些地方政府、行政部门甚至通过地方性法规或者规章，大量扩大劳动教养适用对象。如依据地方规范性文件或地方法规扩大范围采取的教养决定处理，就要考虑示范效应。如个别地方针对信访制定《关于依法处理非正常上访行为的通知》，对曾因非正常上访行为被拘留过，再次进行非正常上访，符合劳动教养条件的，依照《劳动教养试行办法》予以劳动教养。又如依据《贵州省高级人民法院、贵州省人民检察院、贵州省公安厅、贵州省司法厅关于处理少量毒品违法犯罪的若干意见》实行劳动教养的，涉及地方的抽象性行为的审查标准要宽于个别决定。

六是要区别针对劳动教养对象的处理动机和目的。从形式上看，对相对人实施劳教的目的主要是维护社会稳定、预防违法犯罪行为。实践中存在决定适用条文与打击的真实动机不一致的现象,例如对地方政府持批评言论或对主要领导发表讽刺丑化言论等,也可能以扰乱社会治安秩序为由进行劳教打击处理。对于动机不合法、目的不合理的审查标准要严苛。

七是要区别针对劳动教养对象的行为类型。依据初步分析,对劳动教养处理对象按照涉及的行为性质,大致可以区分为扰乱社会治安秩序型、上访维稳型、涉政治型、其他社会管理目的①等,当然也可能存在交叉。上访维稳型是指针对上访人员采取的维稳手段,涉政治型指针对"法轮功"等邪教分子采取的处理措施,扰乱社会治安秩序型指针对轻微违法采取的处理措施,参照《治安管理法》分类,扰乱社会治安秩序型包括扰乱公共秩序,妨害公共安全,侵犯人身权利、财产权利,妨害社会管理的,具体包括寻衅滋事、聚众斗殴、盗窃和赌博、卖淫嫖娼、倒票、吸毒、危害公共安全、故意伤害、抢夺、妨碍公务、传销等。

八是要区别诉讼审查与再审审查标准。再审审查行政行为标准应当比诉讼中更严格,应当属于"确有错误"标准。

九是要区别已经执行完毕和正在执行进入诉讼的审查标准。已经执行完毕的审查标准要高于正在执行的审查标准。

### (三)关于劳动教养行政案件审理中的具体问题

**1. 关于案件受理**

总的思路是:既要依法收案,保护诉权,又要针对个案,慎重立案,甚至严格起诉期限审查标准。

具体意见是:(1)切实保护当事人诉权,依法受理劳动教养行政案件,不能因即将改革而不受理。要畅通司法救济渠道,积极引导当事人合法理性表达诉求,充分应用法治手段营造和谐稳定的社会环境。(2)对于个别政治性、政策性较强,不适宜采取行政诉讼方式解决的纠纷,要慎重对待和妥善处理,尽可能引导、促成通过行政手段或者其他途径加以解决。(3)目前,宜认定

---

① 当然,从宽泛意义上而言,所有针对劳动教养对象的行为应该都与社会治安秩序有关,被处理者均有轻微违法犯罪行为,尚不够刑事处罚需要强制劳动。

劳动教养属于限制人身自由的行政强制措施，被劳动教养人员可以依据《行政诉讼法》第十八条和《最高人民法院关于执行〈中华人民共和国行政诉讼法〉若干问题的解释》第九条第一款的规定，选择原告户籍所在地、经常居住地、被限制自由地或被告机关所在地法院起诉。（4）充分考虑劳动教养对象在人身自由受到限制的情形下，基于受威胁、害怕打击报复等各种原因未及时提起甚至自愿放弃诉权的实际情况，全面把握起诉期限。被劳动教养的公民在解除劳教后，向法院起诉的，应区别情况采取不同的处理方式：劳动教养委员会已告知起诉人诉权和诉讼期限，由于起诉人的原因超过诉讼期限的，人民法院不予受理。因人身自由受到限制，确实无法行使诉权的，可以在解除劳教后三个月内向人民法院起诉。

对于劳动教养人身自由受到限制情形下诉权问题①，应当在一定的价值判断指引下②，来思考对该类案件门槛设置是高或者低，在规制技术或者司法方法上也有几种路径：一是审查标准；二是举证责任；三是证明标准，即"无法起诉"审查标准是否从严、由谁承担举证、证明标准是否从严。

第一，关于"无法起诉"的审查标准。是从严（因限制人身自由而提起客观不能，非提起主观不能）或从宽（包括主观因不敢或有困难而不能提起）③，对此，实际上是对《行政诉讼法》第四十三条"由于不属于起诉人自身的原因超过起诉期限的，被耽误的时间不计算在起诉期间内。因人身自由受到限制而不能提起诉讼的，被限制人身自由的时间不计算在起诉期间内"如何正确理解的问题。我们认为，从保障诉权角度以及实际情况看，一般应当采取从宽标准审查，对于个别特殊案件可以从严审查。

第二，关于从严标准下"起诉客观不能"的举证责任。如果将《行政诉

---

① 实践中，被教养者在人身自由受到限制的情形下，基于各种原因，如受威胁、害怕打击报复等，不愿意在教养执行期间提起诉讼。
② 笔者认为，价值判断是从应然层面，为了实现从形式正义到实质正义的转变，在一定的公正观指导下，结合法院履行职责的司法环境、司法时机、司法能力等所做出的考量。因此，很多法律问题之争论实为价值取向之争议。
③ 如重庆任建宇案件，法院认为，在劳动教养期间虽然其人身自由受到限制，但其会见、通信、通电话的权利得到保障，并在此期间曾委托其父及其女友代为提起诉讼或申请行政复议，应当认定任建宇在被限制人身自由期间能够提起诉讼，其主张人身自由受到限制的时间均不应计入起诉期间的诉讼理由不成立。

讼法》第四十三条理解为起诉客观不能，"起诉客观不能"属于起诉条件，且法院主动审查，则起诉人应承担客观不能起诉的初步举证责任，在标准上应只是一种形式意义上、简单的举证即可。如在审理阶段，则依据行政诉讼法司法解释第二十七条，对于劳动教养机关主张起诉超过起诉期限的，仍然应由其负举证责任，其要提供优势证据证明起诉人"客观能够起诉"。

劳动教养委员会未告知起诉人诉权和起诉期限的，起诉期限从起诉人实际知道诉权和起诉期限时计算，但最长不得超过二年，从采取限制人身自由的行政强制措施时起算。

被劳动教养的公民在劳动教养期间，明确表示不提起行政诉讼的，解除劳动教养后，又到人民法院提起行政诉讼，经审查未超过起诉期限的，应予受理。因诉讼权利作为基本权利，不得限制剥夺，要充分尊重其意思自治。

**2. 关于案件审理**

总的思路是：既要有所作为，依法纠错，保护权益，又要正视制度历史性和不完备性的客观实际，有所不为。针对个案，慎重处理，在符合公平正义的目的和结果指引下，发挥法律智慧和政治智慧，综合审查判断。

本文重点从当事人实践中提出的常见的诉讼理由以及《行政诉讼法》规定的审查范围进行类型化的思考（因超越或者滥用职权情形较少，不再赘述）。

标准一：适用法律法规是否正确。

（1）劳动教养对象的认定问题。劳教对象的变迁是我国劳教制度发生的最大变化，既是政治和社会变迁的结果，亦为政治及社会变迁的缩影。劳教对象变化表现为：第一，从对象的地域特征方面，呈现从大中城市到农村的地域全面化。《劳动教养试行办法》第九条规定为"劳动教养收容家居大中城市需要劳动教养的人。对家居农村而流窜到城市、铁路沿线和大型厂矿作案，符合劳动教养条件的人，也可以收容劳动教养"。1993年中央政法委决定对特定的农村人员如农村中的车匪路霸及地痞流氓，也可以收容劳动教养[①]。1998年11月公安部《关于劳动教养范围有关问题的通知》指出："从当前社会治安状况看，有必要运用劳动教养手段打击农村地区的违法犯罪活动，特别是那些广

---

① 党的机关的决定，虽然仅是司法政策，但在实践中通常被严格适用。

大群众痛恨的地痞、流氓、村霸等恶势力违法犯罪活动。"第二，从对象的适用条件方面，呈现行为、行业全面化。1957年《国务院关于劳动教养的决定》规定为4类人，行为条件主要是"游手好闲、违反法纪、不务正业的有劳动力的"。1980年国务院发出《关于将强制劳动和收容审查两项措施统一于劳动教养的通知》，规定为"有轻微违法犯罪行为，尚不够刑事处罚需要强制劳动的"。之后，许多相关法律、行政法规、司法解释、部分规章甚至地方性法规争相扩大劳教的适用范围，使得所有为刑法所禁止的而又不够刑事处罚的行为，都可以适用劳动教养。甚至各行各业中可能涉及违反行政法规的行为，除了情节轻微因而可以受到行政处罚的之外，也都可以适用劳动教养。如2002年公安部《公安机关办理劳动教养案件规定》进一步扩大了劳动教养的适用对象，其中第9条列举了十种可以劳动教养的对象。

由于《劳动教养试行办法》于1982年出台，距今已逾30年，符合规定的人员，至今已很少①。如严格按此认定，教养决定超出范围情形比较普遍。对此，公安部下发的有关通知以及最高法院行政审判庭有关批复的精神都是采取保守态度。从最高法院两个"答复"内容看，其已意识到劳动教养制度所可能涉及的法律适用上的冲突，并且实事求是地认可了客观存在的与上位法的冲突②。因此，对劳动教养对象是否符合《劳动教养试行办法》第九条原则上不予审查，但可以作为认定决定违法"加强性"因素进行判断，即决定本身已经在

---

① 据统计，劳教对象的地域界线愈来愈模糊。原先以收容城镇人员为主的劳教所，有的农村籍劳教人员所占的比重已高达70%以上。

② 1998年11月30日公安部下发的《公安部关于劳动教养范围有关问题的通知》指出，"……对农村的地痞、流氓、村霸在决定予以劳教时，公安机关要严格审查，从严审批。人民法院在受理劳动教养行政诉讼案件时要充分考虑农村的实际情况对待，不要轻易做出劳动教养审批部门败诉的决定"。最高人民法院行政审判庭关于人民法院在审理劳动教养行政案件时就有关实体问题能否进行审查的电话答复"人民法院在审理劳动教养行政案件时，可暂就被劳教人员实体上是否构成屡教不改的'地痞'、'流氓'、'村霸'进行审查，一般不宜以超出国务院《关于劳动教养问题的决定》规定的范围而判决撤销。"1999年最高人民法院行政审判庭《关于人民法院审理劳动教养行政案件是否遵循〈刑事诉讼法〉确立的基本原则的请示的答复》中规定：《国务院关于将强制劳动和收容审查两项措施统一于劳动教养的通知》与新修改的《刑事诉讼法》有不一致的地方。但在国家以法律形式规范劳动教养制度之前，否定该通知的效力，将会带来不稳定的因素。因此，从稳定大局的角度出发，人民法院在审理劳动教养行政案件中，仍应将该通知视为有效的规范性文件。

认定事实、程序方面存在违法时，可以附带一并审查①。对于劳动教养对象是否属于公安部《公安机关办理劳动教养案件规定》第9条规定或者其他法律、行政法规的适用对象，人民法院应当进行审查。如明显不属于，则应判决撤销。

（2）决定依据的合法性问题。对于当事人提出决定所依据的《国务院关于劳动教养问题的决定》以及《劳动教养试行办法》等与《行政处罚法》《立法法》②冲突应无效的问题，不予采纳。实践中，不对办法效力做出实质性审查判断，一般应当参照适用办法进行审查判断。

对于当事人提出不应适用"国发〔1980〕56号文件《国务院关于将强制劳动和收容审查两项措施统一于劳动教养的通知》"。该通知第一条规定，"从今年下半年起，对有轻微违法犯罪行为，尚不够刑事处罚需要进行强制劳动的人，一律送劳动教养"，该条规定成了劳动教养的一个大"口袋"，公安机关在处理时往往适用该规定做出决定。《公安部关于国发〔1980〕56号文件能否作为审批劳动教养依据问题的批复》（公法〔1993〕88号文件）指出，国发〔1980〕56号文件可以作为审批劳动教养依据。而公安部2002年公通字〔2002〕49号文件明令废止了公法〔1993〕88号文件，因此劳动教养决定能否继续适用国发〔1980〕56号文件，存在争议。我们认为，第一，国发〔1980〕56号文件现行有效，效力毋庸置疑；第二，决定原则上不能仅适用国发〔1980〕56号文件做出，而应该依据更加详细、细化的规定做出。

对于当事人提出劳动教养管理委员会适用了与上位法规定不一致的规范性文件如公安部《公安机关办理劳动教养案件规定》《关于审批劳动教养案件有关程序的批复》《关于劳动教养范围有关问题的通知》等做出决定的问题。我们认为，《立法法》规定"下位法不得违反上位法"，最高人民法院2004年颁

---

① 例如有判决认为，当事人其虽家居农村，但属进城务工人员，且有工作单位和固定的住址，并非流窜作案人员，故不属于劳动教养的对象。
② 2003年《立法法》第八条第五款规定："对于公民政治权利的剥夺，限制人身自由的强制措施和处罚，只能制定法律。"第九条规定："本法第八条规定的事项尚未制定法律的，全国人民代表大会及其常务委员会有权先制定行政法规，但是有关犯罪和刑罚、对公民政治权利的剥夺和限制人身自由的强制措施和处罚、司法制度等事项除外。"《行政处罚法》第九条、第十条规定，限制人身自由的行政处罚只能由法律规定，行政法规只能设定除限制人身自由以外的行政处罚。

布的《关于审理行政案件适用法律规范问题的座谈会纪要》也规定:"法院如果认定下位法与上位法相抵触的,应当依据上位法认定被诉具体行政行为的合法性。"但是,如果完全按照这一规定来审查决定的合法性,又会背离现阶段的司法政策、要求。因此,在审理劳动教养行政案件时,在法律适用问题上不能机械地理解《关于审理行政案件适用法律规范问题的座谈会纪要》的规定,而应当适度体现灵活性,不能直接以上位法的规定判决撤销,不对与上位法冲突的规范性法律文件的合法性做出明确的否定性评判。

(3)关于劳动教养行为的性质以及是否适用《行政处罚法》规定的相关原则、程序。关于劳动教养的性质,目前还是宜按照行政强制措施定性处理,不宜适用《行政处罚法》。故对于当事人提出依据《行政处罚法》决定违反"一事不二罚"原则①,违反听证、申辩等程序性权利,不予支持。

标准二:证据是否确凿充分。即行政行为所做事实认定的司法审查标准。

行政诉讼的一个重要问题是如何看待行政机构的事实认定,对于行政机构的一般事实认定,法院一般应予以尊重。《行政诉讼法》对于行政诉讼的证据审查标准没有做出明确的规定,第五十四条只规定了"具体行政行为证据确凿"的,应当判决维持;"主要证据不足"的,判决撤销。确定行政诉讼证明标准应当考虑举证责任、行政行为的类型、案件性质及对当事人权益影响大小等因素。依据通说,行政诉讼的证据审查标准以明显优势证明标准为原则,以特殊证明标准为例外。"明显优势证明标准"是指介于民事诉讼优势证明标准与刑事诉讼排除合理怀疑标准二者之间,应当高于民事和低于刑事。但是,对于财产权和人身权争议的行政裁决等行政案件,应当比照民事诉讼,采取优势证明标准。对于行政拘留、劳动教养、责令停产停业和吊销证照等案件,由于对相对人人身权、财产权有重大影响,应采用排除合理怀疑标准。因劳动教养决定涉及限制人身自由,其认定事实属于"严格事实",故司法审查在原则上应采取排除合理怀疑证

---

① (一)《公安机关办理劳动教养案件规定》第四十八条中"先行羁押"是指行政拘留、刑事拘留、逮捕、强制戒毒、收容教育等限制人身自由的强制措施。(二)对于正在执行强制戒毒的吸毒人员,发现其曾被强制戒毒的,可以对其同一吸毒行为呈报劳动教养。同时,在劳动教养管理委员会做出劳动教养决定后,应当撤销强制戒毒决定,已执行强制戒毒的时间应当折抵劳动教养时间。

明标准。但可以结合实际,采取明显优势证明标准为相对严格的审查标准,高于一般事实相对宽松的优势证明标准,低于排除合理怀疑证明标准。

标准三:是否符合法定程序,即"违反法定程序"的审查标准。

(1)程序问题的审查依据与标准。对劳动教养决定程序的审查按照一般行政程序进行,重点可参照《公安机关办理劳动教养案件规定》进行审查。因公安部办案规定是为了规范办理劳动教养案件的程序,保证劳动教养审批机关严格、公正执法,确保劳动教养案件质量而做出的程序性规定,公安机关在办理劳动教养案件中应当予以遵循,尤其是《公安机关办理劳动教养案件规定》第十三条、第十七条、第十八条、第二十条、第二十三条等,其大致办理必经程序有:立案、调查、办案部门负责人审核、县级公安机关法制部门审核、地级以上公安机关法制部门集体审核、地级以上公安机关负责人审查、劳动教养管理委员会决定、送达等。

程序问题的审查标准可以按照行政诉讼对其他类型具体行政行为的审查标准进行,个案适当从宽掌握。具体讲,要从是否遗漏必要步骤、是否任意增加步骤、是否采取合法正当方式、是否遵循办事期限、是否侵犯相对人程序权利等方面进行审查是否违反程序,从内部外部程序区分、主要次要程序区分、羁束性与裁量性程序、利益衡量等标准来判断是违反法定程序还是程序瑕疵[①]。

(2)《行政强制法》实施后能否适用的问题。是否适用,涉及劳动教养行为的性质认定。即使劳动教养认定为属于行政强制措施,但与2012年施行的《行政强制法》所规定的行政强制措施的性质明显具有差异,如劳动教养不具有暂时性、当场性、紧急性三个特点,并且,劳动教养制度本身与《行政强制法》不协调,且按照"法不溯及既往"原则,亦不适用。故劳动教养目前宜定性为《行政强制法》实施前的特殊的行政强制措施,不适用《行政强制法》。

(3)关于是否必须征求本人所在单位或街道组织的意见。《劳动教养试行办法》第十二条第一款规定"对需要劳动教养的人,承办单位必须查清事实,征求本人所在单位或街道组织的意见,报请劳动教养管理委员会审查批准,做出劳动教养的决定"的程序问题。对此,公安部法制司《关于审批劳动教养

---

① 参见王振宇《行政诉讼制度研究》第九章,中国人民大学出版社,2012。

案件有关程序问题的批复》（下文简称《批复》）"在审批劳动教养案件时，对需要劳动教养的人，可以根据案件情况，征求本人所在单位或者街道组织的意见，但是，单位或者街道组织的意见不能作为是否决定劳动教养的根据；征求本人所在单位或者街道组织的意见不作为审批劳动教养案件的必经程序"[①]。

按照法律适用规则，公安部该《批复》应不能适用。当下我国社会关系、社会结构、社会管理方式、法律制度等方面，与1982年《劳动教养试行办法》第十二条制定时的历史背景已经发生了巨大变化，该程序适用的基础也发生了变化。第一，社会关系从身份到契约的变化。中国社会已经从当时的个人和单位组织之间的较强人身依附关系到现在的契约式关系。社会人员流动性加大，有时户籍所在地的基层组织根本无法了解劳动教养对象的行为、表现，此种情况下严格要求征求意见没有实际意义。第二，相当一部分应当被劳教人员居无定所，审批时无法征求意见。第三，即使征求意见，单位和街道组织的有关人员担心受到打击报复或关系密切而提供虚假、歪曲意见，使程序严重流于形式。第四，《劳动教养试行办法》颁布时还未建立行政审判制度，征求意见程序可以限制公安机关劳动教养的随意性。《行政诉讼法》的实行，加强了对劳动教养的法律监督。当然，这并不意味着所有的劳动教养决定都不需要征求单位和街道组织的意见。审理时，遇到此类问题应当以实事求是的态度来对待。经审查如确无必要或客观上无法征求意见，不宜以劳动教养决定未实施该程序而判决撤销。

### （四）进一步建立完善行政审判工作机制制度，确保案件稳妥处理

应对劳动教养案件审理，除了在案件审查具体意见方面做好调查研究外，还要结合实际，建立完善行政审判工作机制制度，以切实保障劳动教养行政案件的稳妥处理。

**1. 落实好重大案件风险评估制度**

因该类案件矛盾对抗性强、易激化，处理不当可能引起极端事件，影响社

---

① 公安部1995年及1999年对北京公安局及山东省公安厅的批复中，主张不征求。2001年4月5日《公安部废止的规范性文件目录》虽然废止了对北京的批复，但没有废止对山东的批复，由此可见公安部仍然坚持不征求。

会稳定。对社会影响面大、社会舆论关注程度高、可能引发群体性事件以及其他不稳定因素的，必须认真进行风险评估。

**2. 注重行政审判协调，进一步建立健全司法与行政的良性互动机制**

要深刻认识当前运用协调方式化解行政争议的必要性和重要性。建立健全与劳教部门的良性互动机制，重在为协调、和解提供有效的沟通平台。互动中要避免司法与行政功能的混同，要坚持司法的原则性，注意当判则判，不能一味追求协调而和稀泥，久调不决。

**3. 规范完善请示报告机制**

下级法院在处理重大复杂案件时，遇到问题要及时向上级法院请示汇报，上级法院要切实加强指导。

**4. 建立完善信息报告和舆情报告制度**

凡在办案中发现可能影响社会稳定的重大隐患或事件，有关法院必须立即向当地党委和上级法院如实报告有关情况，做到消息准确、反应迅速。要畅通信息报送渠道，随时掌握有关重要舆情动态，及时调查了解事实真相并采取应对措施，回应社会关切。

## 五　结语

在本课题完成之际，我们也欣喜地看到劳动教养制度最终被废止，劳动教养行政案件司法审查也将成为历史。虽然这对本课题的实践价值带来影响，但制度的废止宣示了推进法治中国建设的决心和信心，对于行政审判法官甚至广大法律人而言，制度变革带来的无讼的意义更为重要。对于人民法院劳动教养行政案件司法审查作用的评价，也非本课题所能分析。但是，部分法院与行政法官在过去的"制度夹缝"中所发挥的行政诉讼制度的积极作用，至少对过去制度的弊端起到了缓冲甚至消解的作用。无论如何，他们的"勇气"以及对法治精神的坚守，对于行政审判工作都具有重要的意义。

# B.18
# 贵州省全省法院对外委托工作情况的调研报告

贵州省高级人民法院课题组[*]

**摘　要：**

本文通过对2010～2012年贵州省全省法院在审判和执行工作中委托鉴定、检验、评估、审计、拍卖、变卖等工作的调研，分析了当前工作中存在的问题和困难，并就下一步如何完善对外委托工作提出了建议。

**关键词：**

对外委托工作　存在问题　对策建议

人民法院对外委托工作是指人民法院在审判和执行工作中委托专门机构或专家进行鉴定、检验、评估、审计、拍卖、变卖等工作，并进行监督协调的司法活动。人民法院对外委托工作决定案件事实的证据是否客观真实，法院审判是否公正高效，生效裁判能否最终及时实现，它既是司法公正的重要组成部分，也是实现和促进司法公正的有力保障。为摸清全省法院对外委托工作现状，优化对外委托管理工作，确保鉴定、评估、拍卖工作的科学、高效、廉洁，维护法院审判、执行工作的公正性和权威性，通过对全省9个中院、88个基层法院近三年来对外委托案件的数据进行统计、分析，并到部分中基层法院开展集中座谈和个别交流，对全省法院对外委托工作的情况进行深入调研，分析了当前工作中存在的问题和困难，并就今后进一步开展好对外委托工作提出了建议。

---

[*] 课题组组长：叶正荣，贵州省高级人民法院党组成员、副院长；课题组成员：雷勇、封世强、甘莉。

# 一　全省法院对外委托工作的基本情况

## （一）2010～2012年全省法院对外委托工作情况

**1. 根据调研走访情况并结合统计数据得出的分析意见**

（1）省高院对全省各中基层法院，各中院对所辖基层法院的对外委托工作缺乏管理、监督、指导。目前省高院没有建立各中基层法院对外委托案件运行情况的数据库，各中级法院对所辖基层法院也没有建立类似的数据库，由于各中院对所辖基层法院对外委托工作的管理方式和力度各异，导致上报的统计数据差别较大。其中，已掌握了所辖基层法院对外委托案件数量的中院，上报数据是综合了中院及各基层法院的数据（如遵义、毕节、铜仁、黔南、黔西南、黔东南中院），而没有掌握所辖基层法院对外委托案件数量的中院，只上报了中院所办理的案件，没有将基层法院的数据统计在内（如贵阳、安顺、六

**全省法院对外委托案件情况**

单位：件

| 单 位 | 鉴定类 | | | | | 评估类 | | | | | 拍卖类 | | | | |
|---|---|---|---|---|---|---|---|---|---|---|---|---|---|---|---|
| | 2010 | 2011 | 2012 | 未结 | 小计 | 2010 | 2011 | 2012 | 未结 | 小计 | 2010 | 2011 | 2012 | 未结 | 小计 |
| 贵阳中院 | 42 | 28 | 20 | — | 90 | 55 | 55 | 46 | — | 156 | 17 | 25 | 20 | — | 62 |
| 遵义中院 | 338 | 407 | 429 | 22 | 1174 | 293 | 252 | 283 | 11 | 828 | 157 | 158 | 124 | 1 | 439 |
| 安顺中院 | — | — | — | | 13 | — | — | — | | 9 | — | — | — | | 2 |
| 黔南中院 | 91 | 124 | 131 | 12 | 346 | 83 | 73 | 90 | 1 | 246 | 39 | 36 | 33 | 3 | 108 |
| 黔东南中院 | 37 | 69 | 73 | 4 | 179 | 106 | 103 | 98 | 5 | 307 | 30 | 27 | 21 | 3 | 78 |
| 铜仁中院 | 126 | 125 | 158 | 5 | 409 | 101 | 103 | 116 | — | 320 | 16 | 27 | 20 | 7 | 63 |
| 毕节中院 | 425 | 490 | 568 | — | 1483 | 211 | 151 | 136 | 2 | 498 | 46 | 8 | 71 | — | 125 |
| 六盘水中院 | — | — | — | | 294 | — | — | — | | 178 | — | — | — | 14 | 122 |
| 黔西南中院 | 136 | 200 | 166 | — | 502 | 164 | 84 | 69 | — | 317 | 32 | 17 | 13 | — | 62 |
| 合 计 | 1195 | 1443 | 1545 | 43 | 4490 | 1013 | 821 | 838 | 22 | 2859 | 337 | 298 | 302 | 28 | 1061 |

说明：以上各类未结案件在2013年统计时已全部办结。

盘水中院）。上述情况表明，上级法院对下级法院对外委托工作的监督、指导力度亟待加强。

（2）各中院上报数据的完整性、准确性不够。目前各中院对外委托工作机构不健全，对外委托部门与审判执行部门之间的工作职责也不明晰，对外委托部门内部管理需要加强，收、结案件统计的数据库需要建立完善。

（3）各中基层法院受理的对外委托案件超期未结的情况依然存在，虽然导致超期未结的因素多种多样，但上述两个原因也是重要因素。如果这些问题不能从根本上解决，那么要理顺全省法院对外委托工作关系，大幅减少直至杜绝对外委托案件超期未结现象，将很难实现。

### （二）2013 年全省法院对外委托部门工作人员情况

**1. 根据调研走访情况并结合下表统计数据得出的分析意见**

（1）全省法院对外委托部门工作人员，尤其是基层法院工作人员严重不足。目前，省高院及各中级法院一般只有二至三名工作人员，基层法院一般只有一名工作人员，且大部分同时兼有其他工作。全省法院对外委托部门工作人员中，专职人员占 31%，兼职人员占 69%。该情况与外省法院对外委托部门机构健全、人员充足的情况相比较，存在较大差距。

（2）全省法院对外委托部门的工作人员普遍存在年龄偏大、知识结构老化的情况，缺乏具有审判职务的人员，且新进人员很少分配到对外委托部门工作。全省法院对外委托部门工作人员中，有审判职务的人员占 51%，无审判职务的人员占 49%，但对外委托工作需要具备审判职务和丰富审判经验的工作人员来完成。因此，从工作需要与现实情况而言，两者是矛盾的。

（3）全省法院对外委托部门的工作人员流动性大、缺乏稳定性。由于无审判职务的人员多、兼职多，导致工作人员经常变动，严重影响了对外委托案件的办理质效和对外委托工作的健康发展。如黔南州中级法院对外委托部门挂靠在技术处工作，其工作人员均由技术处人员兼职，且均无审判职务；一些基层法院的对外委托工作人员甚至由司法警察兼任。

表 全省法院对外委托部门工作人员情况

| 单 位 | 人数 | 有审判职务 | 无审判职务 | 专职 | 兼职 | 备注 |
|---|---|---|---|---|---|---|
| 省高院 | 2 | 2 | — | 2 | — | |
| 贵阳中院 | 15 | 5 | 10 | 8 | 7 | |
| 遵义中院 | 24 | 20 | 4 | 5 | 19 | |
| 安顺中院 | 7 | 3 | 4 | 0 | 7 | |
| 黔南中院 | 13 | 0 | 13 | 0 | 13 | |
| 黔东南中院 | 17 | 13 | 4 | 0 | 17 | |
| 铜仁中院 | 11 | 4 | 7 | 1 | 10 | |
| 毕节中院 | 20 | 10 | 10 | 13 | 7 | |
| 六盘水中院 | 9 | 4 | 5 | 6 | 3 | |
| 黔西南中院 | 18 | 8 | 10 | 7 | 11 | |
| 合 计 | 136 | 69 | 67 | 42 | 94 | |

说明：以上统计为截至2013年10月在编人数。

## 二 全省法院对外委托工作存在的问题

调研中我们发现，全省法院对外委托工作普遍存在机构不健全，制度规章不完善，对外委托部门与审判、执行部门之间的工作职责不明晰，法院在对外委托工作中的主导性地位未能充分体现等问题。

### （一）机构设置和人员配置中存在的问题

**1. 对外委托工作机构不健全**

对外委托工作部门虽属辅助性机构，但其工作内容是审判、执行工作的重要组成部分，其运行情况对审判、执行工作的正常进行具有重要影响。从全国情况来看，32个高级法院中只有贵州高院的对外委托部门没有独立设置，目前挂靠在本院的司法行政处开展工作，其余31个高级法院对外委托部门均是独立设置。全国各高院所辖中级法院的机构设置情况也大致如此。贵州省9个中级法院中，目前唯有毕节中院对外委托部门是独立设置的，其余8个中院的对外委托部门则分别挂靠在司法行政处、技术处等部门。全省88个基层法院均未设置独立的对外委托部门，而是分别挂靠在研究室、办公室、监察室等不同部门。贵州省三级法院对外委托工作机构不健全，必然导致对外委托工作的规范化、制度化发展受到限制，使对外委托"审鉴分离"及"执拍分离"的保障功能不能有效发挥，对外委托工作水平低位徘徊，上级法院对下级法院的对外委托工作监督、指导缺位，这些问题在一定程度上也会影响到全省法院审判、执行工作的健康发展。

**2. 对外委托部门人员不足，素质高低不一**

一是工作人员不足。贵州省法院对外委托工作机构工作人员的配置存在人员少、兼职多的情况，不能满足对外委托工作需要。二是人员素质高低不一，流动性大。由于对外委托部门被定位为辅助性质，对外委托工作被边缘化，在法院各内设机构中不受重视，导致目前对外委托部门工作人员中只有51%具有审判职务，且人员年龄偏大、知识结构老化，而各级法院每年新增研究生、本科生很少分配到对外委托部门工作，这又影响了对外委托部门工作人员的素质提高以及年龄、知识结构的更新。同时，对外委托部门工作人员往往认为自己的工作价值不大，工作不上心，导致人员经常变动，往往是刚熟悉对外委托工作业务，就调离工作岗位，这些情况严重影响了全省法院对外委托工作的健康发展。

## （二）对外委托工作规章制度不完善

2002年最高人民法院发布《人民法院对外委托司法鉴定管理规定》，明确由人民法院司法鉴定机构负责统一对外委托和组织司法鉴定。此后，贵州高院陆续出台了一些规范对外委托工作的规章制度，但大多存在规定过于原则化、规定之间未经系统性分类整合、规则间缺乏必要的协调与衔接等问题，可操作性不强，执行效果也不好。与此同时，部分中院甚至基层法院也根据工作需要，各自制定了对外委托工作的规章制度，形成目前贵州省法院对外委托工作规章制度"政出多门"，缺乏权威、统一、规范的制度体系。此外，由于省高院逐年出台的管理规定可操作性不强，其中对于对外委托工作中的一些基本问题，例如，对外委托工作的管理性质和范围，对外委托部门与审判，执行部门之间的职责分工与工作衔接，对外委托部门对中介机构的约束与监督等均未得以明

确,导致中基层法院在实际工作中遇到类似问题时,往往根据自己的理解来开展工作,缺乏统一的操作规则,导致执行中出现偏差,影响了司法公正与效率。

### (三)对外委托部门与审判、执行部门之间的工作职责不明晰

根据最高人民法院对外委托鉴定、评估、拍卖工作管理的规定,以及审鉴分离、执拍分离的制度设计,审判、执行部门不能直接委托中介机构进行鉴定、评估、拍卖,只能通过对外委托部门委托中介机构进行。对外委托工作程序存在两个环节:决定启动委托程序环节及实施对外委托决定环节。两个环节分别对应两种权力:启动委托程序的决定权及实施决定的执行权。其中,决定权由审判、执行部门行使,执行权由对外委托部门行使。调研中发现,部分基层法院的对外委托部门对决定权、执行权的权能范围不完全清楚,调研组曾就"在对外委托工作中业务庭与对外委托部门各自应当承担哪些工作"问题,与有关法院的对外委托工作人员及审判人员交换意见,结果表明,对外委托部门及业务部门对各自的工作职责和界限不清晰,实践中两者之间相互交叉越权的现象较为普遍。一些基层法院对外委托部门的操作流程仅是负责确定中介机构,其他工作则由审判、执行部门直接与中介机构接洽,这种做法将应属于对外委托部门的执行权交由业务部门行使,缩小了对外委托执行权的范围,违背了设立对外委托部门作为"隔离墙"的法律原则。

### (四)法院对外委托部门在对外委托工作中的主导性地位未能充分体现

调研中发现,贵州省多数法院在对外委托工作中的主导性地位未能充分体现,主要表现在:首先,没有建立针对中介机构完成委托事务进行有效监督的工作机制。目前,中介机构对委托事务大量存在"超期鉴定"、"所鉴非所托"、"挑肥拣瘦",甚至"婉拒委托"等现象,严重影响了案件审判和执行工作有序进行。但法院对此未能建立有效的监督制约机制进行约束,缺乏有效的制裁手段。其次,对中介机构完成工作成果的质效未能跟踪监督审查,存在消极等待现象。部分法院只关注"确定中介机构"这一环节,之后"一委了之"的现象较为突出,未能对中介机构能否客观公正地完成工作进行有效监督,以

及对中介机构确定的工作人员是否存在需要回避及违规操作等进行审查。最后,未能对中介机构提交工作成果的期限进行有效控制。根据法院委托期限的要求,中介机构应当及时完成受托事项,按期提交工作成果。但在实践中,部分中介机构由于案件多、技术力量不足等原因自行延长工作期限,导致案件久拖不决,损害了当事人的合法权益和司法公信力。2013年4月,省高院在清理长期(18个月以上)未办结的审判、执行案件时发现,超期未结案中60%不能结案的直接原因就是由于中介机构超期不能提交工作成果所致。由于法院在对外委托工作中的主导性地位未能充分体现,监督制约机制不健全,导致一些案件委托鉴定、评估耗时数年,中介机构仍不能提交工作成果,严重影响了审判效率。

### (五)司法鉴定费用收取存在随意性,当事人诉讼成本较高

目前我国尚未出台统一的司法鉴定收费标准和收费办法,贵州省物价部门虽然有一些限价性规定,但过于笼统和原则化,导致实践中中介机构收费的差异和弹性较大,存在肢解鉴定项目、变相提高鉴定费的现象,无鉴定费减、免、缓收取情形,给弱势群体维权增加了难度。调研中发现,中介机构受利益驱动采取就高不就低的方式,以最高限价收费,而不是根据鉴定案件的难易程度进行收费。因鉴定费费率制订、违规处罚等属于行政管理职权,法院对此难以规范制约,部分经济困难的当事人因无力承担过高的鉴定成本,导致一些需要鉴定的案件不能鉴定,影响了案件公正审理。

### (六)存在中介机构"争委托"与法院"委托难"的矛盾

调研中发现,贵州省中基层法院对外委托工作中普遍存在着一对鲜明的矛盾:一方面,对争议标的大、获利丰厚的鉴定、评估、拍卖案件,众多中介机构都想方设法争取获得;另一方面,一些标的小、收费低的鉴定、拍卖案件,法院却存在委托难的困境,一些中介机构不愿接受委托工作,或者接受委托后以资料不全等各种理由进行推脱。相关法院遇到这些矛盾时因缺乏有效对策,对委托不出去的案件只能先搁置下来,这样又可能导致案件久拖难决,造成当事人诉累。

## （七）对是否编制中介机构名册问题亟须规范

根据最高人民法院的司法解释规定，鉴定、评估、拍卖机构通过招标方式确定，各级法院不再编制相应名册。调研中，一些基层法院提出在经济不发达地区以招标方式确定中介机构的做法难以推行，中介机构对标的小、收费低的案件不愿参与投标因而出现流标的情况较多，实践中难以推行。为及时审结案件，部分法院在对外委托工作中仍然实行名册制，但从所使用的名册情况看，一些法院使用贵州省司法厅编制的鉴定机构名册，一些法院仍然使用省高院2004年编制的中介机构名册，一些法院甚至使用自行编制的中介机构名册，情况较为混乱。省高院对此亟须根据实际情况制定规范性文件进行处理。

## 三 完善全省法院对外委托工作的对策和建议

### （一）加强机构建设和人员配置，提高人员整体素质

**1. 建立健全对外委托工作机构**

对外委托工作对审判、执行工作的正常运行具有重要作用，应把对外委托工作放在与审判、执行工作同等高度来对待。当前，由于全省法院对外委托工作任务日益繁重，已有必要独立设置对外委托工作机构，省高院和9个中级法院可先行独立设置，88个基层法院中具备条件的可独立设置，暂不具备条件的可逐步设置，但应配备专门人员负责对外委托工作，并将对外委托工作统一归口在办公室管理。

**2. 增加工作人员配置，提高整体素质**

一是增加人员编制，安排有审判经验、年轻有为的高素质人才进入对外委托部门工作。二是要加强业务培训，全面提升对外委托部门工作人员的整体素质，让更多优秀的法律人才投身于对外委托工作，成为司法公正的有效保障。

### （二）建立健全规章制度，明确工作职能

**1. 建立健全对外委托管理规章制度**

目前，对外委托工作中应建立健全以下几项规章制度：一是确定上级法院

监督、指导下级法院的对外委托工作,省高院监督、指导全省各级法院对外委托工作的职责;二是建立对外委托工作中从收案到选择专业机构、对受委托机构的监督,直到结案整个工作流程运行的监督制度;三是明确和细化对外委托工作中违纪违法行为的责任追究办法。以上制度完善后应严格执行,确保贵州省法院对外委托工作的健康发展。

**2. 尽快制定符合贵州省法院实际的对外委托工作业务指导性文件**

2002年以来最高人民法院陆续出台一些对外委托工作管理的规范性文件,但由于存在系统性、完整性不足,时间相隔长等问题,导致执行中出现诸多问题和理解歧义,各地法院面对不断出现的新问题缺乏依据解决。因此,省高院应根据法律、司法解释的规定,结合贵州省法院实际,牵头制定便于操作、符合工作需要的对外委托鉴定、评估、拍卖具体工作流程和业务指导文件,改变贵州省三级法院对外委托规范不相一致、自成体系的现状,积极促进对外委托工作实现制度健全、管理规范的要求。

## (三)明确划分对外委托部门与审判、执行部门之间的工作职能和权责

目前,对外委托部门与审判、执行部门之间的工作职责不明晰,出现遇到问题相互推诿、工作职责交叉等现象,一定程度上影响了审判、执行工作正常进行。因此,必须明确划分各自职责,并根据职责范围加强管理。一是审判、执行部门在案件审理和执行过程中,凡遇专门性问题需要进行对外委托的,应当移送对外委托部门统一办理对外委托,审判、执行部门不得直接对外委托;二是涉及举证时效、证据的质证与采信、评估基准日、拍卖保留价的确定、拍卖撤回、暂缓与中止等影响当事人相关权利义务的事项由移送的审判、执行部门决定;三是建立审判、执行部门与对外委托部门之间相互配合、相互协作的工作机制,共同做好对外委托工作。

## (四)增强法院对外委托部门在对外委托工作中的主导性地位

对外委托鉴定、评估、拍卖作为审判、执行进程中的重要环节,法院应当在这一环节中居于主导地位。这种主导地位主要体现为法院在整个对外委托工作

中居于支配性地位，有权决定是否启动对外委托工作程序，及规范、监督鉴定、评估、拍卖活动的职权。对外委托部门要建立完善以下工作机制，一是加强对鉴定、评估、拍卖全过程的监督。对中介机构完成委托事务的工作程序、工作质量、完成期限、是否合理收费等进行动态监督，对存在拒绝接受委托、程序违法、迟滞拖延、乱收费及工作质量低劣等情况的中介机构可责令限期整改，拒不整改的则更换中介机构，必要时通过司法建议形式要求主管和监管中介机构的行政机关通过行政处罚等手段进行制裁。二是杜绝"一委了之"的现象，在各个环节上进行监督。对外委托工作办理过程中，要从确定中介机构、监督中介机构完成委托事务、审查并接受中介机构提交工作成果等各个环节进行监督、审查，以使其工作结果符合案件审理和委托事项的要求。三是建立"黑名单"制度，对业绩低劣、拖延整改的中介机构，在一定时间内不得参与法院组织的鉴定、评估、拍卖工作。四是在法院对外委托部门主导下，通过签订民事合同形式，加强对中介机构完成工作成果的监督。通过签订民事合同，覆盖接受法院委托的中介机构完成受托工作的各个环节，明确当事人与中介机构的权利义务，监督、制约中介机构按期、按质完成受托工作，履行好合同义务。一是在办理对外委托鉴定、检验、评估、审计类案件时，在中介机构确定后，法院对外委托部门经征询双方当事人、中介机构同意，由申请人（即交费当事人）与中介机构作为合同双方当事人，另一方当事人作为合同第三人，共同签订委托合同，该合同内容可依据《合同法》第21章《委托合同》的规定进行约定；二是委托合同可由法院对外委托部门设计为格式合同，其中必须明确的重要条款包括：申请人交费期限、金额，逾期交费的后果；中介机构出具工作报告的期限、完成工作的范围及质量要求、逾期提交工作成果的后果、出庭接受质询的义务履行及费用负担等内容。

**（五）规范鉴定费用的收取，维护当事人合法权益**

全国人大常委会《关于司法鉴定管理问题的决定》规定："司法鉴定的收费项目和收费标准由国务院司法行政部门与国务院价格主管部门确定。"因相关细则至今没有出台，导致司法鉴定费用收取存在随意性，增加了当事人诉讼成本。调研中发现，中介机构对鉴定费的收费标准不统一，存在乱收费现象。为切实解决这一问题，法院对外委托部门要积极通过与物价部门、主管和监管中介机构的行政机关沟通协调，对中介机构鉴定费收取情况采取定期和不定期抽查方式加强监管，对发现存在乱收费情况的要严格依法处理。同时，对于涉案标的大、收费多的对外委托案件，可以采取佣金竞价方式，在信誉好、出价低的中介机构中随机抽取。

### （六）有效解决法院对外委托案件"委托难"的问题

对外委托案件产生"委托难"的主要原因是收费问题，即对一些标的小、收费低的鉴定、拍卖案件，中介机构以各种理由不愿接受委托，例如，人身损害伤残等级鉴定、边远农村房屋拍卖案件等。目前，解决"委托难"问题可采取以下对策：（1）与司法行政机关建立互动工作机制，对由司法行政机关统一登记管理的法医类、物证类、声像类鉴定机构，如发生拒绝接受法院委托的情况，则通过司法建议形式要求司法行政机关根据相关行业管理规定处理。（2）对从事其他类鉴定的中介机构，如发生拒绝接受法院委托的情况，则通过司法建议形式要求主管和监管中介机构的行政机关依法依规处理。（3）法院可通过与司法行政机关及主管和监管部门建立信息互通的司法鉴定机构资料库，这样可以使法院对鉴定机构在工作中出现的问题能及时反馈给相关主管部门进行处理。（4）司法行政机关及主管和监管部门应严格鉴定机构和鉴定人的资格准入，明确并细化鉴定机构的鉴定类别和范围，加强监督管理，鼓励技术强、信誉好的鉴定机构进入鉴定机构名册，同时鼓励鉴定机构在偏远地区设置分支机构，以减轻案件当事人负担，满足人民法院及当事人对司法鉴定的需要。

### （七）人民法院不再编制中介机构名册

2012年1月1日起施行的最高人民法院《关于人民法院委托评估、拍卖工作的若干规定》第二条规定："取得政府管理部门行政许可并达到一定资质等级的评估、拍卖机构，可以自愿报名参加人民法院委托的评估、拍卖活动。人民法院不再编制委托评估、拍卖机构名册。"因此，全省各级法院不再编制委托评估、拍卖机构名册。对法医、物证、声像资料三类鉴定的专业机构，应当从司法部编制的《国家司法鉴定人和司法鉴定机构名册》和贵州省司法厅编制的《贵州省司法鉴定人和司法鉴定机构名册》中选择。对工程质量、产品质量鉴定及审计等其他类鉴定机构，应当从取得政府主管部门行政许可并达到一定资质等级的鉴定机构中选择。

## 四 下一步工作思路

调研组认为，对全省法院对外委托工作中存在的问题，除采取以上对策外，还需进一步拓宽工作思路，采取多种措施，建立和完善贵州省法院对外委托工作各项机制。

### （一）建设对外委托工作信息化平台

对外委托工作中完善的信息化工作平台具有强大的支撑作用，对提高管理综合水平，实现资源共享，提高监管效能具有不可替代的作用。因此，建设对外委托工作信息化平台是目前贵州省法院面临的紧迫任务。具体而言，就是建立统一的全省法院对外委托工作信息化管理系统，通过网络实现对委托鉴定、评估、拍卖案件在各工作环节上的跟踪、监督、控制，实现对外委托工作系统化、网络化管理，依托网络技术提高监管效能，使鉴定、评估、拍卖信息披露最大化，实现"阳光下的操作流程"，切实做好法院对外委托工作，有效保障审判和执行工作的顺利进行。

### （二）建立法院主导下的当事人与中介机构之间的信息互通机制

目前，当事人与中介机构之间的信息交换渠道不畅，其结果是，一方面使当事人丧失了对有关情况进行说明辩解的机会；另一方面也可能导致中介机构无法准确、全面地掌握案件材料，鉴定、评估意见出现瑕疵甚至错误的风险加大。对此，应建立在法院主导下的二者之间的信息沟通机制，保障当事人的申辩权，确保中介机构获取准确全面的案件信息。为解决这一问题，可采取两种方式，一是重大疑难鉴定案件的当事人可以请求法院组织听证，鉴定人到场接受各方质询；二是建立鉴定、评估意见预先征求当事人意见的制度，即在中介机构做出正式鉴定、评估意见之前，先将鉴定、评估意见的《征求意见稿》提交法院，再由法院对外委托部门送达双方当事人，当事人收到后在规定期限内将书面申辩意见提出，由法院反馈给中介机构，中介机构收到后，在充分考虑当事人意见的基础上再做出正式的鉴定、评估意见。该做法在司法实践中已取得了较好效果，能有效避免补充鉴定和重复鉴定的发生，现需要从机制上进行完善。

### （三）完善鉴定人出庭接受质询的保障机制

目前，制约当事人质询权正常行使的因素主要是鉴定人出庭作证问题。当事人对鉴定意见有异议，如鉴定人不出庭，当事人的质证权就无法实现，也不利于法院对鉴定意见的客观性、准确性进行审查。为解决该问题，应完善鉴定人出庭作证的保障机制，一是法院应对鉴定人出庭的人身、财产安全采取必要的保护措施。二是对鉴定人出庭作证所产生的费用应明确规定，对因鉴定人出庭作证而支出的必要费用，当事人对鉴定意见有异议的，由当事人负担，法院要求出庭的由法院负担。三是从制度上将鉴定人出庭接受质询规定为其法定的义务和责任，对鉴定人无正当理由不出庭作证的，除按照民事诉讼法第七十八条的规定处理外，还要给予执业上的限制，使鉴定人出庭接受质询义务落到实处。

### （四）建立对外委托案件法律援助机制

在诉讼阶段，对经济确有困难的当事人，按照法律规定可享受法律援助救济，在诉讼费的收取上实行减、缓、免制度。但在对外委托案件中却没有规定该项援助制度。调研中发现，当事人因经济困难，无力承担鉴定费，导致案件陷入窘境的情况较多。因此，省高院有必要根据国务院《法律援助条例》和《贵州省法律援助条例》的相关精神，与司法行政机关等职能部门达成共识，在对外委托案件中建立法律援助制度，对经济确有困难的当事人，在鉴定、评估费的收取上实行法律援助救济，保证案件审理正常进行，切实维护当事人的合法权益。

### （五）建立对外委托案件调解机制

诉讼过程中，对案件进行调解是法律规定的重要程序，但对外委托案件没有该项程序设计。为有利于化解矛盾纠纷，按照多元化调解社会矛盾纠纷的要求，在对外委托案件办理过程中建立调解机制是必要的，能够有效提高办案效率，减少诉讼成本。对外委托部门可根据案件情况，与审判、执行部门沟通联系，共同做好当事人调解工作，可通过告知当事人鉴定、评估风险，分析鉴定、评估、拍卖必然造成诉讼成本增加、时间拖延、结果难测等不利因素，从多角度开展调解工作，促使案件在对外委托这一环节得到妥善处理。

# 贵州生态环境司法保护机制调研报告

贵州省高级人民法院课题组[*]

**摘　要：** 本文客观分析了贵州省生态环境及生态环境司法的基本特征，认为贵州省生态环境司法现状呈现与司法内在规律、生态形势严峻双向背离的基本特征，分析了环境法治模式和环境司法体制机制的障碍，并在此基础上提出要从完善环境审判体制架构、完善环境公益诉权保护和公益诉讼机制、依靠地方立法、完善环境治理法治结构等四个方面完善生态环境司法保护体制和工作机制。

**关键词：** 生态环境司法　障碍分析　司法保护体制　工作机制

改革开放三十多年，我国经济建设取得重大成就。与此同时，发达国家两三百年间逐渐出现的环境问题在我国集中显现，呈现为结构型、压缩型、复合型的特点，生态环境难题给经济社会的可持续发展造成了巨大压力。在生态危机全球化、综合化、极限化背景中，党的十八大报告首次将生态文明建设与经济建设、政治建设、文化建设、社会建设并列，提出"五位一体"中国特色社会主义事业的总体布局和"努力建设美丽中国，实现中华民族永续发展"的生态文明建设目标，体现了党在我国现代化发展中后期对西方现代文明形态特别是传统工业文明的深刻反思，主动转变和扬弃经济社会发展方式的理论自

---

[*] 课题组组长：邹伟，贵州省高级人民法院党组副书记、常务副院长；课题组副组长：唐林，贵州省高级人民法院党组成员、副院长；课题组成员：史麒麟、蔡勇、赵君、何陆坤。

觉和实践要求。司法作为助推生态文明建设诸多环节中最具强制性的力量之一，必须现实地做出积极的回应。本文通过检视贵州省生态环境司法保护的现状及存在的不足，力求在统一规划、深化改革、创新机制、加强保护力度等方面提出若干完善建议并力促成果转化，为贵州省打造生态文明建设先行区提供更加有力的环境司法保障。

## 一 贵州省生态环境呈现"总体良好、十分脆弱"的基本特征且生态压力有加剧趋势

贵州环境优美、气候宜人，是长江、珠江上游重要的生态安全屏障，生态环境总体良好。全省森林覆盖率已达42.5%。有野生植物资源3800余种、野生动物资源1000余种。根据统计资料显示，2012年全省城镇集中式饮用水源地水质良好，9个中心城市16个集中式饮用水源地水质达标率为100%，较2008年提高了4个百分点。主要河流、湖（库）地表水水质基本稳定，在纳入监测的44条河流中，地表水环境质量总体以Ⅰ～Ⅲ类水质为主，达到或优于规定水质类别的断面占83.5%，较2008年提高了16个百分点。纳入监测的8个湖（库）中，达到或优于Ⅲ类标准的垂线17条、占总数的68%，较2008年增加了9条，提高了36个百分点，水质明显改善。全省14个出境断面水质总体良好，达标率为85.7%，比2008年提高了2.5个百分点；城市环境空气质量全省进行评价的13个城市中，有12个城市达到国家环境空气质量二级标准，比2008年增加了5个城市。截至2012年底，全省已建立自然保护区130个（其中国家级自然保护区9个），占全省总面积的5.46%；建有风景名胜区72个，占全省国土面积的5.8%；建有森林公园65个，地质公园11个。同时建立了赤水市、荔波县和湄潭县等3个国家级生态示范区、19个生态建设重点示范县。

在贵州省生态总体进一步向好的同时，我们也清醒地看到，由于地处世界三大喀斯特区域之一的中国西南岩溶地区中心腹地，全省92.5%的山地丘陵，61.9%的岩溶地貌，生态同时呈现十分脆弱的特征，生态保护任重而道远。截至2009年，全省水土流失面积已达10980万亩，占全省土地总面积的

41.55%。石漠化面积达到13888平方公里，占全省总面积的12.84%。在全省21.5%的面积中，有8个地质灾害高发易发区，面积达5685万亩。当前，全省提出"两加一推"主基调和实施工业强省主战略，在实施"5+1"贵州生产力新布局中，省委、省政府充分考虑自然资源、环境、生态系统的承载能力，无论是2012年5月出台的《贵州省开发区条例》，还是2013年4月出台的《贵州省工业园区管理暂行办法》等，都对生态保护给予了高度重视，做出了一系列规划和硬性规定，但由于园区建设短期内爆发式增长，生态压力已逐步加大。根据园区、开发区中的环境保护数据显示，全省化学需氧排放量2012年为26.46万吨，较2008年的22.18万吨增加4.28万吨，上升19.3%。全省氨氮排放量2012年为3.08万吨，较2008年的1.77万吨增加1.31万吨，上升了74%。工业源废气中二氧化硫排放量2012年为83.71万吨，较2008年的74.13万吨增加了9.58万吨，上升了12.9%。随着工业园区建设和园区工厂逐步大面积开工、生产，下一步生态压力将迅速加剧，对此要做好充分的估计和准备，认真汲取近年来发生在贵州省的万山特区汞污染、都匀矿渣污染、都柳江砷污染事件等一系列惨痛教训，主动采取积极的政策措施，形成立法、行政及司法的合力，及时应对，确保生态环境压力始终处于可控范围，在加快发展、加快转型的同时，保住贵州的青山绿水，建设"美丽贵州"。

## 二 生态环境司法现状呈现与司法内在规律、生态形势严峻双向背离的基本特征

分析2008~2012年贵州省法院审理环境案件情况，我们看到：五年来，全省法院共受理各类案件1026207件。其中，环境案件4109件，仅占到0.4%。在环境案件中，环境刑事案件占主体地位，共2935件，占同期环境案件数的71.5%。罪名主要集中在非法采矿罪、盗伐林木罪、滥伐林木罪和非法采伐、毁坏国家重点保护植物罪等四类案件，占环境刑事案件的94.7%。五年来，全省无一起重大环境污染犯罪。审理环境民事案件926件，占同期环境案件数的22.5%，环境民事公益诉讼案件6件，占环境民事案件数的

0.6%。审理环境行政案件248件，占同期环境案件数的6%。从中我们不难发现环境司法现状呈现两个基本特征。

### （一）环境案件类型结构或分布与司法的内在规律严重背离

从案件自身类型结构和分布入手，我们认为，常态下社会矛盾纠纷、违法行为和犯罪行为应当呈明显的递减分布。但是环境刑事案件数却占到全部环境案件的71.5%，意味着环境犯罪的概率远远高于环境纠纷与环境违法的概率，严重背离基本法理和客观现实。

### （二）环境案件数量少、类型单一与严峻的生态形势严重背离

一方面，五年内环境案件仅占同期全省案件总数的0.4%，环境刑事案件中涉及矿产、林木、植物的仅4类犯罪占到全部环境刑事案件总数的94.7%，环境案件类型普遍单一，而对环境影响较大的重大环境污染犯罪，全省五年未查处一起。与此同时，环境民事、行政审判功能也明显萎缩，个别地区五年甚至无一起环境民事案件（铜仁），无一起环境行政案件（安顺、毕节）；另一方面，统计显示，五年来环境行政执法机关受理的环境矛盾纠纷高达11万余次，是同期进入民事诉讼程序的120余倍。五年来，贵州省共出动环保执法检查人员185667人次，检查企业69716家，立案查处环境违法案件1965件，挂牌督办719件。而同期，无一起涉及重大环境污染事故罪，环境行政案件也仅62起，普遍呈现全省各级法院无环境案件可办，环境矛盾纠纷层出不穷、生态环境压力加剧和环境行政执法机关疲于应对的极不协调的局面。

## 三 环境法治模式和环境司法体制机制障碍分析

从全国的情况来看，有关数据表明，1996年以来，环境纠纷数量每年以超过20%的幅度增长，而真正通过诉讼渠道解决的环境纠纷不足1%。87%的群众遇到环境纠纷，宁愿选择投诉、举报甚至以自力救助，而不选择司法途径。同期，环境群体性事件一直保持年均29%的增速，重特大环

境事件高发频发。2005～2011年，环保部直接接报处置的事件共927起，重特大事件72起，其中2011年重大事件比上年同期增长120%。可见，贵州省环境司法现状"两个背离"的基本特征，只是我国环境司法现状的一个缩影。而在环境司法总体薄弱和"两个背离"表象的背后，究其原因，是我国环境治理法治模式和环境司法体制机制障碍在环境司法实践中的折射和反映。

### （一）我国环境治理法治模式的基本特征及障碍分析

当前，我国环境治理法治模式总体上呈现为"重立法、轻操作；重行政、轻诉讼；重制裁、轻保障；重管理、轻参与"的政府主导特征。一是重立法、轻规治，导致环境法律体系整体功能衰减。在环境规则的制定上，强调大规模环境立法的同时，却忽略了与环境执法和环境司法过程、程序与方法的立法衔接。立法可操作性不强，环境法欠缺实施力度，法多而治少，甚至有的法条脱离实际无法执行和适用，很多难能可贵的环境立法成果反而陷入环境法"不管用"的尴尬境地。二是重行政、轻诉讼，导致环境纠纷解决机制失衡。在环境纠纷的解决上，行政主导模式存在难以克服的天然缺陷，政府承担着经济发展与环境保护的双重责任，在经济发展方式未得到根本转变之前，二者冲突和博弈的结果往往是优先发展经济。同时，要求作为政府下属机构的环保部门超然于地方实施有效的环境保护，亦存在制度设计及操作上的先天障碍。这也正是许多环境污染纠纷久拖不决，当事人在不断地投诉、信访后寻求其他解决途径甚至发展至群体性环境事件的一个重要原因。三是重制裁、轻保障，导致环境维权困难重重。在整个环境治理的各个环节，更多地考虑了如何裁制环境违法，而欠缺保障公民环境权利的体制机制。一旦发生环境事件或者环境纠纷，企业的违法行为可以在一定程度上受到制裁，但作为弱者的公民个人，其受到损害的切身利益甚至最为基本的生命、健康将无可挽回。同时，公民维护环境权益存在法律地位不明确、维权成本高昂及诉讼中的一系列技术难题等重重障碍，这成为一些当事人宁愿选择长期上访甚至发展到环境群体性暴力事件而不愿选择司法途径的重要原因。

## （二）我国环境刑事司法保护的基本特征及障碍分析

我国刑法中对涉及生态环境犯罪的罪状主要设置为情节犯及结果犯，绝大多数环境犯罪的成立都要求"造成重大污染事故"、"后果严重"、"情节严重"等作为犯罪的客观构成要件，对提前预防和阻止环境污染明显不利。同时，环境从受污染发展到严重污染具有长期性、潜伏性和复杂性等特征，导致对实害结果的取证及因果关系认定上的重重困难，明显削弱了环境刑事审判的打击效果。可见，注重事后打击而忽略事前防范以及司法操作性上的困难是我国环境刑事司法保护的基本特征和主要障碍。

令人欣慰的是，2011年5月1日起施行的《刑法修正案（八）》对1997年《刑法》规定的"重大环境污染事故罪"作了进一步完善，将"造成重大环境污染事故，致使公私财产遭受重大损失或者人身伤亡的严重后果"修改为"严重污染环境"，降低了入罪门槛。特别是2013年6月8日通过的最高人民法院、最高人民检察院《关于办理环境污染刑事案件适用法律若干问题的解释》，根据法律规定和立法精神，结合办理环境污染刑事案件取证难、鉴定难、认定难等实际问题，对有关环境污染犯罪的定罪量刑标准做出了新的规定，界定了"严重污染环境"的十四项认定标准，从注重结果发展到对危害行为的风险控制。例如，《关于办理环境污染刑事案件适用法律若干问题的解释》第一条（四）"私设暗管或者利用渗井、渗坑、裂隙、溶洞等排放、倾倒、处置有放射性的废物、含传染病病原体的废物、有毒物质的"和第二条"实施刑法第三百三十九条、第四百零八条规定的行为，具有本解释第一条第六项至第十三项规定情形之一的，应当认定为'致使公私财产遭受重大损失或者严重危害人体健康'或者'致使公私财产遭受重大损失或者造成人身伤亡的严重后果'"。突破了情节犯和结果犯的限制，规定了行为犯和危险犯，且具有良好的操作性，对提前预防、阻止环境污染以及司法认定都将起到十分积极的作用。

## （三）我国环境民事司法保护的基本特征及障碍分析

环境保护方面多年来存在"违法成本低、守法成本高"的问题，固守传统民事责任采取补偿性原则，很难起到对环境违法的制裁作用。此外，环境维权者的诉讼成本、诉讼风险和诉讼收益不相称，起诉、举证、鉴定难，诉讼周期旷日持久，败诉风险高等问题，导致无人起诉、无力起诉、不愿起诉的现象普遍存在。这些问题都集中反映了我国环境民事司法保护的主要障碍。一是环境侵权的特殊性导致举证难、鉴定难。环境侵权及其危害结果往往呈现多种表现形式，如复杂性、潜伏性、长期性、间接性、积累性、衍生性、迁移性、瞬间性、突变性、爆发性等。当中复杂的生化转换和技术壁垒往往使得取证与鉴定因时过境迁而陷于窘境。二是举证责任倒置规则不足加剧受害人诉讼风险。根据目前环境侵权损害举证责任的分担，损害后果的鉴定由原告提出申请，但一般当事人都难以承受高额的鉴定费用。而损害行为与损害结果之间的因果关系鉴定由被告提出申请，立法初衷虽是为了保护环境污染受害方，但污染事件易时过境迁，有些污染物可能已经挥发或者漂移，鉴定机构做出的鉴定结论往往对加害人有利。在高额鉴定费用和高风险的鉴定结果面前，受害人诉讼风险极大，这也正是很多污染受害人不愿意选择司法途径解决环境纠纷的一个重要原因。三是民事法与环保法规范冲突导致法律适用难。环境侵权的关于环境污染侵权的构成要件。我国《民法通则》第124条"违反国家保护环境防止污染的规定，污染环境造成他人损害的，应当依法承担民事责任"。明确了违法性是侵权损害赔偿的要件之一，该条款与《环境保护法》第41条"造成环境污染危害的，有责任排除危害，并对直接受到损害的单位或者个人赔偿损失"。排除违法性的规定存在不协调。事实上，造成他人损害是民法调整的内容，合法排放只是满足了行政管理要求，不能免除民事责任。

### （四）我国环境行政诉讼的基本特征及障碍分析

与民事审判和刑事审判相比，行政审判对司法独立的要求更显迫切。环境行政审判的基本特征及障碍，实质上亦是我国国家治理中强势政府与弱司法关系所导致的行政审判困境的反映。行政审判是一项旨在以司法权平衡司法权的制度，如果作为监督者的司法机关不独立，特别是相对于被监督的行政机关不独立甚至具有很强的依附性，这一制度的命运也就可想而知了。就法

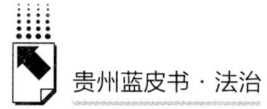

院来说，除了在法官的任免等人事管理方面须受制于地方外，在编制、经费预算、基础设施和物资装备等司法行政事务方面也完全受制于行政机关。就法官个人来说，由于涉及资格认定、身份保障等一系列基本制度不健全，期待法官以个人之力与行政权相抗衡则更难以实现。这种现状导致在我国行政诉讼实践中，有的地方党委、行政机关对行政诉讼的受案范围加以限制，造成法院有案不能收，群众起诉难，特别是涉及地方利税大户的所谓环境敏感案件，往往以维护大局、便于政府工作为由，规定法院不得受理此类案件。有的地方甚至规定法院受理行政案件要经过党委、人大、政府或政法委的批准。可以说，在造成目前行政审判难的诸多因素中，司法不独立和司法的高度行政化倾向，是包括环境行政审判在内的整个行政审判无法打开局面，甚至开始萎缩的根本所在。

## 四 生态文明启蒙背景中的环境司法立场和司法理念

西方18世纪的启蒙运动开启了西方现代文明，并被看作是一次工业文明的启蒙。它形成了以资本为核心基础的自由、平等的政治观念，在高扬人的主体性和理性主义的同时，也形成了鄙视自然、征服自然、主宰自然、掠夺自然的西方现代发展观，为当代全球化生态危机埋下了根源。党的十八大在解决中国特色社会主义发展问题上，明确提出"必须树立尊重自然、顺应自然、保护自然的生态文明理念"，说明中国经济社会的发展，中国特色社会主义的发展，不是在西方工业文明的老路上走，根本上是一种新文明形态的发展。一种新文明形态的出现，总要伴随着一次文化的启蒙才能逐渐成熟起来。建设生态文明同样需要一次新的文化启蒙促成生态世界观、生态价值观、生态发展观、生态伦理观、生态消费观以及思维方式的根本变革和普遍树立。毫无疑问，这种新的文化启蒙也必将在政治法律上层建筑中引发环境司法价值取向及其制度设计上的深刻变革。结合生态环境的规律性和主要特征，我们认为环境司法的思维方式及其保护理念应当包括以下几个方面。

一是环境保护优先的理念。近现代以来，多数实现了经济社会现代化的国家，都经历过环境污染的过程和阶段。现在，各国普遍认识到生态环境的脆弱性、资源的不可再生性、生态破坏后的不可恢复性以及生态环境对人类生命健康的至关重要性，已经将生态环境视为需要保护的首要的资源和权利。所以，多数国家特别是发达国家已经开始摒弃优先发展经济的做法，转而采取优先保护生态环境的政策，坚持在不破坏生态环境的前提下发展经济，长期把保护生态环境放在最重要的位置。

二是注重事前防范的理念。但是污染环境有自身特点，其实害显现往往需要一个过程，污染行为与污染实害之间的因果关系也很难证明，而且环境污染一旦形成实害就很难予以消除。随着我国经济建设步伐的不断加快，环境污染及相关犯罪呈高发、频发态势，为尽可能避免发生不可逆的环境实害，我们必须更加注重和强调三大审判的威慑和预防功能，尽可能把对环境的危害严控在萌芽状态。

三是协同保护的理念。司法是预防环境污染及其相关犯罪的重要的也是最后的手段，但不是唯一手段。有关部门的行政执法权比人民法院的司法权更主动、更灵活，能够对环境污染实现全面、及时的监控和制止。综合运用包括行政执法权和司法权在内的多种手段，构建立体的、全方位的防控体系，才能更有效地遏制环境污染及其相关犯罪。

环境利益作为现实的公共利益与每位公民须臾不离。屡屡发生的环境群体性事件，不断提醒我们环境问题已经积重成为影响社会稳定的重要因素。日益尖锐的环境侵权事件高发与环境保护乏力和环境保护立法滞后的矛盾，客观上要求人民法院必须采取积极能动的亲环境司法立场，在环境司法实践中勇于探索，先试先行，谋求突破，以生态文明理念为指导，运用环境司法保护的思维方式、价值判断和基本理念，创设环境司法保护制度体系及相关工作机制，积极推动构建与生态文明建设相适应的环境法制体系。

## 五  完善环境保护法制体系相关问题的对策和建议

2013 年 5 月 24 日，习近平总书记在中央政治局第六次集体学习时强调，保护生态环境必须依靠制度、依靠法治。只有实行最严格的制度、最严密的法治,才能为生态文明建设提供可靠保障。这就要求必须从国家层面,从顶层制度设计的角度,对我国环境保护法制体系进行通盘考虑和科学规划。在前述我国环境法治治理结构及我国环境司法保障存在的体制机制障碍分析的基础上,我们提出以下几点对策和建议。

### (一)明确环境权,进一步完善环境立法

对于与国家关于生态文明建设相关的重大项目和要求,要在全面梳理环境立法和环境保护的经验教训基础上,抓紧做出法律制度上的全面、系统的安排。尽快在我国《宪法》中确认环境权这一基本权利,利用修改《环境保护法》的机遇,将环境保护法上升为基本法,宣告中国生态文明建设的国家立场和国家责任,确立生态文明建设的基本原则和基本制度。启动环境资源相关法律的制定和修改工作,建立科学、完善、可操作性强的生态环境保护法律体系。与此同时,也要对现有法律进行面向生态文明建设的重估和评价,通过理顺和修改法律、制定特别法等形式将生态文明建设对环境保护的新要求纳入现有法律制度框架。

### (二)科学规划三大诉讼,构筑严密的环境司法保护网

民事诉讼的价值目标在于保护权利人的利益,而刑事诉讼则通过财产刑、自由刑的使用,弥补犯罪给国家和社会造成的损失。可见,刑法惩罚和民事救济虽然均具有补偿功能,但前者是对社会的功能,后者则是对权利人的功能。而与刑事和民事截然不同的行政诉讼,其价值在于审查具体行政行为的合法性,以此监督依法行政。所以,要从顶层设计上科学构筑三大诉讼,实现三大诉讼各自的诉讼目的,注重保持刑法的严厉性、体现民事司法的保障性、兼顾行政司法审查的建设性,奉行环境审判"重罚更重修复"的最优目标,从"金钱罚"跃升到"行为罚",损害赔偿方式从"原地恢复"拓展到"异地恢复",从"简单惩罚"引向"替代恢复补偿",寻求刑事制裁、民事赔偿、生态修复的有机衔接。当前,对于环境民事案件,环保司法保护要发挥预防环境污染或者破坏行为的发生、停止正在进行的环境污染和破坏行为及修复、治理已被污染和破坏的环境三大作用。对于环境刑事案件,针对通过一定措施能补

救或恢复环境的，法院以有罪判决的形式判处刑罚的同时责令被告人补救或恢复环境。在刑罚方式尚未修订前，可将被告人自愿恢复环境的承诺或其亲属对被损害环境的修复作为酌定量刑情节，给予相对轻的刑罚。而在环境行政诉讼中，我们期待对环境产生更大影响的抽象行政行为未来能够进入司法审查范围。

### （三）加紧研究和出台相关司法政策

由于我国的环境立法基本上是"管理法"，立法为环境司法提供的资源非常有限。与此同时，最高人民法院迄今为止共颁布的3400多条司法解释中，与环境案件审判有关的司法解释仅有不到二十条，约占总数的千分之五，且主要针对环境刑事案件，有关环境民事案件和环境行政案件的司法解释数量极少。针对立法资源和司法政策均处于极度贫乏而法律立法周期较长的现实情况，建议最高人民法院在总结和借鉴《关于办理环境污染刑事案件适用法律若干问题的解释》成功经验和技术基础上，以更加积极能动的亲环境司法立场，及时发现和提炼环境司法保护的规律性问题，抓紧出台可操作性、原则性和灵活性相统一的司法文件和司法解释，指导我国环境司法实践并为环境立法提供强有力的支持。

### （四）抓紧解决举证难和鉴定难的环境诉讼瓶颈问题

要加强环境法律的可操作性，在立法技术层面解决好举证难、鉴定难的同时，建议用法律形式明确当地环境行政管理机关的责任鉴定请求权，包括对加害人有关机器设备、使用原料、排放废弃物的种类、数量、性质、迁移转化规律及可能的危害后果等的鉴定。鉴于我国迄今没有一家经司法部授权的专门的环境污染损害司法鉴定机构，特建议尽快开展相关司法鉴定机构的登记注册，并明确环境污染鉴定评估机构接受委托并提供鉴定报告的法定义务。

### （五）完善民事环境污染侵权构成要件、赔偿原则及范围

我国《民法通则》第124条规定的违法性要件与《环境保护法》第41条

排除违法性的规定需要解决规范冲突问题。据悉,《民法》(草案)在第五编"侵权责任法编"的第四章即《环境污染责任》部分明确规定:"排污符合规定的标准,但给他人造成明显损害的,有关单位或者个人应当承担侵权责任。"关于环境侵权损害赔偿原则及范围,可以参考消费者权益保护法和食品卫生保护法律的规定,确立补偿性为主、惩罚性赔偿为辅的环境侵权损害赔偿原则。对合法排污行为,施行补偿性赔偿,体现发展经济与生态保护的平衡需要;对非法排污行为,施行惩罚性赔偿以提高违法成本,引导其在利益平衡上选择守法。至于赔偿范围,这里主要强调,因环境污染的潜伏性、长期性、迁移性,受害人存在潜在的损害,对诉讼后显现的损害,应当允许受害人另行提起诉讼。

## 六 完善贵州省生态环境司法保护体制和工作机制的对策和建议

2007年10月26日,以贵阳市中级法院环保法庭和贵阳市清镇环保人民法庭(以下简称"环保两庭")的成立为标志,我国开启了环保专门审判机构审理环境案件的历史。截至2013年5月,清镇环保法庭审结各类环境保护类案件558件,其中刑事案件363件、民事案件27件、行政案件29件、行政非诉审查案件90件、执行案件59件。其中,全国首例跨行政区域环境公益诉讼案(该案例已被联合国环境开发计划署作为环境保护的经典案例采用)、全国首例环保组织胜诉的环境公益诉讼案、全国首例环境信息公开公益诉讼案(开启了以司法审查推动中国的政府信息公开之门,该案例已入选最高人民法院公报案例)、自《刑法》修订以来全国量刑最为严厉的破坏环境资源犯罪等成为经典案例并在国内外产生积极影响、全国首例公民个人为原告提起的公益诉讼(该案例被评为2012年度全国最有影响的十大公益诉讼案件)。五年来,贵州省坚持不懈地进行理论探索、机制创新和实践突破:一是在环境审判管理体制和审判权优化配置方面,在全国率先实施环境保护三大审判与执行"四合一"集中专属管辖。二是在环境公益诉讼方面,在全国率先建立环境公益诉讼制度,审理了大量的环境公益诉讼案件,直接推动了环境公益诉讼立法。三是在环保审判专业化建设方面，建立环保审判专家咨询委员会和环保专家人民陪审员制度。四是在环保诉讼证据规则方面，开展以环保专家证言作为定案依据的创新和尝试，破解环保案件举证难、鉴定难问题。五是在环保案件执行制度方面，创新建立第三方监督制度和执行回访制度，创新适用非刑罚处罚手段。六是在环保诉前保护机制方面，创新实施生态环保诉前禁止令制度。七是在环境纠纷解决机制方面，采用中立评估、特聘调解、司法确认、提前介入污染事件等多种方法解决纠纷。八是在司法能动的措施和相关机制方面，创新采用法律意见书适度介入生态文明建设规划，积极运用司法建议就环保事项提出意见；创新开展设立环境保护司法修复示范园区筹备工作。整合行政执法、基层组织、环保组织等各方面力量，形成能动司法大调解格局，建立和完善环保诉讼与非诉讼矛盾纠纷解决机制；参与构建贵阳市生态文明建设"三联动"机制，在"司法机关之间、司法机关与行政部门之间、行政部门与社会公众之间"形成衔接紧密、反应快速、协同配合的生态环境保护合力。

早在21世纪初，省委就提出了"生态立省"发展战略。保护青山绿水也是政绩的理念，已逐步成为全省各级政府和人民群众的普遍共识。当前，省委提出打造生态文明建设先行区的战略目标，各地正按照生态文明建设理念和要求，调整优化经济结构、构建生态产业体系，实施生态保护区建设。在此背景中，针对生态环境司法保护的一些基础性问题，我们必须给予及时的回应和解决，如贵州省法院在生态环境司法保护中应该有何作为？贵州省生态环境司法保护体制应该进行怎样的规划和设计？构建什么样的生态环境司法保护机制才能够确保环境司法整体功能与生态文明先行区建设相适应？对于这些关系贵州省环境司法保护全局的问题，我们尝试提出以下几点考虑和建议。

## （一）关于全省环境审判的体制架构

清镇环保法庭的设立，缘于解决贵阳市饮用水源的保护和污染防治问题。水流域管理的规律性告诉我们，只有从流域出发才可能真正从水生态系统平衡的角度全面考虑水污染控制的问题。结合我国水法关于"区域管理与流域管理相结合"的原则，我们在区域和水流域两个层面上实行跨行政区域的审判管理体制，即通过贵阳市中院指定管辖实现市辖区内的跨区域管辖和通过省高院指定管辖实现水流域的省内跨区域管辖。同时，基于审判专业化和诉讼经济的内在要求，对环境刑事、民事、行政及执行案件实行集中专属管辖。五年来，贵阳"两庭"的良性运行证明，根据行政区管理与生态区相结合的原则来设立环保审判庭既有利于生态区的环境保护，也符合审判自身的规律性。鉴于此，笔者建议结合贵州省行政区划和由省环保局、省发改委组织多个部门制定的《贵州省生态功能区划》（该规划将贵州省划分为5个生态区、10个生态亚区和64个生态功能区），统筹考虑和规划设立省、市、区县三级生态保护审判庭，条件成熟时设立生态保护法院。

### （二）关于环境公益诉权保护和公益诉讼机制

诉权的限制必然导致对侵权的纵容，对侵权的私力自救在公权救济的持续缺席中必将走向无序甚至暴力。赋予最广泛的环境公益诉权，尽可能地鼓励社会诸多力量通过启动民事或行政司法程序参与环境公益保护和生态文明建设，逐渐成为我们主导的价值取向。在民事诉讼法修订以前，贵阳市中级人民法院、清镇市人民法院《关于大力推进环境公益诉讼、促进生态文明建设的实施意见》中公民、法人或其他组织都可以成为公益诉讼原告的规定，反映和确认了这一环境司法价值观。此外，该《实施意见》第五条和第六条还就"贵阳市各级人民政府及有关部门在进行涉及公共环境利益的生态文明建设重大决策活动中，未通过听证、论证、专家咨询或社会公示等形式广泛听取意见并接受公众监督的"和"县以上人民政府及有关部门未依法主动公开有关生态文明建设的政府信息"等情形规定了"公民、法人或其他组织"可以提起环境公益行政诉讼。在审判实践中，进一步确立了原告主体资格认定的"关联性审查"原则，明确了国家机关、事业单位的关联性在于是否负有环境监管职责；环保组织的关联性在于是否在贵州开展了相关业务；而确认志愿者个人有原告资格，就在于他是否在"环保志愿者行动"中认领了被污染水域，负有监督的职责。我们认为贵阳法院的做法宽严有度，在司法实践中并没有引发环境公益诉权滥用问题，相反地，在政府积极主导的贵阳市生态文明建设整体氛围中，在社会生态环保意识普遍有大的提高的基础上，有效激发了公民和环保 NGO 参加或支持环境公益诉讼的积极性，公众环境维权意识和环境维权能力建设呈现加快提升的态势。鉴于新《民事诉讼法》第五十五条规定："对污染环境、侵害众多消费者合法权益等损害社会公共利益的行为，法律规定的机关和有关组织可以向人民法院提起诉讼。"我们将继续坚持亲环境司法的价值追求，对"法律规定的机关和有关组织"做出广义的理解，最大限度地保障环境公益诉权，为社会各方力量参加和支持这项通过诉讼的公益事业敞开大门。

### （三）关于依靠地方立法

2010 年 3 月，贵阳市率先出台了全国第一部生态文明建设地方条例——《贵阳市促进生态文明建设条例》，该条例吸纳了贵阳生态保护"两庭"（原环保两庭）关于明确环境行政公益诉讼和民事公益诉讼的建议，这是全国第一部规定了公益诉讼的地方条例，对贵阳市生态保护"两庭"开展公益诉讼实践起到了极大的支持和推动作用。2012 年底贵阳市人大为推动实现贵阳市"建设生态观念浓厚、绿色经济崛起、城乡环境宜人、生态文化普及、生态制度完善、市民和谐幸福、政府廉洁高效"的生态文明城市发展目标，结合贵阳市被确定为生态文明示范城市的新情况，决定修改条例，其间多次向生态保护"两庭"征求意见，并在新条例中确认了"生态保护诉前禁令"及"法律意见书"制度。2013 年 6 月 1 日，作为对新条例的积极回应，贵阳中院修订出台了《关于为贵阳市生态文明建设提供司法保障的若干意见》，遵循亲环境司法的内在规律和价值要求，进一步梳理和确认在实践中创新发展的方法、举措和机制，为深入促进贵阳市生态文明建设提供了更加完备和有力的司法保障平台。我们可以从中看到，正是推动和依靠地方立法或者说得到地方立法的支持和认同，将地方立法、执法与司法实践统一于当地的生态文明建设并实现良性互动，是贵阳环保两庭不断打开发展空间的关键。贵州省全面展开环境保护审判工作，各级法院能不能充分领会和用好这一宝贵经验，将决定贵州省环境保护审判工作发展空间的广度和深度。

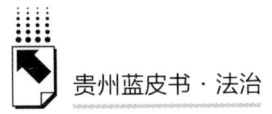

### （四）关于环境治理法治结构

加快生态文明先行区建设迫切需要构建科学合理、统一协调的环境法治结构。对此，我们提出以下四点建议：一是开展环境污染强制责任保险试点，逐步建立和完善环境污染强制责任保险制度。环境污染责任的个人化具有损害填补明显不足的特点，因此建立环境污染强制责任保险非常必要。通过模拟道路交通安全法第三者责任险的方式，对保险合同条款的优化设计，防范生态法律责任保险机制中道德风险与逆向选择，让生态法律责任具有可保性。二是完善矿山地质环境治理恢复保证金制度。完善《矿山地质环境治理恢复保证金管理办法》，系统规定保证金制度，落实矿山企业保护与治理环境的责任，避免企业破坏、政府"埋单"的不合理现象延续。严格矿山地质环境规划和环境影响评价制度。建立健全矿山地质环境损毁补偿赔付机制。要考虑矿山企业承受能力及有关受损状况，合理确定收取标准。对历史遗留和区域性环境污染、生态破坏补偿问题以及环境健康损害赔偿问题，由矿山生态补偿基金负责解决。针对贵州省目前环境治理恢复保证金提取使用程序繁琐的问题，改革保证金使用的审批制为依据合同赔付制。通过在事先签订的合同上明确赔付的范围、标准、依据等，当约定条件成熟时，就应当无条件履行合同中约定的支付环境治理恢复保证金。三是推行第三方环境污染治理方式。第三方环境污染治理方式即市场治理模式，是当前世界各国通行的环境污染治理方式。强化通过环境资源及设施的所有者、第三方治理机构、环保监督部门签订民事合同约定各方的责任、权利和义务，严格遵守履行合同，三者之间权责分明、互相制约、独立行使权利、履行职责，更能提高治污效率，节约成本，取得实效。四是建立和完善环境纠纷多元化解决机制。强调司法规范和制裁作用，引入调解、中立评估、行政性实质审查、专家意见参考等多种方式解决环境纠纷，以生态保护为主要目标，逐步建立多元化、专业化的环境纠纷解决机制，让人民群众树立生态保护理念，预防破坏生态的各种违法行为，及时处理污染事故，有效解决各类环境纠纷，切实维护好人民群众的合法环境权益。

以党的十八届三中全会为标志，党和国家已经站在全面深化改革的新的历史起点上,依靠法治解决问题已成为共识。在加快建立贵州省生态保护司法体制和工作机制中,贵州法院要敢想敢为、要在总结以往成功经验的基础上,从培育贵州省经济社会发展核心竞争力的高度,努力打造"法治贵州""美丽贵州"和"生态文明先行区",让良好的法治环境和生态环境成为一种"硬实力",助推贵州经济社会实现后发赶超、跨越发展。

# B.20
# 生态之州的司法保障调研报告
## ——以贵州省黔南州法院5年来的生态案件审理为视角

王亮海 李雪莹 兰美海*

**摘　要：**
　　保护生态不仅需要依靠全社会的共同努力，更需要司法机关的强制力为后盾。生态案件的审理存在生态因子、生态损失、生态责任等认定难的问题，可以从建立专业的审判机构和审理机制、扩大公益诉讼的范围、构建司法联动机制、完善生态损害的鉴定和评估、建立诉讼支持制度、加强司法建议等方面加以改进和完善，以提高审理的质量和效率，优先考虑消除危险、停止侵害、恢复生态等裁判方式，达到保护生态的目的。

**关键词：**
　　生态　司法保障　机制建设

　　生态与人的生存状态息息相关，保护生态，就是保护人自身的生存环境。司法机关在保护生态环境过程中，其作用是不可替代的，只有加强司法对生态的保护，生态才能在法治化的轨道上良性发展。在党的十八大报告中，对生态文明[①]建

---

\* 王亮海，黔南州中级人民法院院长；李雪莹，黔南州中级人民法院副院长；兰美海，黔南州中级人民法院审判员。
① 生态文明是在现代工业化的社会背景下提出的，其背后的意思就是生态出问题了，生态问题已经制约了经济和社会的可持续发展。1987年环境与发展委员会《我们共同的未来》的发布，标志着可持续发展思想的确立，直至1992年《里约宣言》，使可持续发展思想在全球范围内得到最高程度的认可，自此拉开了生态文明实践的序幕。1995年美国著名学者罗伊·莫里森通过著作《生态民主》提出了现代意义上生态文明的概念。参见毕艳《建设生态文明，构建美丽中国》，载《云南社会主义学院学报》2013年第1期，第72页。

设做出了重大部署,将其纳入到"五位一体"的布局中,目的就是要保护生态环境,建设美丽中国,实现全面可持续发展。五年来,黔南法院公正高效地审理了大量涉及生态纠纷的案件,为黔南的生态文明建设发挥了重要作用。但是,从目前的形势看,保护生态的任务还很艰巨。在对黔南州2008年以来生态纠纷案件统计分析的基础上,总结了近年来黔南州生态案件的基本情况,分析了审理中存在的主要问题,提出了一些建议。

黔南布依族苗族自治州位于贵州省中南部,全州辖2市10县。总面积26197平方公里,总人口370万人,少数民族占54%,有汉、布依、苗、水、壮、侗、毛南、仡佬等37个民族。黔南州山川秀丽,景色迷人,全州原生态资源丰富,现有国家级生态示范区1个,各级风景区、自然保护区、森林公园等62个,森林覆盖率达到53.76%,荔波茂兰还被联合国教科文组织列为世界自然遗产,享有"地球上喀斯特地区独一无二的绿色宝库"的盛誉。黔南州历来非常重视生态文明建设,时刻把生态文明建设放在突出地位,并融入到经济建设、政治建设、文化建设、社会建设各方面的全过程。近年来,随着经济的发展、工业的增加、人口的增长、矿业的开采,不同程度地产生了生态环境问题。为了保护生态环境,保住绿色家园,全州提出了"生态之州、幸福黔南"的建设目标。为此,全州法院紧紧围绕这个目标,为生态大局服务,充分发挥司法职能作用,切实担负起建设"生态之州"的重大使命,为黔南的天蓝、地绿、水清的生态环境提供强有力的司法保障。

## 一 司法在生态之州建设中的作用

司法在参与生态文明的建设中,能否发挥作用,发挥多大的作用,关系生态文明建设的法治化程度。司法的有效与公正的运作是公民个人、法人组织生态权益的保证,是促进国家机关依法管理生态的关键,是打击生态犯罪的严厉手段,是促进全民生态法治意识提高的路径。所以,司法在生态建设中发挥着重要的作用。①

---

① 参见谢伟《司法在环境治理中的作用:德国之考量》,《河北法学》2013年第2期,(转下页注)

### （一）保护人民群众的生态权益

随着经济社会的发展，广大人民群众对生活环境、生态质量有了更高的需求，不仅包括干净的水、新鲜的空气、充足的日照，还包括对环境的审美需求等。目前在全州各地，大气污染、噪声污染、污染损害赔偿、环境监管失职、重大环境污染事故等生态纠纷日益增多，人民群众的生态权益受到不同程度的损害，要求司法保护和救济的愿望逐渐增强。法院是保障人民合法权益的最后一道防线，在依法治国的今天，保护人民群众的生态权益是司法机关的义务和使命。

### （二）依法监督行政行为

尽管许多行政部门是依法行政的，而且还是处理生态事件的主要力量，但是，也不排除某些行政部门在追求经济增长的过程中，忽视生态利益，单一追求经济利益，对当地经济发展有贡献的污染人采取放任或纵容行为。一旦发生生态行政纠纷，司法机关就可以审查其行为的合法性，从而制约其行政行为。目前，虽然人民法院与生态行政管理机关相比，其人力、物力、技术力量比较薄弱，特别是在现场勘查、监测和调查等环节不如专业的管理机构。但是，从法律的角度来看，仍然可以监督政府对生态做出的管理行为。

### （三）打击违反生态的犯罪行为

近年来，有的犯罪行为，对局部生态造成了严重破坏。例如，因采矿导致水位下降，山体塌陷；放火造成森林大面积毁损，水土保持功能下降；环境监管失职，导致污染严重。通过刑罚对行为人的惩罚打击，一是防止行为人再犯；二是进一步制止他人效仿，实现一般预防与特殊预防的结合，从而达到保护正常的生态秩序、保障社会经济可持续发展的目的。

---

（接上页注①）第 84 页；杜群《司法在中国环境法治中的作用：基于对典型环境污染侵权案件的观察》，《法律适用》2012 年第 5 期，第 46 页；黄福玲《论环境诉讼中现有司法资源的发掘与利用》，《生态经济》2012 年第 9 期，第 156 页。

## （四）促进全民生态法治意识的提高

通过司法裁判的教育功能，增强公民、法人、政府的生态责任，不断促进全民生态行为的养成。通过司法裁判的指引功能，引导公民自觉遵守生态法律法规，维护生态利益。通过司法裁判的惩罚功能，可以预防破坏生态的行为。

## 二 生态案件的现状调查

2008年以来，全州法院共审理涉及生态的案件688件，其中，民事案件160件，行政案件41件，刑事案件487件。其特点如下。

（1）生态案件数在逐年增加，2008年受理97件，2009年受理124件，2010年受理119件，2011年受理163件，2012年受理185件（见图1）。

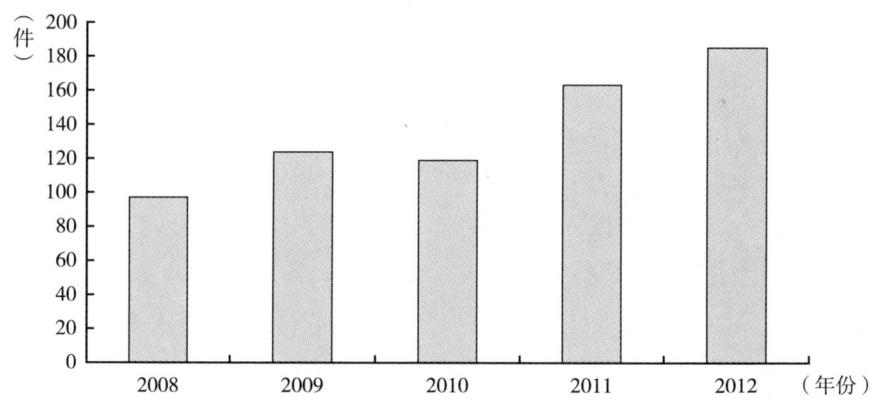

图1　2008~2012年全州两级法院受理生态案件统计

（2）经济发达的县市，生态案件数较多（见图2）；经济欠发达的县市，生态案件数较少。生态较好的县（例如荔波县），由于保护措施有力，纠纷相对较少。

（3）纯粹的生态案件数量少，涉及生态因素的案件多。由于生态问题是一个系统问题，涉及人、动物、植物、微生物与自然环境中的光、温、水、气、土等。任何一个生态因子出问题，都会引起连锁反应，影响到其他因子，从而影响到生态系统。从受理的案件来看，与生态关联度大的有大气污染、噪声污染、污染损害赔偿、森林毁坏、环境监管失职、重大环境污染事故、碳排放交易等，数量较少。但

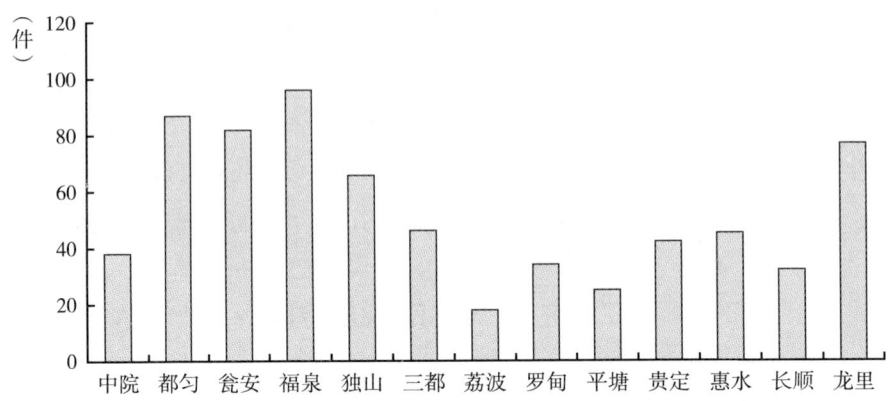

图 2　2008～2012 年黔南法院受理生态案件统计

是,许多案件中,或多或少地会涉及生态问题,例如,涉及放火、失火、采矿、采光、林地、土地等案件,对这类案件是否归类为生态案件,有待进一步探讨。

(4) 刑事、民事、行政生态案件各有特点。

①刑事生态案件的特点。2008 年以来,全州法院共受理涉及生态因素的刑事案件 487 件,涉案 671 人,审结 487 件,671 人。判处 5 年以上徒刑的 4 人,5 年以下徒刑的 660 人,免于处罚 2 人。判处罚金 240 人。

第一,涉及罪名相对集中。五年来,共受理涉及生态因素的刑事案件共有 15 个罪名,其中失火罪 290 件 293 人,盗伐林木罪 86 件 224 人,滥伐林木罪 73 件 95 人,非法采矿罪 17 件 29 人。四项罪名件数和人数之和分别占 95.67% 和 95.53%。

第二,职务犯罪案件显苗头。五年来,共受理涉及生态因素的职务犯罪案件共有 3 个罪名,其中玩忽职守罪 2 件 2 人,环境监管失职罪 1 件 2 人,重大责任事故罪 2 件 4 人。

第三,涉"木"类犯罪较多。由于黔南属于经济欠发达地区,部分村民因经济困难,用林木、树木、植物换取经济收入的事件较多。

②民事生态案件的特点。2008 年以来,全州法院共受理涉及生态因素的民事案件 160 件,标的金额 1236 万元,审结 160 件,判决 106 件,调解 31 件,撤诉 21 件。其中涉地、涉水、涉矿、涉气、涉光纠纷均有发生。

③行政生态案件的特点。2008 年以来,全州法院共受理涉及生态因素的

行政案件 41 件，审结 41 件，其中判决 39 件，撤诉 2 件。涉地纠纷最多，共计 19 件，占总案件数的 46.34%。

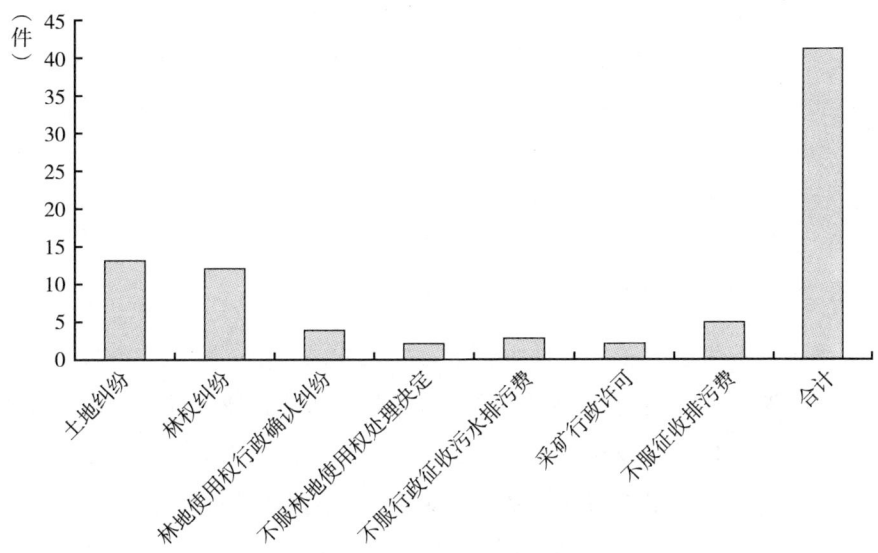

图 3　2008~2012 年涉生态行政案件数统计

## 三　生态案件存在的问题

尽管黔南州在审理生态案件中取得了一定成效，但是，暴露出的问题也较多。① 根据审理的情况，下列问题比较普遍和突出。

### （一）生态因素难以确定②

由于人们对生态的理解不一致，导致案件中是否涉及生态因素难以界定。

---

① 参见郝发辉、黄德林《我国环境纠纷诉讼遇到的问题及建立环境诉讼制度的思考》，载《2006 年全国环境资源法学研讨会论文集》，第 1590 页。
② 生态因子（ecological factors）是指环境中对生物生长、发育、生殖、行为和分布有直接或间接影响的环境要素。例如，温度、湿度、食物、氧气、二氧化碳和其他相关生物等。环境中各种生态因子不是孤立存在的，而是彼此互相联系、互相促进、互相制约，任何一个单因子的变化，都必将引起其他因子不同程度的变化及其反作用。如果生态环境受到破坏，最终会导致人类生活环境的恶化。参见李博主编《生态学》，高等教育出版社，2000，第 13 页。

生态因素难以界定，就难以把案件归结为生态案件，结果就难以把生态利益考虑到裁判之中，使生态利益的维护存在盲点。如果把生态因素无限扩大化，又会增加审理成本，许多案件就需要考虑评估生态损失、受损程度、恢复的时间及成本等，实际中也会缺乏可操作性。例如在刑事案件中的失火、放火罪中，是不是都与生态有关，答案肯定是否定的，要区别出哪些与生态因素有关，就要进一步做具体分析。正如某学者所言，我国现行法律未明确规定此类案件，因此对其法律适用存在一定的争议。[1]

### （二）生态损失难以认定[2]

在确定为与生态有关的案件中，生态损失如果确定，又是一个难题。我国的环境损害鉴定和评估尚处于探索阶段，法理、法律、技术标准尚待研究和制定。因此，专门化、职业化、规范化的环境损害鉴定尚未起步，生态损害鉴定存在诸多困扰。生态案件与其他案件的区别，就是要另外评估生态损失，责任人就需要另外承担生态损失相应的民事责任、行政责任或者刑事责任。就目前而言，黔南州还没有另外评估生态损失的案例，类似案件都是按照民事责任中的直接损失和间接损失方式计算赔偿数额。

### （三）生态责任难以分清

某些时候，生态虽然受到了破坏，但是在确定谁该对此负责时，往往难以确定。生态遭受的损害，究竟是由于法律法规不健全、不完善造成的，或是由于政府监管不到位造成的，或是由于法人、公民的行为造成的，责任有时难以分清。如果是由于法律法规不健全、不完善造成的，其责任显然由国家承担。如果是由于政府监管不到位造成的，其责任应由政府承担。如果由法人、公民的行为造成的，其责任应由行为人自己承担。但是，这些因素可能不是单一的，可能是许多原因造成的，一个地区生态好不好，单一归结于某一责任主体是不科学的，生态是一个复杂的问题，也是一个

---

[1] 代杰：《非典型环境案件法律适用问题初探》，《中国环境管理干部学院学报》2012年第3期，第1页。
[2] 参见吴宇欣《环境诉讼与环境损害鉴定》，载《环境与持续发展》2013年第1期，第57页。

整体工程，所有人都有责任。仅就个案而言，才有可能归结到单一的责任主体上。

### （四）问题疑难复杂

在审判实践中，由于现在的法官大多数是学法的，掌握的生态知识有限，对生态纠纷中出现的新问题、新情况，常常难以做出科学的判断。另外，法律法规的滞后性，执行标准的不统一性，上下级法院裁判的不统一性，也导致了生态纠纷处理的复杂性。

### （五）隐形干预多

由于生态问题与地方经济的发展存在一定程度的矛盾，一般情况下，工业多的地区，经济较发达，政府的税收就多，政绩就突出。同时，工业多，也就意味着污染等生态问题就多。要钱和要命，在短期内往往难以选择。一旦发生生态纠纷，法院也会考虑地方经济发展的因素，或者政府也会出面协调，从而使生态问题变得异常难办。如果法院判决某个工程项目停产，矿业停采，受到政府干预的可能性非常大。

## 四　生态案件审理的对策

由于生态的复杂性和专业性，如果采用普通的审理方式和裁判方式，就难以达到保护生态的目的。近年来，尽管我们积累了一定的审判实践经验，但是，仍不能适用生态案件审理的需要，因此需要在以下几个方面加强和改进。

### （一）建立专业的审判机构①

由于生态案件具有技术性强、处理难度大、日益增多和复杂化的特点，需要建立专门的司法机构进行处理。在法律法规许可的情况下，结合本地实际，

---

① 杨华：《环境法庭设立的应然性与实然性分析》，《江西社会科学》2009年第3期。

我们正在考虑设立生态法庭①、生态人民法庭②或者生态合议庭③等,以提高生态案件审理的质量和效率。目前,黔南州做了试点工作,荔波县的小七孔环境保护法庭在2012年成立,规格副科级,干警2人,开始受理生态案件。今后,我们还将根据具体情况,在部分县市设立生态法庭。在生态法庭建设中,我们正在考虑吸收生态专家和生态法专家参加,以提高法院审理生态纠纷案件的专业性。

## (二)建立专门的审理机制

正如某学者所言,在我国,生态文明建设中最重要的环境法实施机制存在的不完善之处,关键在于司法机制的不健全。④ 随着全州经济社会的快速发展,生态环境类的诉讼案件随之增加。目前全州法院审理的生态环境案件中,覆盖了刑事、民事和行政各种案件类型。大气污染、噪声污染、碳排放交易、油烟污染、室内装修污染等新型生态环境案件也不断出现。如果这些案件采用传统的方式进行审理,就达不到预期效果。所以,应当建立适应重生态案件审

---

① 根据《人民法院组织法》第二十三、第二十六条之规定,中级人民法院和高级人民法院设刑事审判庭、民事审判庭、经济审判庭,根据需要可以设其他审判庭。目前,有的中级人民法院设立了环境庭,2004年,河北省晋州市人民法院成立了专门的环保法庭。2007年11月20日,贵州省贵阳市中级人民法院成立了环保审判庭。2008年5月,江苏省无锡市中级人民法院成立环保审判庭,负责对基层法院环保合议庭的审判监督和业务指导工作。2008年12月11日,云南省昆明市中级人民法院成立了环保法庭等。
② 参见蔡守秋《关于建立环境法院(庭)的构想》,载《东方法学》2009年第5期,第82页。根据《人民法院组织法》(2006年修订)第19条规定:"基层人民法院根据地区、人口和案件情况可以设立若干人民法庭。人民法庭是基层人民法院的组成部分,它的判决和裁定就是基层人民法院的判决和裁定。"目前,我国有的基层人民法院设立了人民环境庭,2004年4月,辽宁省大连市沙河口区人民法院曾成立环境保护巡回法庭(设在沙河口区环保分局内)。2006年山东省聊城市往平县人民法院曾成立环境保护巡回法庭。2008年3月,南京市建邺区人民法院成立了"环保巡回法庭"(设在建邺区环保局内)。2008年8月,常州市首家环保巡回法庭在新北区法院和常州市环保局的共同推动促进下成立(设在常州市环境监测支队内)。
③ 根据《人民法院组织法》第9条的规定:"人民法院审判案件,实行合议制。人民法院审判第一审案件,由审判员组成合议庭或者由审判员和人民陪审员组成合议庭进行;简单的民事案件、轻微的刑事案件和法律另有规定的案件,可以由审判员一人独任审判。人民法院审判上诉和抗诉的案件,由审判员组成合议庭进行。"2008年,江苏滨湖、宜兴等基层人民法院已经设立了环保合议庭。
④ 郑少华:《生态文明建设的司法机制论》,《法学论坛》2013年第2期,第22页。

判需求的专门规则，建议最高人民法院尽快出台审判指导、司法解释，明确受案范围、审判程序和证据规则等机制。根据生态诉讼的特点，设立特别规则，对于诉讼资格、证据的搜集、证据效力、举证责任、因果关系、诉讼时效、诉讼费用等问题做出明确的规定。

### （三）扩大公益诉讼的范围

生态问题，一般都是公共问题，生态出了问题，受到损害的是一定范围内的所有人，而不只是个别人，所以，我们要动员全体社会的力量，参与到生态建设中。正如某学者所言："任何对环境利益的损害都会涉及整个社会，任何人在当今社会中都不可能脱离环境条件独善其身。"① 因此，凡是有利于生态文明建设的行为，都应当受到司法的保障，都应当受到鼓励，而不能以有无"利害"关系作为条件，把关心生态的人排除在诉讼之外。目前，尽管黔南州还没有受理过生态公益诉讼案件，但是，今后我们将对生态公益的诉讼主体、受案范围、审理程序予以放宽，以达到保护生态的目的。

### （四）构建司法联动机制

由于生态的特殊性，单独依靠一个部门的力量难以解决问题。通过建立生态环境联动化解机制，提高保护、查处、妥善化解生态矛盾纠纷的效率。法院要加强与环境行政执法部门沟通，互通信息，交流经验。探讨整治生态污染的有效措施和可行办法，注重对破坏生态不法行为的打击和制裁，从根本上促进本地区生态的改善。

### （五）完善生态损害的鉴定和评估

目前，生态案件的审理存在许多疑难之处，其中之一就是生态损害的鉴定和评估，法官依靠单纯的法律知识难以判断生态是否受到损害，如果受到损害，其损害的严重性也难以判断。因此，建议设立有专业资质的鉴定和评估机构，为司法裁判提供专业意见，最大限度地保障裁判的公正性和准确性。

---

① 吕忠梅：《环境法新视野》，中国政法大学出版社，2000，第117页。

## （六）建立诉讼支持制度

一般情况下，生态的加害方，往往是经济力量较强的法人；受害方，往往是普通民众，比较起来，双方当事人的经济实力、取证能力等方面差距大，普通民众显然处于劣势。如果没有诉讼支持制度，受害人能够得到一个对自己有利的诉讼结果的机会是非常小的，想达到诉讼目的也是比较困难的，从而导致受害人不愿意向法院提起诉讼来维护自己的合法权益。诉讼支持制度（包括诉讼费的减免，律师的无偿法律援助，无偿鉴定和评估等）可以使生态案件的受害者在诉讼中不必为各种诉讼成本担忧，也有利于平衡生态案件当事人双方诉讼能力的差异。

## （七）加强司法建议

全州法院在审理民事、行政、刑事案件中，如果发现有关单位在生态制度管理上存在问题和隐患，在司法中又无权处理或不能处理的，及时向责任单位提出司法建议。2008年以来，在涉及土地合同、林地、采矿等方面提出司法建议100余条，许多建议被相关单位采纳，有效避免了部分生态污染的发生，部分生态隐患被排除，用这种非强制的形式取得了较好的法律效益与社会效益。

## 五　保护生态的司法裁判方式

凡是生态案件，我们都要求将生态安全贯穿于案件事实的认定与裁判的全过程。[①] 在司法裁判中，如何平衡经济利益与生态利益的关系，涉及社会方方面面的问题，涉及不同利益群体，处理起来非常困难。一般情况下，我们在审理生态纠纷案件时，既要维护受害者的利益，又要考虑排污者的实际情况；既要治理生态污染，保护环境，又要促进生产，有利于建设。在法律许

---

[①] 吕忠梅：《司法中的生态安全考量：兼论生态安全立法存在的问题》，《环境保护》2006年第1期，第19页。

可的前提下，真正做到国家、集体和个人的经济利益与生态利益的兼顾，合情合理、实事求是地化解矛盾。在裁判时，根据生态的需要，要把握好以下三个原则。第一，预防为先原则。对即将侵害生态的行为，判决消除对生态的危险。第二，恢复为主、惩罚为辅的原则。对正在侵害生态的行为，判决停止侵害，恢复原状，赔偿损失。第三，恢复与惩罚并重的裁判原则。对已经侵害生态的行为，能够恢复原状的，判决恢复原状，赔偿损失；不能恢复原状的，判决赔偿损失。对生态案件，司法的重点是以保护生态为目的，而不是惩罚人为目的。所以，裁判应优先考虑消除危险、停止侵害、恢复生态三种方式。

## （一）消除危险

这是贯彻预防为先原则，对即将侵害生态的行为，判决消除对生态的危险，达到彻底消除隐患的目的。由于生态诉讼具有专业性、复杂性、隐蔽性等特点，纠纷的解决可能会旷日持久，不利于对生态的及时保护。在某些案件中，如果不事先采取行动，就有可能造成生态不可修复的严重后果，在危险存在和紧急情况的前提下，为了消除对生态的危险，可以根据《民事诉讼法》的相关规定，主动或者被动地先行做出排除妨碍、消除危险等裁判。还可以充分利用先予执行制度，在判决之前就裁定立即排除妨碍、消除危险等，以及时避免危害生态行为的发生和控制生态损失的扩大。

## （二）停止侵害

这是贯彻恢复为主、惩罚为辅的原则。对正在侵害生态的行为，如果任由侵害行为继续发展，无疑会造成更大的损失，这时法院可以判令被告立即停止实施侵害行为，以防止侵害行为造成更大的损失。如果仅涉及个别人的生态利益，法院可依申请裁定停止侵害；如果是涉及公共生态利益，法院可主动裁定停止侵害；其目的就是防止被诉行为继续对公共生态产生更大的污染和损害，争取将损害控制在可以恢复和弥补的范围内。这是生态的基本属性决定的，有的生态一旦被破坏，不管我们付出多大的人力、物力，花费多长的时间，都是无法恢复的。

### （三）恢复生态

这是对生态已经遭受损害的一种救济方式。这里，我们应当清楚地认识到，从理论上讲，恢复到原貌是可能的。现实生活中，由于受到许多因素的影响，恢复原貌几乎不可能，裁判中的恢复只能是某种程度上的恢复。生态的恢复往往是一个庞大的系统工程，需要多部门、多学科、多领域的协作与配合。目前，我们对生态损害的认识、分析、论证，恢复治理经验，恢复技术等整体水平低，恢复工作难度大。例如，全州法院对森林放火的案件，在惩罚行为人的同时，我们还判令 10 余件案件的当事人补种树木。从执行效果看，多数当事人已经补种完毕，在一定范围内确实起到了恢复生态的作用。今后，我们还将探索更好的裁判方式，以满足恢复生态的需要。

## 六　余论

随着经济的发展，生态案件可能还会进一步增加，问题也会变得更加复杂。由于生态问题专业性强，涉及面广，利益冲突大，我们应当在生态法律法规的制定上有所突破，专业审判人员的配备上有所突破，专业审判机构的设置上有所突破，专业的生态鉴定、评估机构的配置上也有所突破，才能使司法保障生态的职能作用得到落实和正常发挥。为进一步加强生态司法工作，促进生态矛盾纠纷的解决，我们要积极探索和尝试生态司法审判的新模式。

# 附　录
Appendix

# B.21
# 2013年贵州省法学学术会议

**中国法学会对外联络部2013年务虚会暨西南地区外事工作会**

1月7日,"中国法学会对外联络部2013年务虚会暨西南地区外事工作会"在贵阳举行。中国法学会党组副书记、常务副会长刘飏出席会议并讲话。中共贵州省委政法委副书记温杰到会致辞。中国法学会外联部,中国法学学术交流中心,广西壮族自治区法学会,重庆市法学会,四川省法学会,云南省法学会,海南省法学会,贵州省法学会,吉林省四平市法学会,中国法学学术交流中心河南分中心、甘肃分中心、吉林分中心、内蒙古大学、云南大学、华东政法大学等单位领导、专家50余人参加了会议。

**铜仁市法学会成立暨第一次会员代表大会**

2013年3月22日下午,铜仁市法学会成立,并召开第一次会员代表大会。

**中·澳·新环境司法经验交流会**

2013年7月18日下午,中·澳·新环境司法经验交流会在贵阳市清镇市人民法院生态保护法庭召开,来自中国、澳大利亚、新西兰等国家的法官代表,武汉大学、贵州大学、贵州民族大学的专家学者以及中外部分律师代表等

20余人参加会议。

### 第三届环境司法论坛

2013年7月20~21日,生态文明贵阳国际论坛2013年年会——第三届环境司法论坛在贵阳召开。本届论坛由中华环保联合会、贵州省高级人民法院、武汉大学环境法研究所共同主办,采取主题发言、专题发言及点评相结合的形式,围绕"生态文明建设的司法保障"这一主题进行研讨。

### 贵州法院第一届民商事审判实务论坛

2013年9月4日,贵州法院第一届民商事审判实务论坛在贵阳召开,强调要加强对审判实践中热点、难点问题的研究,从而形成一批高品质、有价值的理论成果,努力提升全省法院法官的法学理论水平和对外影响力。

### 第八届"中国·西部法治论坛"

2013年11月9日,由中国法学会主办、贵州省法学会承办的第八届"中国·西部法治论坛"在贵阳开坛。论坛紧紧围绕"法治思维与法治方式"这一主题,就如何改进领导干部法治思维和法治方式、深化改革、推动发展、化解矛盾、维护稳定能力等问题展开了广泛而热烈的讨论。

### 联合国毒品和犯罪问题办公室"预防战略和政策制定者"东盟地区研讨会

2013年11月26~28日,联合国毒品和犯罪问题办公室"预防战略和政策制定者"东盟地区研讨会在贵阳举行。会议由联合国毒品和犯罪问题办公室主办,贵州省禁毒委、省公安厅承办,国家禁毒委副秘书长、中国禁毒基金会秘书长李宪辉致辞,贵州省政府党组成员、省长助理、省禁毒委主任、省公安厅厅长孙立成致辞。贵州省在本次研讨会上介绍了"毒品预防教育工作情况",并与联合国毒品和犯罪问题办公室官员以及来自东盟十国禁毒部门的60余名官员和专家交流禁毒预防教育工作经验。

### 贵州省法学会应用法学研究会、矿产资源法学研究会2013年年会

2013年12月3日,贵州省法学会应用法学研究会、矿产资源法学研究会召开2013年年会,本次年会由贵州省社会科学院法治研究中心、贵州贵达律师事务所承办。本次会议主题紧紧围绕十八届三中全会关于法治建设方面提出的问题,回应贵州科学立法、规范执法、公正司法、全民守法的现状,并就土地及矿产资源兼并重组方面的法律问题进行了探讨。

### 贵州省法学会诉讼法学研究会 2013 年年会

2013 年 12 月 5 日下午,贵州省法学会诉讼法学研究会第二届换届选举大会暨 2013 年年会在贵州师范大学召开,本次会议选举产生了第二届理事会 106 位理事,其中常任理事 50 位。

### 贵州省法学会民法学、经济法学研究会 2013 年年会

2013 年 12 月 14 日,贵州省法学会民法学、经济法学研究会 2013 年年会在贵州大学召开。本次年会由贵州省法学会民法学、经济法学研究会主办,贵州大学法学院承办,贵州语和律师事务所协办。本次会议对"知识产权保护的实务研究""绿色信贷""政府招商引资合同"等相关法学问题进行了探讨。此次研究会学术氛围浓厚,讨论热烈,是一场奋进的大会。

### 贵州省法学会行政法学研究会 2013 年年会

2013 年 12 月 18 日,贵州省政府法制办组织召开贵州省法学会行政法学研究会 2013 年年会暨学术研讨会。会议围绕"贵州省法治政府建设指标体系"主题,就省政府法制办拟定的《贵州省法治政府建设评价体系》进行了深入探讨。

### 贵州省法学会法学教育研究会 2013 年年会

2013 年 12 月 20 日,贵州省法学会法学教育研究会 2013 年年会在贵州民族大学召开。本次会议由贵州民族大学法学院承办,会议围绕"法学教育与法律职业"为主题进行了深入探讨。

B.22

# 2013年贵州省法治发展大事记

## 1月

**1月15日**，中共贵州省委办公厅、贵州省人民政府办公厅联合发文要求加强和改进贵州省律师工作。

**1月16日**，贵州省全省政法工作电视电话会议召开。

**1月18日**，贵州省全省检察长会议召开。

**1月20日**，贵州省禁毒委在北京召开了贵州省社区戒毒康复"阳光工程"建设座谈会。

**1月26~31日**，贵州省第十二届人民代表大会第一次会议在贵阳举行。会议表决通过了《关于贵州省高级人民法院工作报告的决议》《关于贵州省人民检察院工作报告的决议》。

## 2月

**2月6日**，贵州省副省长陈鸣明到省政府法制办调研指导工作。

**2月22日**，贵州省全省法院院长会议召开。

**2月27日**，贵州省全省政府法制工作会议召开。

## 3月

**3月11日**，贵州省政府法制办召开座谈会，专题研究新形势下全面推进依法行政建设法治政府新举措。

**3月12日**，贵州省全省检察机关职务犯罪侦查工作座谈会召开。

3月19日，贵州省政府办公厅召开规范性文件合法性审查专题工作会议。

3月28~30日，贵州省第十二届人民代表大会常务委员会第一次会议在贵阳举行，会议审议通过了《省十二届人大常委会立法规划》和《2013年立法计划》。

3月30日，贵州省省委书记、省人大常委会主任赵克志到省检察院调研。

## 4月

4月10~12日，贵阳"5·7"特大传销案传销团伙头目李尧江及其妻子张丽等31名犯罪嫌疑人被批捕。

4月17日，贵州省副省长孙国强出席在贵阳召开的全省"打非治违"专项行动电视电话会议并作了讲话。

4月24日，贵州省全省社会管理创新暨平安贵州建设大会在贵阳召开。省委书记赵克志、省长陈敏尔出席会议并讲话。省政协主席王富玉，常务副省长谌贻琴，副省长蒙启良、秦如培、慕德贵、陈鸣明、王江平、何力出席会议。

4月24日，贵州省高级人民法院制定《贵州省高级人民法院关于为推进"五个一百工程"建设提供司法保障和服务的意见》。

4月27日，仁怀市环境保护法庭成立，副省长慕德贵出席成立大会。

## 5月

5月10日，全省维稳工作专题视频会议在贵阳召开，省委常委、省纪委书记宋璇涛出席会议并讲话，副省长陈鸣明主持会议。

5月28~31日，贵州省第十二届人大常委会第二次会议在贵阳举行。会议审议通过了《贵州省人民代表大会常务委员会议事规则》和《贵州省人民代表大会常务委员会组成人员守则》；审议批准了《贵阳市房屋登记条例》《黔东南苗族侗族自治州城乡规划建设管理条例》。

## 6月

6月6日,贵州省公安厅召开全省公安机关打击食品犯罪保卫餐桌安全专项行动食品推进会。

6月24日,贵州省司法厅"6·26"国际禁毒日座谈会在省女子劳教所召开。

6月26日,贵州省司法厅在贵阳市成功举办了2013年全省司法行政系统法制工作培训班。

6月28日,贵州省高级人民法院举办"传递正能量 共筑法治贵州梦"法官学习论坛。

## 7月

7月9日,贵州启动知识产权公职律师试点工作。

7月18日,中·澳·新环境司法经验交流会在贵阳市清镇市人民法院生态保护法庭召开。

7月22日,贵州省委常委、省委政法委书记、副省长秦如培到省检察院调研,与该院领导班子成员、专职检委及其他厅级干部交流座谈,并出席全省检察队伍建设电视电话会议。

7月23日,最高人民法院白酒产业知识产权司法保护调研基地在贵州省遵义市中级人民法院正式设立并授牌。

7月22日,贵州省人民检察院召开全省检察机关队伍建设工作会议,为全省首批"4+1"工程创建院授牌。

## 8月

8月2日,贵州省人大生态文明立法工作座谈会在贵阳召开。

8月5日,贵州省委常委、省委政法委书记、副省长秦如培出席省委政法委全体会议并讲话。

8月20~22日，贵州省政府法制办举办市县政府和部分市级政府工作部门行政复议人员资格培训班。

8月22日，贵州省召开建设平安贵州治安整治行动电视电话会议。

8月23日，贵州省人大财经委员会、省经济和信息化委员会在北京举行《贵州省信息基础设施条例》立法咨询论证会，省人大常委会副主任傅传耀出席会议并讲话。

8月27日，贵州省高级人民法院对清镇市人民法院生态保护法庭审理的涉嫌非法捕捞水产品案进行庭审微博直播。

8月28日，贵州省人大环资委召开《贵州省生态文明建设促进条例》征求意见会，就制定该条例，征求省人大环资委咨询专家及有关研究院、大专院校专家意见。

8月29日，黔东南州公安机关组织统一行动，捣毁盘踞在天柱、榕江、锦屏、丹寨等地的网络赌博窝点33个，抓获犯罪嫌疑人43名。

# 9月

9月2日，检察机关群众路线与检察队伍建设研讨会在贵阳召开。

9月13日，由全国人大内务司法委员会副主任委员白景富率领的全国人大常委会行政复议法执法检查组听取贵州省政府及有关部门贯彻实施《行政复议法》情况的汇报。

9月30日，《贵州省生态文明建设促进条例》立法领导小组第一次会议在贵阳召开。

# 10月

10月9日，贵州省副省长慕德贵出席在贵阳召开的全省维护被征地农民合法权益专项行动电视电话会议并讲话。

10月9~12日，最高人民法院安全工作综合检查组迟柏春组长一行四人到贵州法院检查安全工作。

**10月14日**，贵州省公安厅出台改进作风、便民利民的21项措施。

**10月15日**，贵州省全省检察机关预防职务犯罪工作会议在贵阳召开。

**10月31日**，贵州省人大常委会办公厅举行《贵州省节约能源条例》新闻发布会。

## 11月

**11月**，中共贵州省委政法委员会2013年第三次全体委员（扩大）会议审议通过了《中共贵州省委政法委员会关于切实防止冤假错案的实施意见》。

**11月16～18日**，贵州省人大常委会副主任张群山带队参加第十九次全国地方立法研讨会。

**11月21日**，贵州省人大常委会法制工作机构与省政府法制机构举行立法工作座谈会。

省人大民族宗教委员会召开贯彻执行民族区域自治"一法两规定"情况汇报会。

**11月27日**，贵州省人大环资委就循环经济等问题开展立法调研。

## 12月

**12月3日**，《贵州省职业教育条例（草案）》起草专家组第一次会议在贵阳召开。

**12月4日**，贵州省高级人民法院召开新闻发布会，向媒体通报刑事审判工作情况。

**12月26日**，贵州省高级人民法院聘任了40名特约监督员、20名特邀咨询员。

**12月**，贵州省高级人民法院启动车载巡回法庭试点工作。

# B.23
# 2013年贵州省地方性新法规、地方政府新规章

《贵州省劳动保障监察条例》

2013年1月18日贵州省第十一届人民代表大会常务委员会第三十三次会议通过。

《贵州省矿产资源监督检查条例》

2013年1月18日贵州省第十一届人民代表大会常务委员会第三十三次会议通过。

《贵州省扶贫开发条例》

2013年1月18日贵州省第十一届人民代表大会常务委员会第三十三次会议通过。

《贵阳市消防条例》

经2012年10月31日贵阳市第十三届人民代表大会常务委员会第七次会议通过，2013年1月18日贵州省第十一届人民代表大会常务委员会第三十三次会议批准。

《黔东南苗族侗族自治州舞阳河风景名胜区管理条例（修正）》

2003年3月29日黔东南苗族侗族自治州第十一届人民代表大会第四次会议通过，2003年7月26日贵州省第十届人民代表大会常务委员会第三次会议批准。

《贵阳市人民代表大会常务委员会关于修改部分地方性法规的决定》

2013年1月15日贵阳市第十三届人民代表大会常务委员会第十次会议通过，2013年3月30日贵州省第十二届人民代表大会常务委员会第一次会议批准。

《贵阳市建设生态文明城市条例》

经2013年2月4日贵阳市第十三届人民代表大会第三次会议通过，2013

年3月30日贵州省第十二届人民代表大会常务委员会第一次会议批准,现予公布,自2013年5月1日起施行。

《贵州省人民代表大会常务委员会组成人员守则》

2013年5月31日贵州省第十二届人民代表大会常务委员会第二次会议通过。

《贵州省人民代表大会常务委员会议事规则》

2013年5月31日贵州省第十二届人民代表大会常务委员会第二次会议通过。

《黔东南苗族侗族自治州城乡规划建设管理条例》

2013年1月4日黔东南苗族侗族自治州第十三届人民代表大会第三次会议通过,2013年5月31日贵州省第十二届人民代表大会常务委员会第二次会议批准。

《贵阳市房屋登记条例》

2013年3月6日贵阳市第十三届人民代表大会常务委员会第十二次会议通过,2013年5月31日贵州省第十二届人民代表大会常务委员会第二次会议批准。

《贵州省禁毒条例(修正)》

2013年7月26日贵州省第十二届人民代表大会常务委员会第三次会议通过。

《威宁彝族回族苗族自治县草海保护条例(修正)》

2013年2月22日威宁彝族回族苗族自治县第十六届人民代表大会第二次会议通过,2013年7月26日贵州省第十二届人民代表大会常务委员会第三次会议批准。

《贵阳市社区工作条例》

2013年7月12日贵阳市第十三届人民代表大会常务委员会第十五次会议通过,2013年9月27日贵州省第十二届人民代表大会常务委员会第四次会议批准。

《贵州省节约能源条例》

2013年9月27日贵州省第十二届人民代表大会常务委员会第四次会议通过。

《贵州省人力资源市场条例》

2013年9月27日贵州省第十二届人民代表大会常务委员会第四次会议通过。

《贵阳市湿地公园保护管理规定》

2013年7月3日贵阳市第十三届人民代表大会常务委员会第十四次会议通过，2013年9月27日贵州省第十二届人民代表大会常务委员会第四次会议批准。

《贵州省森林防火条例》

2013年11月30日贵州省第十二届人民代表大会常务委员会第五次会议通过。

《贵州省车船税实施办法》

2013年2月17日贵州省人民政府第二次常务会议通过。

《贵州省电动自行车管理办法》

2013年2月17日贵州省人民政府第二次常务会议通过。

《贵阳市人民政府关于废止部分规章的决定》

2013年2月25日贵阳市人民政府常务会议通过。

《贵阳市孔学堂管理暂行办法》

2013年1月14日贵阳市人民政府常务会议通过。

《贵阳市人民政府关于修改部分规章的决定》

2013年2月25日贵阳市人民政府常务会议通过。

《贵阳市餐厨废弃物管理办法（试行）》

2013年5月23日贵阳市人民政府常务会议通过。

《贵阳市突发事件危险源和危险区域管理暂行规定》

2013年5月23日贵阳市人民政府常务会议通过。

《贵州省500米口径球面射电望远镜电磁波宁静区保护办法》

2013年6月28日贵州省人民政府第七次常务会议通过。

《贵州省人民政府关于取消一批行政审批项目的决定》

2013年7月17日贵州省人民政府第八次常务会议通过。

《贵阳市入河口排污监督管理办法》

2013年6月18日贵阳市人民政府常务会议审议通过。

《贵阳市制止和查处违法建设规定》

2013年7月29日贵阳市人民政府常务会议通过。

《贵阳市公共机构节能管理办法》

2013年7月29日贵阳市人民政府常务会议通过。

《贵阳市轨道交通建设专项资金管理暂行办法》

2013年7月29日贵阳市人民政府常务会议通过。

《贵阳市城镇生活饮用水二次供水管理办法》

2013年10月14日贵阳市人民政府常务会议通过。

《贵州省社区戒毒社区康复人员就业促进办法》

2013年12月18日贵州省人民政府第十九次常务会议通过。

《贵州省人民防空警报设施建设管理规定》

2013年12月18日贵州省人民政府第十九次常务会议通过。

# 中国皮书网

www.pishu.cn

发布皮书研创资讯，传播皮书精彩内容
引领皮书出版潮流，打造皮书服务平台

## 栏目设置：

- □ 资讯：皮书动态、皮书观点、皮书数据、皮书报道、皮书新书发布会、电子期刊
- □ 标准：皮书评价、皮书研究、皮书规范、皮书专家、编撰团队
- □ 服务：最新皮书、皮书书目、重点推荐、在线购书
- □ 链接：皮书数据库、皮书博客、皮书微博、出版社首页、在线书城
- □ 搜索：资讯、图书、研究动态
- □ 互动：皮书论坛

中国皮书网依托皮书系列"权威、前沿、原创"的优质内容资源，通过文字、图片、音频、视频等多种元素，在皮书研创者、使用者之间搭建了一个成果展示、资源共享的互动平台。

自2005年12月正式上线以来，中国皮书网的IP访问量、PV浏览量与日俱增，受到海内外研究者、公务人员、商务人士以及专业读者的广泛关注。

2008年、2011年中国皮书网均在全国新闻出版业网站荣誉评选中获得"最具商业价值网站"称号。

2012年，中国皮书网在全国新闻出版业网站系列荣誉评选中获得"出版业网站百强"称号。

权威报告　热点资讯　海量资源

## 当代中国与世界发展的高端智库平台

皮书数据库　www.pishu.com.cn

皮书数据库是专业的人文社会科学综合学术资源总库，以大型连续性图书——皮书系列为基础，整合国内外相关资讯构建而成。该数据库包含七大子库，涵盖两百多个主题，囊括了近十几年间中国与世界经济社会发展报告，覆盖经济、社会、政治、文化、教育、国际问题等多个领域。

皮书数据库以篇章为基本单位，方便用户对皮书内容的阅读需求。用户可进行全文检索，也可对文献题目、内容提要、作者名称、作者单位、关键字等基本信息进行检索，还可对检索到的篇章再作二次筛选，进行在线阅读或下载阅读。智能多维度导航，可使用户根据自己熟知的分类标准进行分类导航筛选，使查找和检索更高效、便捷。

权威的研究报告、独特的调研数据、前沿的热点资讯，皮书数据库已发展成为国内最具影响力的关于中国与世界现实问题研究的成果库和资讯库。

## 皮书俱乐部会员服务指南

**1. 谁能成为皮书俱乐部成员？**
- 皮书作者自动成为俱乐部会员
- 购买了皮书产品（纸质皮书、电子书）的个人用户

**2. 会员可以享受的增值服务**
- 加入皮书俱乐部，免费获赠该纸质图书的电子书
- 免费获赠皮书数据库100元充值卡
- 免费定期获赠皮书电子期刊
- 优先参与各类皮书学术活动
- 优先享受皮书产品的最新优惠

**3. 如何享受增值服务？**

（1）加入皮书俱乐部，获赠该书的电子书

第1步 登录我社官网（www.ssap.com.cn），注册账号；

第2步 登录并进入"会员中心"—"皮书俱乐部"，提交加入皮书俱乐部申请；

第3步 审核通过后，自动进入俱乐部服务环节，填写相关购书信息即可自动兑换相应电子书。

（2）免费获赠皮书数据库100元充值卡

100元充值卡只能在皮书数据库中充值和使用

第1步 刮开附赠充值的涂层（左下）；

第2步 登录皮书数据库网站（www.pishu.com.cn），注册账号；

第3步 登录并进入"会员中心"—"在线充值"—"充值卡充值"，充值成功后即可使用。

**4. 声明**

解释权归社会科学文献出版社所有

皮书俱乐部会员可享受社会科学文献出版社其他相关免费增值服务，有任何疑问，均可与我们联系

联系电话：010-59367227　企业QQ：800045692　邮箱：pishuclub@ssap.com.cn

欢迎登录社会科学文献出版社官网（www.ssap.com.cn）和中国皮书网（www.pishu.cn）了解更多信息

社会科学文献出版社　皮书系列

"皮书"起源于十七、十八世纪的英国，主要指官方或社会组织正式发表的重要文件或报告，多以"白皮书"命名。在中国，"皮书"这一概念被社会广泛接受，并被成功运作、发展成为一种全新的出版形态，则源于中国社会科学院社会科学文献出版社。

皮书是对中国与世界发展状况和热点问题进行年度监测，以专业的角度、专家的视野和实证研究方法，针对某一领域或区域现状与发展态势展开分析和预测，具备权威性、前沿性、原创性、实证性、时效性等特点的连续性公开出版物，由一系列权威研究报告组成。皮书系列是社会科学文献出版社编辑出版的蓝皮书、绿皮书、黄皮书等的统称。

皮书系列的作者以中国社会科学院、著名高校、地方社会科学院的研究人员为主，多为国内一流研究机构的权威专家学者，他们的看法和观点代表了学界对中国与世界的现实和未来最高水平的解读与分析。

自20世纪90年代末推出以《经济蓝皮书》为开端的皮书系列以来，社会科学文献出版社至今已累计出版皮书千余部，内容涵盖经济、社会、政法、文化传媒、行业、地方发展、国际形势等领域。皮书系列已成为社会科学文献出版社的著名图书品牌和中国社会科学院的知名学术品牌。

皮书系列在数字出版和国际出版方面成就斐然。皮书数据库被评为"2008~2009年度数字出版知名品牌";《经济蓝皮书》《社会蓝皮书》等十几种皮书每年还由国外知名学术出版机构出版英文版、俄文版、韩文版和日文版，面向全球发行。

2011年，皮书系列正式列入"十二五"国家重点出版规划项目；2012年，部分重点皮书列入中国社会科学院承担的国家哲学社会科学创新工程项目；2014年，35种院外皮书使用"中国社会科学院创新工程学术出版项目"标识。

# 法律声明

"皮书系列"（含蓝皮书、绿皮书、黄皮书）由社会科学文献出版社最早使用并对外推广，现已成为中国图书市场上流行的品牌，是社会科学文献出版社的品牌图书。社会科学文献出版社拥有该系列图书的专有出版权和网络传播权，其LOGO（ ）与"经济蓝皮书"、"社会蓝皮书"等皮书名称已在中华人民共和国工商行政管理总局商标局登记注册，社会科学文献出版社合法拥有其商标专用权。

未经社会科学文献出版社的授权和许可，任何复制、模仿或以其他方式侵害"皮书系列"和LOGO（ ）、"经济蓝皮书"、"社会蓝皮书"等皮书名称商标专用权的行为均属于侵权行为，社会科学文献出版社将采取法律手段追究其法律责任，维护合法权益。

欢迎社会各界人士对侵犯社会科学文献出版社上述权利的违法行为进行举报。电话：010-59367121，电子邮箱：fawubu@ssap.cn。

社会科学文献出版社

权威·前沿·原创

社会科学文献出版社

# 皮书系列

## 2014年

盘点年度资讯　预测时代前程

社会科学文献出版社 学术传播中心 编制

**社会科学文献出版社**
SOCIAL SCIENCES ACADEMIC PRESS (CHINA)

社会科学文献出版社成立于1985年,是直属于中国社会科学院的人文社会科学专业学术出版机构。

成立以来,特别是1998年实施第二次创业以来,依托于中国社会科学院丰厚的学术出版和专家学者两大资源,坚持"创社科经典,出传世文献"的出版理念和"权威、前沿、原创"的产品定位,社科文献立足内涵式发展道路,从战略层面推动学术出版的五大能力建设,逐步走上了学术产品的系列化、规模化、数字化、国际化、市场化经营道路。

先后策划出版了著名的图书品牌和学术品牌"皮书"系列、"列国志"、"社科文献精品译库"、"中国史话"、"全球化译丛"、"气候变化与人类发展译丛""近世中国"等一大批既有学术影响又有市场价值的系列图书。形成了较强的学术出版能力和资源整合能力,年发稿3.5亿字,年出版新书1200余种,承印发行中国社科院院属期刊近70种。

2012年,《社会科学文献出版社学术著作出版规范》修订完成。同年10月,社会科学文献出版社参加了由新闻出版总署召开加强学术著作出版规范座谈会,并代表50多家出版社发起实施学术著作出版规范的倡议。2013年,社会科学文献出版社参与新闻出版总署学术著作规范国家标准的起草工作。

依托于雄厚的出版资源整合能力,社会科学文献出版社长期以来一直致力于从内容资源和数字平台两个方面实现传统出版的再造,并先后推出了皮书数据库、列国志数据库、中国田野调查数据库等一系列数字产品。

在国内原创著作、国外名家经典著作大量出版,数字出版突飞猛进的同时,社会科学文献出版社在学术出版国际化方面也取得了不俗的成绩。先后与荷兰博睿等十余家国际出版机构合作面向海外推出了《经济蓝皮书》《社会蓝皮书》等十余种皮书的英文版、俄文版、日文版等。

此外,社会科学文献出版社积极与中央和地方各类媒体合作,联合大型书店、学术书店、机场书店、网络书店、图书馆,逐步构建起了强大的学术图书的内容传播力和社会影响力,学术图书的媒体曝光率居全国之首,图书馆藏率居于全国出版机构前十位。

作为已经开启第三次创业梦想的人文社会科学学术出版机构,社会科学文献出版社结合社会需求、自身的条件以及行业发展,提出了新的创业目标:精心打造人文社会科学成果推广平台,发展成为一家集图书、期刊、声像电子和数字出版物为一体,面向海内外高端读者和客户,具备独特竞争力的人文社会科学内容资源供应商和海内外知名的专业学术出版机构。

# 社长致辞

我们是图书出版者，更是人文社会科学内容资源供应商；

我们背靠中国社会科学院，面向中国与世界人文社会科学界，坚持为人文社会科学的繁荣与发展服务；

我们精心打造权威信息资源整合平台，坚持为中国经济与社会的繁荣与发展提供决策咨询服务；

我们以读者定位自身，立志让爱书人读到好书，让求知者获得知识；

我们精心编辑、设计每一本好书以形成品牌张力，以优秀的品牌形象服务读者，开拓市场；

我们始终坚持"创社科经典，出传世文献"的经营理念，坚持"权威、前沿、原创"的产品特色；

我们"以人为本"，提倡阳光下创业，员工与企业共享发展之成果；

我们立足于现实，认真对待我们的优势、劣势，我们更着眼于未来，以不断的学习与创新适应不断变化的世界，以不断的努力提升自己的实力；

我们愿与社会各界友好合作，共享人文社会科学发展之成果，共同推动中国学术出版乃至内容产业的繁荣与发展。

社会科学文献出版社社长
中国社会学会秘书长

2014 年 1 月

# 社会科学文献出版社 皮书系列

"皮书"起源于十七、十八世纪的英国，主要指官方或社会组织正式发表的重要文件或报告，多以"白皮书"命名。在中国，"皮书"这一概念被社会广泛接受，并被成功运作、发展成为一种全新的出版形态，则源于中国社会科学院社会科学文献出版社。

皮书是对中国与世界发展状况和热点问题进行年度监测，以专家和学术的视角，针对某一领域或区域现状与发展态势展开分析和预测，具备权威性、前沿性、原创性、实证性、时效性等特点的连续性公开出版物，由一系列权威研究报告组成。皮书系列是社会科学文献出版社编辑出版的蓝皮书、绿皮书、黄皮书等的统称。

皮书系列的作者以中国社会科学院、著名高校、地方社会科学院的研究人员为主，多为国内一流研究机构的权威专家学者，他们的看法和观点代表了学界对中国与世界的现实和未来最高水平的解读与分析。

自20世纪90年代末推出以经济蓝皮书为开端的皮书系列以来，至今已出版皮书近1000余部，内容涵盖经济、社会、政法、文化传媒、行业、地方发展、国际形势等领域。皮书系列已成为社会科学文献出版社的著名图书品牌和中国社会科学院的知名学术品牌。

皮书系列在数字出版和国际出版方面成就斐然。皮书数据库被评为"2008~2009年度数字出版知名品牌"；经济蓝皮书、社会蓝皮书等十几种皮书每年还由国外知名学术出版机构出版英文版、俄文版、韩文版和日文版，面向全球发行。

2011年，皮书系列正式列入"十二五"国家重点出版规划项目，一年一度的皮书年会升格由中国社会科学院主办；2012年，部分重点皮书列入中国社会科学院承担的国家哲学社会科学创新工程项目。

经济类

# 经 济 类

经济类皮书涵盖宏观经济、城市经济、大区域经济，提供权威、前沿的分析与预测

### 经济蓝皮书
2014年中国经济形势分析与预测（赠阅读卡）

李 扬 / 主编　　2013年12月出版　　估价：69.00元

◆ 本书课题为"总理基金项目"，由著名经济学家李扬领衔，联合数十家科研机构、国家部委和高等院校的专家共同撰写，对2013年中国宏观及微观经济形势，特别是全球金融危机及其对中国经济的影响进行了深入分析，并且提出了2014年经济走势的预测。

### 世界经济黄皮书
2014年世界经济形势分析与预测（赠阅读卡）

王洛林　张宇燕 / 主编　　2014年1月出版　　估价：69.00元

◆ 2013年的世界经济仍旧行进在坎坷复苏的道路上。发达经济体经济复苏继续巩固，美国和日本经济进入低速增长通道，欧元区结束衰退并呈复苏迹象。本书展望2014年世界经济，预计全球经济增长仍将维持在中低速的水平上。

### 工业化蓝皮书
中国工业化进程报告（2014）（赠阅读卡）

黄群慧　吕 铁　李晓华 等 / 著　　2014年11月出版　　估价：89.00元

◆ 中国的工业化是事关中华民族复兴的伟大事业，分析跟踪研究中国的工业化进程，无疑具有重大意义。科学评价与客观认识我国的工业化水平，对于我国明确自身发展中的优势和不足，对于经济结构的升级与转型，对于制定经济发展政策，从而提升我国的现代化水平具有重要作用。

皮书系列 重点推荐　经济类

## 金融蓝皮书

### 中国金融发展报告（2014）（赠阅读卡）

李扬　王国刚 / 主编　2013年12月出版　定价：69.00元

◆ 由中国社会科学院金融研究所组织编写的《中国金融发展报告（2014）》，概括和分析了2013年中国金融发展和运行中的各方面情况，研讨和评论了2013年发生的主要金融事件。本书由业内专家和青年精英联合编著，有利于读者了解掌握2013年中国的金融状况，把握2014年中国金融的走势。

## 城市竞争力蓝皮书

### 中国城市竞争力报告 No.12（赠阅读卡）

倪鹏飞 / 主编　2014年5月出版　估价：89.00元

◆ 本书由中国社会科学院城市与竞争力研究中心主任倪鹏飞主持编写，汇集了众多研究城市经济问题的专家学者关于城市竞争力研究的最新成果。本报告构建了一套科学的城市竞争力评价指标体系，采用第一手数据材料，对国内重点城市年度竞争力格局变化进行客观分析和综合比较、排名，对研究城市经济及城市竞争力极具参考价值。

## 中国省域竞争力蓝皮书

### 中国省域经济综合竞争力发展报告（2012~2013）（赠阅读卡）

李建平　李闽榕　高燕京 / 主编　2014年3月出版　估价：188.00元

◆ 本书充分运用数理分析、空间分析、规范分析与实证分析相结合、定性分析与定量分析相结合的方法，建立起比较科学完善、符合中国国情的省域经济综合竞争力指标评价体系及数学模型，对2011~2012年中国内地31个省、市、区的经济综合竞争力进行全面、深入、科学的总体评价与比较分析。

## 农村经济绿皮书

### 中国农村经济形势分析与预测(2013~2014)（赠阅读卡）

中国社会科学院农村发展研究所　国家统计局农村社会经济调查司 / 著　2014年4月出版　估价：59.00元

◆ 本书对2013年中国农业和农村经济运行情况进行了系统的分析和评价，对2014年中国农业和农村经济发展趋势进行了预测，并提出相应的政策建议，专题部分将围绕某个重大的理论和现实问题进行多维、深入、细致的分析和探讨。

经济类 | 皮书系列 重点推荐

### 西部蓝皮书

**中国西部经济发展报告（2014）（赠阅读卡）**

姚慧琴　徐璋勇/主编　　2014年7月出版　　估价：69.00元

◆ 本书由西北大学中国西部经济发展研究中心主编，汇集了源自西部本土以及国内研究西部问题的权威专家的第一手资料，对国家实施西部大开发战略进行年度动态跟踪，并对2014年西部经济、社会发展态势进行预测和展望。

### 气候变化绿皮书

**应对气候变化报告（2014）（赠阅读卡）**

王伟光　郑国光/主编　　2014年11月出版　　估价：79.00元

◆ 本书由社科院城环所和国家气候中心共同组织编写，各篇报告的作者长期从事气候变化科学问题、社会经济影响，以及国际气候制度等领域的研究工作，密切跟踪国际谈判的进程，参与国家应对气候变化相关政策的咨询，有丰富的理论与实践经验。

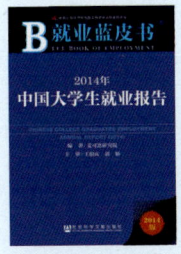

### 就业蓝皮书

**2014年中国大学生就业报告（赠阅读卡）**

麦可思研究院/编著　王伯庆　郭娇/主审
2014年6月出版　估价：98.00元

◆ 本书是迄今为止关于中国应届大学毕业生就业、大学毕业生中期职业发展及高等教育人口流动情况的视野最为宽广、资料最为翔实、分类最为精细的实证调查和定量研究；为我国教育主管部门的教育决策提供了极有价值的参考。

### 企业社会责任蓝皮书

**中国企业社会责任研究报告（2014）（赠阅读卡）**

黄群慧　彭华岗　钟宏武　张蒽/编著
2014年11月出版　估价：69.00元

◆ 本书系中国社会科学院经济学部企业社会责任研究中心组织编写的《企业社会责任蓝皮书》2014年分册。该书在对企业社会责任进行宏观总体研究的基础上，根据2013年企业社会责任及相关背景进行了创新研究，在全国企业中观层面对企业健全社会责任管理体系提供了弥足珍贵的丰富信息。

皮书系列 重点推荐　社会政法类

# 社 会 政 法 类

社会政法类皮书聚焦社会发展领域的热点、难点问题，提供权威、原创的资讯与视点

### 社会蓝皮书
**2014年中国社会形势分析与预测（赠阅读卡）**

李培林　陈光金　张 翼／主编　2013年12月出版　估价:69.00元

◆ 本报告是中国社会科学院"社会形势分析与预测"课题组2014年度分析报告，由中国社会科学院社会学研究所组织研究机构专家、高校学者和政府研究人员撰写。对2013年中国社会发展的各个方面内容进行了权威解读，同时对2014年社会形势发展趋势进行了预测。

### 法治蓝皮书
**中国法治发展报告 No.12（2014）（赠阅读卡）**

李 林　田 禾／主编　2014年2月出版　估价:98.00元

◆ 本年度法治蓝皮书一如既往秉承关注中国法治发展进程中的焦点问题的特点，回顾总结了2013年度中国法治发展取得的成就和存在的不足，并对2014年中国法治发展形势进行了预测和展望。

### 民间组织蓝皮书
**中国民间组织报告（2014）（赠阅读卡）**

黄晓勇／主编　2014年8月出版　估价:69.00元

◆ 本报告是中国社会科学院"民间组织与公共治理研究"课题组推出的第五本民间组织蓝皮书。基于国家权威统计数据、实地调研和广泛搜集的资料，本报告对2012年以来我国民间组织的发展现状、热点专题、改革趋势等问题进行了深入研究，并提出了相应的政策建议。

## 社会政法类 — 皮书系列重点推荐

### 社会保障绿皮书
**中国社会保障发展报告（2014）No.6（赠阅读卡）**

王延中 / 主编　　2014 年 9 月出版　　估价 :69.00 元

◆ 社会保障是调节收入分配的重要工具，随着社会保障制度的不断建立健全、社会保障覆盖面的不断扩大和社会保障资金的不断增加，社会保障在调节收入分配中的重要性不断提高。本书全面评述了 2013 年以来社会保障制度各个主要领域的发展情况。

### 环境绿皮书
**中国环境发展报告（2014）（赠阅读卡）**

刘鉴强 / 主编　　2014 年 4 月出版　　估价 :69.00 元

◆ 本书由民间环保组织"自然之友"组织编写，由特别关注、生态保护、宜居城市、可持续消费以及政策与治理等版块构成，以公共利益的视角记录、审视和思考中国环境状况，呈现 2013 年中国环境与可持续发展领域的全局态势，用深刻的思考、科学的数据分析 2013 年的环境热点事件。

### 教育蓝皮书
**中国教育发展报告（2014）（赠阅读卡）**

杨东平 / 主编　　2014 年 3 月出版　　估价 :69.00 元

◆ 本书站在教育前沿，突出教育中的问题，特别是对当前教育改革中出现的教育公平、高校教育结构调整、义务教育均衡发展等问题进行了深入分析，从教育的内在发展谈教育，又从外部条件来谈教育，具有重要的现实意义，对我国的教育体制的改革与发展具有一定的学术价值和参考意义。

### 反腐倡廉蓝皮书
**中国反腐倡廉建设报告 No.3（赠阅读卡）**

中国社会科学院中国廉政研究中心 / 主编
2013 年 12 月出版　　估价 :79.00 元

◆ 本书抓住了若干社会热点和焦点问题，全面反映了新时期新阶段中国反腐倡廉面对的严峻局面，以及中国共产党反腐倡廉建设的新实践新成果。根据实地调研、问卷调查和舆情分析，梳理了当下社会普遍关注的与反腐败密切相关的热点问题。

# 行业报告类

行业报告类皮书立足重点行业、新兴行业领域，提供及时、前瞻的数据与信息

### 房地产蓝皮书
中国房地产发展报告No.11（赠阅读卡）

魏后凯 李景国 / 主编　　2014年4月出版　　估价：79.00元

◆ 本书由中国社会科学院城市发展与环境研究所组织编写，秉承客观公正、科学中立的原则，深度解析2013年中国房地产发展的形势和存在的主要矛盾，并预测2014年及未来10年或更长时间的房地产发展大势。观点精辟，数据翔实，对关注房地产市场的各阶层人士极具参考价值。

### 旅游绿皮书
2013~2014年中国旅游发展分析与预测（赠阅读卡）

宋瑞 / 主编　　2013年12月出版　　定价：69.00元

◆ 如何从全球的视野理性审视中国旅游，如何在世界旅游版图上客观定位中国，如何积极有效地推进中国旅游的世界化，如何制定中国实现世界旅游强国梦想的线路图？本年度开始，《旅游绿皮书》将围绕"世界与中国"这一主题进行系列研究，以期为推进中国旅游的长远发展提供科学参考和智力支持。

### 信息化蓝皮书
中国信息化形势分析与预测（2014）（赠阅读卡）

周宏仁 / 主编　　2014年7月出版　　估价：98.00元

◆ 本书在以中国信息化发展的分析和预测为重点的同时，反映了过去一年间中国信息化关注的重点和热点，视野宽阔，观点新颖，内容丰富，数据翔实，对中国信息化的发展有很强的指导性，可读性很强。

行业报告类　皮书系列 重点推荐

### 企业蓝皮书
**中国企业竞争力报告（2014）（赠阅读卡）**

金 碚 / 主编　　2014 年 11 月出版　　估价 :89.00 元

◆ 中国经济正处于新一轮的经济波动中，如何保持稳健的经营心态和经营方式并进一步求发展，对于企业保持并提升核心竞争力至关重要。本书利用上市公司的财务数据，研究上市公司竞争力变化的最新趋势，探索进一步提升中国企业国际竞争力的有效途径，这无论对实践工作者还是理论研究者都具有重大意义。

### 食品药品蓝皮书
**食品药品安全与监管政策研究报告（2014）（赠阅读卡）**

唐民皓 / 主编　　2014 年 7 月出版　　估价 :69.00 元

◆ 食品药品安全是当下社会关注的焦点问题之一，如何破解食品药品安全监管重点难点问题是需要以社会合力才能解决的系统工程。本书围绕安全热点问题、监管重点问题和政策焦点问题，注重于对食品药品公共政策和行政监管体制的探索和研究。

### 流通蓝皮书
**中国商业发展报告（2013~2014）（赠阅读卡）**

荆林波 / 主编　　2014 年 5 月出版　　估价 :89.00 元

◆ 《中国商业发展报告》是中国社会科学院财经战略研究院与香港利丰研究中心合作的成果，并且在 2010 年开始以中英文版同步在全球发行。蓝皮书从关注中国宏观经济出发，突出中国流通业的宏观背景反映了本年度中国流通业发展的状况。

### 住房绿皮书
**中国住房发展报告（2013~2014）（赠阅读卡）**

倪鹏飞 / 主编　　2013 年 12 月出版　　估价 :79.00 元

◆ 本报告从宏观背景、市场主体、市场体系、公共政策和年度主题五个方面，对中国住宅市场体系做了全面系统的分析、预测与评价，并给出了相关政策建议，并在评述 2012~2013 年住房及相关市场走势的基础上，预测了 2013~2014 年住房及相关市场的发展变化。

国别与地区类

# 国别与地区类

国别与地区类皮书关注全球重点国家与地区，提供全面、独特的解读与研究

### 亚太蓝皮书

亚太地区发展报告（2014）（赠阅读卡）

李向阳/主编　　2013年12月出版　　定价:69.00元

◆　本书是由中国社会科学院亚太与全球战略研究院精心打造的又一品牌皮书，关注时下亚太地区局势发展动向里隐藏的中长趋势，剖析亚太地区政治与安全格局下的区域形势最新动向以及地区关系发展的热点问题，并对2014年亚太地区重大动态作出前瞻性的分析与预测。

### 日本蓝皮书

日本研究报告（2014）（赠阅读卡）

李　薇/主编　　2014年2月出版　　估价:69.00元

◆　本书由中华日本学会、中国社会科学院日本研究所合作推出，是以中国社会科学院日本研究所的研究人员为主完成的研究成果。对2013年日本的政治、外交、经济、社会文化作了回顾、分析与展望，并收录了该年度日本大事记。

### 欧洲蓝皮书

欧洲发展报告(2013~2014)（赠阅读卡）

周　弘/主编　　2014年3月出版　　估价:89.00元

◆　本年度的欧洲发展报告，对欧洲经济、政治、社会、外交等面的形式进行了跟踪介绍与分析。力求反映作为一个整体的欧盟及30多个欧洲国家在2013年出现的各种变化。

## 国别与地区类 — 皮书系列重点推荐

### 拉美黄皮书
**拉丁美洲和加勒比发展报告（2013~2014）（赠阅读卡）**
吴白乙 / 主编　2014年4月出版　估价：89.00元

◆ 本书是中国社会科学院拉丁美洲研究所的第13份关于拉丁美洲和加勒比地区发展形势状况的年度报告。本书对2013年拉丁美洲和加勒比地区诸国的政治、经济、社会、外交等方面的发展情况做了系统介绍，对该地区相关国家的热点及焦点问题进行了总结和分析，并在此基础上对该地区各国2014年的发展前景做出预测。

### 澳门蓝皮书
**澳门经济社会发展报告（2013~2014）（赠阅读卡）**
吴志良　郝雨凡 / 主编　2014年3月出版　估价：79.00元

◆ 本书集中反映2013年本澳各个领域的发展动态，总结评价近年澳门政治、经济、社会的总体变化，同时对2014年社会经济情况作初步预测。

### 日本经济蓝皮书
**日本经济与中日经贸关系研究报告（2014）（赠阅读卡）**
王洛林　张季风 / 主编　2014年5月出版　估价：79.00元

◆ 本书对当前日本经济以及中日经济合作的发展动态进行了多角度、全景式的深度分析。本报告回顾并展望了2013~2014年度日本宏观经济的运行状况。此外，本报告还收录了大量来自于日本政府权威机构的数据图表，具有极高的参考价值。

### 美国蓝皮书
**美国问题研究报告（2014）（赠阅读卡）**
黄平　倪峰 / 主编　2014年6月出版　估价：89.00元

◆ 本书是由中国社会科学院美国所主持完成的研究成果，它回顾了美国2013年的经济、政治形势与外交战略，对2013年以来美国内政外交发生的重大事件以及重要政策进行了较为全面的回顾和梳理。

# 地方发展类

地方发展类皮书关注大陆各省份、经济区域，提供科学、多元的预判与咨政信息

### 社会建设蓝皮书

**2014年北京社会建设分析报告（赠阅读卡）**

宋贵伦/主编　2014年4月出版　估价:69.00元

◆ 本书依据社会学理论框架和分析方法，对北京市的人口、就业、分配、社会阶层以及城乡关系等社会学基本问题进行了广泛调研与分析，对广受社会关注的住房、教育、医疗、养老、交通等社会热点问题做了深刻了解与剖析，对日益显现的征地搬迁、外籍人口管理、群体性心理障碍等进行了有益探讨。

### 温州蓝皮书

**2014年温州经济社会形势分析与预测（赠阅读卡）**

潘忠强　王春光　金浩/主编　2014年4月出版　估价：69.00元

◆ 本书是由中共温州市委党校与中国社会科学院社会学研究所合作推出的第七本"温州经济社会形势分析与预测"年度报告，深入全面分析了2013年温州经济、社会、政治、文化发展的主要特点、经验、成效与不足，提出了相应的政策建议。

### 上海蓝皮书

**上海资源环境发展报告（2014）（赠阅读卡）**

周冯琦　汤庆合　王利民/著　2014年1月出版　估价：59.00元

◆ 本书在上海所面临资源环境风险的来源、程度、成因、对策等方面作了些有益的探索，希望能对有关部门完善上海的资源环境风险防控工作提供一些有价值的参考，也让普通民众更全面地了解上海资源环境风险及其防控的图景。

### 广州蓝皮书
2014年中国广州社会形势分析与预测（赠阅读卡）

易佐永　杨　秦　顾涧清／主编　　2014年5月出版　　估价:65.00元

◆ 本书由广州大学与广州市委宣传部、广州市人力资源和社会保障局联合主编，汇集了广州科研团体、高等院校和政府部门诸多社会问题研究专家、学者和实际部门工作者的最新研究成果，是关于广州社会运行情况和相关专题分析与预测的重要参考资料。

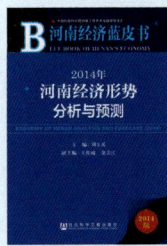

### 河南经济蓝皮书
2014年河南经济形势分析与预测（赠阅读卡）

胡五岳／主编　　2014年4月出版　　估价:59.00元

◆ 本书由河南省统计局主持编纂。该分析与展望以2013年最新年度统计数据为基础，科学研判河南经济发展的脉络轨迹、分析年度运行态势；以客观翔实、权威资料为特征，突出科学性、前瞻性和可操作性，服务于科学决策和科学发展。

### 陕西蓝皮书
陕西社会发展报告（2014）（赠阅读卡）

任宗哲　石　英　江　波／主编　　2014年1月出版　　估价:65.00元

◆ 本书系统而全面地描述了陕西省2013年社会发展各个领域所取得的成就、存在的问题、面临的挑战及其应对思路，为更好地思考2014年陕西发展前景、政策指向和工作策略等方面提供了一个较为简洁清晰的参考蓝本。

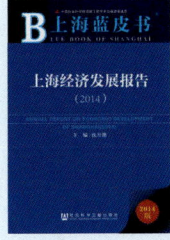

### 上海蓝皮书
上海经济发展报告（2014）（赠阅读卡）

沈开艳／主编　　2014年1月出版　　估价:69.00元

◆ 本书系上海社会科学院系列之一，报告对2014年上海经济增长与发展趋势的进行了预测，把握了上海经济发展的脉搏和学术研究的前沿。

皮书系列 重点推荐　地方发展类·文化传媒类

### 广州蓝皮书
**广州经济发展报告（2014）（赠阅读卡）**

李江涛　刘江华/主编　　2014年6月出版　　估价:65.00元

◆ 本书是由广州市社会科学院主持编写的"广州蓝皮书"系列之一，本报告对广州2013年宏观经济运行情况作了深入分析，对2014年宏观经济走势进行了合理预测，并在此基础上提出了相应的政策建议。

# 文 化 传 媒 类

 文化传媒类皮书透视文化领域、文化产业，探索文化大繁荣、大发展的路径

### 新媒体蓝皮书
**中国新媒体发展报告 No.4(2013)（赠阅读卡）**

唐绪军/主编　　2014年6月出版　　估价:69.00元

◆ 本书由中国社会科学院新闻与传播研究所和上海大学合作编写，在构建新媒体发展研究基本框架的基础上，全面梳理2013年中国新媒体发展现状，发表最前沿的网络媒体深度调查数据和研究成果，并对新媒体发展的未来趋势做出预测。

### 舆情蓝皮书
**中国社会舆情与危机管理报告（2014）（赠阅读卡）**

谢耘耕/主编　　2014年8月出版　　估价:85.00元

◆ 本书由上海交通大学舆情研究实验室和危机管理研究中心主编，已被列入教育部人文社会科学研究报告培育项目。本书以新媒体环境下的中国社会为立足点，对2013年中国社会舆情、分类舆情等进行了深入系统的研究，并预测了2014年社会舆情走势。

# 经济类

**产业蓝皮书**
中国产业竞争力报告（2014）No.4
著(编)者：张其仔　2014年5月出版 / 估价：79.00元

**长三角蓝皮书**
2014年率先基本实现现代化的长三角
著(编)者：刘志彪　2014年6月出版 / 估价：120.00元

**城市竞争力蓝皮书**
中国城市竞争力报告No.12
著(编)者：倪鹏飞　2014年5月出版 / 估价：89.00元

**城市蓝皮书**
中国城市发展报告No.7
著(编)者：潘家华　魏后凯　2014年7月出版 / 估价：69.00元

**城市群蓝皮书**
中国城市群发展指数报告（2014）
著(编)者：刘士林　刘新静　2014年10月出版 / 估价：59.00元

**城乡统筹蓝皮书**
中国城乡统筹发展报告（2014）
著(编)者：程志强、潘晨光　2014年3月出版 / 估价：59.00元

**城乡一体化蓝皮书**
中国城乡一体化发展报告（2014）
著(编)者：汝信　付崇兰　2014年8月出版 / 估价：59.00元

**城镇化蓝皮书**
中国城镇化健康发展报告（2014）
著(编)者：张占斌　2014年10月出版 / 估价：69.00元

**低碳发展蓝皮书**
中国低碳发展报告（2014）
著(编)者：齐晔　2014年7月出版 / 估价：69.00元

**低碳经济蓝皮书**
中国低碳经济发展报告（2014）
著(编)者：薛进军　赵忠秀　2014年5月出版 / 估价：79.00元

**东北蓝皮书**
中国东北地区发展报告（2014）
著(编)者：鲍振东　曹晓峰　2014年8月出版 / 估价：79.00元

**发展和改革蓝皮书**
中国经济发展和体制改革报告No.7
著(编)者：邹东涛　2014年7月出版 / 估价：79.00元

**工业化蓝皮书**
中国工业化进程报告（2014）
著(编)者：黄群慧　吕铁　李晓华 等
2014年11月出版 / 估价：89.00元

**国际城市蓝皮书**
国际城市发展报告（2014）
著(编)者：屠启宇　2014年1月出版 / 估价：69.00元

**国家创新蓝皮书**
国家创新发展报告（2013~2014）
著(编)者：陈劲　2014年3月出版 / 估价：69.00元

**国家竞争力蓝皮书**
中国国家竞争力报告No.2
著(编)者：倪鹏飞　2014年10月出版 / 估价：98.00元

**宏观经济蓝皮书**
中国经济增长报告（2014）
著(编)者：张平　刘霞辉　2014年10月出版 / 估价：69.00元

**减贫蓝皮书**
中国减贫与社会发展报告
著(编)者：黄承伟　2014年7月出版 / 估价：69.00元

**金融蓝皮书**
中国金融发展报告（2014）
著(编)者：李扬　王国刚　2013年12月出版 / 定价：69.00元

**经济蓝皮书**
2014年中国经济形势分析与预测
著(编)者：李扬　2013年12月出版 / 估价：69.00元

**经济蓝皮书春季号**
中国经济前景分析——2014年春季报告
著(编)者：李扬　2014年4月出版 / 估价：59.00元

**经济信息绿皮书**
中国与世界经济发展报告（2014）
著(编)者：王长胜　2013年12月出版 / 定价：69.00元

**就业蓝皮书**
2014年中国大学生就业报告
著(编)者：麦可思研究院　2014年6月出版 / 估价：98.00元

**民营经济蓝皮书**
中国民营经济发展报告No.10（2013～2014）
著(编)者：黄孟复　2014年9月出版 / 估价：69.00元

**民营企业蓝皮书**
中国民营企业竞争力报告No.7（2014）
著(编)者：刘迎秋　2014年1月出版 / 估价：79.00元

**农村绿皮书**
中国农村经济形势分析与预测（2014）
著(编)者：中国社会科学院农村发展研究所
　　　　国家统计局农村社会经济调查司　著
2014年4月出版 / 估价：59.00元

**企业公民蓝皮书**
中国企业公民报告No.4
著(编)者：邹东涛　2014年7月出版 / 估价：69.00元

**企业社会责任蓝皮书**
中国企业社会责任研究报告（2014）
著(编)者：黄群慧　彭华岗　钟宏武 等
2014年11月出版 / 估价：59.00元

**气候变化绿皮书**
应对气候变化报告（2014）
著(编)者：王伟光　郑国光　2014年11月出版 / 估价：79.00元

**区域蓝皮书**
中国区域经济发展报告（2014）
著(编)者：梁昊光　2014年4月出版 / 估价：69.00元

**皮书系列 2014全品种**

经济类·社会政法类

**人口与劳动绿皮书**
中国人口与劳动问题报告No.15
著(编)者：蔡昉　　2014年6月出版 / 估价:69.00元

**生态经济（建设）绿皮书**
中国经济（建设）发展报告（2013~2014）
著(编)者：黄浩涛　李周　2014年10月出版 / 估价:69.00元

**世界经济黄皮书**
2014年世界经济形势分析与预测
著(编)者：王洛林　张宇燕　2014年1月出版 / 估价:69.00元

**西北蓝皮书**
中国西北发展报告（2014）
著(编)者：张进海　陈冬红　段庆林　2014年1月出版 / 定价:65.00元

**西部蓝皮书**
中国西部发展报告（2014）
著(编)者：姚慧琴　徐璋勇　2014年7月出版 / 估价:69.00元

**新型城镇化蓝皮书**
新型城镇化发展报告（2014）
著(编)者：沈体雁　李伟　宋敏　2014年3月出版 / 估价:69.00元

**新兴经济体蓝皮书**
金砖国家发展报告（2014）
著(编)者：林跃勤　周文　2014年3月出版 / 估价:79.00元

**循环经济绿皮书**
中国循环经济发展报告（2013~2014）
著(编)者：齐建国　2014年12月出版 / 估价:69.00元

**中部竞争力蓝皮书**
中国中部经济社会竞争力报告（2014）
著(编)者：教育部人文社会科学重点研究基地
　　　　　南昌大学中国中部经济社会发展研究中心
2014年7月出版 / 估价:59.00元

**中部蓝皮书**
中国中部地区发展报告（2014）
著(编)者：朱有志　2014年10月出版 / 估价:59.00元

**中国科技蓝皮书**
中国科技发展报告（2014）
著(编)者：陈劲　2014年4月出版 / 估价:69.00元

**中国省域竞争力蓝皮书**
中国省域经济综合竞争力发展报告（2012~2013）
著(编)者：李建平　李闽榕　高燕京　2014年3月出版 / 估价:188.00元

**中三角蓝皮书**
长江中游城市群发展报告（2013~2014）
著(编)者：秦尊文　2014年6月出版 / 估价:69.00元

**中小城市绿皮书**
中国中小城市发展报告（2014）
著(编)者：中国城市经济学会中小城市经济发展委员会
　　　　　《中国中小城市发展报告》编纂委员会
2014年10月出版 / 估价:98.00元

**中原蓝皮书**
中原经济区发展报告（2014）
著(编)者：刘怀廉　2014年6月出版 / 估价:68.00元

## 社会政法类

**殡葬绿皮书**
中国殡葬事业发展报告（2014）
著(编)者：朱勇　副主编 李伯森　2014年3月出版 / 估价:59.00元

**城市创新蓝皮书**
中国城市创新报告（2014）
著(编)者：周天勇　旷建伟　2014年7月出版 / 估价:69.00元

**城市管理蓝皮书**
中国城市管理报告2014
著(编)者：谭维克　刘林　2014年7月出版 / 估价:98.00元

**城市生活质量蓝皮书**
中国城市生活质量指数报告（2014）
著(编)者：张平　2014年7月出版 / 估价:59.00元

**城市政府能力蓝皮书**
中国城市政府公共服务能力评估报告（2014）
著(编)者：何艳玲　2014年7月出版 / 估价:59.00元

**创新蓝皮书**
创新型国家建设报告（2014）
著(编)者：詹正茂　2014年7月出版 / 估价:69.00元

**慈善蓝皮书**
中国慈善发展报告（2014）
著(编)者：杨团　2014年6月出版 / 估价:69.00元

**法治蓝皮书**
中国法治发展报告No.12（2014）
著(编)者：李林　田禾　2014年2月出版 / 估价:98.00元

**反腐倡廉蓝皮书**
中国反腐倡廉建设报告No.3
著(编)者：李秋芳　2013年12月出版 / 估价:79.00元

**非传统安全蓝皮书**
中国非传统安全研究报告（2014）
著(编)者：余潇枫　2014年5月出版 / 估价:69.00元

## 社会政法类 — 皮书系列 2014全品种

**妇女发展蓝皮书**
福建省妇女发展报告（2014）
著(编)者：刘群英　2014年10月出版　估价：58.00元

**妇女发展蓝皮书**
中国妇女发展报告No.5
著(编)者：王金玲　高小贤　2014年5月出版　估价：65.00元

**妇女教育蓝皮书**
中国妇女教育发展报告No.3
著(编)者：张李玺　2014年10月出版　估价：69.00元

**公共服务满意度蓝皮书**
中国城市公共服务评价报告（2014）
著(编)者：胡伟　2014年11月出版　估价：69.00元

**公共服务蓝皮书**
中国城市基本公共服务力评价（2014）
著(编)者：侯惠勤　辛向阳　易定宏
2014年10月出版　估价：55.00元

**公民科学素质蓝皮书**
中国公民科学素质调查报告（2013~2014）
著(编)者：李群　许佳军　2014年2月出版　估价：69.00元

**公益蓝皮书**
中国公益发展报告（2014）
著(编)者：朱健刚　2014年5月出版　估价：78.00元

**国际人才蓝皮书**
中国海归创业发展报告（2014）No.2
著(编)者：王辉耀　路江涌　2014年10月出版　估价：69.00元

**国际人才蓝皮书**
中国留学发展报告（2014）No.3
著(编)者：王辉耀　2014年9月出版　估价：59.00元

**行政改革蓝皮书**
中国行政体制改革报告（2014）No.3
著(编)者：魏礼群　2014年3月出版　估价：69.00元

**华侨华人蓝皮书**
华侨华人研究报告（2014）
著(编)者：丘进　2014年5月出版　估价：128.00元

**环境竞争力绿皮书**
中国省域环境竞争力发展报告（2014）
著(编)者：李建平　李闽榕　王金南
2014年12月出版　估价：148.00元

**环境绿皮书**
中国环境发展报告（2014）
著(编)者：刘鉴强　2014年4月出版　估价：69.00元

**基本公共服务蓝皮书**
中国省级政府基本公共服务发展报告（2014）
著(编)者：孙德超　2014年1月出版　估价：69.00元

**基金会透明度蓝皮书**
中国基金会透明度发展研究报告（2014）
著(编)者：基金会中心网　2014年7月出版　估价：79.00元

**教师蓝皮书**
中国中小学教师发展报告（2014）
著(编)者：曾晓东　2014年4月出版　估价：59.00元

**教育蓝皮书**
中国教育发展报告（2014）
著(编)者：杨东平　2014年3月出版　估价：69.00元

**科普蓝皮书**
中国科普基础设施发展报告（2014）
著(编)者：任福君　2014年6月出版　估价：79.00元

**口腔健康蓝皮书**
中国口腔健康发展报告（2014）
著(编)者：胡德渝　2014年12月出版　估价：59.00元

**老龄蓝皮书**
中国老龄事业发展报告（2014）
著(编)者：吴玉韶　2014年2月出版　估价：59.00元

**连片特困区蓝皮书**
中国连片特困区发展报告（2014）
著(编)者：丁建军　冷志明　游俊　2014年3月出版　估价：79.00元

**民间组织蓝皮书**
中国民间组织报告（2014）
著(编)者：黄晓勇　2014年8月出版　估价：69.00元

**民族发展蓝皮书**
中国民族区域自治发展报告（2014）
著(编)者：郝时远　2014年6月出版　估价：98.00元

**女性生活蓝皮书**
中国女性生活状况报告No.8（2014）
著(编)者：韩湘景　2014年3月出版　估价：78.00元

**汽车社会蓝皮书**
中国汽车社会发展报告（2014）
著(编)者：王俊秀　2014年1月出版　估价：59.00元

**青年蓝皮书**
中国青年发展报告（2014）No.2
著(编)者：廉思　2014年6月出版　估价：59.00元

**全球环境竞争力绿皮书**
全球环境竞争力发展报告（2014）
著(编)者：李建平　李闽榕　王金南　2014年11月出版　估价：69.00元

**青少年蓝皮书**
中国未成年人新媒体运用报告（2014）
著(编)者：李文革　沈杰　季为民　2014年6月出版　估价：69.00元

# 皮书系列 2014全品种

## 社会政法类·行业报告类

**区域人才蓝皮书**
中国区域人才竞争力报告No.2
著(编)者:桂昭明 王辉耀　2014年6月出版／估价:69.00元

**人才蓝皮书**
中国人才发展报告（2014）
著(编)者:潘晨光　2014年10月出版／估价:79.00元

**人权蓝皮书**
中国人权事业发展报告No.4（2014）
著(编)者:李君如　2014年7月出版／估价:98.00元

**世界人才蓝皮书**
全球人才发展报告No.1
著(编)者:孙学玉 张冠梓　2013年12月出版／估价:69.00元

**社会保障绿皮书**
中国社会保障发展报告（2014）No.6
著(编)者:王延中　2014年4月出版／估价:69.00元

**社会工作蓝皮书**
中国社会工作发展报告（2013~2014）
著(编)者:王杰秀 邹文开　2014年8月出版／估价:59.00元

**社会管理蓝皮书**
中国社会管理创新报告No.3
著(编)者:连玉明　2014年9月出版／估价:79.00元

**社会蓝皮书**
2014年中国社会形势分析与预测
著(编)者:李培林 陈光金 张翼　2013年12月出版／估价:69.00元

**社会体制蓝皮书**
中国社会体制改革报告（2014）No.2
著(编)者:龚维斌　2014年5月出版／估价:59.00元

**社会心态蓝皮书**
2014年中国社会心态研究报告
著(编)者:王俊秀 杨宜音　2014年1月出版／估价:59.00元

**生态城市绿皮书**
中国生态城市建设发展报告（2014）
著(编)者:李景源 孙伟平 刘举科　2014年6月出版／估价:128.00元

**生态文明绿皮书**
中国省域生态文明建设评价报告（ECI 2014）
著(编)者:严耕　2014年9月出版／估价:98.00元

**世界创新竞争力黄皮书**
世界创新竞争力发展报告（2014）
著(编)者:李建平 李闽榕 赵新力　2014年11月出版／估价:128.00元

**水与发展蓝皮书**
中国水风险评估报告（2014）
著(编)者:苏杨　2014年9月出版／估价:69.00元

**危机管理蓝皮书**
中国危机管理报告（2014）
著(编)者:文学国 范正青　2014年8月出版／估价:79.00元

**小康蓝皮书**
中国全面建设小康社会监测报告（2014）
著(编)者:潘璠　2014年11月出版／估价:59.00元

**形象危机应对蓝皮书**
形象危机应对研究报告（2014）
著(编)者:唐钧　2014年9月出版／估价:118.00元

**政治参与蓝皮书**
中国政治参与报告（2014）
著(编)者:房宁　2014年7月出版／估价:58.00元

**政治发展蓝皮书**
中国政治发展报告（2014）
著(编)者:房宁 杨海蛟　2014年6月出版／估价:98.00元

**宗教蓝皮书**
中国宗教报告（2014）
著(编)者:金泽 邱永辉　2014年8月出版／估价:59.00元

**社会组织蓝皮书**
中国社会组织评估报告（2014）
著(编)者:徐家良　2014年3月出版／估价:69.00元

**政府绩效评估蓝皮书**
中国地方政府绩效评估报告（2014）
著(编)者:贠杰　2014年9月出版／估价:69.00元

## 行业报告类

**保健蓝皮书**
中国保健服务产业发展报告No.2
著(编)者:中国保健协会 中共中央党校
2014年7月出版／估价:198.00元

**保健蓝皮书**
中国保健食品产业发展报告No.2
著(编)者:中国保健协会
　　　　中国社会科学院食品药品产业发展与监管研究中心
2014年7月出版／估价:198.00元

**保健蓝皮书**
中国保健用品产业发展报告No.2
著(编)者:中国保健协会　2014年3月出版／估价:198.00元

**保险蓝皮书**
中国保险业竞争力报告（2014）
著(编)者:罗忠敏　2014年1月出版／估价:98.00元

权威 前沿 原创

## 行业报告类 — 皮书系列 2014全品种

**餐饮产业蓝皮书**
中国餐饮产业发展报告（2014）
著(编)者：中国烹饪协会 中国社会科学院财经战略研究院
2014年5月出版 / 估价：59.00元

**测绘地理信息蓝皮书**
中国地理信息产业发展报告（2014）
著(编)者：徐德明　2014年12月出版 / 估价：98.00元

**茶业蓝皮书**
中国茶产业发展报告（2014）
著(编)者：李闽榕 杨江帆　2014年4月出版 / 估价：79.00元

**产权市场蓝皮书**
中国产权市场发展报告（2014）
著(编)者：曹和平　2014年1月出版 / 估价：69.00元

**产业安全蓝皮书**
中国出版与传媒安全报告（2014）
著(编)者：北京交通大学中国产业安全研究中心
2014年1月出版 / 估价：59.00元

**产业安全蓝皮书**
中国医疗产业安全报告（2014）
著(编)者：北京交通大学中国产业安全研究中心
2014年1月出版 / 估价：59.00元

**产业安全蓝皮书**
中国医疗产业安全报告（2014）
著(编)者：李孟刚　2014年7月出版 / 估价：69.00元

**产业安全蓝皮书**
中国文化产业安全蓝皮书(2013~2014)
著(编)者：高海涛 刘益　2014年3月出版 / 估价：69.00元

**产业安全蓝皮书**
中国出版传媒产业安全报告（2014）
著(编)者：孙万军 王玉海　2014年12月出版 / 估价：69.00元

**典当业蓝皮书**
中国典当行业发展报告（2013~2014）
著(编)者：黄育华 王力 张红地
2014年10月出版 / 估价：69.00元

**电子商务蓝皮书**
中国城市电子商务影响力报告（2014）
著(编)者：荆林波　2014年5月出版 / 估价：69.00元

**电子政务蓝皮书**
中国电子政务发展报告（2014）
著(编)者：洪毅 王长胜　2014年2月出版 / 估价：59.00元

**杜仲产业绿皮书**
中国杜仲橡胶资源与产业发展报告（2014）
著(编)者：杜红岩 胡文臻 俞瑞
2014年9月出版 / 估价：99.00元

**房地产蓝皮书**
中国房地产发展报告No.11
著(编)者：魏后凯 李景国　2014年4月出版 / 估价：79.00元

**服务外包蓝皮书**
中国服务外包产业发展报告（2014）
著(编)者：王晓红 李皓　2014年4月出版 / 估价：89.00元

**高端消费蓝皮书**
中国高端消费市场研究报告
著(编)者：依绍华 王雪峰　2013年12月出版 / 估价：69.00元

**会展经济蓝皮书**
中国会展经济发展报告（2014）
著(编)者：过聚荣　2014年9月出版 / 估价：65.00元

**会展蓝皮书**
中外会展业动态评估年度报告（2014）
著(编)者：张敏　2014年8月出版 / 估价：68.00元

**基金会绿皮书**
中国基金会发展独立研究报告（2014）
著(编)者：基金会中心网　2014年8月出版 / 估价：58.00元

**交通运输蓝皮书**
中国交通运输服务发展报告（2014）
著(编)者：林晓言 卜伟 武剑红
2014年10月出版 / 估价：69.00元

**金融监管蓝皮书**
中国金融监管报告（2014）
著(编)者：胡滨　2014年9月出版 / 估价：65.00元

**金融蓝皮书**
中国金融中心发展报告（2014）
著(编)者：中国社会科学院金融研究所
　　　　中国博士后特华科研工作站 王力 黄育华
2014年10月出版 / 估价：59.00元

**金融蓝皮书**
中国商业银行竞争力报告（2014）
著(编)者：王松奇　2014年5月出版 / 估价：79.00元

**金融蓝皮书**
中国金融发展报告（2014）
著(编)者：李扬 王国刚　2013年12月出版 / 估价：69.00元

**金融蓝皮书**
中国金融法治报告（2014）
著(编)者：胡滨 全先银　2014年3月出版 / 估价：65.00元

**金融蓝皮书**
中国金融产品与服务报告（2014）
著(编)者：殷剑峰　2014年6月出版 / 估价：59.00元

**金融信息服务蓝皮书**
金融信息服务业发展报告（2014）
著(编)者：鲁广锦　2014年11月出版 / 估价：69.00元

## 皮书系列 2014全品种 — 行业报告类

**抗衰老医学蓝皮书**
抗衰老医学发展报告（2014）
著(编)者：罗伯特·高德曼 罗纳德·科莱兹
尼尔·布什 朱敏 金大鹏 郭弋
2014年3月出版 / 估价:69.00元

**客车蓝皮书**
中国客车产业发展报告（2014）
著(编)者：姚蔚 2014年12月出版 / 估价:69.00元

**科学传播蓝皮书**
中国科学传播报告（2014）
著(编)者：詹正茂 2014年4月出版 / 估价:69.00元

**流通蓝皮书**
中国商业发展报告（2014）
著(编)者：荆林波 2014年5月出版 / 估价:89.00元

**旅游安全蓝皮书**
中国旅游安全报告（2014）
著(编)者：郑向敏 谢朝武 2014年6月出版 / 估价:79.00元

**旅游绿皮书**
2013~2014年中国旅游发展分析与预测
著(编)者：宋瑞 2013年12月出版 / 估价:69.00元

**旅游城市绿皮书**
世界旅游城市发展报告（2013~2014）
著(编)者：张辉 2014年1月出版 / 估价:69.00元

**贸易蓝皮书**
中国贸易发展报告（2014）
著(编)者：荆林波 2014年5月出版 / 估价:49.00元

**民营医院蓝皮书**
中国民营医院发展报告（2014）
著(编)者：朱幼棣 2014年10月出版 / 估价:69.00元

**闽商蓝皮书**
闽商发展报告（2014）
著(编)者：李闽榕 王日根 2014年12月出版 / 估价:69.00元

**能源蓝皮书**
中国能源发展报告（2014）
著(编)者：崔民选 王军生 陈义和
2014年10月出版 / 估价:59.00元

**农产品流通蓝皮书**
中国农产品流通产业发展报告（2014）
著(编)者：贾敬敦 王炳南 张玉玺 张鹏毅 陈丽华
2014年9月出版 / 估价:89.00元

**期货蓝皮书**
中国期货市场发展报告（2014）
著(编)者：荆林波 2014年6月出版 / 估价:98.00元

**企业蓝皮书**
中国企业竞争力报告（2014）
著(编)者：金碚 2014年11月出版 / 估价:89.00元

**汽车安全蓝皮书**
中国汽车安全发展报告（2014）
著(编)者：赵福全 孙小端 等 2014年1月出版 / 估价:69.00元

**汽车蓝皮书**
中国汽车产业发展报告（2014）
著(编)者：国务院发展研究中心产业经济研究部
中国汽车工程学会 大众汽车集团（中国）
2014年7月出版 / 估价:79.00元

**清洁能源蓝皮书**
国际清洁能源发展报告（2014）
著(编)者：国际清洁能源论坛（澳门）
2014年9月出版 / 估价:89.00元

**人力资源蓝皮书**
中国人力资源发展报告（2014）
著(编)者：吴江 2014年9月出版 / 估价:69.00元

**软件和信息服务业蓝皮书**
中国软件和信息服务业发展报告（2014）
著(编)者：洪京一 工业和信息化部电子科学技术情报研究所
2014年6月出版 / 估价:98.00元

**商会蓝皮书**
中国商会发展报告No.4（2014）
著(编)者：黄孟复 2014年4月出版 / 估价:59.00元

**商品市场蓝皮书**
中国商品市场发展报告（2014）
著(编)者：荆林波 2014年7月出版 / 估价:59.00元

**上市公司蓝皮书**
中国上市公司非财务信息披露报告（2014）
著(编)者：钟宏武 张旺 张蒽 等
2014年12月出版 / 估价:59.00元

**食品药品蓝皮书**
食品药品安全与监管政策研究报告（2014）
著(编)者：唐民皓 2014年7月出版 / 估价:69.00元

**世界能源蓝皮书**
世界能源发展报告（2014）
著(编)者：黄晓勇 2014年9月出版 / 估价:99.00元

**私募市场蓝皮书**
中国私募股权市场发展报告（2014）
著(编)者：曹和平 2014年4月出版 / 估价:69.00元

**体育蓝皮书**
中国体育产业发展报告（2014）
著(编)者：阮伟 钟秉枢 2013年2月出版 / 估价:69.00元

## 行业报告类　皮书系列 2014全品种

### 体育蓝皮书·公共体育服务
中国公共体育服务发展报告（2014）
著(编)者：戴健　　2014年12月出版 / 估价:69.00元

### 投资蓝皮书
中国投资发展报告（2014）
著(编)者：杨庆蔚　　2014年4月出版 / 估价:79.00元

### 投资蓝皮书
中国企业海外投资发展报告（2013~2014）
著(编)者：陈文晖　薛誉华　　2013年12月出版 / 估价:69.00元

### 物联网蓝皮书
中国物联网发展报告（2014）
著(编)者：龚六堂　　2014年1月出版 / 估价:59.00元

### 西部工业蓝皮书
中国西部工业发展报告（2014）
著(编)者：方行明　刘方健　姜凌 等
2014年9月出版 / 估价:69.00元

### 西部金融蓝皮书
中国西部金融发展报告（2014）
著(编)者：李忠民　　2014年10月出版 / 估价:69.00元

### 新能源汽车蓝皮书
中国新能源汽车产业发展报告（2014）
著(编)者：中国汽车技术研究中心
　　　　　日产（中国）投资有限公司
　　　　　东风汽车有限公司
2014年9月出版 / 估价:69.00元

### 信托蓝皮书
中国信托业研究报告（2014）
著(编)者：中建投信托研究中心　中国建设建投研究院
2014年9月出版 / 估价:59.00元

### 信托蓝皮书
中国信托投资报告（2014）
著(编)者：杨金龙　刘屹　　2014年7月出版 / 估价:69.00元

### 信息化蓝皮书
中国信息化形势分析与预测（2014）
著(编)者：周宏仁　　2014年7月出版 / 估价:98.00元

### 信用蓝皮书
中国信用发展报告（2014）
著(编)者：章政　田侃　　2014年4月出版 / 估价:69.00元

### 休闲绿皮书
2014年中国休闲发展报告
著(编)者：刘德谦　唐兵　宋瑞
2014年6月出版 / 估价:59.00元

### 养老产业蓝皮书
中国养老产业发展报告（2013~2014年）
著(编)者：张车伟　　2014年1月出版 / 估价:69.00元

### 移动互联网蓝皮书
中国移动互联网发展报告（2014）
著(编)者：官建文　　2014年5月出版 / 估价:69.00元

### 医药蓝皮书
中国药品市场报告（2014）
著(编)者：程锦锥　朱恒鹏　　2014年12月出版 / 估价:79.00元

### 中国林业竞争力蓝皮书
中国省域林业竞争力发展报告No.2（2014）
（上下册）
著(编)者：郑传芳　李闽榕　张春霞　张会儒
2014年8月出版 / 估价:139.00元

### 中国农业竞争力蓝皮书
中国省域农业竞争力发展报告No.2（2014）
著(编)者：郑传芳　宋洪远　李闽榕　张春霞
2014年7月出版 / 估价:128.00元

### 中国信托市场蓝皮书
中国信托业市场报告（2013~2014）
著(编)者：李旸　　2014年10月出版 / 估价:69.00元

### 中国总部经济蓝皮书
中国总部经济发展报告（2014）
著(编)者：赵弘　　2014年9月出版 / 估价:69.00元

### 珠三角流通蓝皮书
珠三角商圈发展研究报告（2014）
著(编)者：王先庆　林至颖　　2014年8月出版 / 估价:69.00元

### 住房绿皮书
中国住房发展报告（2013~2014）
著(编)者：倪鹏飞　　2013年12月出版 / 估价:79.00元

### 资本市场蓝皮书
中国场外交易市场发展报告（2014）
著(编)者：高峦　　2014年3月出版 / 估价:79.00元

### 资产管理蓝皮书
中国信托业发展报告（2014）
著(编)者：智信资产管理研究院　　2014年7月出版 / 估价:69.00元

### 支付清算蓝皮书
中国支付清算发展报告（2014）
著(编)者：杨涛　　2014年4月出版 / 估价:45.00元

# 文化传媒类

**传媒蓝皮书**
中国传媒产业发展报告（2014）
著(编)者：崔保国　2014年4月出版 / 估价：79.00元

**传媒竞争力蓝皮书**
中国传媒国际竞争力研究报告（2014）
著(编)者：李本乾　2014年9月出版 / 估价：69.00元

**创意城市蓝皮书**
武汉市文化创意产业发展报告（2014）
著(编)者：张京成　黄永林　2014年10月出版 / 估价：69.00元

**电视蓝皮书**
中国电视产业发展报告（2014）
著(编)者：卢斌　2014年4月出版 / 估价：79.00元

**电影蓝皮书**
中国电影出版发展报告（2014）
著(编)者：卢斌　2014年4月出版 / 估价：79.00元

**动漫蓝皮书**
中国动漫产业发展报告（2014）
著(编)者：卢斌　郑玉明　牛兴侦　2014年4月出版 / 估价：79.00元

**广电蓝皮书**
中国广播电影电视发展报告（2014）
著(编)者：庞井君　杨明品　李岚
2014年6月出版 / 估价：88.00元

**广告主蓝皮书**
中国广告主营销传播趋势报告N0.8
著(编)者：中国传媒大学广告主研究所
　　　　　中国广告主营销传播创新研究课题组
　　　　　黄升民　杜国清　邵华冬等
2014年5月出版 / 估价：98.00元

**国际传播蓝皮书**
中国国际传播发展报告（2014）
著(编)者：胡正荣　李继东　姬德强
2014年1月出版 / 估价：69.00元

**纪录片蓝皮书**
中国纪录片发展报告（2014）
著(编)者：何苏六　2014年10月出版 / 估价：89.00元

**两岸文化蓝皮书**
两岸文化产业合作发展报告（2014）
著(编)者：胡惠林　肖夏勇　2014年6月出版 / 估价：59.00元

**媒介与女性蓝皮书**
中国媒介与女性发展报告（2014）
著(编)者：刘利群　2014年8月出版 / 估价：69.00元

**全球传媒蓝皮书**
全球传媒产业发展报告（2014）
著(编)者：胡正荣　2014年12月出版 / 估价：79.00元

**视听新媒体蓝皮书**
中国视听新媒体发展报告（2014）
著(编)者：庞井君　2014年6月出版 / 估价：148.00元

**文化创新蓝皮书**
中国文化创新报告（2014）No.5
著(编)者：于平　傅才武　2014年7月出版 / 估价：79.00元

**文化科技蓝皮书**
文化科技融合与创意城市发展报告（2014）
著(编)者：李凤亮　于平　2014年7月出版 / 估价：79.00元

**文化蓝皮书**
2014年中国文化产业发展报告
著(编)者：张晓明　胡惠林　章建刚
2014年3月出版 / 估价：69.00元

**文化蓝皮书**
中国文化产业供需协调增长测评报（2013）
著(编)者：高书生　王亚楠　2014年5月出版 / 估价：79.00元

**文化蓝皮书**
中国城镇文化消费需求景气评价报告（2014）
著(编)者：王亚南　张晓明　祁述裕
2014年5月出版 / 估价：79.00元

**文化蓝皮书**
中国公共文化服务发展报告（2014）
著(编)者：于群　李国新　2014年10月出版 / 估价：98.00元

**文化蓝皮书**
中国文化消费需求景气评价报告（2014）
著(编)者：王亚南　2014年5月出版 / 估价：79.00元

**文化蓝皮书**
中国乡村文化消费需求景气评价报告（2014）
著(编)者：王亚南　2014年5月出版 / 估价：79.00元

**文化蓝皮书**
中国中心城市文化消费需求景气评价报告（2014）
著(编)者：王亚南　2014年5月出版 / 估价：79.00元

**文化蓝皮书**
中国少数民族文化发展报告（2014）
著(编)者：武翠英　张晓明　张学进
2014年3月出版 / 估价：69.00元

**文化传媒类·地方发展类**

**皮书系列 2014全品种**

**文化建设蓝皮书**
中国文化建设发展报告（2014）
著(编)者：江畅 孙伟平 　2014年3月出版 / 估价：69.00元

**文化品牌蓝皮书**
中国文化品牌发展报告（2014）
著(编)者：欧阳友权 　2014年5月出版 / 估价：75.00元

**文化软实力蓝皮书**
中国文化软实力研究报告（2014）
著(编)者：张国祚 　2014年7月出版 / 估价：79.00元

**文化遗产蓝皮书**
中国文化遗产事业发展报告（2014）
著(编)者：刘世锦 　2014年3月出版 / 估价：79.00元

**文学蓝皮书**
中国文情报告（2014）
著(编)者：白烨 　2014年5月出版 / 估价：59.00元

**新媒体蓝皮书**
中国新媒体发展报告No.5（2014）
著(编)者：唐绪军 　2014年6月出版 / 估价：69.00元

**移动互联网蓝皮书**
中国移动互联网发展报告（2014）
著(编)者：官建文 　2014年4月出版 / 估价：79.00元

**游戏蓝皮书**
中国游戏产业发展报告（2014）
著(编)者：卢斌 　2014年4月出版 / 估价：79.00元

**舆情蓝皮书**
中国社会舆情与危机管理报告（2014）
著(编)者：谢耘耕 　2014年8月出版 / 估价：85.00元

**粤港澳台文化蓝皮书**
粤港澳台文化创意产业发展报告（2014）
著(编)者：丁未 　2014年4月出版 / 估价：69.00元

## 地方发展类

**安徽蓝皮书**
安徽社会发展报告（2014）
著(编)者：程桦 　2014年4月出版 / 估价：79.00元

**安徽社会建设蓝皮书**
安徽社会建设分析报告（2014）
著(编)者：黄家海 王开玉 蔡宪 　2014年4月出版 / 估价：69.00元

**北京蓝皮书**
北京城乡发展报告（2014）
著(编)者：黄序 　2014年4月出版 / 估价：59.00元

**北京蓝皮书**
北京公共服务发展报告（2014）
著(编)者：张耘 　2014年3月出版 / 估价：65.00元

**北京蓝皮书**
北京经济发展报告（2014）
著(编)者：赵弘 　2014年4月出版 / 估价：59.00元

**北京蓝皮书**
北京社会发展报告（2014）
著(编)者：缪青 　2014年10月出版 / 估价：59.00元

**北京蓝皮书**
北京文化发展报告（2014）
著(编)者：李建盛 　2014年5月出版 / 估价：69.00元

**北京蓝皮书**
中国社区发展报告（2014）
著(编)者：于燕燕 　2014年8月出版 / 估价：59.00元

**北京蓝皮书**
北京公共服务发展报告（2014）
著(编)者：施昌奎 　2014年8月出版 / 估价：59.00元

**北京旅游绿皮书**
北京旅游发展报告（2014）
著(编)者：鲁勇 　2014年7月出版 / 估价：98.00元

**北京律师蓝皮书**
北京律师发展报告No.2（2014）
著(编)者：王隽 周塞军 　2014年9月出版 / 估价：79.00元

**北京人才蓝皮书**
北京人才发展报告（2014）
著(编)者：于淼 　2014年10月出版 / 估价：89.00元

**城乡一体化蓝皮书**
中国城乡一体化发展报告·北京卷（2014）
著(编)者：张宝秀 黄序 　2014年6月出版 / 估价：59.00元

**创意城市蓝皮书**
北京文化创意产业发展报告（2014）
著(编)者：张京成 王国华 　2014年10月出版 / 估价：69.00元

**创意城市蓝皮书**
青岛文化创意产业发展报告（2014）
著(编)者：马达 　2014年5月出版 / 估价：69.00元

**创意城市蓝皮书**
无锡文化创意产业发展报告（2014）
著(编)者：庄若江 张鸣年 　2014年8月出版 / 估价：75.00元

**皮书系列 2014全品种** 地方发展类

**服务业蓝皮书**
广东现代服务业发展报告（2014）
著(编)者：祁明 程晓  2014年1月出版 / 估价：69.00元

**甘肃蓝皮书**
甘肃舆情分析与预测（2014）
著(编)者：陈双梅 郝树声  2014年1月出版 / 估价：69.00元

**甘肃蓝皮书**
甘肃县域社会发展评价报告（2014）
著(编)者：魏胜文  2014年1月出版 / 估价：69.00元

**甘肃蓝皮书**
甘肃经济发展分析与预测（2014）
著(编)者：魏胜文  2014年1月出版 / 估价：69.00元

**甘肃蓝皮书**
甘肃社会发展分析与预测（2014）
著(编)者：安文华  2014年1月出版 / 估价：69.00元

**甘肃蓝皮书**
甘肃文化发展分析与预测（2014）
著(编)者：周小华  2014年1月出版 / 估价：69.00元

**广东蓝皮书**
广东省电子商务发展报告（2014）
著(编)者：黄建明 祁明  2014年11月出版 / 估价：69.00元

**广东蓝皮书**
广东社会工作发展报告（2014）
著(编)者：罗观翠  2013年12月出版 / 估价：69.00元

**广东外经贸蓝皮书**
广东对外经济贸易发展研究报告（2014）
著(编)者：陈万灵  2014年3月出版 / 估价：65.00元

**广西北部湾经济区蓝皮书**
广西北部湾经济区开放开发报告（2014）
著(编)者：广西北部湾经济区规划建设管理委员会办公室 广西社会科学院 广西北部湾发展研究院
2014年7月出版 / 估价：69.00元

**广州蓝皮书**
2014年中国广州经济形势分析与预测
著(编)者：庚建设 郭志勇 沈奎  2014年6月出版 / 估价：69.00元

**广州蓝皮书**
2014年中国广州社会形势分析与预测
著(编)者：易佐永 杨秦 顾涧清  2014年5月出版 / 估价：65.00元

**广州蓝皮书**
广州城市国际化发展报告（2014）
著(编)者：朱名宏  2014年9月出版 / 估价：59.00元

**广州蓝皮书**
广州创新型城市发展报告（2014）
著(编)者：李江涛  2014年8月出版 / 估价：59.00元

**广州蓝皮书**
广州经济发展报告（2014）
著(编)者：李江涛 刘江华  2014年6月出版 / 估价：65.00元

**广州蓝皮书**
广州农村发展报告（2014）
著(编)者：李江涛 汤锦华  2014年8月出版 / 估价：59.00元

**广州蓝皮书**
广州青年发展报告（2014）
著(编)者：魏国华 张强  2014年9月出版 / 估价：65.00元

**广州蓝皮书**
广州汽车产业发展报告（2014）
著(编)者：李江涛 杨再高  2014年10月出版 / 估价：69.00元

**广州蓝皮书**
广州商贸业发展报告（2014）
著(编)者：陈家成 王旭东 荀振英
2014年7月出版 / 估价：69.00元

**广州蓝皮书**
广州文化创意产业发展报告（2014）
著(编)者：甘新  2014年10月出版 / 估价：59.00元

**广州蓝皮书**
中国广州城市建设发展报告（2014）
著(编)者：董皞 冼伟雄 李俊夫
2014年8月出版 / 估价：69.00元

**广州蓝皮书**
中国广州科技与信息化发展报告（2014）
著(编)者：庚建设 谢学宁  2014年8月出版 / 估价：59.00元

**广州蓝皮书**
中国广州文化创意产业发展报告（2014）
著(编)者：甘新  2014年10月出版 / 估价：59.00元

**广州蓝皮书**
中国广州文化发展报告（2014）
著(编)者：徐俊忠 汤应武 陆志强
2014年8月出版 / 估价：69.00元

**贵州蓝皮书**
贵州法治发展报告（2014）
著(编)者：吴大华  2014年3月出版 / 估价：69.00元

**贵州蓝皮书**
贵州社会发展报告（2014）
著(编)者：王兴骥  2014年3月出版 / 估价：59.00元

**贵州蓝皮书**
贵州农村扶贫开发报告（2014）
著(编)者：王朝新 宋明  2014年3月出版 / 估价：69.00元

**贵州蓝皮书**
贵州文化产业发展报告（2014）
著(编)者：李建国  2014年3月出版 / 估价：69.00元

**地方发展类**

**皮书系列 2014全品种**

**海淀蓝皮书**
海淀区文化和科技融合发展报告（2014）
著(编)者：陈名杰 孟景伟　2014年5月出版 / 估价：75.00元

**海峡经济区蓝皮书**
海峡经济区发展报告（2014）
著(编)者：李闽榕 王秉安 谢明辉（台湾）
2014年10月出版 / 估价：78.00元

**海峡西岸蓝皮书**
海峡西岸经济区发展报告（2014）
著(编)者：福建省人民政府发展研究中心
2014年9月出版 / 估价：85.00元

**杭州蓝皮书**
杭州市妇女发展报告（2014）
著(编)者：魏颖 揭爱花　2014年2月出版 / 估价：69.00元

**河北蓝皮书**
河北省经济发展报告（2014）
著(编)者：马树强 张贵　2013年12月出版 / 估价：69.00元

**河北蓝皮书**
河北经济社会发展报告（2014）
著(编)者：周文夫　2013年12月出版 / 估价：69.00元

**河南经济蓝皮书**
2014年河南经济形势分析与预测
著(编)者：胡五岳　2014年3月出版 / 估价：65.00元

**河南蓝皮书**
2014年河南社会形势分析与预测
著(编)者：刘道兴 牛苏林　2014年1月出版 / 估价：59.00元

**河南蓝皮书**
河南城市发展报告（2014）
著(编)者：林宪斋 王建国　2014年1月出版 / 估价：69.00元

**河南蓝皮书**
河南经济发展报告（2014）
著(编)者：喻新安　2014年1月出版 / 估价：59.00元

**河南蓝皮书**
河南文化发展报告（2014）
著(编)者：谷建全 卫绍生　2014年1月出版 / 估价：69.00元

**河南蓝皮书**
河南工业发展报告（2014）
著(编)者：龚绍东　2014年1月出版 / 估价：59.00元

**黑龙江产业蓝皮书**
黑龙江产业发展报告（2014）
著(编)者：于渤　2014年10月出版 / 估价：79.00元

**黑龙江蓝皮书**
黑龙江经济发展报告（2014）
著(编)者：曲伟　2014年1月出版 / 估价：59.00元

**黑龙江蓝皮书**
黑龙江社会发展报告（2014）
著(编)者：艾书琴　2014年1月出版 / 估价：69.00元

**湖南城市蓝皮书**
城市社会管理
著(编)者：罗海藩　2014年10月出版 / 估价：59.00元

**湖南蓝皮书**
2014年湖南产业发展报告
著(编)者：梁志峰　2014年5月出版 / 估价：89.00元

**湖南蓝皮书**
2014年湖南法治发展报告
著(编)者：梁志峰　2014年5月出版 / 估价：79.00元

**湖南蓝皮书**
2014年湖南经济展望
著(编)者：梁志峰　2014年5月出版 / 估价：79.00元

**湖南蓝皮书**
2014年湖南两型社会发展报告
著(编)者：梁志峰　2014年5月出版 / 估价：79.00元

**湖南县域绿皮书**
湖南县域发展报告No.2
著(编)者：朱有志 袁准 周小毛　2014年7月出版 / 估价：69.00元

**沪港蓝皮书**
沪港发展报告（2014）
著(编)者：尤安山　2014年9月出版 / 估价：89.00元

**吉林蓝皮书**
2014年吉林经济社会形势分析与预测
著(编)者：马克　2014年1月出版 / 估价：69.00元

**江苏法治蓝皮书**
江苏法治发展报告No.3（2014）
著(编)者：李力 龚廷泰 严海良　2014年8月出版 / 估价：88.00元

**京津冀蓝皮书**
京津冀区域一体化发展报告（2014）
著(编)者：文魁 祝尔娟　2014年3月出版 / 估价：89.00元

**经济特区蓝皮书**
中国经济特区发展报告（2014）
著(编)者：陶一桃　2014年3月出版 / 估价：89.00元

**辽宁蓝皮书**
2014年辽宁经济社会形势分析与预测
著(编)者：曹晓峰 张晶 张卓民　2014年1月出版 / 估价：69.00元

**流通蓝皮书**
湖南省商贸流通产业发展报告No.2
著(编)者：柳思维　2014年10月出版 / 估价：75.00元

## 皮书系列 2014全品种 — 地方发展类

**内蒙古蓝皮书**
内蒙古经济发展蓝皮书(2013~2014)
著(编)者：黄育华　2014年7月出版／估价：69.00元

**内蒙古蓝皮书**
内蒙古反腐倡廉建设报告No.1
著(编)者：张志华　无极　2013年12月出版／估价：69.00元

**浦东新区蓝皮书**
上海浦东经济发展报告（2014）
著(编)者：左学金　陆沪根　2014年1月出版／估价：59.00元

**侨乡蓝皮书**
中国侨乡发展报告（2014）
著(编)者：郑一省　2013年12月出版／估价：69.00元

**青海蓝皮书**
2014年青海经济社会形势分析与预测
著(编)者：赵宗福　2014年2月出版／估价：69.00元

**人口与健康蓝皮书**
深圳人口与健康发展报告（2014）
著(编)者：陆杰华　江捍平　2014年10月出版／估价：98.00元

**山西蓝皮书**
山西资源型经济转型发展报告（2014）
著(编)者：李志强　容和平　2014年3月出版／估价：79.00元

**陕西蓝皮书**
陕西经济发展报告（2014）
著(编)者：任宗哲　石英　裴成荣　2014年3月出版／估价：65.00元

**陕西蓝皮书**
陕西社会发展报告（2014）
著(编)者：任宗哲　石英　江波　2014年1月出版／估价：65.00元

**陕西蓝皮书**
陕西文化发展报告（2014）
著(编)者：任宗哲　石英　王长寿　2014年3月出版／估价：59.00元

**上海蓝皮书**
上海传媒发展报告（2014）
著(编)者：强荧　焦雨虹　2014年1月出版／估价：59.00元

**上海蓝皮书**
上海法治发展报告（2014）
著(编)者：潘世伟　叶青　2014年1月出版／估价：59.00元

**上海蓝皮书**
上海经济发展报告（2014）
著(编)者：沈开艳　2014年1月出版／估价：69.00元

**上海蓝皮书**
上海社会发展报告（2014）
著(编)者：卢汉龙　周海旺　2014年1月出版／估价：59.00元

**上海蓝皮书**
上海文化发展报告（2014）
著(编)者：蒯大申　2014年1月出版／估价：59.00元

**上海蓝皮书**
上海文学发展报告（2014）
著(编)者：陈圣来　2014年1月出版／估价：59.00元

**上海蓝皮书**
上海资源环境发展报告（2014）
著(编)者：周冯琦　汤庆合　王利民　2014年1月出版／估价：59.00元

**上海社会保障绿皮书**
上海社会保障改革与发展报告（2013~2014）
著(编)者：汪泓　2014年1月出版／估价：65.00元

**社会建设蓝皮书**
2014年北京社会建设分析报告
著(编)者：宋贵伦　2014年4月出版／估价：69.00元

**深圳蓝皮书**
深圳经济发展报告（2014）
著(编)者：吴忠　2014年6月出版／估价：69.00元

**深圳蓝皮书**
深圳劳动关系发展报告（2014）
著(编)者：汤庭芬　2014年6月出版／估价：69.00元

**深圳蓝皮书**
深圳社会发展报告（2014）
著(编)者：吴忠　余智晟　2014年7月出版／估价：69.00元

**四川蓝皮书**
四川文化产业发展报告（2014）
著(编)者：向宝云　2014年1月出版／估价：69.00元

**温州蓝皮书**
2014年温州经济社会形势分析与预测
著(编)者：潘忠强　王春光　金浩　2014年4月出版／估价：69.00元

**温州蓝皮书**
浙江温州金融综合改革试验区发展报告（2013~201 ）
著(编)者：钱水土　王去非　李义超
2014年4月出版／估价：69.00元

**扬州蓝皮书**
扬州经济社会发展报告（2014）
著(编)者：张爱军　2014年1月出版／估价：78.00元

**义乌蓝皮书**
浙江义乌市国际贸易综合改革试验区发展报告
（2013~2014）
著(编)者：马淑琴　刘文革　周松强
2014年4月出版／估价：69.00元

**云南蓝皮书**
中国面向西南开放重要桥头堡建设发展报告（2014）
著(编)者：刘绍怀　2014年12月出版／估价：69.00元

**长株潭城市群蓝皮书**
长株潭城市群发展报告（2014）
著(编)者：张萍　2014年10月出版／估价：69.00元

地方发展类·国别与地区类

**皮书系列 2014全品种**

**郑州蓝皮书**
2014年郑州文化发展报告
著(编)者:王哲　　2014年7月出版　估价:69.00元

**中国省会经济圈蓝皮书**
合肥经济圈经济社会发展报告No.4(2013~2014)
著(编)者:董昭礼　2014年4月出版　估价:79.00元

# 国别与地区类

**G20国家创新竞争力黄皮书**
二十国集团(G20)国家创新竞争力发展报告(2014)
著(编)者:李建平　李闽榕　赵新力
2014年9月出版　估价:118.00元

**澳门蓝皮书**
澳门经济社会发展报告(2013~2014)
著(编)者:吴志良　郝雨凡　2014年3月出版　估价:79.00元

**北部湾蓝皮书**
泛北部湾合作发展报告(2014)
著(编)者:吕余生　2014年7月出版　估价:79.00元

**大湄公河次区域蓝皮书**
大湄公河次区域合作发展报告(2014)
著(编)者:刘稚　2014年8月出版　估价:79.00元

**大洋洲蓝皮书**
大洋洲发展报告(2014)
著(编)者:魏明海　喻常森　2014年7月出版　估价:69.00元

**德国蓝皮书**
德国发展报告(2014)
著(编)者:李乐曾　郑春荣等　2014年5月出版　估价:69.00元

**东北亚黄皮书**
东北亚地区政治与安全报告(2014)
著(编)者:黄凤志　刘雪莲　2014年6月出版　估价:69.00元

**东盟黄皮书**
东盟发展报告(2014)
著(编)者:黄兴球　庄国土　2014年12月出版　估价:68.00元

**东南亚蓝皮书**
东南亚地区发展报告(2014)
著(编)者:王勤　2014年11月出版　估价:59.00元

**俄罗斯黄皮书**
俄罗斯发展报告(2014)
著(编)者:李永全　2014年7月出版　估价:79.00元

**非洲黄皮书**
非洲发展报告No.15(2014)
著(编)者:张宏明　2014年7月出版　估价:79.00元

**港澳珠三角蓝皮书**
粤港澳区域合作与发展报告(2014)
著(编)者:梁庆寅　陈广汉　2014年6月出版　估价:59.00元

**国际形势黄皮书**
全球政治与安全报告(2014)
著(编)者:李慎明　张宇燕　2014年1月出版　估价:69.00元

**韩国蓝皮书**
韩国发展报告(2014)
著(编)者:牛林杰　刘宝全　2014年6月出版　估价:69.00元

**加拿大蓝皮书**
加拿大国情研究报告(2014)
著(编)者:仲伟合　唐小松　2013年12月出版　估价:69.00元

**柬埔寨蓝皮书**
柬埔寨国情报告(2014)
著(编)者:毕世鸿　2014年6月出版　估价:79.00元

**拉美黄皮书**
拉丁美洲和加勒比发展报告(2014)
著(编)者:吴白乙　刘维广　2014年4月出版　估价:89.00元

**老挝蓝皮书**
老挝国情报告(2014)
著(编)者:卢光盛　方芸　吕星　2014年6月出版　估价:79.00元

**美国蓝皮书**
美国问题研究报告(2014)
著(编)者:黄平　倪峰　2014年5月出版　估价:79.00元

**缅甸蓝皮书**
缅甸国情报告(2014)
著(编)者:李晨阳　2014年4月出版　估价:79.00元

**欧亚大陆桥发展蓝皮书**
欧亚大陆桥发展报告(2014)
著(编)者:李忠民　2014年10月出版　估价:59.00元

**欧洲蓝皮书**
欧洲发展报告(2014)
著(编)者:周弘　2014年3月出版　估价:79.00元

**皮书系列 2014全品种** — 国别与地区类

### 葡语国家蓝皮书
巴西发展与中巴关系报告2014（中英文）
著(编)者：张曙光　David T. Ritchie
2014年8月出版　估价：69.00元

### 日本经济蓝皮书
日本经济与中日经贸关系发展报告（2014）
著(编)者：王洛林　张季风　2014年5月出版　估价：79.00元

### 日本蓝皮书
日本发展报告（2014）
著(编)者：李薇　2014年2月出版　估价：69.00元

### 上海合作组织黄皮书
上海合作组织发展报告（2014）
著(编)者：李进峰　吴宏伟　李伟　2014年9月出版　估价：98.00元

### 世界创新竞争力黄皮书
世界创新竞争力发展报告（2014）
著(编)者：李建平　2014年1月出版　估价：148.00元

### 世界能源黄皮书
世界能源分析与展望（2013~2014）
著(编)者：张宇燕 等　2014年1月出版　估价：69.00元

### 世界社会主义黄皮书
世界社会主义跟踪研究报告（2014）
著(编)者：李慎明　2014年5月出版　估价：189.00元

### 泰国蓝皮书
泰国国情报告（2014）
著(编)者：邹春萌　2014年6月出版　估价：79.00元

### 亚太蓝皮书
亚太地区发展报告（2014）
著(编)者：李向阳　2013年12月出版　估价：69.00元

### 印度蓝皮书
印度国情报告（2014）
著(编)者：吕昭义　2014年1月出版　估价：69.00元

### 印度洋地区蓝皮书
印度洋地区发展报告（2014）
著(编)者：汪戎　万广华　2014年6月出版　估价：79.00元

### 越南蓝皮书
越南国情报告（2014）
著(编)者：吕余生　2014年8月出版　估价：65.00元

### 中东黄皮书
中东发展报告No.15（2014）
著(编)者：杨光　2014年10月出版　估价：59.00元

### 中欧关系蓝皮书
中国与欧洲关系发展报告（2014）
著(编)者：周弘　2013年12月出版　估价：69.00元

### 中亚黄皮书
中亚国家发展报告（2014）
著(编)者：孙力　2014年9月出版　估价：79.00元

---

## 中国皮书网
www.pishu.cn

### 栏目设置：

- □ 资讯：皮书动态、皮书观点、皮书数据、皮书报道、皮书新书发布会、电子期刊
- □ 标准：皮书评价、皮书研究、皮书规范、皮书专家、编撰团队
- □ 服务：最新皮书、皮书书目、重点推荐、在线购书
- □ 链接：皮书数据库、皮书博客、皮书微博、出版社首页、在线书城
- □ 搜索：资讯、图书、研究动态
- □ 互动：皮书论坛

# 皮书大事记

☆ 2012年12月，《中国社会科学院皮书资助规定（试行）》由中国社会科学院科研局正式颁布实施。

☆ 2011年，部分重点皮书纳入院创新工程。

☆ 2011年8月，2011年皮书年会在安徽合肥举行，这是皮书年会首次由中国社会科学院主办。

☆ 2011年2月，"2011年全国皮书研讨会"在北京京西宾馆举行。王伟光院长（时任常务副院长）出席并讲话。本次会议标志着皮书及皮书研创出版从一个具体出版单位的出版产品和出版活动上升为由中国社会科学院牵头的国家哲学社会科学智库产品和创新活动。

☆ 2010年9月，"2010年中国经济社会形势报告会暨第十一次全国皮书工作研讨会"在福建福州举行，高全立副院长参加会议并做学术报告。

☆ 2010年9月，皮书学术委员会成立，由我院李扬副院长领衔，并由在各个学科领域有一定的学术影响力、了解皮书编创出版并持续关注皮书品牌的专家学者组成。皮书学术委员会的成立为进一步提高皮书这一品牌的学术质量、为学术界构建一个更大的学术出版与学术推广平台提供了专家支持。

☆ 2009年8月，"2009年中国经济社会形势分析与预测暨第十次皮书工作研讨会"在辽宁丹东举行。李扬副院长参加本次会议，本次会议颁发了首届优秀皮书奖，我院多部皮书获奖。

# 皮书数据库
## www.pishu.com.cn

**皮书数据库三期即将上线**

- 皮书数据库（SSDB）是社会科学文献出版社整合现有皮书资源开发的在线数字产品，全面收录"皮书系列"的内容资源，并以此为基础整合大量相关资讯构建而成。

- 皮书数据库现有中国经济发展数据库、中国社会发展数据库、世界经济与国际政治数据库等子库，覆盖经济、社会、文化等多个行业、领域，现有报告30000多篇，总字数超过5亿字，并以每年4000多篇的速度不断更新累积。2009年7月，皮书数据库荣获"2008～2009年中国数字出版知名品牌"。

- 2011年3月，皮书数据库二期正式上线，开发了更加灵活便捷的检索系统，可以实现精确查找和模糊匹配，并与纸书发行基本同步，可为读者提供更加广泛的资讯服务。

## 更多信息请登录

中国皮书网
http://www.pishu.cn

皮书微博
http://weibo.com/pishu

中国皮书网的BLOG [编据]
http://blog.sina.com.cn/pishu
皮书博客
http://blog.sina.com.cn/pishu

皮书微信
皮书说

---

**请到各地书店皮书专架 / 专柜购买，也可办理邮购**

咨询 / 邮购电话：010-59367028　59367070　　邮　　箱：duzhe@ssap.cn
邮购地址：北京市西城区北三环中路甲29号院3号楼华龙大厦13层读者服务中心
邮　　编：100029
银行户名：社会科学文献出版社
开户银行：中国工商银行北京北太平庄支行
账　　号：0200010019200365434
网上书店：010-59367070　　qq：1265056568
网　　址：www.ssap.com.cn　　www.pishu.cn